大湾区交通协调发展的理论与实践

杨家文　陈云皓　王　琢　著

科学出版社

北　京

内 容 简 介

本书基于新区域主义理论，以粤港澳大湾区为研究区域，系统分析多类型交通模式协调发展的理论基础、实施机制和开发实践。通过提炼区域治理、新区域主义、跨界交通规划与治理三方面内容，构建区域交通协调发展四阶段理论框架，包括治理理念、协作治理、赋权治理和治理网络。并以粤港澳大湾区多模式跨界交通建设为实证案例，结合交通项目开发的规划、投融资、建设、运营和管理各流程环节，按照理论框架的四阶段理论内涵，详细解读大湾区交通协调发展的内容，深入探讨多种相关区域治理模式的演变与关系，同时提出政策实施建议。

本书可供区域治理、交通投资、交通政策等领域的科研工作者、从业人员，以及高等院校交通规划、人文地理和公共管理专业方向的师生阅读参考。

图书在版编目（CIP）数据

大湾区交通协调发展的理论与实践／杨家文，陈云皓，王琢著.
北京：科学出版社，2024. 6. -- ISBN 978-7-03-078962-4

Ⅰ. F512. 765

中国国家版本馆 CIP 数据核字第 2024BZ0342 号

责任编辑：李晓娟／责任校对：樊雅琼
责任印制：徐晓晨／封面设计：无极书装

科学出版社 出版
北京东黄城根北街 16 号
邮政编码：100717
http://www.sciencep.com
北京建宏印刷有限公司印刷
科学出版社发行　各地新华书店经销
*
2024 年 6 月第 一 版　开本：720×1000　1/16
2024 年 6 月第一次印刷　印张：19 1/2
字数：400 000
定价：188.00 元
（如有印装质量问题，我社负责调换）

前 言

新区域主义是区域治理范式的第三次浪潮，是继传统区域主义、公共选择理论后，将政府与市场、集权与分权折中考虑的网络化治理范式。回顾新区域主义兴起的过程，其源于 20 世纪 70 年代大西洋福特主义危机和 80 年代新自由主义造成市场失灵，政府、市场和社会三者间的作用和关系被学界重新审视。1990 年后，经济全球化不断加强，促使世界各大都市将目光聚焦于提升自身区域竞争力上。在实践过程中，传统区域主义与公共选择理论呈现融合态势，推动城市治理领域出现新思潮，即反思以往理论过于片面强调某一方面作用，主张将政府与市场、集权与分权等理念辩证看待，各取所长、统筹考虑才能更好地实现区域治理。因此区域主义得以再度兴起，形成新区域主义，分权化与协调发展也由此逐渐成为全球区域治理的主流趋势。相应地，我国区域治理展现出新的发展方向。在不改变现行行政管理体制和行政区划的前提下，以何种理念、形式和机制达成囊括多主体的区域治理，同样成为我国区域发展的重要问题。

2019 年，粤港澳大湾区开始探索区域一体化发展，推进交通有效协调。粤港澳大湾区所在地的地方政府、社会组织和当地群众素来具有自主和创新意识，在实践过程中推动落实了诸多交通项目和模式，这与新区域主义的核心思想相匹配。当注意到大湾区交通实践与新区域主义理论可能存在某种联系后，我们从案例剖析和理论解析两方面着手深入了解，发现前者确实与后者的诸多理论特征不谋而合。其中，新区域主义的核心理念为治理，治理既是其用以解决区域发展问题的基础，也是区域中各主体协作共赢、机制平稳运转的最终目标。而在社会发展新阶段，大湾区相关的各级政府部门推动交通项目建设的理念也从过去的"管理"，逐步过渡到更加开放和分权化的"治理"。因此从治理角度出发，我们可以基于新区域主义八个理论特征，将如何实现区域交通协调发展的途径拆解为"治理理念—协作治理—赋权治理—治理网络"四环节机制。这四个环节的机制研究框架能够帮助解答交通项目顺利建成的原因，总结大湾区多年来多模式交通发展的经验，并为其他地区的交通协调发展提供借鉴。

围绕四环节机制，本书共分为 9 章，从新区域主义理论视角出发，对大湾区多种交通模式的协调发展机制展开论述，并最终讨论适合我国的区域治理模式与道路。

本书首先在第1章中介绍在"城市区域化、区域城市化"的发展趋势下，跨界交通问题产生的由来与背景，并对涉及的核心专业名词做出定义。

在第2章中，本书对新区域主义理论内容和跨界交通治理类型进行全面梳理，并尝试在交通项目传统的"规划—融资—建设—运营—管理"流程环节之外，思考更加本质的项目建设过程，以通过逻辑推演最终得到研究框架。首先，项目的指导思想和总体理念应该是什么，即怎么做；其次，需要纳入什么类型的协作主体参与项目，即谁来做；再次，需要明确各个执行主体负责的权限，即谁做什么；最终，可以形成什么类型的系统。随后，以新区域主义理论特征为线索，将这些问题有机联系起来，形成多种交通模式协调发展的研究分析框架。粤港澳大湾区在近年的交通实践中，逐渐形成了自身领先的独特模式，可以对上述问题给出"大湾区答案"。新区域主义理论则能够帮助进一步系统、准确地描述其模式特征，厘清建设过程中各环节的联系。结合新区域主义理论特征，大湾区交通实践的特征为：在第一环节强调"开放、过程与信任"，在第二环节则强调"协作与跨部门"，在第三环节突显强调"赋权"；最终形成"网络"的系统。围绕强调"治理"这一核心特征，大湾区多种交通模式的协调发展机制可以凝练为四个环节：治理理念、协作治理、赋权治理和治理网络。

第3章明确以粤港澳大湾区为研究区域，介绍其基本情况和交通发展概况。首先讲述粤港澳大湾区区域概况，进而回顾其从"小珠三角"到"大珠三角"、再到粤港澳大湾区的历次区域概念演变历史。其次梳理粤港澳大湾区交通发展概况，在国家和地方等多层次政策规划指导下，大湾区逐渐打造出跨境、跨江、跨市通道、跨交通模式、地空衔接等交通体系，囊括公路、铁路、航空、水运、城市轨道等多种交通方式，建立起区域内高效且便捷的综合交通网络。

第4章结合新区域主义强调"开放、过程与信任"的理论特征，从时间、空间和需求三个维度揭示大湾区的交通项目实践具备何种治理理念。在时间维度，新区域主义尽量回避对政府进行结构性重组，转而谋求制定高效协调的政策及其结果，非常注重在动态发展过程中发现问题，并持之以恒地动态解决问题。这契合大湾区城际铁路随区域发展而不断更新规划方案的过程，体现出重视过程的动态发展观；在空间维度，新区域主义把区域看作开放的实体，强调区域范畴需要具备灵活的弹性。这与大湾区建设广清城际与深汕捷运时突破区域边界相契合，凸显出开放灵活的区域范畴观；在需求维度，新区域主义认为区域内部的信任关系推动了人员流动和经贸往来，继而产生交通需求，而主体间的信任也是降低交易成本、解决交通需求的重要途径。这与广佛同城和深莞惠一体化发展依托各市间地缘亲缘基础，发挥各界互信关系完善城际交通格局、应对日益增长的跨城交通需求相契合，显示出注重信任的需求导向观。由此可得，大湾区交通实践在"治理理念"环节的机制内容为：树立注重开放、过程与信任的区域发展观。

第 5 章结合新区域主义强调"跨部门与协作"的理论特征，分析大湾区在城际铁路的投融资环节尝试纳入多主体、再到成功在城市轨道交通建设中实现跨部门协作的实践案例，总结其如何实现协作治理。首先以大湾区城际铁路在省市合作模式中探索纳入其他社会主体参与投资，以及广州地铁集团、深圳地铁集团接管珠三角城际制定新投融资方案为例，体现大湾区城际铁路在发展过程中致力于引入更多的社会资本，积极纳入更多元的投资主体；其次，以广州新塘南站—凯达尔枢纽、深圳地铁集团与香港地铁公司的合作、前海和深圳北站综合交通枢纽的跨部门实践为例，展现政府、市场和社会力量在城市轨道交通多环节中的公私合作模式，以及形成多协作主体间的协调机制和合作关系，以满足各方利益诉求的建构过程。由此可得，大湾区交通实践在"协作治理"环节的机制内容为：建立多协作主体参与的利益协调合作关系。

第 6 章结合新区域主义强调"赋权"的理论特征，着重介绍大湾区通过赋予基层政府和专业组织权力，顺利对交通项目的建设难点和运营模式展开探索，并实现赋权治理。在大湾区交通实践中，上级政府或是新建一批具有独立自主运行权限的专业执行主体，包括港珠澳大桥管理局、广东广佛轨道交通有限公司和深国铁路物流发展有限公司；或是将权力下放给现有基层部门或社会组织，包括大湾区城际铁路事权财权从铁路部门逐渐下放至市级政府、深圳市公共汽车经营规制深化市场化改革、深圳北站综合交通枢纽交由深圳地铁集团一体化建设。通过将权力下放到较低层级的执行主体，能够充分发挥基层部门和社会组织的主观能动性和独立运作能力，减轻上级政府的负担，使其得以将主要精力用于宏观调控。而将专业的事交予专业的执行主体，也有助于其发挥自身优势，通过实践得到具有创新意义的新模式。由此可得，大湾区交通实践在"赋权治理"环节的机制内容为：通过权力下放赋权执行主体自主负责事务。

按照上述具备新区域主义特征的各环节，最终目的是形成一个灵活、高效的治理网络。这是与传统区域主义不同的区域治理新系统，即网络结构系统。第 7 章结合新区域主义强调"网络"的理论特征，解析广佛市长联席会议工作协调机制、深莞惠党政联席会议工作协调机制、港珠澳大桥"三级架构、两级协调"

制度三个协调机制。并将上述机制构建划分为政府决策层、政府协调层和政府执行层三个层次，说明在区域内各主体间建立多层次的协作网络与高效灵活的协作机制，将有效解决交通实践中遭遇的困境，促使项目顺利建成落地。相比于传统的制度安排，这种网络组织更加灵活，能够适应区域交通发展的变化和不确定性。由此可得，大湾区交通实践在"治理网络"环节的机制内容为：构建网络化协作机制以形成网络结构。

第8章在粤港澳大湾区交通协调发展的分析机制与研究框架的基础上，以更宏观的视野探讨区域治理模式的演变历程，以及新区域主义在中国语境中的适用性。列举了国内外处理区域性问题的几种手段，包括扩大城市行政地域、建立新型功能地域空间单元、建立行政协调平台和协作型区域治理，四种治理模式共同组成了区域治理体系。通过对比不同区域治理模式的优劣利弊，论述基于新区域主义理论的协作型治理模式在中国语境下的比较优势和适用性，提出我国目前区域治理的思路转向是跨部门和跨地域的协作治理，且基于现行行政区划灵活开展协作治理是以更小制度成本取得更优治理效果的治理选择。

第9章为结论与讨论。尝试对大湾区多种交通模式协调发展过程中所采取的具有新区域主义思想的举措进行总结，得到具有参考价值的研究结论和发展机制，提出有关多模式交通协调发展的实施建议，进而提炼出具备新区域主义特征的我国区域治理思路和治理框架。最后，总结研究不足并提出展望。目前，粤港澳大湾区的多模式交通协调发展机制已走在全国前列，形成较为成熟和领先的发展模式。本书搭建的分析框架以及总结的大湾区案例经验，可以在一定程度上帮助其自身以及其他经济区更有效地实施多种模式交通协调发展策略，促进交通项目的高效推进和区域一体化的融合进程。

本书应用新区域主义理论特征的分析框架，对交通协调发展的案例进行解读，讲述重点不在于偏重某一个具体交通项目案例，而是利用这些案例帮助读者简明直接地理解多种交通模式协调发展的各个环节。本书是广东省公共服务供给智能计算重点实验室与北京大学深圳研究生院–蕾奥TOD+城市运营联合实验室科研成果。本书的科研成果积累先后得到若干研究项目支持，包括深圳市基础研究计划项目"粤港澳大湾区交通协调发展机制研究"、深圳市哲学社会科学规划课题"深圳都市圈基本公共服务均等化与一体化"等。本书中使用的数据来自官方公开资料，以及有针对性的调研和访谈，感谢所有对本书有所帮助的人员。

由于作者能力与时间有限，对新区域主义理论的认识还有待进一步加深，交通案例或许还有更加契合的选择和解读，在这里抛砖引玉，欢迎各位读者的交流与指正。得益于本次写作机会，我们受益颇丰，如果所著成果能够在未来有幸为我国交通建设与发展提供一点经验和思路，那便使本书的价值得到了充分的发挥。

杨家文　陈云皓　王　琢
2023 年 10 月 6 日

目 录

第1章 绪 论

1.1 研究背景与意义

1.1.1 研究背景

城市区域（city-region）已经成为全球经济社会和文化高质量发展的重要空间载体（Scott，2001a；王雨等，2022）。改革开放以来，伴随着中国特色社会主义现代化建设的持续推进，"城市区域化"和"区域城市化"成为我国城镇化发展的主流趋势。以城市群、都市圈为空间形态的城市区域取代单个城市，成为拉动区域经济社会发展的新增长极，也是我国参与国际竞争与合作的重要平台（施雯和王勇，2013）。2019年2月，国家发展和改革委员会出台《国家发展改革委关于培育发展现代化都市圈的指导意见》，提出我国的都市圈发展要以城市群内部超大特大城市或辐射带动能力强的大城市为中心，以促进中心城市与周边城市同城化发展为方向，培育打造一大批现代化都市圈。《国家新型城镇化规划（2021—2035年）》指出，城市群、都市圈是推进国家新型城镇化的主体空间形态，要提升城市群一体化和都市圈同城化发展水平，促进大中小城市和小城镇协调发展。目前，我国已经发展出"优化提升5个城市群，发展壮大5个城市群，培育发展9个城市群"的"5+5+9"城市群格局，持续推动"以轴串群、以群托轴"的国家城镇化格局的形成（方创琳，2021，2014）。

湾区是由一个海湾或相连的若干个海湾、港湾、邻近岛屿共同组成的区域，也多用于描述沿海口岸分布的众多海港和城镇所构成的港口群和城市群（刘艳霞，2014）。在区域形态中，湾区所衍生的湾区经济被认为是具有开放经济结构、高效资源配置能力、强大集聚外溢功能和发达国际交往网络特征的区域，世界顶级城市群也大多分布在湾区（鲁志国等，2015）。美国纽约湾区、美国旧金山湾区、日本东京湾区与我国的粤港澳大湾区并列为世界四大湾区。作为我国经济最发达的区域之一，粤港澳大湾区与海上丝绸之路沿线国家往来密切，是国家建设世界级城市群和参与全球竞争的重要空间载体，未来有潜力成为全球经济和科技创新中心。随着我国走向更高层次的开放型经济，充分发挥湾区经济的开放引领作用正成为国家和区域空间战略的焦点，对粤港澳大湾区的经验总结也是透视世界发达湾区、助力城市群发展的典型窗口。

推动交通协调发展是促进区域协调发展的重要基础。2019 年 2 月，中共中央、国务院发布了《粤港澳大湾区发展规划纲要》，要求"大湾区依托以高速铁路、城际铁路和高等级公路为主体的快速交通网络与港口群和机场群，构建区域经济发展轴带，形成主要城市间高效连接的网络化空间格局"。并于同年 8 月又印发《中共中央　国务院关于支持深圳建设中国特色社会主义先行示范区的意见》，要求"深圳助推粤港澳大湾区建设，到 2025 年交通等公共服务水平要达到世界先进水平"。当前，粤港澳大湾区在产业、住房、政府合作和交通规划上已经开展一系列的实践，如跨市建设产业转移园区、人才保障住房，建设深汕特别合作区，合作编制都市圈交通运输一体化发展规划等，均为走在全国前列的区域协调发展模式。粤港澳大湾区已成为我国交通协调发展机制创新的前沿阵地。

为了有效落实粤港澳大湾区发展规划纲要要求和国家发展战略，如何针对发展愿景制定切实可行的发展策略成为决定粤港澳大湾区发展协调的重要基础。从城市群协调的要素来看，交通的有效协调能推动全方位、深层次发展协同。

1）推动综合制度的协同：粤港澳大湾区的基础是一个政策区概念，是在"一国两制"的体制下，实现政策创新，落实区域内各城市、各地区的协同发展。大湾区的跨市、跨境交通建设需要联合中央政府及其部门、广东、香港和澳门等多方力量，如港珠澳大桥、深中通道的建设。因此，通过多层级、跨行政区、跨体制的交通项目协调发展实践可以促成制度协同。

2）建立有机衔接的综合交通运输体系：对于联系愈加紧密的大湾区而言，区域内部各城市之间的交通需求和通勤规模将逐渐增加。因此，应推动大湾区内国家铁路（含高铁）、城际轨道、跨江通道/跨海大桥、高速公路、城市地铁、空港、城市公交线路等通道型交通设施的有机衔接。这需要多方共同通过体制、机制和政策协调，以减少大湾区内人、车、物、资本等要素跨行政区界交流的限制。

3）建立现代化的产业体系和贸易区集合体：粤港澳大湾区是我国自由贸

区的核心区，是市场化程度最高的区域，是国家强化外向型经济的"桥头堡"。因此，应积极促成香港、澳门和广东三个自贸区的跨市、跨境通道型交通基础设施融合对接，为各市管理部门跨行政区通过市场化的作用机制，形成分工合理、联系紧密、协同发展的现代产业体系（包括金融、科技、高端制造业等产业的协同发展）提供交通保障。

1.1.2　研究问题

在粤港澳大湾区得到中央政策支持，快速交通网络迅速搭建和构筑的背景下，及时总结历年来成功项目的宝贵经验，从实践过程中提炼得到科学、系统的发展机制，为下一阶段及其他经济区顺利开展交通项目建设工作起到保障和指引作用，具有重要性和紧迫性。跨行政区交通基础设施的建设，既涉及规划、投融资、运营和管理等多个环节，又牵涉到中央、省、市等多层级政府和非政府组织、私人机构、社会民众等多个主体。在此情况下，多模式交通发展需要具备什么理念作为原则性指导思想，采用何种方案纳入多主体并达成合作，通过何种手段实现权力下放，最终形成何种治理机制以推动交通项目落地，这些都是值得深入探讨和有待总结的命题。本书基于新区域主义理论，同时考虑到粤港澳大湾区交通实践的发展背景和具体建设流程，将粤港澳大湾区多模式交通协调发展的实现机制分解为四个方面，以此回应以下研究问题。

第一，多模式交通的协调发展是区域发展重要组成部分，客观上也是一个长期的建设历程，需要首先树立宏观的基本理念，以此作为指导后续所有工作的基调。在推进交通基础设施项目前，应该如何看待区域边界属性才能促成恰当的跨行政区合作、合理地加强空间上设施薄弱处的交通线路？同时在长时间的建设过程中，如何看待可能遭遇的障碍和挑战，以帮助做出正确的方案选择，保障项目的最终建成？此外，在面对满足交通需求这一核心问题时，应该如何认识交通需求产生的核心动力，以及如何树立方法层面的原则思想，以指导采取具体手段，有效解决需求问题？

第二，多模式交通牵涉多层级政府和多个社会主体，主体之间的合作模式和沟通机制是指导和实施后续建设工作的关键。在处理复杂的主体间互动时，政府在其中应该确立什么样的定位？多种主体在项目中是否应该被纳入？通过打造什么样的合作关系作为纽带，才能在后续减少沟通成本、组织和保障多主体之间的协调？

第三，多模式交通项目的实际运行过程中，对每个主体负责的工作范围和程度予以明确，将权力恰当地制定和安排后，才能保证工作的顺利开展。在制定权力框架时，什么样的权力分配规则才能有利于充分发挥各参与主体的长处与作用，促使项目高效流畅地推进？

第四，多模式交通能否协调发展，最终形成的制度和系统具有决定性的重要作用。因此，应该制定什么样的制度、形成什么样的系统，才能实现科学地建立多模式交通的协调发展机制？

1.1.3　研究意义

目前，我国多个经济区正在积极加强国家铁路、城际铁路、跨江通道、跨海大桥、高速公路、跨市地铁、跨市公交线路等交通设施的建设，迫切需要科学、适宜的区域发展理论作为指导，促进交通项目的顺利开展。粤港澳大湾区的多模式交通建设取得了一定的成效，在全国处于领先位置，具备了一定的借鉴和参考价值。但仍面临着不小的问题和挑战，在探索适合新时代、新阶段发展特征的多模式交通协调模式上，还有很长的道路和空间。本书以新区域主义理论为切入点，以粤港澳大湾区作为重点研究区域，审视多模式交通协调发展的过程，总结经验、教训和机制，并希望在理论和实践两方面有所进益。

在理论方面，目前新区域主义主要被用于指导城市群层面的综合发展、规划协调与制度建设，本书尝试将新区域主义理论应用于交通模块，可在一定程度上丰富新区域主义理论在多模式交通协调发展方面的内容和应用。

在实践方面，本书挖掘粤港澳大湾区已有的多模式交通发展现状与问题，总结实践过程中的不同发展模式及其特征与经验。有助于为新时期大湾区在多模式交通方面的进一步发展提供思路和帮助，提炼所得的协调发展机制也能为我国其他城市群与都市圈的治理与发展提供参考和借鉴。

1.2　研究对象与区域

1.2.1　研究对象和概念界定

本书主要关注新区域主义视角下大湾区的交通协调发展机制。因此，需要对书中出现的关键名词作出概念说明，主要包括"新区域主义""交通协调发展""区域治理""协作治理"。

新区域主义：基于传统区域主义和公共选择理论而产生，是以跨地方公共事务治理为核心和目标，以高度互信的社会关系为前提，通过广泛纳入地方政府、市场力量和社会主体并赋予其权力，以多主体网络化机制为基础形成的更加灵活和开放的治理制度。这种治理制度建立在多种利益相关主体协商和合作的过程中，通过在各主体间达成稳定的网络关系，实现城市治理。新区域主义标志着城市治理发生根本性转型。由于政府与市场都被实践过程证明仅依靠一方无法完成管理公共事务，新区域主义不再把焦点放在制度结构和市场行为上，而是放在政府部门、社会组织和市民个人之间的联系。新区域主义可用于国家尺度的宏观经济区和国家内部的小尺度经济区，在本书中，新区域主义被应用于城市群（粤港澳大湾区）尺度。总而言之，新区域主义是以跨区域公共事务协调网络为基础形成的治理制度。它旨在解决区域中各城市共同面对的制约区域可持续发展的障碍，搭建互惠、合作和共赢的网络体系。

交通协调发展：交通基础设施是推动区域社会经济发展的骨架，也是提升区域内各城市社会经济联系紧密的物质支撑。城市群一体化的本质是推动交通协调发展，以支撑社会经济发展对交通可达性和机动性的需求，其发展目标是构建与服务范围、交通需求、空间结构、多模式类型需求相互一致的交通网络。交通协调发展具有广泛的含义，涉及多个维度的协调。交通协调发展第一是空间上的协调，即在一定区域内的交通连接，如城市与乡村间、城市与城市间、区域内部与外部间，克服自然环境与空间距离阻隔实现协调发展。第二是系统间的协调，交通作为区域发展的子系统，需要与社会、经济、人口、环境等其他系统相协调，从而更好地实现交通与社会、经济、资源、环境之间协调发展，以达到交通系统的整体效益最优化。第三是交通发展各流程的协调，指交通项目可以顺利克服项目过程中规划、投融资、建设、运营和管理各个环节面临各种困难和障碍，按照初期规划和预计的目标成功建成。第四是多种交通模式的协调，交通运输网络包括道路交通、轨道交通、航空网络、水运交通等多种模式，通过一定的方式和手段，能够达成多层次交通体系的配合、衔接、联运能力，提升整体效能与效率。第五是体制机制的协调，指区域交通设施与体制、机制、政策的协同发展，并能够在不同制度环境中展现出适应性与连通性。

区域治理：区域交通协调发展的本质是区域治理问题，与之相类似的概念有跨域治理、都市区治理等，区域治理实际上是将治理理念和方式应用于区域性公共事务的过程（陈瑞莲和杨爱平，2012）。区域治理多被应用于处理具有典型外部性特征的公共事务，即依靠单一的城市政府无法完全提供或没有足够的动力解决的事务，如交通、环境治理、卫生防疫、应急管理等内容。区域治理在治理边界上打破了狭隘的行政区划界限，强调跨越单一的城市边界和治理结构，在更广阔的区域层面进行治理。在治理主体上，区域治理实现了政府、企业、非政府组织和公民社会的网络化互动治理，是解决区域问题和实现区域可持续发展的有效治理模式（张成福等，2012）。

协作治理：协作治理是治理范式的一种。协作是在遵守共同博弈规则的基础上通过协调与配合，保证各主体的多种政治需要得到持久性的表达，从而维持一种动态平衡的政治秩序（颜佳华和吕炜，2015）。它强调多元主体基于共同目标的参与，且成为真正意义的决策者，协作主体要共同行动，但不排斥实际的领导者存在（郭道久，2016）。协作治理指主要利益主体以相关问题为导向，基于治理需求自主构建丰富、灵活的治理机制和网络，通过谈判协商等手段，整合运用市场协调和行政协调、正式的协调和非正式的协调，尽可能追求各方合作总净收益最大化的最优方案。与协作治理相关联的名词是合作治理，但两者存在一定差异。合作治理隐含的前提是各主体之间是平等关系，利益相关者均具备参与决策的权力、能力和动力，政府与其他社会主体间通过平等协商就可以实现妥协性方案（张康之和李传军，2010；王辉，2014；敬义嘉，2015；汪锦军，2015）。而在中国的交通供给实践中，利益相关者之间的关系并不总是平等的，妥协性方案并不全是仅靠平等协商就能够达成的。相反，在很多涉及政府和国有企业参与的实践中，行政协调发挥了至关重要的促成合作的作用。此外，在很多公共服务供给场景中，利益相关者并不总是在初始条件下就具备了合作的权力、能力和动力（郑家昊，2020），而是需要基于初始条件作出特别的制度安排以实现对利益相关者的赋权、赋能和激励（汪锦军，2015）。因此，相比合作治理，协作治理更适合我国的治理需求，也能更精准地概括不同治理主体的互动方式与过程。

1.2.2　研究区域

粤港澳大湾区作为我国最为重要的经济区之一，由广东省珠三角地区、香港特别行政区和澳门特别行政区组成，共包含11个城市，区域面积达到5.6万km²，人口超过8600万。粤港澳大湾区作为我国的经济中心之一，也是全球最具活力和竞争力的城市群之一。截至2022年，大湾区的GDP总量已经超过了13万亿元。其中，2022年大湾区广东9市的GDP达到10万亿元，占全国GDP的8.6%以上。香港和澳门分别作为我国金融业和旅游业的重要城市，2022年GDP总量分别为24 280亿元和1470亿元，也在区域内发挥着重要的作用。

大湾区的交通发展一直是该区域发展的重要支撑，为区域内的人员和物资流动提供了重要的保障和便利。随着经济的不断发展和城市化的进程，粤港澳大湾区的交通网络得以不断完善，为当地人员往来提供了高效、便捷的出行工具。铁路交通是粤港澳大湾区交通发展的重要组成部分，自改革开放以来，我国的铁路建设取得了重大进展。在粤港澳大湾区内，已经形成了广深港高速铁路、广珠城际铁路等多条重要铁路线路。其中，广深港高速铁路连接了广州、深圳和香港三个城市，成为内地与香港之间的主要交通干线之一，其开通后极大地方便了人员和货物的流动。公路交通也是粤港澳大湾区交通网络中的重要组成部分。目前，已经建成了京港澳高速公路、广深沿江高速公路、深圳外环高速公路等多条高速公路，这些高速公路缩短了城市间的距离，方便了人们的出行和物流运输。粤港澳大湾区还注重发展新型交通方式。其中，轨道交通是重要的一种新型交通方式。在广州、深圳、香港、澳门等城市，轨道交通已经成为城市内部最为便捷的出行方式之一，同时，不断扩建和完善的城际轨道交通网络也促进了城市间的联系。

本书聚焦于交通的协调发展机制，目的在于基于新区域主义视角，探寻如何有效地保障和实施区域内跨行政区边界的交通项目，包括城际铁路、跨市地铁、公交、高速公路、跨海大桥等交通类型。最终选择粤港澳大湾区作为代表性研究区域的原因有以下三点。

第一，粤港澳大湾区区域内存在着两种不同的社会制度。以粤港澳大湾区为研究区域，有助于结合其发展现状和新时期发展环境的变化及发展任务，完善区域交通协调与综合治理的体制机制和协调体系。

第二，粤港澳大湾区作为改革开放的前沿阵地，一直以来具有敢为人先的优良精神。在经济和社会发展过程中，当地人民自主意识浓郁、创新意识高涨，地方政府勇于担当、积极尝试，使得该区域在交通领域已经创造性地产生了多种协作机制。这些制度和机制的建立部分源于"自下而上"的推动，而这正与新区域主义的理念不谋而合。因此选择粤港澳大湾区为研究区域，能够与本书选择的理论视角较好地契合和匹配。

第三，粤港澳大湾区是我国城市化水平最高、经济最发达、基础设施建设最完备的经济区之一，因此交通基础设施的建设也走在全国的前列，且其所探索的合作模式和建立的管理机制也在全国处于领先地位。目前，该区域在多种类型的交通方面都积攒了足够丰富的现实案例，可以系统地支撑多模式交通协调发展机制的研究。因此，以粤港澳大湾区为研究区域，不仅可以系统地回顾该区域的交通发展历程，总结优秀举措和宝贵经验，为下一步的交通发展提供科学的指导，还可以为我国其他地区的交通发展提供参考和借鉴。

1.3 研究进展

1.3.1 新区域主义

新区域主义理论备受国内外学者广泛研究，目前学术界在该理论方面已积累了丰富的研究成果。国外的 David、Wallis、Savitch 和 Vogel 等学者是该理论研究的开拓者，他们的研究为该领域奠定了基础。而国内学者，如张紧跟、叶林等，则在总结国外研究成果的基础上，进一步发展了新区域主义理论并将其应用于中国的语境下。

西方学者提出了三种不同的大都市治理理论。第一种是传统区域主义，其目标是建立科层制集权型的大都市区政府；第二种是公共选择派，其通过分权化的市场机制实施大都市区治理；第三种是新区域主义，其目标是在大都市区内建立网络化治理机制。对于该新型大都市治理理论，Wallis（1994）发现，新区域主义注重公民参与，认为公民应该积极参与区域治理以提高治理的合法性和能力。

相比传统区域主义，新区域主义有五个新特征。Lefevre（1998）认为，新区域主义所采用的公共行为、合作和谈判的方式，能够克服早期区域改革项目在合法性和执行方面的缺陷，避免自上而下的权力造成的死板做法。Savitch 和 Vogel（2000）指出了三种实现新区域主义的途径：第一种是多层级政府方法，指在不同层级的政府机构之间建立合作和协调关系，以实现不同等级的公共服务，由相应层级的政府提供；第二种是功能链接方法，指将不同领域和机构之间的利益联系起来，以合作协议的方式，实现资源共享和协作；第三种是综合网络方法，指通过建立跨界合作的协议网络，各方可以通过合作协议网络共同协作解决具体问题，实现区域治理的目标。Norris（2001a）则指出，新区域主义的创新在于主张各主体达成自愿合作，而不是通过政府科层机构按层级下达命令。David（1991）的研究表明，相比分散的郊区政府，统一合作的大都市区政府具有更多的优势，如能够最大化集聚效应，促进共同利益的形成等，他的理论观点在塑造新区域主义原则方面发挥了关键作用，成为新区域主义理论内容的重要来源。

新区域主义作为一种区域发展的新趋势，已经受到国内研究领域的广泛关注，相关研究主要集中在两个方面：一方面，重在理解新区域主义理论本身和探讨其对区域发展的影响。苗长虹基于经济地理学的演变，阐述了新区域主义的兴起，针对 20 世纪地理学划分了四个重要转折点：从区域地理学到区域方法，再到区域主义的解构，最后到新区域主义的建构（苗长虹等，2002；苗长虹，2005）。他认为，新区域主义与传统区域地理学在强调区域差异和地方独特性方面有相似之处，但前者也更加强调区域在理解资本主义进程中的作用，以及人类在区域形成、重建和转型中的重要性。吴瑞坚（2013）比较了西方三种区域治理理论，认为新区域主义理论在"区域"概念和运作机制方面更为成熟和优越。张紧跟（2013）从治理的角度回顾了新区域主义的历史发展，指出新区域主义理论是 20 世纪 90 年代美国都市地区实践的产物，并强调了在区域内各利益相关方之间建立健全有效的合作机制以提高区域竞争力和治理能力的重要性。叶林（2010）对国内外主流新区域主义文献进行了全面的回顾和总结，从历史演变、理论兴起和实践发展三个方面研究了新区域主义。袁方成和王宇涵（2019）对欧美大都市区进行了观察和反思，指出了当代新区域主义在组织结构、运作机制与治理能效层面遭遇的严峻挑战。韩旭和王晋元（2021）以西方三个大都市区为案例展开研究，对比三种区域治理理论在实践过程中的作用，发现大都市区的治理更多的是一个动态的过程，不存在完美适配于每个大都市区的治理模式。孙群郎和张旭慧（2022）对美国新区域主义的兴起及其经济取向进行了探讨，指出新区域主义的显著特点是避免传统区域主义的结构性改革，而注重跨部门的自愿性和网络化的治理过程。孙瑾和雷达（2022）则辨析了国际经济格局变动中，区域主义发展的新趋势。另一方面，重在将其作为理论范式来指导区域发展实践，存在数量颇丰的研究成果。殷为华等（2007）基于自 20 世纪 80 年代以来新区域主义所倡导的"区域空间的多重含义、多层次治理决策和多方协同合作机制"等主要观点，分析了我国区域规划领域存在的问题，认为我国各区域应确立正确的区域概念，更新区域规划的理论基础，改变传统的自上而下规划思维，协调各种区域规划和相关政策的空间效应。洪世健（2010）从新区域主义的视角探讨了我国当前都市地区治理改革的发展方向。全永波（2012）分析了新区域主义理论的四个特点：开放性、介入性、包容性和合作性，以及我国区域合作治理的现状，建议应在新区域主义的理念下组建新型区域合作联盟，并搭建保持区域利益平衡和协调的机制网络。耿云（2015）从新区域主义的角度分析了京津冀城市群的治理结构，认为该区域的治理模式仍处于建设阶段，需要建立一个区域协同治理机制。也有研究基于新区域主义理论视角提出深圳与香港需要打破行政边界，实现重点区域的共同开发，通过调整合作机制，完善大都市区治理体系，编制跨界的区域规划，并积极鼓励民间交流。汤放华等（2018）通过对长株潭城市群区域进行研究，得到该区域一体化的主导影响因素逐步由政府转变为市场，已经呈现出显著的新区域主义特征的结论。张树剑和黄卫平（2020）基于新区域主义理论，指出粤港澳大湾区公共品供给的协同治理路径中，区域内部进行联合规划具有极大的重要性，同时需要加强大湾区发展的顶层设计。杜春甫（2021）运用新区域主义理论，对胶东经济圈地方政府的协作模式和路径优化进行研究。周子航等（2021）探讨了新区域主义在我国城市疫情管理防治中的不足之处，发现其难以解释区域关系突发性的解构与重构。此外，新区域主义广泛用于指导区域规划的制定、空间规划的协调以及区域产业集群的发展。

1.3.2 区域交通协调

交通通道促使不接壤的区域借助节点与枢纽及其构成的网络组织，相互之间同时进行多种物质与非物质资源的交换，重新塑造了整个城市空间范畴的结构与职能（马学广和李贵才，2011a，2011b；马学广和窦鹏，2015）。交通基础设施水平的提升加强了区域内各城市之间的跨行政区联系。这促使大量经济活动在城市临界区域、新建交通枢纽和城市开发新区等空间集聚，实现城市功能的跨界重组。总体上，在跨界合作区、新兴经济区和核心功能地区的多层次功能及其背后的经济联系，对区域交通协调和管理提出更高的要求（路旭等，2012）。

1. 国外实践模式

在美国或欧洲等地区，对于因城镇化发展而使得行政边界日益模糊、城市功能日益融合的地区，通常会根据一定的标准划分都市区，并通过都市区规划委员会（MPO）或区域政策委员会应对区域交通协调事务。

（1）美国

美国普遍采用都市区规划委员会或区域委员会等行政协调机构来主导区域交通治理与跨域协作（刘彩虹，2005）。不同于传统的行政边界，美国的都市区是基于核心城市及周边地区的通勤关系而形成的新功能区域。都市区范围内各行政管辖区（Jurisdictions）往往共享基础设施、住房和产业发展。在美国，城市人口超过 5 万人的地区可以设立专门的都市区规划委员，负责都市区层面的交通规划、经济发展等公共事务，以申请联邦政府的交通投资基金（Cornell Law School, 2017）。都市区通常包括三个类型：①大都市统计区：由一个人口超过 5 万人的核心城市及其周边的区域共同组成，社会经济联系紧密；②小都市统计区：功能形态类似于大都市统计区，而人口规模为 1 万 ~5 万人；③联合统计区：由空间相邻的大都市统计区或小都市统计区组成（United States Census Bureau, 1999；董磊等，2017）。

2013 年，美国共有 388 个大都市统计区和 169 个小都市统计区，以及 169 个联合统计区。都市区规划委员会的中枢决策机构为政策委员会，该委员会由当地行政官员、规划部门、交通运营机构和交通管理机构的代表组成，同时包括一定数量的不具备投票权的环保主管机构和交通运营机构。与都市圈交通建设相关的交通规划、改进计划、年度执行和预算方案等重要文件，将以投票的形式在政策委员会中决定能否得以通过。例如，纽约都市区交通委员会委员包括 9 个具有投票权和 7 个不具有投票权的成员，以确保公正性。除此之外，为了保证政策委员会的高效运行，通常专门另设技术委员会。技术委员会一般由各级政府的公务员、运输机构代表和当地居民代表等利益相关主体构成。其主要职责是为政策委员会提供规划方面的技术支撑和咨询服务。

在美国，成立都市区规划委员会的一个重要初衷是：交通基础设施的建设在各市间会产生明显的正向外部效应或溢出效应，难以只依靠单个地方政府出资修建。只有通过协作的手段，才能完成区域尺度的交通建设，促进交通基础设施供给的协调发展。因此，成立都市区规划委员会等区域机构，能够统筹交通规划与建设，以推动整个都市区的协调发展（陈君娴和杨家文，2018）。

美国都市区的规划协调工作主要通过法律方面的联邦立法、经济方面的资金划拨、投资和税收等，以及提供教育指导、技术支持和信息交流平台等辅助途径来实现。美国政府通过法治建设来保障制定交通规划，通过交通基金的划拨来提供资金支持，建立了一套资金申请程序，以便都市区规划委员会在区域交通规划和交通基金申请方面拥有更多职权和责任。这种方式有利于巩固都市区规划委员会的区域协调地位和作用，从而实质性地促进协调工作。

（2）欧洲

为了协调欧盟内部的跨界事务，推进欧盟一体化进程，欧盟形成了多层级空间规划合作治理体系（刘慧等，2008；施雯和王勇，2013；郭磊贤等，2022）。欧洲区域规划部长会议于1983年通过了《欧洲空间规划章程》，明确了空间规划理念。为了开展欧盟范围的区域统计分析，欧盟立法委员会于1988年启动了欧洲标准区域划分工作，建立了以人口规模为核心指标的多级都市区标准地域统计单元（nomenclature of territorial units for statistics，NUTS）。NUTS根据人口规模共分为三级：1级的人口规模为300万~700万人；2级为80万~300万人；3级为15万~80万人。自2003年开始，NUTS成为欧盟立法委员会的法定地域统计单元，并作为稳定的多层次空间规划分析基本地域单元直接用于欧盟空间规划与区域经济社会政策的制定和评估工作。2003年，欧盟共有89个NUTS 1级都市区，254个NUTS 2级都市区，1214个NUTS 3级都市区。在各级都市区中，欧盟成员国内部又分为两级行政管理单元：LAUS（local administrative units，LAUS）1和LAUS 2。

欧盟于1991年成立了欧洲空间发展委员会（Committee on Spatial Development，CSD），负责欧洲空间规划的编制。1999年欧盟首脑会议通过了由CSD编制的《欧洲空间发展展望》（*European Spatial Development Perspective*，ESDP）。欧盟成员国以ESDP为标准，在欧盟提供的合作与协调平台上开展欧盟、国家和地方三个层级的横向与纵向合作。在欧盟层面，强调发挥欧洲议会、欧洲委员会、欧洲经济和社会等专项委员会等跨国家组织机构的作用，推动跨界空间规划与落地实施。在国家层面，由各跨国地区的地方政府共同组建跨国合作共同体。在区域层面，地方空间规划部门基于 ESDP 共建、共享公共设施。

欧盟建立起了以空间发展政策基金为核心的自上而下的欧洲空间规划传导机制。NUTS 是基金审批、划拨，以及欧盟城市审计（urban audit）的重要区域确定标准。欧洲区域发展基金（The European Regional Development Fund，ERDF）专门用于支持 NUTS 3 级的统计区域实施区域发展计划，尤其是支持在跨国界、跨区域方面的合作项目。欧洲社会发展基金（European Social Fund，ESF）主要支持 NUTS 1 级或 2 级的统计区域实施国家就业推荐计划。凝聚基金主要支持 NUTS 2 级统计区域人均 GNP 低于原欧盟平均水平 75% 的区域，和人均 GNP 低于原欧盟成员国平均水平 90% 的特定支持区域。资助比例一般为项目投资总额的 80%～85%。

欧洲空间规划观察网络（European Spatial Planning Observation Network，ESPON）基于 NUTS 统计区域对欧盟空间发展情况和跨国合作项目开展独立研究，为欧盟各成员国的空间规划实施提供技术咨询、评估、监督和协调服务。ESPON 的研究经费 75% 来自于欧洲委员会，25% 来自于各成员国和自由经济联合组织。其研究成果不仅供政府组织参考，也以出版物和研究报告的形式在网站上面向公众公布，进而提高公众对欧洲空间规划实施的参与度。

总体上，欧盟基于人口规模和功能地域划分出多层级的标准地域统计单元（NUTS），从而为编制空间规划、制定空间发展政策提供了稳定的跨界空间分析单元基础。正式的、多层次的行政管理机构围绕 ESDP 和配套的空间发展政策基金保证了区域空间规划的实施，实现了区域的融合发展和竞争力的提升（郝柘淞，2023）。

2. 国内实践模式

建立新型地域空间单元的协调模式：城市空间组织模式本质上取决于城市物质空间环境与在该环境中人的社会、经济、文化活动的相互作用。空间发展区划是基于特定的地理区域内部各空间单元的发展基础和适宜性评价，对该地理区域的未来发展情况做出客观判断，并与空间发展总体战略定位和分工相互协调，采用"自上而下"的区域划分与"自下而上"的区域归并相结合的基本方法，界定不同空间单元发展方向的区划。其旨在制定和落实空间差异化的政策，促进空间均衡发展与结构优化。在我国，从国家、省域和市域层面建立新型的地域空间单元已经成为推动区域协调发展的重要模式。从国务院与国家发展和改革委员会批复的新型地域空间单元来看，可以分为三类：第一类是成立特定行政区域范围内的国家级新区，主要成立的有上海浦东新区、天津滨海新区、重庆两江新区等；第二类是建立综合配套改革试验区，采用鼓励制度创新的方式，突破限制地区经济发展和转型的体制障碍；第三类是建立各种目标导向的经济区，其中以国家级有关部门编制、批准和执行的战略区域最为典型，如京津冀、雄安新区、北部湾、珠三角、粤港澳大湾区等（陈秀山和张帆，2012）。

建立弹性管理机制的协调模式：建立弹性管理机制的协调模式主要包含两类。第一类是以区域规划来统筹区域交通协调发展。区域规划是指一定地域范围内对国民经济建设和土地利用的总体部署（崔功豪等，1999）。区域规划最根本的属性是公共政策属性（谢惠芳和向俊波，2005；谷人旭和李广斌，2006a，2006b），在区域规划中需要合理布局生产力，努力拉近不同地区之间生产和生活的条件和水平，积极发展和援助落后地区，谋求区域整体均衡发展。总体上，通过建立地域实体单元以及编制相应的区域规划，能更好地发挥不同区域的比较优势，形成合理分工、优势互补、利益兼顾、协调发展的区域格局。第二类是在新型地域单元和空间规划的基础上，建立负责区域规划实施、社会经济发展和区域经济协调的具体实施机构。一方面，通过在城镇群发展战略框架内设立常规管理机构，负责统筹各项区域事务，如长株潭一体化领导协调小组、湖北省推进武汉城市圈建设领导小组办公室（熊鹰等，2022；何雄和水兴雅，2022）；另一方面，建立跨行政区的正式、非正式协调机制，如广佛都市区"四人领导小组、市长联席会议、同城化协调会议、部门专责小组"构成的广佛市长联席会议工作协调机制（林雄斌等，2015），也能较好地促进空间一体化发展。

1.3.3 研究述评

目前国内已经对新区域主义理论及其在国家或地区层面上的实践进行研究，并结合案例进行阐述。在此基础上，本书基于新区域主义理论特征与实践案例，努力建立一个能够反映新区域主义理论内涵和案例特色的综合体系。这将有助于深入理解该理论的关键概念和原则，增强本书分析方法和研究结论的准确性与可靠性，并有可能为不同发展背景下的交通协调发展和区域治理提供参考。

目前，有关新区域主义的实践主要集中在宏观层面的区域空间规划与区域联合管治方面，主要针对经济、社会、环境等综合要素，开展案例分析和应用研究。本书将关注重点放在更为具象的交通领域，结合新区域主义与经济区内交通专题的案例实践，分析新区域主义如何促进区域交通发展和机制构建。在交通协调实践方面，有关区域交通一体化的研究取得了较为丰富的成果，阐明了城市群区域交通协调的实践模式。如能在粤港澳大湾区跨行政区交通建设的案例中加入理论内涵，则能进一步提升大湾区交通实践的理论意义。

本书将新区域主义的理论性和大湾区城际交通建设的实践性相结合，采用质性研究方法构建分析框架，理解新区域主义理论内涵和特征，将该理论用以剖析大湾区交通实践案例。可能的创新点主要在于：一方面，运用新区域主义理论特征，解读跨行政区交通基础设施建设过程，在一定程度上补充该理论用以指导城际交通规划、投融资、运营和管理的内容；另一方面，对大湾区多年以来的城际交通建设成果和经验进行回顾和整理，并尝试将其提炼为理论层面的协调机制，总结得到大湾区城际交通建设具有可供其他经济区借鉴的理论性框架和内容。

1.4　研究方法与篇章结构

1.4.1　研究方法

（1）文本研究法

本书通过提取半结构化访谈记录关键信息、搜集政府政策文件相应条例、捕获统计年鉴有效数据、挖掘可靠新闻报道、阅读有关新区域主义理论的文献资料，掌握粤港澳大湾区交通发展的基本情况、总结政府及相关主体在合作过程中采取的举措和发挥的作用、探究历次政策文件中谈及的交通规划、了解居民对涉及自身利益的跨市交通的关注，多视角共同切入，为基于新区域主义理论和交通实践案例提出分析机制打下坚实基础。

（2）案例研究法

本书在搭建起研究框架后，为了充分论证和说明大湾区多模式协调发展过程中所蕴含的新区域主义理论特征，搜集了有关城际铁路、跨市公共交通、高速公路、跨海大桥等多方面交通案例，获取相关的研究资料、规划文件等，了解其发展现状。同时，了解大湾区在推进和建设交通项目中的政策背景、部门协调过程、规划编制和协调细节等，以进一步探讨多模式交通协调发展过程中的经验和障碍。将其按照叙述所需进行拆解，分散在各章中进行论述，通过研究案例说明每一章节的研究主题。

（3）调研访谈法

本书在案例分析过程中，搜集了大量来源于访谈调研的一手资料。一方面，通过访谈相关政府部门、交通项目参与者、一线从业人员以及行业内的知名专家学者等，并到实地参观调研，有利于更好地对案例进行全面把握，建立起对案例发展过程更加客观、全面的认识；另一方面，通过半结构式访谈，也能获取很多与研究相关但在访谈提纲之外的信息，从而确保案例分析的创新性和真实性。

（4）理论演绎法

本书在第3章借鉴治理理论、新区域主义等理论解构区域治理和交通协调发展的理论逻辑。在融合这些理论对区域交通协调发展的机制分析思路的基础上，通过理论演绎法搭建粤港澳大湾区多模式交通协调发展的实现机制的可能形式，创新性地提炼出具有新区域主义特征的交通治理理论框架，并通过案例研究加以验证。理论演绎法将有助于对我国区域交通协调发展的实践开展行为层面的理论解释。

1.4.2 篇章结构

本书共分为9章，从新区域主义理论视角出发，对粤港澳大湾区多模式交通的协调发展机制展开论述，并最终讨论适合我国的区域治理模式与道路。

第1章为绪论，该部分介绍了城市区域与湾区经济发展、跨市跨境交通问题产生的发展背景以及解决多模式交通协调发展机制的重要意义，并解释了选择粤港澳大湾区作为代表性研究区域的原因。通过综述国内外学者对新区域主义和区域交通协调在理论和实践方面的近期研究现状，对本书所提及的核心专业名词"新区域主义""交通协调发展""区域治理""协作治理"做出定义，得到目前的研究不足与可以完善的研究点。最后明确了本书的研究问题、内容方法和技术路线。

第2章为针对区域治理与新区域主义的理论分析与框架构建。首先，该部分回顾了区域治理的理论基础、治理要素和治理效益，指出区域治理是打破行政边界限制、促进区域协调发展的重要途径。其次，追溯了新区域主义的理论源头，包括治理理论、新制度主义理论和网络理论，找寻其从中继承和吸收的理论思想，回顾了新区域主义兴起时期的历史背景，梳理了区域发展理论自传统区域主义到公共选择理论及最后诞生新区域主义的发展历程，详细介绍新区域主义的理论内容、主要观点和八大理论特征。再次，围绕区域治理中的重要环节——区域交通协调发展，论述跨界交通供给的必要性、影响因素和协调途径。最后，基于新区域主义的理论特征，将交通协调发展的实现机制精练成四个环节，创新性地构建出"治理理念—治理主体—赋权治理—治理网络"分析机制，搭建起研究框架，并说明粤港澳大湾区案例选择的两项基本准则。

第3章介绍粤港澳大湾区的基本情况和交通发展概况，以期在案例分析之前使读者对粤港澳大湾区有大略了解与认识。该部分先讲述了粤港澳大湾区这一我国开放程度最高、经济活力最强的区域之一，所展现出的国家战略地位、综合实力、人口与经济发展等内容，进而回顾了从"小珠三角"到"大珠三角"再到粤港澳大湾区的历次区域概念演变历史。接着，该部分总结了粤港澳大湾区的交通发展概况，在国家和地方等多层次政策规划指导下，大湾区逐渐打造出跨境通道、跨江通道、跨市通道、跨交通模式地空衔接等交通体系，囊括公路、铁路、航空、水运、城市轨道等多种交通方式，建立起区域内高效且便捷的综合交通网络。

第4章论述分析机制中的第一环节"治理理念"，即树立注重开放、过程与信任的区域发展观。首先，以大湾区城际铁路规划历程为案例，体现出大湾区在不同发展时期持续动态调整战略规划以解决实际问题、不断增强区域共识和认同感的新区域主义特征；其次，以不只局限于大湾区内部的城际铁路交通合作广清城际和深汕捷运为案例，说明大湾区中心城市灵活对待区域边界，在跨区域合作中采取与区域内部合作同等态度和举措，体现出新区域主义强调开放的理论特征；最后，以广佛线和东莞市塘厦镇跨市交通的完善为案例，说明广佛同城化和深圳都市圈合作过程中高度互信的政府和民间信任基础为项目的推进提供了良好基础。

第5章论述分析机制中的第二环节"协作治理"，即建立多协作主体参与的利益协调合作关系。首先，以大湾区城际铁路在省市合作模式中探索纳入其他社会主体参与投资，以及广州、深圳地铁接管珠三角城际制定新投融资方案为案例，体现出大湾区城际铁路在发展过程中致力于引入更多的社会资本，纳入更多元的投资主体，符合新区域主义理论的跨部门参与的理论特征。其次，以广州新塘南站—凯达尔枢纽、深圳地铁集团与香港地铁公司的合作、前海和深圳北站综合交通枢纽的跨部门实践为例，展现行政、市场和社会力量在城市轨道交通的规划、建设、投融资和运营等多环节中的公私合作，进一步关注多协作主体间的利益诉求、协调机制和合作关系的建构过程。

第6章论述分析机制中的第三环节"赋权治理"，即通过权力下放赋权执行主体自主负责事务。以早期广佛线建设过程中成立的第三方独立组织机构广东广佛轨道交通有限公司，港珠澳大桥项目中可以在一定权限范围内负责大桥主体工程部分的投资、建设和运营管理工作的港珠澳大桥管理局，全球首个铁路上盖物流枢纽平湖南综合物流枢纽的开发负责主体深铁国际，以及大湾区城际铁路整个发展历史中主导权从中央层面的铁路部门下放至省级层面的广东省政府、最后下放至市级层面的广深两市市政府的历程，深圳市公共汽车经营权限总体呈现不断放宽的历程，深圳地铁集团承担深圳北站一体化建设共六个案例，体现新区域主义理论中的重要特征赋权。

第7章论述分析机制中的第四环节"治理网络"，即建立网络化协作机制以形成网络结构系统。以广佛市长联席会议工作协调机制、深莞惠党政联席会议工作协调机制、港珠澳大桥"三级架构、两级协调"制度三个机制为案例进行介绍和解析，说明大湾区多模式交通协调机制在新区域主义理论指导下，最终形成强调网络的结构系统。最后将三个机制划分为不同的层次，均可以分为政府决策层、政府协调层和政府执行层三个层次。

第8章在粤港澳大湾区交通协调发展的分析机制与研究框架的基础上，以更宏观的视野探讨区域治理模式的演变历程以及新区域主义在中国语境中的适用性。该部分先列举了国内外处理区域性问题的多种手段，分别是扩大城市行政地域、建立新型功能地域空间单元、建立行政协调平台和协作型区域治理，这四种治理模式共同组成了区域治理体系。另外，通过对比不同区域治理模式的优劣利弊，论述基于新区域主义理论的协作型治理模式在中国语境下的比较优势和适用性，提出我国目前区域治理的思路转向是跨部门和跨地域的协作治理，且基于现行行政区划灵活开展协作治理是以更小制度成本取得更优治理效果的治理选择。

第9章为结论与讨论。本章尝试对大湾区多模式交通协调发展过程中所采取的具有新区域主义思想的举措进行总结，得到具有参考价值的研究结论和发展机制，提出有关多模式交通协调发展的实施建议，进而完善提炼出具备新区域主义特征的我国区域治理思路和治理框架。最后，总结研究不足与展望。

|第 2 章|　区域治理与新区域主义理论：
交通协调发展的理论框架

在全球化、市场化、分权化、协同化、城镇化等国际城市-区域发展趋势下，一些中心城市与外围地区的融合发展程度日益加深，城市间的功能边界逐渐模糊，城市-区域成为国家参与国际竞争与合作的一种主流的城镇群空间形态和主要空间载体（王婧和方创琳，2011；丁志伟和王发曾，2012；林雄斌等，2014）。邻近城市同城化发展，都市圈、城市群等区域一体化发展成为国家满足区域经济社会联系需求，提升区域和国家综合竞争力的重大发展战略。大都市区/都市圈（metropolitan area）、城市区域（city-region）、巨型城市区域（mega-city region）、巨型区域（megaregion）、大都市带（megalopolis）、城市群（urban agglomeration）、都市连绵区（metropolitan inter-locking region）等概念成为国内外学者认识、讨论与研究城市区域城镇群关系的基础（胡序威等，2000；姚士谋等，2006；顾朝林，2011；方创琳和赵文杰，2023；Gottmann，1964；Friedmann and Wolft，1982；Johnston，1994；Sassen，2001；Scott，2001b；Peter and Kathy，2009；Fang and Yu，2017）。

区域治理始终与城市区域发展息息相关。在城市群、都市圈成为国家促进新型城镇化与区域协调发展平台的背景下，如何跨越行政管辖边界推动区域合作和协同发展（唐燕，2010）是当下我国都市圈与城市群空间治理实践面临的重要问题（刘卫东，2014；张紧跟，2005）。区域治理是缓解区域主体间利益冲突、维系不同层级与不同主体之间协调与互动的资源分配机制和制度安排，其思想来源于包括政治治理、组织理论和公共政策理论在内的多种学科。而新区域主义作为区域发展的新趋势，其以开放、信任、赋权、协作等理念特征，能够较好地应用于中国特色语境下的区域治理研究。本章首先论述区域治理的理论基础、基本要素、实践模式；其次回溯新区域主义的理论基石和发展历程，分析新区域主义的内涵和特征；再次从区域治理的关键要素——区域交通协调与供给切入，介绍我国跨界交通规划的研究与发展现状，并着重突出在粤港澳大湾区跨体制的背景下，实现区域交通协调发展的必要性；最后基于新区域主义理论，创新性地构建出理论框架与分析机制，并基于该框架有选择性地纳入粤港澳大湾区多模式交通协调发展的典型案例。

2.1 区域治理

2.1.1 都市圈与区域治理

（1）治理与区域治理理论

"治理"（governance）一词最初源自古拉丁语中的"操舵"。20世纪80年代后期，该词开始被应用于制度经济学领域，并具备了全新的内涵。此后，"治理"一词在比较社会学研究中不断得到丰富（胡鞍钢，2004）。虽然至今对于治理的定义仍有多种不同的看法，但其基本共识是：治理是一个控制、约束和协调的过程，其中包含实现区域发展目标所必需的正式与非正式组织和联系（全永波，2012），是指具有多元主体参与、权力互赖与互动增强、自治性与自主性等特点，旨在建立一个具有网络化特征的后现代公共管理体系（Kooiman，1993）。

在当代社会中，治理已经从过去政府的单一行为转变为政府与社会、市场等多个主体之间的合作与互动。这种合作形式构成了新型治理模式，是现代社会治理的重要特征之一。在治理过程中，政府仍然扮演着重要的角色，但其角色已从单一的行政管理转变为与其他主体协作实现治理目标（Norris，2001b）。治理过程是一个复杂的系统工程，不仅包括政府的行政管理，还包括政策制定、资源调配、决策实施、监督评估等多个环节的综合性过程。治理的核心内容是实现多方合作、资源合理配置和共同发展（Norris，2001b）。为此，需要政府、企业、非政府组织和民间团体等多个主体参与治理。这些主体之间相互依存、相互制约、相互协调，以达成治理目标。政府、社会、市场三者的合作是治理的重要方式，各自发挥优势，共同实现治理目标。而非集中式与多样化的管理方式则是实现治理效率和公正民主的关键。通过采用不同的管理方式，不同的治理主体能够更好地满足各自需求，使治理过程更加公正和民主。因此，治理不再是政府单方面的行为，而是政府与多元主体之间合作的复杂过程。它旨在协调不同主体之间的利益关系，达成共同的治理目标。

治理的含义中包含了改变政府定位、摒弃统治理念、完善管理规则（Norris，2001b）。因此，可以从三个方面解读治理的主要内涵：①对于政府定位的变化，治理是一种替代传统政府统治的理念和方式，旨在改变政府与社会群体之间的关系，由对立转向协商和合作。这种转变表明政府的定位和角色发生了变化，不再是单方面的权力运用者，而是成为社会治理的合作伙伴和协调者。②对于社会整体的管理，治理是一个需要纳入公私部门的、与全社会相关的管理过程。它不仅涉及政府的职能，还需要其他社会组织和个人的参与和合作。这种涵盖全社会的管理方式，有利于形成全方位、多层次、全过程的管理模式，提升治理的效率和效果。③对于政治体系的引领，治理是具有引领社会公共利益达到最大化能力的政治管理网络。它强调政治参与、协商、合作和公共利益的最大化，具有引领和促进社会进步与发展的能力。这种政治体系的引领，需要各方面共同参与，协同作战，达成共识，以实现共同的治理目标。

治理的最终目标是实现善治，即通过各社会机构与群体之间的相互协调、对话与合作，实现公共利益的最大化，弥补市场自发行为与政府调控的缺陷，达成共赢的综合社会治理（Frederickson，2008）。治理理论主张治理主体应包括政府与非政府集团在内的复杂组合，政府仅扮演领航者的角色（Liesbet and Gary，2001）。治理过程中需要不同部门间形成自治自主的管理网络。多层次治理体系是实现善治目标的载体。以欧盟的多层次治理体系为例，其主要特点包括各层次的参与者共享决策能力、非等级式制度设计以及参与者通过广泛充分协商后的一致性表决（Grande，2000）。政府重塑是实现治理的根本路径。能否实现善治的关键在于改革行政制度，使其符合治理理念。方向性改革重点包括：行政组织由科层制转变为扁平式，政府与非政府机构、公众等更充分地接触和合作，打破传统固有的繁琐、低效、死板的管理模式；行政体制由集权转变为分权，下放权力给地方和基层政府，减少各层级政府职能，实现权力分散；公共物品由政府垄断转变为市场参与，鼓励市场和社会发挥生产公共物品的职能（俞可平，2000）。

治理理论已经得到了充分的发展，而区域治理则是在此基础上进一步完善和深化。区域治理是特定时空背景下不同利益主体为了促进特定区域空间生产关系和社会经济资本增值而形成的特定体系（张京祥等，2011），更加注重社会治理的地域性，因此跨区域的公共治理事务也成为了研究的重点。区域治理理念强调通过协调机制，将由多种组织、多个成员和决策当局共同作用形成的多层次、多变动结构中难以自发连接的成分连接，顺应各利益主体共同发展的需要，推动区域发展的有效合作。它既强调区域内部作为区域发展的基础，又突出区际协调作用；既主张在区域和区际的各个层面之间开展合作，并在合作的前提下展开竞争，又强调通过各成员间不断地对话和协商，促进各种利益的相互融合，在达成共识、自我约束、建立互信的基础上，形成多形式、多渠道、多层次、多元化互动的网络式协调管理局面，实现整体效益最大化。

（2）都市圈治理

随着都市圈之间社会经济联系的加强和城际功能的日益融合，都市圈治理已成为区域治理中的重要问题。都市圈良好的空间治理可以促进城市和地区的经济社会发展（Kaufmann and Kraay，2002），都市圈内大中小城市合作的不断拓展和深化，亦成为中心城市和周边城市在区域合作与竞争过程中实现可持续发展的必由之路（Ye，2013；张京祥和陈浩，2014）。在北美，都市区的治理主要依赖于地方政府合并（Consolidation）与巩固、联邦政府和州政府的双重管理体制和多主体协作管理等模式（Goldsmith，2009）。都市区的空间治理分别以"政府集权化"、"市场分权竞争"和"多元利益相关者网络合作"为特征（洪世键和张京祥，2009）。推进都市圈治理与合作已成为区域发展的共识，不同空间尺度的区域在合作方式上呈现出不同策略。例如，在欧洲，通过构建多层次合作体系、制定社会经济公共政策以及网络评估和监测机制，促进了欧洲空间规划的实施和整合（施雯和王勇，2013；Perkmann，2007）。

提高都市圈治理的有效性，需要协调政府与政府之间、政府和市场之间的关系（林雄斌等，2015b），充分发挥政府和市场在都市圈治理中的作用。在我国都市圈缺乏常规行政协调机构的情况下，"行政区经济"的传统发展模式导致了地方保护主义等负面影响，增加了城际合作的交易成本，阻碍了都市圈一体化的进程（陈剩勇和马斌，2004）。在中国的区域治理实践中，存在着"参与者积极性不足、合作领域有限、治理效能低下、协作形式化"等问题。为应对区域一体化和多边治理的挑战，公共政策的定位与方向有待进一步调整，从计划调配资源向服务和保障市场资源配置体系转变（张京祥和何建颐，2010）。

关于政府和市场在区域治理中的作用，主要有三种观点：第一种观点认为，区域一体化的发展主要取决于市场机制的成熟程度。随着城市功能性地域不断向行政地域外扩张，市场力量将突破行政区划边界，促进城市在都市圈规模上的合理分工与协作。当市场机制成为区域治理的主导力量，区域一体化进程将进入

"快车道"。第二种观点认为，城市行政区域可以通过"撤县（市）设区"等行政方式扩大为功能地域。但是，在中国的行政体制下，一方面市场经济体制尚不完善，市场失灵现象普遍存在，另一方面随着撤县设区的调整权限收紧，行政区划调整难度加大，且保持行政区划的相对稳定具有很多积极作用。因此，这两种观点都不具备切实的可行性（陈剩勇和马斌，2004）。第三种观点认为，区域治理应跳出市场分权或行政集权的选择，更多关注多主体之间的互动过程，建立政府、市场间的协作关系以达成某种平衡（张成福和边晓慧，2013）。在我国的都市圈治理实践中，通过各级政府间权力变动的政府间分权，或引入社会和市场力量的市场性分权，构建多主体协作治理机制已成为权力下放的新趋势（朱勍和胡德，2011）。

总体来说，我国都市圈治理的一般途径主要有两种（林雄斌等，2015b；周一星等，2001；尹来盛和冯邦彦，2012；张京祥，2009）：一是行政区划调整，将邻近县（市）纳入中心城市的行政管辖范围，通过政府主导的行政手段促进区域一体化的发展；二是跨界政府共同建立结构化的行政协调平台以促进合作。

（3）同城化发展与区域治理

同城化发展指地域相邻、社会经济发展关系紧密的城市，以一体化发展为目标，在基础设施、公共服务、体制机制、产业分工、空间规划、生态保护、资源开发等重点领域相互配合、彼此协调的过程，是区域城市间经济与社会发展到一定程度的必然趋势（邢铭，2007）。随着城市社会经济活动在区域层面的不断拓展，城市人口、规模和城市间要素不断增加。为了满足相邻城市之间日益增长的社会经济联系需求，同城化已成为促进城市群和都市圈协调发展的重要思路。以交通供给为例，随着跨城出行需求增加，城际铁路、轨道交通、巴士公交等交通基础设施持续改善，出行的经济成本和时间成本逐渐降低，城市间的可达性不断提高，相邻城市的社会、经济、空间等方面的融合发展水平得到巩固和拓展。当前，我国已形成京津同城、广佛同城、深港同城、长株潭同城、厦漳泉同城等多个都市圈同城化地区，以同城化为抓手带动区域一体化发展（表2.1）。

表2.1 我国地方"十四五"规划中提及的同城化或一体化概念

省份	同城化/一体化地区	城市群	都市圈
黑龙江	哈大绥一体化	哈长城市群	哈尔滨现代化都市圈
吉林	长吉、长平一体化	哈长城市群	长春现代化都市圈
辽宁	沈抚同城化	辽中南城市群	沈阳现代化都市圈

省份	同城化/一体化地区	城市群	都市圈
河北	北三县与通州一体化	京津冀城市群	省会都市圈
北京	京津雄同城化、通州区与北三县一体化	京津冀城市群	现代化首都都市圈
天津	京津同城化、静沧廊一体化	京津冀城市群	现代化首都都市圈
山东	济淄、济泰、济德、青潍日、烟威同城化	山东半岛城市群	省会、胶东、鲁南三大经济圈
山西	太原忻州、太原阳泉、太原吕梁、太原晋城	太原盆地城市群	太原都市区
陕西	西安—咸阳一体化	关中平原城市群	西安都市圈
上海	长三角一体化	长三角城市群	上海大都市圈
浙江	嘉湖、杭嘉、杭绍、甬绍、甬舟、甬台一体化	长三角城市群	杭州、宁波、温州、金义四大都市区
安徽	合六、合淮、芜马、芜宣、铜池、淮（南）蚌、淮（北）宿一体化	长三角城市群	合肥都市圈
湖北	武汉城市圈同城化	长江中游、襄十随神、宜荆荆恩城市群	武汉都市圈
湖南	长株潭一体化	长株潭城市群	长株潭都市圈
广东	广佛全域同城化、汕潮揭同城化	珠三角世界级城市群	广州、深圳、珠江口西岸、汕潮揭、湛茂都市圈
贵州	贵阳—贵安深度融合	贵阳—贵安—安顺都市圈、遵义都市圈	黔中城市群
江西	大南昌都市圈一体化	长江中游城市群	大南昌都市圈
云南	昆（明）玉（溪）同城化	滇中、滇南、滇西、滇东北城市群	昆明都市圈
甘肃	兰白定临一体化	兰州西宁城市群	兰白都市圈
新疆	昌吉市、五家渠市、阜康市、奇台县同城	天山北坡、南疆城市群	乌鲁木齐都市圈
广西	北钦防一体化	北部湾城市群	南宁都市圈
青海	西宁—海东都市圈协同融合发展	兰西城市群	西宁—海东都市圈
四川	成德眉资、内江自贡	成渝城市群	成都都市圈
重庆	长寿、江津、南川、璧山同城化先行区	成渝城市群	重庆都市圈

续表

省份	同城化/一体化地区	城市群	都市圈
内蒙古	呼包鄂乌一体化	呼包鄂榆城市群	呼和浩特都市圈
河南	郑开同城化	中原城市群	郑州、洛阳两大都市圈
江苏	宁镇扬、苏锡常一体化	长三角城市群	南京、苏锡常、徐州都市圈
福建	厦漳泉	海峡西岸城市群	福州、厦漳泉都市圈
宁夏	沿黄城市群一体化建设	沿黄城市群	银川都市圈
海南	全岛同城化		
西藏	拉萨山南经济一体化		

资料来源：根据规划文件整理（因资料获取困难，香港、澳门和台湾未包含在内）。

同城化发展是提升都市圈竞争力的现实需求，是区域经济社会一体化发展的长远趋势（王德等，2009）。相邻城市发展的关联性、差异性和通达性是同城化发展的基础条件（段德罡和刘亮，2012）。从空间分布角度看，同城化发展具有"毗邻型"和"遥望型"两种类型。其中"遥望型"可以进一步细分为"分散组团"、"共筑新城"和"生态绿核+卫星城镇"三种类型（段德罡和刘亮，2012）。从行政区划角度看，同城化具有区县（市）同城化、跨市同城化和跨省同城化等类型（林雄斌等，2015b）。从我国同城化的实践经验来看，同城化发展具有如下的主要特征（焦张义和孙久文，2011）：①同城化发展是都市圈相邻城市一体化发展的先进阶段，同城化现象易于发生在地缘相近、经济社会关系密切、文化同源的城市间。同城化发展的根本驱动力来自市场化需求，单纯靠政府推动难以持续发展。②同城化发展具有空间距离门槛。同城化城市间的主城区距离往往相近，甚至连片发展，功能边界模糊。③城市间发展水平有差异性和互补性。相对成熟的同城化发展实践通常发生在都市圈中心城市与外围城市之间。都市圈城市的空间规划、产业结构和经济发展要素等多方面存在较大的互补空间。④同城化地区是区域发展的增长极。区域内中心城市与外围城市的一体化发展将进一步巩固和增强同城化地区在促进区域经济社会协调发展过程中的增长极地位。

在同城化的发展路径方面，当前，我国推动同城化发展的策略仍以行政主导为主。为了推动跨城的协同发展，跨界城市政府一般会在战略决策机制、规划协调机制、政策衔接机制和重点领域合作机制等方面制定实施策略。例如，设立由城市主要党政领导负责的"同城化发展领导小组"等结构化议事协调平台；合作编制跨城的"同城化发展规划";签订"同城化建设合作框架协议"等政策文件;在交通供给等重点领域制定年度重点项目实施计划等。例如,在推进广佛同城化发展过程中,广佛两地成立了党政四人领导小组,确立了市长联席会议协调机制,形成了多层次的结构化议事协调平台(Yang et al.,2015;林雄斌等,2015c)。在此基础上,荔湾—南海、花都—三水、番禺—顺德分别签署了共建广佛同城化合作示范区协议,从市和区两个层面共同发力。

2.1.2 区域治理的要素研究

地理学和城市规划的核心领域是"人地关系地域系统"(吴传钧,1991),通过研究人类社会经济活动对经济、产业、生态、环境、政策等的影响机制和作用规律,来实现人类社会经济活动的有效调控,实现城市区域的社会、经济与生态环境的可持续发展(陆大道,2013)。区域协调发展不仅要处理好城市与区域的关系,也需要结合特定的要素实现更紧密的协调。尤其在城市区域的空间结构和互动关系的基础上,伴随着社会经济发展不断扩大的网络效应,会呈现显著的正负外部效应。因此,实现城市区域的协调发展,不仅需要建立有效的区域治理体系,更需要实现一些交互作用明显的社会经济要素的深层次协调。

(1)区域治理的交通视角

交通基础设施是推动区域社会经济发展的骨架,也是提升区域内各城市社会经济联系紧密度的物质支撑。区域交通一体化的本质是推动综合交通运输体系(包括高速公路、城际铁路、地铁等多种交通方式)的协调发展、互联互通,以支撑社会经济发展对交通可达性和机动性的需求,其发展目标是构建与服务范围、交通需求、空间结构、多模式类型需求相互一致的交通网络(孔令斌,2004)。总体上,交通对区域经济发展具有"经济诱发、开发先导、区位再造和资源创造"等功能(张泓,2012),推动交通基础设施一体化是支撑空间协同的重要基础。例如,在粤港澳大湾区,道路交通和轨道交通均在很大程度上塑造了功能多中心空间结构的形成(冯长春等,2014)。

优质、高效、绿色的交通体系是优质生活圈建设的共同诉求,尤其以交通为导向的区域开发和联动模式(邵源等,2010),将有力地推动区域一体化战略目标的形成和发展。当前粤港澳大湾区存在"交通规划零散、多层次轨道交通换乘衔接不顺畅、交通设施缺乏共建共享机制"等问题。再加上"一国两制"体制的差异，粤港澳跨境地区还存在交通供给不足、通勤效率低、跨境交通使用不便捷等问题（孔维宏，2018）。随着粤港澳大湾区融入国家空间发展战略，构建互联互通的跨界交通设施将成为未来经济发展的方向，这意味着交通一体化程度将显著提升。例如，港珠澳大桥的联通运营显著提升了广东和香港、澳门的时间和费用可达性。其中，香港与珠海的时间可达性提升最高，香港与珠三角西岸和东岸城市的费用也将显著降低。总体上，港珠澳大桥将显著提升珠江口西岸地区的区位优势，从而在更广的空间范围上，满足不断增长的跨界交通需求，促进区域融合（吴旗韬等，2012）。

（2）区域治理的产业视角

城市和区域发展不仅是城市化功能不断完善的过程，也是产业不断转型和升级的过程（贺灿飞，2018）。城市区域的主导产业及产业结构在很大程度上是与城市经济的发展阶段和区位特征相互匹配和更替演进的。在市场化、分权化、全球化的发展背景下，在发展模式与社会经济面临转型的区域，产业结构更替演化也更加明显。目前产业和区域发展的理论从产业集中、产业集聚、产业演化的基本特征、经济效应和形成机制等多个视角来理解产业发展与区域发展的关联。例如，关联产业的企业在地理区位上的集中分布，能实现基础设施和劳动力共享，进而降低交易成本和市场风险，并推动创新（贺灿飞和刘洋，2006）；一些企业的地理集聚能实现集聚经济，从而降低生产成本并提升企业发展效率（贺灿飞，2007）；企业的演化是指企业进入、成长、衰减和退出市场的动态演变过程，企业演化的不同阶段会对城市经济、技术联系和区域结构产生相应影响（贺灿飞，2018）。企业发展、空间分布与区域产业结构的变化，不仅是区域资源禀赋和产业自身比较优势的结果，也受外部环境、制度安排和行为主体的战略性选择等影响。例如，认知邻近性、组织邻近性、制度邻近性、社会邻近性与地理邻近性会对企业出口演化产生影响，但对不同的产业，其影响程度存在差异（贺灿飞等，2017）。

在城市群内部，社会经济要素的自由流动更易催生出协调有效的产业分工，从而对经济结构和区域发展产生作用。例如，粤港澳大湾区具有独特的区位优势和资源禀赋，核心城市的经济结构以外向型经济为主（展金泳等，2016）。在综合交通体系相对完善的背景下，大湾区通过市场主体的自主选择以及产业政策的支持和引导，优化区域产业结构，从而缩小地区差距，提升区域协同发展水平。大湾区内部的产业集群与分工优化进一步外溢到广东省，在推动大湾区产业升级、培育高新技术等高附加值产业的同时，广东省提出产业和劳动力转移的思路，鼓励粤东西两翼和粤北山区积极主动承接大湾区转移出的劳动密集型等产业。大湾区通过产业政策扶持与要素自主流动推动了产业升级，而广东省通过以产业转移为代表的区域治理实践促进了城市间的优势互补和产业协调发展（张衔春等，2018）。

（3）区域治理的生态视角

区域协调发展也是人与自然和谐共生、生态良好的可持续发展。城市功能与生态功能是区域复合生态系统功能的具体反映，其互动关系主要表现为区域不同城市化背景下的生态环境效应，研究这一问题的本质是解决以人为核心的复杂空间系统的动态平衡途径，从而准确把握空间复杂性的基本属性和空间复杂化的演变机理。区域的城镇发展与区域的生态环境间存在交互耦合的胁迫和约束关系（黄金川和方创琳，2003），城市化诱发的复合生态环境问题的核心在于资源的低效利用、系统关系的不合理以及自我调节能力低下等方面。刘耀彬等（2005）在灰色关联分析的基础上，揭示出城镇化发展会对生态环境产生胁迫作用，生态环境保护同时对城镇化发展具有约束作用。随着城市和区域的发展，其产生的生态环境问题（如空气污染、水污染、土壤污染等）往往会跨越行政边界，产生显著的负外部性。因此，从生态环境视角来看，跳出单个城市边界限制，基于更广域尺度的区域生态治理和协作机制是目前该领域重要的研究方向。例如，长三角城市群在区域大气污染治理中，通过构建府际治理网络与协作机制应对流动性的环境污染问题，并呈现出阶段式演化的动态特征。整体上，长三角城市群的协作网络由中心城市主导向多中心治理的小圈层协作演进，形成内部互惠型的合作治理格局（易承志和杜依灵，2023）。在粤港澳大湾区，随着城镇化和工业化进程加速，区域内城市气象环境、地表温度、城市空气质量均发生了明显的变化（钱乐祥和丁圣彦，2005；王晓云等，2005）。已有研究指出，粤港澳大湾区建设面临严峻的生态环境压力（唐天均，2018）。为了改善生态环境，粤港澳大湾区应加强构建预防、监督和应对生态环境问题的协同治理机制，在"一国两制"背景下，建立跨越不同法律体系和环境标准的协同治理体系，形成政府间环境合作的行动框架（任颖，2018）。

2.1.3　区域治理的效益

区域协调发展在未来很长一段时期内仍是促进我国区域开发与经济增长的重

要策略。都市圈、城市群的社会经济增长会产生较为显著的空间溢出效应。在美国，区域层面的交通投资与建设的外部效应促使美国都市区规划组织的成立，并开展都市区交通规划与协调（陈君娴和杨家文，2018）。这种空间溢出效应能进一步通过"学习效应、分享效应、竞争效应"等实现不同城市社会经济的收敛，尤其是随着城际铁路等交通基础设施的建设和开通运营，大多数都市圈经济增长基本呈现收敛趋势（陈丰龙等，2018）。

对于不同的要素来说，区域协调治理的效应是存在差异的：①交通投资的外部效应。交通供给具有积极的溢出效应，即交通的社会效益大于为享受服务而愿意支付的成本（Eberts，1990）。交通投资对区域经济增长具有乘数效应和效率改进效应，交通供给改善可以提升区位优势，有利于企业降低生产成本、提高生产效率（冯伟和徐康宁，2013；宗刚和吴寒冰，2011）。②产业集聚的效应。区域产业结构分工及某些产业在特定区域的集聚成为都市圈、城市群发展的重要手段。但在产业集聚的初期阶段，可能不利于区域协调发展。例如，特定时期内的产业集聚一方面会促进中心区的经济增长，另一方面会扩大区域中心与外围地区间的居民收入差距（赵祥，2010）。③财政转移支付的外部效应。一些研究指出，转移支付能引起产业转移，但只有当转移支付达到一定"门槛"时才会引起产业转移，总体上，我国当前财政转移支付政策能够增加欠发达地区的产业份额，但在有效缩小区域间生产效率上作用有限（颜银根，2014；郝柘淞，2023）。

2.2 新区域主义理论

区域治理的核心在于，地方政府只有通过共同利用区域内部的资源，并且开展协商和合作，形成相互依赖的关系，才能够实现地方政府各自的发展目标。随着分权化与协调发展逐渐成为全球区域治理的主流趋势，在不改变现行行政管理体制和行政区划的前提下，以何种理念、形式和机制达成囊括多主体的区域治理成为我国都市区发展的重要问题（吴瑞坚，2014）。新区域主义经过传统区域主义和公共选择学派等多重理论的演变与发展，避免了传统区域主义的结构性改革，注重跨部门的自愿协作和网络化的治理机制，在区域理念和运作机制等领域表现出成熟性和优越性。新区域主义吸取了治理理论的思想精髓，又在此基础上更进一步，为解决区域治理问题提供了理论参照与治理路径，能够较好地指导大湾区的交通协调发展。

2.2.1　理论溯源

对新区域主义理论的思想进行溯源，在新区域主义吸纳各理论的相关思想的过程中，可以发现除区域治理理论以外，对其理论建立起到关键作用的基础理论还包括网络理论和新制度主义理论（殷为华，2009）。区域治理理论强调政府、社会与市场在社会管理中的共同参与，政府需要授予更多社会主体参与治理的权力，实现主体之间的相互依赖、制约和协调；网络理论提倡通过自身合理性和利他性的驱动，使各组织与个人在区域内建立稳定的联系，自愿形成高效的网络结构，实现区域整体层面的资源利用效率最大化；新制度主义则指出开放和可靠的制度越来越成为区域成功发展的决定性要素，需要通过合适的规则安排搭建起利于多主体合作的机制。三大基础理论中有关开放与动态的制度、自愿互信基础和区域共同体意识、多主体参与及赋权、网络化的协作范式等理念，逐渐被吸纳为新区域主义理论的核心理论特征。鉴于区域治理理论已作讲述，下文将重点介绍网络理论和新制度主义理论的基本内容。

（1）网络理论

在区域发展和规划领域，网络理论在广泛充分吸收公共产品、交易成本和囚徒困境等理论的基础上，提供了一种研究和说明不同地区之间联络和交互的理论工具，成为指导跨地区合作的重要理论之一（Richard，2003）。在一个相互依存的社会网络中，网络理论的核心关注点是各主体之间的联络和交互，因此该理论能够很好地面对相互依存条件下各主体之间的合作模式类型。合作模式类型包括机构间的合作企业、政府间的项目管理结构、公私合伙制和合同制，也包括公共机构、公司企业、非营利机构、社会民众之间形成的互赖关系。通过建立稳定的联系，区域内的组织或个人形成一个高效的网络结构，能够极大地提高资源利用效率、创新力和竞争力。

在一个相互依存的社会网络中，网络理论的核心关注点是各成员之间的联络和交互。这些联络和交互被视为网络中的节点和连接，节点由不同类型的组织或个体充当。连接意味着各节点间的相互关系，包括合作、信息交换、资源共享等。网络理论认为，节点之间的联络和交互是相互影响和依赖的，而不是单向的。这种相互依赖和联系关系形成了一个极其繁杂的网络结构，作用于整个网络的运行和发展，使得网络主义的治理机制适用于跨行政区的区域共同体。

20 世纪 80 年代以后，公共行政学逐渐将组织网络理论作为研究重点，并注重探讨其在公共管理领域中的重要之处。该理论的兴起源于传统公共行政学理论基于指挥和命令的统一性，假设公共机构具有指挥权和控制权。因此，早期的理论强调科层制和集中控制，此时的科层制治理机制的主要作用是替代市场治理机制。然而在实践中，该治理模式不断暴露出弊端，局限性越来越明显，造成了频繁出现的政府失灵现象。而组织网络强调的是各组织之间的相互依存和协作，是对市场与科层制具有超越性的新型治理模型，所以能够克服传统模式具有的缺陷，从而提高公共服务水平。在此背景下，当代西方公共行政学根据组织网络理论基于共同利益和信仰，形成正式与非正式联结，以及交换、互惠和协作关系的理论特点，提出"政府间的"这一术语的新内涵，包括除各级政府间的关系以外，还包括政府与准政府、各社会组织之间的契约、管制、援助和互惠的关系。在该理论的语境下，自治自利的机构通过自愿联系和相互协作，也能够取得共同利益，实现共同目标，公共职能不再是仅仅属于政府的领域。这极大地推动了政府治理模式的演变，改变了以往的等级制政府治理传统模式。

（2）新制度主义理论

新制度主义是在 20 世纪 70 年代后期产生的重要思想流派之一，在经济学、政治学和社会学等社会学科领域得到广泛应用。与旧制度主义不同的是，新制度主义认为制度更多地表现为一个动态的过程（Jones，1999）。新制度主义是一种基于制度的分析框架，关注正规法规和非正规习俗、企业、政治组织和公众参与机制等各种组织形式对于行为的影响，探讨制度对于政治、经济和社会运行的重要性。

在推进跨区域治理的过程中，一方面，因为制度概念在发展过程中，已不再等同于正式政治组织及其法规，而是包括了人类活动中长期形成的习俗、信仰、惯例及文化等非正式制度。制度概念得以延伸涵盖了所有与政治、经济、社会和文化等相关的内容。另一方面，新制度主义认为建立管理制度的目标是增强联合行动能力（耿云，2015）。因此制度需要体现出中央政府对地方政府的赋权特征，还有中央与地方、地方与地方及其与私人企业、非政府组织、社会民众之间的伙伴关系。这使政府需要置身于公共领域的合作网络制度中。

在推进区域一体化的进程中，新制度主义主要关注的是各种制度安排和环境建设。前者指特定的组织形式，包括实体性机构如立法机构，后者指对经济有塑造作用的各种正规法则和非正规习俗，包括各种信念、习惯、禁忌、行为准则和规章制度等。同时，新制度主义认为超越地域范围的机构作为多层次、多中心的政治组织具有重要作用，该组织涵盖了不同形式和程度的制度化进程，可以显著呈现出行为主体和制度结构之间的相互作用关系（王学东，2003）。

新制度主义研究范围广泛，不仅关注政府组织内部的制度安排，还研究其他组织和机构，如企业、非政府组织、学校和宗教机构等。这些组织内部也存在着各种制度，它们的制度安排也会因为其在社会中的运行，从而影响到政治、经济活动的运作。新制度主义认为，不同组织之间可以形成网络化结构，在它们的相互作用过程中，影响整个社会的运转，是十分重要的存在。因此，新制度主义把政府、市场和社会三者之间的互动关系看作是实现社会治理的重要途径之一。

新制度主义强调在生产要素以外，竞争、开放、统一、可靠的制度越来越成为国家或地区成功发展的决定性要素。但制度本身不会自觉改变（Ostrom，2005），因此利于修正相互间关系的集体行动能力、区域主要社会参与者之间的联动能力，成为提高社会性学习和适应能力的重要前提条件。协作文化氛围和区域共同体意识日益成为完成区域动员的潜在因素，借助于网络范式的兴起，基于持续学习和适应过程的集体行动能力愈加重要。

2.2.2 发展动力

(1) 全球经济一体化进程的推动

全球经济一体化进程持续推动世界各国之间的经济联系和贸易往来，全球化的崛起和跨国企业的兴起极大地加强了各国之间的紧密联系，使得贸易和资本在各国之间流动达到了历史上的最高水平。该趋势表明，各国之间的联系正在日益加强。为了更好地应对这一新趋势，许多地理位置相近、经济相互依存的国家或地区之间频繁签署自由贸易协议和双边贸易协议，以加强经济合作和贸易关系，从而获得更多的经济收益。这些协议为贸易提供了更加有利的条件，促进了全球经济的发展。例如，北美自由贸易协定（North American Free Trade Agreement，NAFTA）和亚太经济合作组织（Asia-Pacific Economic Cooperation，APEC）等自由贸易区的建立，为区域内的贸易和投资提供了更加便利的环境，同时也推动了全球经济一体化的进程。一些国家或地区还会组建新的联盟和组织，加入区域经济一体化进程，以更充分地整合资源和市场，并提高自身的地位，增强在国际经济中的影响力和谈判能力。例如，欧盟作为全球最大的经济体之一，已经成为了一个政治和经济联盟，其成员国之间可以自由地进行贸易和投资，共享资源和技术，并且共同应对全球挑战。

（2）资源环境约束下区域合作发展的需求

为了应对人口增长和日益增加的需求对有限自然资源和空间带来的压力，全球各国需要通过区域合作的方式来实现可持续发展。经济发展需要大量的资源和投入，因此降低管理和交易成本是非常必要的。在这种情况下，各国需要通过优化资源的分配和利用，最大化资源产出并实现最优化配置。这需要各国制定合适的政策和措施，以共同充分利用有限的资源和环境，促进经济和社会等方面的可持续发展。资源环境的约束也为各国提供了在区域合作中进一步发展的机会。各国可以通过跨国合作共享技术和知识，促进环境保护和可持续资源利用的创新和研发。这将有助于提高经济、社会和环境的效益，同时加强国际合作和交流，促进全球可持续发展。

（3）各种多边谈判机制和内容创新的努力

近年来，全球各种多边谈判机制和协议不断涌现，但是达成共识的难度越来越大。这主要是因为各国的经济发展水平、政治制度和文化背景等存在差异，这些差异会阻碍协商的进程。尽管一些多边协议仍未能达成最终的共识，但这也推动了协商内容和方式的创新，为新区域主义理论注入了新的元素（肖欢容，2003）。随着成员国的增加和协议内容的不断扩大，各国也意识到单一的经济和政治合作已经不足以满足当今多边谈判的需求。因此，各国需要引入更多新的元素和议题来促进协商，如可持续发展、知识产权保护、环境保护和社会公正等议题。在这种情况下，一些地理位置接近、经济发展水平相近的国家组成了区域联盟，以维护自身利益和影响力，并在多边协议的谈判进程中发挥更加积极的作用。同时，区域联盟也促进了成员国之间的相互了解和合作，从而增进了彼此之间的信任和互信。

2.2.3 发展历程

（1）传统区域主义理论

在 19 世纪末，随着工业革命和城市化规模的不断提升，西方城市的规模和功能逐渐扩大，使得城市治理的问题愈加突出。在这个时期，由于自治传统的影响，城市治理主要由地方政府行政机构独立管理。然而，随着城市范围的扩大，城市已不再是简单的一个镇、县或市，而是由综合要素组合而成的大都市，包含了社会与文化相关的多种因素。此类城市本已逐步发展成一个独立性强、功能完备的整体，但因为历史过程的原因，其被分别划拨和设置于不同的城市行政区域范畴，导致其区域统一性被破坏。在这样的大都市区域空间中，每个地方政府都拥有各自的独立统治权。然而，具有区域性、跨越多个行政区域的公共服务职能，如教育、医疗、卫生和环保等，却在多个地方政府行政主体之间进行分割。这导致了"政治碎片化"现象的出现，会波及大都市区域空间中公共产品和服务的供给过程。同时，这也会导致各自为政、恶意竞争和重复建设而降低了效率。这使得统一的政治领导在区域层面缺失，无法在各地方政府之间引领同步协调的行动举措，导致许多社会问题难以得到妥善解决。

面对这一问题，19世纪末，美国学术界开始研究和探索建立大都市政府的理论和实践，这一运动被称为"传统区域主义"。其目的是将分散的地方政府和公共服务职能整合起来，建立一个统一的、跨越多个行政区域的政府机构，以更好地克服大都市区域空间中的社会难题和提供公共服务。

传统区域主义，又称为"大都会主义"、"统一政府学派"、"巨人政府论"或"单一政府论"，其重点关注社会公共服务的效率和公平，倡导理念是"一个区域，一个政府"（曹海军和霍伟桦，2013）。基于传统区域主义的理论观点，组建凌驾于地方政府之上的区域层面的大都市政府，即巨人政府，是城市治理"碎化"现象的解决途径。此类巨人政府可以被分为三种类型：单层、联邦式双层及其他类型大都市政府结构。单层类型可以通过中心城市兼并郊区或市县合并来实现；联邦式双层类型的方式是地方政府通过让渡一定的权力成立大都市政府，但仍保有原地方政府行政主体，造就了诸如双子城的模式；其他类型还包括组建合适的统一政府结构等。

在是否应该组建大都市政府这一点上，传统区域主义各学派达成了统一的肯定观点，差异在于组建的具体操作和模式。基于政治学和行政学视角，传统区域主义思想来源于韦伯的理性官僚制模型，它相信政府官僚机构具有理性的管理能力。因此传统区域主义倡导建设一元化体制，通过从上至下的科层制命令体系来克服大都市遭遇的各种挑战。

传统区域主义的发展过程可分为四个时期：兴起、高潮、衰落和复兴。传统区域主义的兴起阶段可以追溯到19世纪末20世纪初的美国，当时的政治学和行政学大师Woodrow Wilson、Frank Goodnow和Frederick Taylor等提出了建立大都市政府的理念。1897 年，纽约市成功合并布鲁克林、奎因、斯塔德岛、布诺克斯和曼哈顿，组建起"大纽约市"，标志着北美第一波"区域政府合并"浪潮达到了顶峰（叶林，2010）。在此后的几十年里，Chester Maxwell、Paul Studensky、Victor Jones、Luther Gulick 等学者传承和发扬了有关组建大都市政府的理论。

然而在不久后，传统区域主义的有效性开始受到越来越多的质疑，使其进入了衰落阶段。原因在于自由主义思想的影响下，人们开始对建立巨型政府持怀疑态度，并认为"小政府"是更好的选择。同时，实践证明传统区域主义的许多改革方案并不成功，许多城市的联邦式双层大都市政府也无法取得显著的治理效果。在 1907~1947 年，美国没有成功的城市合并案例（Lefevre，1998）。与此同时，社区权力和公共选择理论的兴起也使得传统区域主义受到了挑战。前者主张建立邻里政府，以分散提供服务和政策决策的权力，而后者则提倡以多中心市场机制，实现多元治理和民主行政。在这场理论辩论过程中，公共选择理论占据了主导地位，成为美国大都市治理变革的主要推动力量。

（2）公共选择理论

公共选择理论对于传统区域主义的批判主要源于对"政治碎片化"的考量。该学派认为，"政治碎片化"的确会造成一系列弊端，然而传统区域主义所提出的解决方案却使事态变得更加严重，而且根本不能帮助消除"政治碎片化"造成的弊端。

公共选择理论认为，与集权政府结构相比，多元政府结构更能满足大都市治理的需要。碎化的行政主体使得市民拥有了更多的选择机会和权力，可以鼓励各行政主体开展竞争，实现服务效率的提升。而过于庞大的政府会忽视公民需求的多样性，采取"一刀切"的政策。公共选择理论认为，为了提升公共产品的供给效率和质量，应将部分公共产品和服务的供给任务委托给市场，即以政府与企业签署协议的方式，搭建公私伙伴关系。此外，地方政府也可通过与其他地方政府合作来共同承担或转移公共产品和服务的生产职能。建立区域性的负责某项具体事务的专区也是一个可行的选项。在这种政府合作的形式下，地方政府可以通过优化资源配置、扩大规模经济、协同效应等方式，提高公共产品和服务的质量与效率。

与传统区域主义的集权模式相比，公共选择理论倡导的是市场导向的分权模式，两者存在根本性的差异。在后者中，权力不再只集中于政府，而是分散在政府、企业、社会组织和个人等更多元的主体中。这些参与主体受到市场的激励，通过合理竞争，提高大都市内部资源利用效率和治理合理性，达到实现公共产品和服务的最佳提供方案的目的。基于以上原因，公共选择理论反对对地方政府的统一集权，而主张保留分散的地方政府行政单位，以充分利用竞争的优势，为市民提供更高效、更经济的公共产品和服务。这种分权模式通过市场机制的引导，能够充分激发各参与主体的积极性和主动性，提高资源的利用效率，促进城市治理的协调发展。

公共选择理论经历了三个不同的发展阶段：兴起、高潮和融合。1956 年，Charles Thibert 以"用脚投票"理论支持大都市区域建立多中心结构，反对传统区域主义。随后，Ostrom 夫妇、Robert Warren 和 Robert Biss 等学者基于公共选择理论，开始探讨城市治理问题，推动了该学派步入繁荣阶段。新的理论视角包括解释正式结构与个人需求之间的关系；说明规模差异将导致政府在供给公共产品时产生效率差异；通过区分公共产品的生产与供给职能，加深对地方政府职能的认识。

但是自 1990 年起，公共选择理论逐渐面临各方面批评。一方面，该理论中"经济人"假设在现实中难以实现，由于客观存在多方面因素的干扰，参与者无法持续保持理性和自利性，导致无法将利益最大化。并且公共选择理论过于忽视政府作为公共部门的特性，而政府应该优先考虑公共利益（Stephens and Ross，2000）。另一方面，"碎化"行政主体的效率是被质疑的重点。在基于该理论开展城市治理的后期，"政治碎片化"程度进一步加深，造成大都市区域中各行政主体职责混乱，导致治理效率下降，难以为市民供给高水平的服务（Parks and Oakerson，1989）。此外，研究者发现公平竞争只是理论条件，缺乏实质性的事实支持（Frey and Eichenberger，2001），使得公共选择理论缺乏经验证据支持其假设（Keating，1995）。

虽然公共选择理论遭受了大量批评，但它并未从此消失，而是逐步被吸纳进新的城市治理理论中，该理论即新区域主义理论，被称为城市治理的第三阶段。

（3）新区域主义理论

传统区域主义和公共选择理论，两者分别基于政府和市场两个对立的出发点，试图解决大都市治理问题。传统区域主义从宏观结构层面出发，提倡以政府为绝对主导力量，以统治手段和模式治理大都市；公共选择理论从经济理性层面出发，主张以市场为基本动力机制。然而，两种理论在发展过程中都接连经历了现实挫折。20 世纪 70 年代，西方国家遭遇大西洋福特主义危机，这暴露出政府难以强力有效地管理公共事务；80 年代，以英美为首的采用新自由主义理念的国家造成了本国市场失灵的现象，说明仅依靠纯粹的市场机制协调公共事务的效果同样不佳。在此情况下，政府、市场和社会三者间的作用和关系被学界重新审视。城市化和区域化的进程受到资本主义经济全球化趋势的影响，而新区域主义的兴起则与全球化和分权化的趋势有关。1990 年后，由于经济全球化的不断加强，世界各个大都市开始将目光聚焦于努力提升自身区域竞争力上。在实践过程中，传统区域主义与公共选择理论呈现融合态势，促使城市治理领域出现了新的思潮，即反思以往理论过于片面强调某一方面的作用，主张将政府与市场、集权与分权等理念辩证看待，各取所长、统筹考虑才能更好地治理大都市。因此，区域主义在 20 世纪 90 年代后得以再度兴起，形成新区域主义。

2.2.4 理论内容

在 20 世纪 90 年代末，当世界经济越来越趋向以区域为中心的聚合式发展，并且多中心治理理论遭受质疑时，一个新的大都市区治理视角开始形成。这个视角建立在北美和西欧大都市区跨区域性政策的经验性研究基础之上，并吸收了多中心理论的部分思想。这个新视角即是新区域主义。新区域主义不是传统区域主义的简单复刻，而是在发展策略、区域规划和地方政府角色等方面对区域主义做出革新，主张城市治理的成功在于合作性安排。新区域主义理论的主要内容如下。

（1）强调多层治理的区域治理决策机制

新区域主义理论融合了单中心和多中心两种体制模式的思想。该理论认为，区域治理的核心在于建立一个稳定的网络关系，由与治理和发展政策相关的个人和机构组成（简博秀，2008）。这些网络关系不仅需要得到不同能力和背景的行动者的支持，而且需要覆盖区域内多个层级机构。在新区域主义理论中，区域治理不再是地区内某个主体的单一治理，而是一种涉及整个地区的联合决策自治（Kübler and Heinelt，2004）。为此，地区政府应该加强不同层级政府之间的沟通、交流和合作，构建合理的区域发展决策机制，以促进地区的稳定和繁荣。与传统区域主义理论不同的是，新区域主义理论更注重区域治理和发展的整体性与协同性，旨在通过各方的共同努力来实现区域内的共同繁荣。

根据新区域主义的理念，区域治理的实现途径在于结合竞争与合作举措，充分调动各政府部门和社会组织参与的积极性，促进各方共同交流和协商，搭建包含多元化主体的合作网络体系和伙伴关系，实现区域治理和发展的共同决策。新区域主义理论的研究旨在探索区域治理的决策机制，着眼于通过公共决策解决影响区域发展的各种议题，而非仅限于私人部门无法解决的问题（Hamilton，2002）。区域问题是其内部所有主体共同面临的挑战，因此需要采用所有主体共同参与公共决策的方式来解决，这种决策模式是未来实现区域治理目标的必要手段。

综上，新区域主义理论不仅认为传统政府力量的单一决策方式已经过时，还主张建立区域内政府、非政府机构和个体之间的治理网络，不过分依赖传统的政府官僚主义。这种多层决策主体的机制有利于调动区域内各方的积极性，形成全方位、多元化的区域合作网络，以实现区域的可持续发展。

（2）强调区域发展的多重价值目标综合平衡

在如今高质量发展的理念下，可持续发展已经成为一个重要的考量因素。相对于传统的区域主义理论，新区域主义理论将可持续发展理论纳入到区域发展的讨论中，认为发展不应该只考虑单一经济因素，社会、环境方面的发展效益也应该被纳入，将它们作为评估区域发展程度的指标之一。

新区域主义理论关注区域的多方面要素，该理论的一个特点是综合考虑不同空间和尺度的问题，旨在制定一种多空间多尺度解决区域问题的方法。同一时期，在大都市区域规划中综合考虑环境、社会和经济目标的重要性也得到强调。这表明在新时代的区域发展中，不仅需要考虑经济因素，还要充分考虑社会和环境因素，并综合考虑它们带来的影响，制定全面的区域发展规划和政策。

自 1980 年起，新区域主义理论的出现带来了城市经济学派和经济地理学派等不同的研究流派，研究内容涵盖诸如产业竞争力、产业集群、区域创新能力等方面的内容。随着更多相关理论被引入，这些流派的研究视角也越来越多元。新区域主义对于区域发展的研究目标也逐渐趋于多样化和综合化，愈发注重综合考虑"经济效率、社会公平、环境友好、文化融合"等多个价值目标，并提出了"更加均衡的、可持续的综合协调"的区域发展观（Delvlin，2001）。

（3）强调多种含义的区域空间

在地理学中，区域被定义为地球表面某一连续而不分散的面积。然而在新区域主义看来，区域既是参与全球化竞争的关键单元，也是推动全球化发展的基本动力。一些学者认为，区域已经被证明是社会生活中相互协调的一种先进方式和相互竞争中的优势来源（Scott，1988）。这使得区域发展战略、协调规划和治理管制不能再沿袭传统的模式，亟须进行全方位转型，政府的权力和地位也需要调整。在西方国家，地方政府的角色和作用正在被重新定义，政府开始放权，区域治理权力分散化。在这种情况下有学者认为，各种区域性层次制度和空间构架成为空间积累的最佳组织形式（殷为华，2009）。

此外，在新区域主义理论视角下，区域还被理解为一种开放的网络空间，可以接受不同的利益主体加入，因此区域的空间边界也不再封闭。Louise 和 Andrew（1996）认为，这种网络结构空间成为区域研究的基本点和出发点。现代社会的空间由人流、物流、资本流和信息流等多种流构成，这些流构建了现实社会的网络空间（Castells，2000）。这个网络空间是不断复杂变化的，因为它随着这些流动的移动而改变，其结构影响和决定着区域空间。城市区域的发展依赖于经济活动，其机制由政府与市场之间的关系决定（Webster and Lai，2003）。这种关系伴随着城市区域的发展，并影响着现代社会网络空间的变化。

区域的边界是一个动态的概念，它不是固定不变的，而是随着时间、空间和经济发展等多种因素的变化而不断演变（杨滔，2007）。在当今全球化时代，国与国之间的经济关系变得越来越紧密，跨国企业和跨境投资的活动也越来越频繁，导致了经济活动的跨界性越来越明显。因此，城市中心或功能区的边界越来越模糊，不同经济区域之间的交错也越来越普遍。在这种情况下，经济活动的区域常常以跨界的形式出现，不仅涵盖了不同城市、不同省份、不同国家之间的区域，还包括了不同的社会、文化、经济和环境等因素所影响的范围。例如，一个城市的经济发展不仅受到当地政府的规划和管理，还受到周边城市、省份甚至国家的影响。这些跨区域的经济活动是由多种动态因素决定的，如人口、资金、技术、文化和环境等因素，这些因素相互作用、相互影响，最终决定了区域的边界。

综上所述，区域的边界是具有模糊性、短暂性和变化性的。随着经济活动的不断发展和变化，区域的边界也会随之变化。因此，新区域主义理论主张采取灵活、开放的视角去理解和把握区域的变化，以应对全球化时代的挑战和机遇。

（4）强调多方参与的区域协作机制

对新区域主义理论而言，多边谈判制度理论和协作治理理论是非常重要的两种理论，它们都强调了区域间合作和协作的重要性。多边谈判制度理论强调在国际政治中通过多边谈判和协商解决区域间的问题，这一理论主张国际应该建立起一个协作、互惠和共赢的体系，通过制定共同的规则和标准，加强区域间的经济联系，实现共同繁荣。协作治理理论则更加关注区域内的协作和治理，认为政府、企业和公民应该通过协作解决问题，协作是治理过程中非常重要的一环，可以提高决策的民主性和合法性，使政策更具可行性和可持续性。在新区域主义理论中，经济区域间的协作非常重要，需要建立各种形式的跨区域协作机制，包括在经济、社会、环境等各个方面的协作。同时还应通过在经济区域间积极倡导整体观念和协作观念，打破不同区域之间的隔阂。该理论还主张在区域内塑造浓厚的集体认同和信任，推动区域一体化进程。

根据新区域主义理论，每个经济区域中的城市相互依存、相互影响，其公共管理者身处复杂的管理环境之中。20世纪以来，城市区域经历了人口数量激增、中心城市规模扩大、产业机构数量增加和分布密度提高等过程，这促使周边地区加大对中心城市管理工作和问题的关注。为此，新区域主义建议努力落实中心城市外部事务经济性和合理性，理顺并平衡中心城市与其周边地区的发展关系。这表明地方政府和社会机构之间具有广泛的依赖关系。

新区域主义的目标是推动政治、经济和文化等各方面的区域一体化。区域一体化进程的推进，将加强国家、城市和区域之间的依存与竞争关系（Hettne and Fredrik，2002）。竞争有两面性：一方面可以促进区域发展，另一方面也会加剧区域差距，对区域的经济和社会稳定造成不利影响。因此，新区域主义理论提倡区域是"组织间共同行动的联合体系"，实现协调和协作的持续性关键在于加强社会、经济、组织和政治凝聚力。公共和私人机构间自发形成的制约性协作网络，可以保障区域持续产生活力和竞争力。因此，在制定区域性政策时，需要注重巩固区域协作网络和培养主体的共识。

2.2.5 理论特征

Wallis（1994）对新区域主义理论的特征进行了权威概括，指出新区域主义在五个方面具备与传统区域主义不同的特征，分别为治理、跨部门性、协作性、过程和网络。随后，有学者补充了另外三个特征：开放、信任和赋权。由此，新区域主义具备八个核心理论特征。

（1）强调治理而非统治

新区域主义理论基于治理的概念确立了解决城市问题的方法，在该理论中治理主要包含以下构成要素：①合作主体多元化，包括政府、企业、社会组织以及公民个人；②管理机制综合化，囊括政府管理、市场调节和网络系统运作；③规章制度灵活化，包括制度化的法规和非制度化的协议；④参与方式自愿化，自愿而非强迫可以激发参与者的主观能动性，使资源配置达到最佳水平（曹海军和霍伟桦，2013）。新区域主义吸收了公共选择理论的观点，舍弃了传统区域主义的"统治"理论，将焦点转移到议程设置和资源动员的非正式结构和过程（Daniel and Hubert，2004）。因此，新区域主义强调的治理与主体横向联系和地方合作的分权化特征相关（Savitch and Vogel，2000）。

（2）强调过程而非结构

传统区域主义认为，通过实行一系列的结构性方案，如市县合并或形成某些特定目的的机构，来实现城市和区域的发展与治理。这种方法主要从政治和管理的角度出发，强调增强中央控制和管理能力，以解决城市化过程中出现的问题。通过使用结构性方案作为实现目标的策略，更多的是着眼于政府和机构的改革，这种方法忽略了公众参与和社会与经济发展的因素。

相比之下，新区域主义则更加注重政府治理过程。这意味着新区域主义认为在大都市区治理中，更需要关注的是促使多主体实现合作的过程，而不是致力于新建和调整政府的正式结构。这种方法重视建立共识、解决冲突、制定战略规划或远景规划等方面的工作，关键点在于推动多个关键性利益主体间达成合作、认同区域发展愿景和目标、商议实现资源调配等过程，从而促进城市和区域的可持续发展。

（3）强调开放而非封闭

在传统的区域主义范式下，一个区域被看作是一个封闭的实体，它有着明确的边界和管辖范围。传统区域主义派试图通过界定增长的边界、公共服务的供给以及就业市场等因素，来明确划定这些边界。这种范式主要强调地理上的边界和经济上的限制，因此会对区域内部和外部的联系产生限制。

相反，新区域主义派则接受开放、灵活和有弹性的边界观念。他们认为，区域的界限应该是随着问题的解决而变化的，并根据特定的需求和情境来调整。这种范式强调的是区域内外的相互作用和联系，认为边界不应该成为划分和隔离的工具，而应该成为连接和合作的桥梁。新区域主义注重区域内部和外部之间的协调和合作，更注重人的因素和社会因素，以此来推动区域的发展和繁荣。

（4）强调信任而非问责

问责制是指一个机构或个人对其所承担的职责和行动负责，同时接受他人的监督和评估。传统区域主义强调政府机构的集中管理和控制，官员在这种体系下的主要任务是执行指令和报告工作进展情况。这种问责制度使政府能够对利益相关者和政策实施者进行管理，保证政策的执行和责任的明确。

与此相反，新区域主义注重建立一种信任关系，鼓励政府机构和公民社会之间的协作与合作。在新区域主义中，信任关系被认为是增加区域社会资本和市政基础设施实施的关键因素之一。通过建立信任关系，政府可以与社会各界合作，共同推动城市规划和发展。例如，政府可以与当地居民、企业和组织合作，共同制定城市规划和战略规划，确保市政基础设施建设符合市民的需求和期望。因此，新区域主义注重建立信任关系，使政府与公民社会之间建立更紧密的合作关系，实现更高效、更有参与性和更可持续的城市规划和发展，以实现区域的可持续发展。

(5) 强调跨部门而非单一部门

随着"统治"向"治理"的转变，区域治理的参与者不再仅局限于政府，还包括营利和非营利部门、公共和私人组织，以及个人公民。权力结构由此变得灵活分散，而非固定统一；跨部门治理提高了区域治理的可行性和实际效果。相比于传统的"统治"，新的"治理"范式注重民主参与、协商合作、创新试验，推动区域治理的民主化和多元化。

区域治理跨部门的特点是多层级政府、私人部门和非政府组织之间的合作。这种合作不仅可以提高区域治理的效率和质量，还可以更好地解决城市问题。例如，城市规划、城市基础设施建设、环境保护、社会福利等领域都需要多个部门的协同配合来完成。此外，区域治理跨部门还可以鼓励公民的参与和贡献，通过促进公众和各组织的合作，创造更加和谐、繁荣的城市社区。跨部门治理使区域治理的实践更加具有可行性和实践性，可以更好地应对城市发展面临的挑战，提高城市的治理能力和创新性。

(6) 强调赋权而非权力

传统区域主义主张权力源于政府的权威，政府的权威大多是建立在垂直的、中央集权的行政体系上的。这种体系通常由中央政府向地方政府下达指令，地方政府则负责将这些指令传达给城市内的各个部门和社区。这种模式下，政府机构的权力被集中控制，而市民和社会则难以参与到决策的制定和执行中。因此在传统区域主义下，区域治理常常被视为一场零和博弈，决策和资源分配由中央政府或高层官员独自掌控，而地方政府和公民个人的参与程度较低。

与之相反，新区域主义强调权力来源于赋权，即赋予更多元的社会机构、组织和部门参与区域决策的权力。这种赋权是基于区域治理的理论，区域治理的赋权实践意味着将权力下放到较低的层级，使决策过程更加透明和公开，并增强民主参与度。此外，赋权还包括对区域治理过程中的利益相关者进行教育和培训，以使其具有更好的参与能力。

(7) 强调协作而非协调

协作和协调是区域治理中两个重要的概念，它们分别指代不同的合作方式和实现目标的途径。协作是指各部门或个体之间在共同目标下协同合作、共享资源、协力推进工作的过程。协作的目的是提高合作效率、增强合作效果、促进合作持续发展。在区域治理中，协作的重要性越来越凸显，不同部门之间需要建立起有效的沟通渠道，协商共识，协同合作，通过共同的合作来达到区域治理的目标。协调则是指各部门或个体之间在规划和行动方面的协调能力，使得各部门之间的行动有条不紊、互相协调，以达成整体目标。协调的目的是保证各部门的工作在整体上协调一致，确保各部门的工作不会相互干扰，从而提高整体的工作效率（Wallis，1994）。需要注意的是，虽然 Wallis 在描述传统区域主义特征时使用的词语为 coordination，在翻译成中文时对应了"协调"一词，与本书所涉及的"交通协调发展"主题中的"协调"重合，但从前文概念界定以及此段中对于"协调"的内涵辨析可以得出，传统区域主义中的"协调"侧重于各主体间存在的等级制度，以及在科层制条块关系下按部就班、各司其职，最终实现目标的良好管理状态。而本书"交通协调发展"中的"协调"侧重于描述交通系统在空间格局上的合理布局，在内部建设流程、不同交通模式之间，以及与其他系统和体制机制之间的一种和谐关系，尤其是重点突出粤港澳大湾区如何顺利建成交通设施，及其各实施环节中所具有的新区域主义举措。除本小节以外，本书中的"协调"一词内涵均为后者。

由此可见，在传统区域主义中，协调所依赖的等级制是一个主要管理手段，强调的是参与主体之间具有科层制上下位服从关系。而在新区域主义中，协作则更加强调各部门之间的协同合作。与等级制不同，协作更加强调各部门之间的平等合作，根据部门的能力赋予相应的权限，通过整合这些能力和资源，共同实现区域治理的目标。在区域治理中，协作促进知识和经验共享，从而提高区域治理的效率和效果。也可以促进跨部门、跨领域和跨利益相关方的合作，从而实现更加综合和可持续的城市规划和发展。

（8）强调网络而非制度

在传统区域主义中，规划和治理的过程是由政府制定的正式程序和规则所指导的。这些制度包括规划法规、行政法规和政府规章等。这些规则和程序的目的是确保政府能够有效地掌控城市的规划和治理，从而维护公共利益和市民福祉。

而新区域主义理论主张区域治理需要建立在网络的基础之上，而非仅仅依赖于传统的制度安排。网络是由城市中各种利益相关方形成的一种自发性组织形式，它们通过不断的协商和交流，形成一个相互依存的合作体系（Wallis，1994）。这种组织形式不仅具有高效协作和创新能力，也有利于各利益相关方之间的互动和平衡。在这样的网络中，各个部门和组织都是平等的合作者，共同为城市发展和治理出谋划策。这种网络关系强调以任务和项目为导向，并着力建立一个权威性的利益分配关系。相比于传统的制度安排，这种网络组织更加灵活，适应城市发展的变化和不确定性。而且，这种组织形式能够更好地反映各利益相关方之间的实际关系和利益，更加能够满足不同社会群体的要求。各地区可以通过横向联系自愿合作，各主体可以通过具有横向连接的组织进行管理，这是新区域主义的重要理念之一。

2.3 跨界交通规划与治理

2.3.1 跨界交通支撑都市圈、城市群一体化发展

供给跨界交通是弥补城市间"边界屏蔽效应"的先导策略。边界作为一种人为的制度界限，会产生"边界屏蔽效应"：像一堵高墙阻碍着各类要素跨边界流动，从而影响区域经济和社会的一体化发展进程（汤建中等，2002；王亮和刘卫东，2010；王成龙等，2016a，2016b）。跨界的交通基础设施供给是推动区域协同发展、翻越"边界屏蔽效应"这堵高墙的先导策略，是保障人流、物流和资金流等要素在城市间跨界自由流动的基础（Liu and Shi，2021），进而促进都市圈、城市群的一体化与融合发展（Liu et al.，2015）。多模式交通体系能够降低出行成本、提高出行可达性和促进区域一体化发展（周一星和孟延春，1998；曹小曙等，2005；金凤君等，2008）。供给多模式交通能显著影响城际企业区位选择和居民个体出行，从而推进区域融合发展的进程，合理的交通规划、投融资和

运营管理也能更好地加强城际联系和同城化发展，如渤海海峡跨海通道的建设将会加速区域经济社会要素流动，促进区域交通网络的衔接和产业结构协调（孙峰华等，2010；杜小军等，2010）。但在实践中，交通供给也易受到行政分割和部门分割的阻碍，导致跨界交通供给合作难以达成（Yang et al.，2015；林雄斌等，2015a），并在一定程度上形成区域产业结构性缺陷、发展阶段差异和交通基础设施协调不足等问题（林耿和许学强，2005）。作为交通发展政策的制定者和跨界交通基础设施的供给者，各级政府在交通协调发展和区域一体化过程中扮演着举足轻重的角色。我国实行严格的行政区管理制度，城市政府之间存在利益冲突协调等诸多复杂关系。越来越多的学者关注在跨市交通供给中多地政府应该如何协作供给和治理跨界交通，引导区域协调发展（吴群刚和杨开忠，2010；张利华和徐晓新，2010；王健等，2004）。例如，林雄斌等（2016）从珠三角城际铁路交通站点周边土地综合开发出发，指出在现有行政管理体制和法律约束下，多主体合作开展跨市溢价回收（value capture beyond municipalities）是整合珠三角城际铁路交通投融资和沿线土地开发的有效途径。

跨界交通的改善能够促进都市圈、城市群跨市出行。跨市交通通道缩短了城际出行、换乘时间，改善了原有交通网络结构，强化了城市间的社会经济联系，并将影响加诸到居民个体的出行需求和选择中。随着城际铁路网络的完善，跨市出行方式有所改变，跨市通勤需求显著增加（侯雪等，2011）。都市圈尺度的跨市出行人群主要包括当日往返的商务旅客和通勤旅客两类，这两类群体均对出行时刻和时长非常敏感（王缉宪，2011）。居民跨市出行决策受个体社会经济属性、出行方式、出行成本等多种因素影响，城市间的经济发展水平、社会制度、公共政策等经济与制度差异也具有显著影响（孙婧，2017；张阔等，2017；武前波等，2018；陈宇等，2016）。总体上，已有的研究发现通勤者的收入水平、居住地情况、出行频率和城际铁路的开通情况对跨市通勤的结果有显著影响。城市间住房成本差异、城际铁路便捷性与费用成本、城际工作机会差异等会对居民的跨市就业或居住选择产生重要影响（孙仁杰和卢源，2017；解利剑和周素红，2010）。在城际交通供给协调方面，国外已具备较成熟的政策体系和管理机制，而国内城市间尚未形成成熟的模式，并且城际交通与城市交通间常常缺乏良好的衔接（Suh，1988）。在公路交通拥堵和空气污染加剧，难以满足公众快速、绿色出行需求的背景下，城际轨道交通等跨市交通线路成为支撑城市群与都市圈发展的骨干（钱林波和顾文莉，2001）。鉴于部分都市圈和城市群跨市通勤人流和需求的增长，城际铁路也呈现出"公交化"运营的趋势和特征（孙章和杨耀，2005；邓元慧等，2014；陈晖，2018；郝柘淞，2023）。

2.3.2 影响跨界交通规划决策的因素

尽管跨界交通供给有着诸多益处，已逐渐成为区域一体化建设的共识，但府际合作的达成和效果仍不可避免地会受到行政区边界的限制（Xu and Yeh，2013）。因此，跨界交通规划和决策的影响因素是区域交通规划与治理的重要议题。现有关于跨界交通基础设施合作的研究揭示了跨界交通对城市的交通组织、空间发展和可达性等方面产生的作用与影响，这也是城市政府决策是否参与跨界交通供给的考量准则。公共部门综合考虑成本与收益，希望通过投资跨界交通为城市自身吸引更丰富的发展机会。Medeiros（2019a）系统论述了欧洲跨界交通的研究观点，概括了欧盟通过投资跨界高速铁路和公路等设施，降低区域的交通成本，提高了跨界地区的可达性，促进了跨界地区的经济融合与发展。林雄斌等（2015c）对广佛同城背景下的跨界交通规划与设施供给进行了研究，介绍了广州市和佛山市分别为了实现"西联"和"东承"的空间发展战略，合作规划建设了广佛线地铁、跨市道路，在一定程度上降低了行政壁垒，推动了跨市交通的高效发展。Zhang等（2020）探讨了尺度政治和发展不平衡之间的关系，发现珠三角城市的经济发展水平与城市火车站点的可达性成反比关系，经济越发达的城市，城市车站越远离市中心。这是由于经济发达的城市有着较好的市内交通体系，同时车站选址与城市空间的发展战略保持一致，车站靠近郊区有利于推动城市边缘发展和一体化。而经济水平偏低的城市希望通过车站来优化跨界交通的可达性，填补本市交通发展的不足，并借此吸引更多要素流动，承接发达城市的发展外溢。该研究展现了不同城市政府对于跨界交通所带来效应的差异化考量与决策。Yang（2006）以港珠澳大桥线路与落脚点的方案提议为例，探讨了"一国两制"背景下珠三角地区的跨界交通供给与跨界融合问题。郭磊贤和吴唯佳（2019）分析了沪苏跨界交通供给的案例，在两地经济社会联系紧密、跨省通勤规模增加的背景下，昆山市政府寻求与上海市政府合作，将上海轨道交通11号线延长至昆山花桥。这一合作符合两地的共同利益，上海能够进一步扩大轨道交通路线的服务范围和人流，优化了当地的交通组织，而昆山也借此获得了花桥地区接入上海轨道交通的战略发展机遇，并提升了沿线地区的土地价值。该研究分析了大城市外围跨界地区"利益合作"以供给交通基础设施的机制。Xu和Yeh（2013）以广珠铁路规划过程为例，指出在缺乏正式制度框架的基础上，地方政府往往选择协商谈判以达成或拒绝合作。在广珠城际铁路的规划中，边缘城市为了加强与中心城市的连接性，在修建铁路中有着更为充足的动力，因此也在城际铁路协商中充当配合者和游说者的角色。而对持反对意见的城市而言，修建铁路容易造成城市空间被干线分割，同时还要承担较高的分摊成本，但可达性却没有明显提升，从而产生了诸多跨界和跨尺度的政治谈判。综上所述，现有关于跨界交通的研究多集中在尺度政治、尺度重构、地缘政治等话题，着重研究交通基础设施供给对于交通组织、可达性提升、空间发展和区域融合的影响，讨论不同城市所展现的差异化效益，并以此作为城市公共部门决策的主要考量（郝柘淞，2023）。

2.3.3 跨界交通规划的协调途径

当跨界交通出现分歧或争议时，地方政府主要有三种行政协调途径：编制空间规划、建立特定行政协调机构和直接介入项目决策，这三种途径都以行政力量为主导。为了应对松散的、非正式的跨界规划组织因缺乏行政权力导致其空间规划对地方政府没有约束力的问题，美国普遍通过都市区规划委员会（Metropolitan Planning Organizations）和都市区交通委员会（Metropolitan Transportation Commission）等常规管理机构来主导和协调的跨界交通供给（Yang et al.，2015；刘彩虹，2005；陈君娴和杨家文，2018；陶希东，2020）。欧盟普遍通过编制跨界空间规划来推动区域交通协调发展（Medeiros，2019b；Perkmann，2002），也有一些跨界地区建立了由跨界城市政府共同组成的跨界合作行政协调机构（Noferini et al.，2020；Perkmann，2007）。Perkmann（2007）以欧洲最早形成的跨界地区EUREGIO为例，介绍了德国和荷兰在EUREGIO设立专门协调跨界事务的机构，通过介入跨界高速公路和铁路等项目决策推动跨界交通设施规划建设。但由于缺乏正式的行政权力，EUREGIO只能在双方政府事先达成合作共识的范围内开展协调。在我国缺乏成熟的基于都市圈功能地域设立的行政协调机构的背景下（周一星等，2001），地方政府主要通过编制区域规划和直接介入项目决策推动跨界交通合作。例如，尽管广佛同城已经成为广州和佛山的共同发展战略，但在跨界交通合作中仍然存在很多障碍。由于双方城市的收益与成本不对等，导致很多跨界交通设施进展缓慢。为了解决这些障碍，双方城市政府共同编制了《广佛同城化发展规划》，成立了"市长联席会议"等四个层次的协调框架，解决了部分跨界交通设施进展缓慢的问题（林雄斌等，2015c）。在珠三角的城际铁路规划过程中，当沿线城市政府无法达成共识、部分城市拒绝参与合作时，广东省政府和原铁道部分别通过行政协调介入到项目决策中，最终促成了合作（Xu and Yeh，2013）。当解决急难问题时，上级政府通过行政协调介入项目决策可以推动基层政府实现协调目标，但缺乏法律和行政体系方面的长效制度保障（郝柘淞，2023）。

2.3.4 粤港澳大湾区"一国两制"下的跨体制特点

粤港澳大湾区跨越三地，涉及两种制度，相较一般的跨界交通有着更为复杂的制度和社会环境（Xue et al.，2021）。对于大湾区跨界交通供给而言，其首要挑战是体制差异下的行事风格不同。在实践中，香港和澳门一贯坚持通过市场规则供给交通基础设施，而内地则更倾向于通过行政规则发挥政府和国有企业的作用（许志桦和刘开智，2019）。只有充分认识到这种行事规则层面的差异，才有可能从本质上平衡这两种价值导向，进而理解"一国两制"背景下跨体制交通供给的矛盾争议点和突破口。厘清跨体制合作中宏观层面的制度互动和微观层面的行事规则不仅有助于从底层逻辑上减少争端，而且有利于发挥政府和市场两套行事逻辑在跨体制交通供给中的协调作用。

跨体制交通供给具有制度异质性特点，实践中尚未形成可以直接用于跨体制协调的制度框架（Qiu et al.，2019）。香港和澳门特别行政区政府在交通供给领域具有高度的自治权。在跨体制背景下，如果不做出特别的制度安排或规定，多方的合作谈判只能依赖市场机制调节。但当市场机制失灵时，缺乏协调制度框架的协商合作很难达成。此外，市场与社会力量在特别行政区政府的决策中具有较大影响力。例如，在港珠澳大桥的立项和规划决策阶段，特区的企业界、学术界和 NGO 等社会组织开展了大量的资政建议（Xue et al.，2020；Yang，2006）。社会主体的行事逻辑主要基于社会与市场规则，从个人与社会的成本收益比较的角度，香港特别行政区社会各界针对是否兴建大桥以及选址点进行了十余年的争论。市场与社会力量的意见分歧也是拖延大桥立项不可忽视的因素。而在澳门特别行政区，社会力量的积极支持和争取是大桥能够接驳澳门特别行政区的直接原因。这再次展现了跨境交通供给的独特性和差异性途径的作用机制的重要性（郝柘淞，2023）。

2.4 理论框架与案例选择

2.4.1 新区域主义理论与跨界交通供给的契合性

明确跨界交通供给与新区域主义理论的契合性是构建理论机制的根本前提。

交通设施是区域中心城市发挥正向溢出效应和极点带动作用的载体。通过承载节点间庞大的人流与物流实体，形成与区域经济活动和社会交往密不可分的关系。各类经济要素借助于交通设施在空间上产生的跨地区流动，形成空间溢出效应。从整体上看，我国交通设施的建设在区域尺度上有助于地区经济增长（邱思远和孙伟，2024）。在中心城市扩大至一定规模后，行政干预和成本上涨也将促使相应产业沿交通线路向非中心城市疏解，发挥中心城市的极点带动作用（Hesse，2016）。与此对应，新区域主义理论拥有开放、灵活和有弹性的边界观念，强调区域内外的相互作用和联系，将边界视作拉动区域协调发展的突破口与促进合作的桥梁（Hettne and Fredrik，2002），这有助于实现区域交通的合理布局，显著发挥中心城市溢出效应。

交通设施建设是复杂的长周期过程。交通项目包括"规划—投资—建设—管理—运营"等多个环节，交通建设的筹备和施工周期长，不可控因素和风险高。在周期环节内，交通设施建设并非孤立于社会经济发展之外的个体，易受国家发展政策调整等多方面因素影响，需要适时研判发展态势，动态调整战略步伐。而新区域主义规避新建跨区域政府部门来统一管理跨界交通建设，转而谋求在关键利益主体间持续推进建立共识、解决冲突、制定远景规划，能够契合跨界交通供给长周期、动态性的建设过程，更可持续地应对建设过程的变动与风险（方伟和赵民，2013）。

交通设施建设是多部门参与的庞大工程，要求多元化主体之间开展协作。交通设施的区域性决定其建设难以依靠单一主体独立完成。跨域交通项目面临互不隶属的各地市政府间的博弈，跨模式的综合交通枢纽项目则会牵涉到复杂的资金投入、收益分配和管理确权问题。这使得交通设施建设无法绕开跨部门的协作与配合，投融资和运营环节通常还会吸纳社会力量参与。与之匹配的是，新区域主义提倡充分将跨部门的多元利益主体纳入到跨界交通建设中，通过培育良好的区域认同感与互信关系，建立高度发达的信任与沟通网络，推动跨部门主体在共同目标下开展协作，可以在面临集体行动和合作困境时显著降低交易成本（洪世键和张京祥，2009），满足跨界交通供给工程量与复杂度对多主体协作参与的需求。

交通设施需要负责具体建设事务的执行主体。交通项目具有非常强的实践性，是以交通设施落地建成为导向的实际工作，仅依靠高层级的协作主体无法实操解决的现实难题。另外，理清各层级权限范畴，让上级政府以半脱离式视角更加宏观、客观地把握项目，将专业事情交给专门组织负责，也将更有利于交通项目的顺利建成。针对此情况，在交通项目中采取新区域主义倡导的赋权举措，可以充分发挥专业部门、基层组织和社会民众的主观能动性与独立运作能力（Norris，2001），有助于探索跨界交通供给投融资、建设与运营环节的新实践模式。

综上所述，新区域主义理论的主张和思想，能够切实有效地回应跨界交通供给的需求，形成交通协调发展的网络化结构系统，充分践行与我国当下市场化与分权化趋势相契合的治理理念，推动实现区域多模式交通协调发展的目标。

2.4.2 研究框架

基于前文对于新区域主义相关理论的溯源、历史演变的梳理，以及主要学者对其关键特征的归纳可以发现，新区域主义理论最为核心的要点是治理，这是其区别于传统区域主义统治理念的根本。治理既是新区域主义理论用以解决区域发展问题的基础，也是其所构想的区域内各主体合作共赢、机制平稳运转的最终目标。在粤港澳大湾区加速融合、各类型交通设施大规模发展的当下，如何在交通领域充分实现治理目标，让多模式交通得以协调发展，需要建立科学的理论机制以指导实践工作。本书基于新区域主义理论，从理论特征出发，将"强调治理"这一要点特征突出为核心目标，融合提炼其余彼此相关联的特征，将粤港澳大湾区多模式交通协调发展的实现机制精练成四个环节，创新性地构建出"治理理念—协作治理—赋权治理—治理网络"分析机制，搭建起研究框架。该分析机制的思维推导过程如下。

首先，在统筹区域内多模式交通的总体安排，对各交通设施的规划和建设，以及与之相关的融资、运营和管理事宜制定方案之前，需要先树立宏观的基本治理理念，以作为指导后续所有工作的基准。于空间维度而言，区域是一个客观存在的空间实体概念。在确定交通合作范围和交通线路走向的实际项目中，是严格按照行政区域划界、泾渭分明地对待边界内外的区域？还是依据问题的具体情况，从有利于区域整体发展的角度灵活调整区域的界限？于时间维度而言，交通条件会随时间不断变化发展。在规划和推进交通设施的建设时，是在区域内建立大都市政府统一管理下的特定机构，以结构性方案为手段一劳永逸地解决交通协调问题？还是将交通发展看作一个持续性的过程，不断地通过建立共识与平等协商解决冲突？于需求维度而言，追求交通模式协调发展本质上是为了实现及时满足区域内不断变化的交通需求的目标。在新建交通设施以解决各市居民通勤诉求的过程中，对于具体参与协商和负责建设的政府部门及其他主体而言，是依赖高层级权力结构或正式制度，以问责制为手段通过行政系统施压，借助于行政指令强行克服建设困难，推进项目进度？还是采用柔性的培育区域认同感的方式，依托参与主体之间已有的信任基础并继续加强、形成高度互信的良好关系，以此促进协商达成，并使信任在后续的合作建设过程中持续发挥作用，减少沟通和监督成本？

其次，在确立治理理念的前提达成后，由于交通项目从规划到建成运营是一个庞大复杂的工作，需要明确相应的负责和参与主体及其相互间关系，以指导和实施后续的建设工作。在选择主体时，是选择由政府下属部门统一包揽？还是将政府、企业、非营利组织和公众等多个行为主体均纳入其中，采用多主体协作方式？前者在推行过程中，以等级制为管理的主要手段，通过上级政府监督其下辖各级部门和成员的承担职责和义务的履行情况，借助参与主体之间具有的科层制上下位关系，推动交通项目建设。后者以良好的协作关系为联系纽带，通过在跨部门的多主体间实现利益协调，最终在共同目标下协同合作、协力推进交通项目。

再次，在选定负责和参与主体所涉及的成员范围后，在项目的实际运行过程中，需要将每个成员可以负责的工作范围和程度予以明确，也就是将权力恰当地制定和安排，才能保证工作的顺利开展。是由政府主导，将大部分权力集中于最高层级政府部门，凡事需要由最高层级领导决定？还是将权力赋予所有参与的利益相关方，把部分权力下放至地方政府、私人企业、非营利机构和公民个人等执行主体，让更多的专业组织在区域决策中发挥自身的作用，使得事务解决的流程更便捷高效？

最后，在明确区域、主体和权限范围等前序步骤准备完毕后，不同的理念和方案将决定最终多模式交通在规划、投融资、建设、运营和管理过程中，是以制度化协调机制形成等级结构系统？还是以网络化协作机制形成网络结构系统？不同的机制和系统反映了区域多模式交通整个推进过程的发展模式是采用统治还是治理理念，以及决定了能否实现协调发展的最终目标（图2.1）。

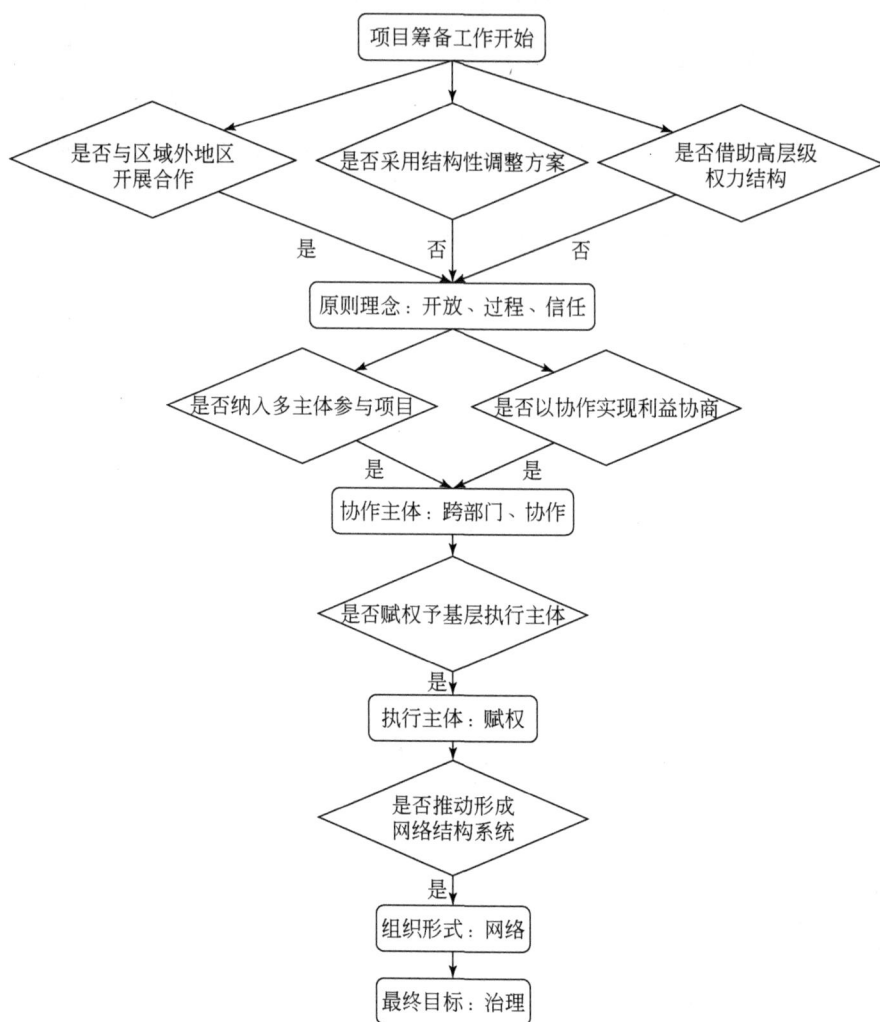

图 2.1 交通协调发展模式选择推演流程

针对以上关于多模式交通协调发展的路线选择思考，基于新区域主义的理论观点和特征，在将"强调治理"突出为核心目标后，对其余七个理论特征进行辨析。根据上述路线选择思考步骤，采纳新区域主义理论作为实现路径后，在其理念指导下，第一步需要契合"强调开发、过程、信任"的理论特征，第二步需要契合"强调跨部门、协作"的理论特征，第三步需要契合"强调赋权"的理论特征，第四步需要契合"强调网络"的理论特征，才能最终走向新区域主义治理范式下的协调发展目标。基于各步骤需要契合的理论特征，将其进行融合和提炼，最终可将实现多模式交通协调发展的机制凝练为以下四个步骤。

1）治理理念，树立注重开放、过程与信任的区域发展观。

2）协作治理，建立多协作主体参与的利益协调合作关系。

3）赋权治理，通过权力下放赋权执行主体自主负责事务。

4）治理网络，构建网络化协作机制以形成网络结构系统。

由于该分析机制所包含的思考过程，是运用新区域主义理论开展治理的项目均会面临的问题，所以该研究框架同样适用于其他地区的新区域主义项目，具有一定的借鉴意义（图2.2）。

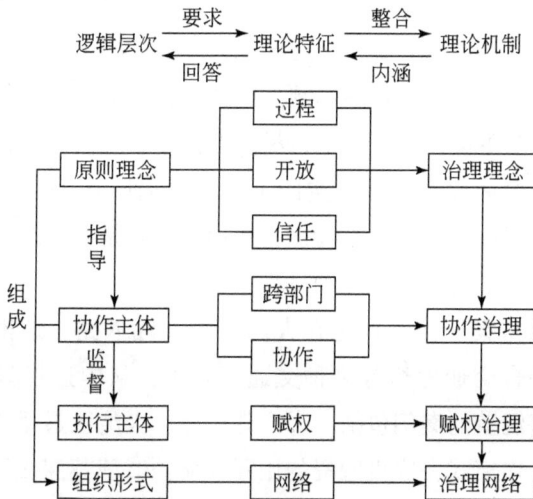

图 2.2　交通协调发展理论框架

2.4.3　案例选择

在构建了以上四个步骤研究框架后，结合本书所关注的两个核心概念"新区域主义"和"交通协调发展"，需要对研究区域相关交通案例的选择制定基本原则，才能更有依据、有条理地从大湾区众多交通项目中，获取具备新区域主义理论特征的案例。通过再次审视新区域主义的八大理论特征可以发现，除了"治理"作为该理论的核心要点和最终目标更具有突出意义以外，在其余七个特征之中，由于实际践行治理理念和具体负责协商与建设项目的载体是各个参与主体，最终组成协作式网络结构系统的各重要节点的实体也是各个参与主体。换言之，各类型主体是决定交通项目能否顺利建成的关键因素。因此，在研究框架中起到承上启下的重要作用，并决定能否构建网络化协作机制的基础，是理论特征"跨部门"。

由此可以制定案例选择的一项基本原则：该交通项目的开发、建设和管理工作，不能仅由单个城市政府统包统揽，需要有多个城市的政府、部门、企业或市民共同参与。同时结合大湾区一体化的区域属性，需要着重考虑跨城通勤的现状与需求。并且因为区域内有着多种交通设施共存的情况，各种交通方式之间的配合关系和衔接模式也是有待探索的问题。因此，还需要制定案例选择的额外两项重要原则，在满足基本原则的基础上，尽量选择达到重要原则的交通项目：①该交通项目所建设的交通设施实体在空间上不能仅局限在一个城市行政区域范围内，需要跨越多个城市地域范围；②该交通项目需要是一个综合交通融合发展项目，包含多种交通方式的衔接和互动过程。

基于以上原则将案例类型选定在大湾区的城际铁路、地铁、公交、高速公路、跨海大桥、综合交通枢纽等多种交通模式中，从中选择具有代表意义的案例。其中城际铁路涵盖的案例包括：①广珠城际：大湾区最早修建，也是唯一一条完全按照部省合作模式完成投融资的城际铁路；②穗莞深城际：在省市合作模式中最先开工，也最具有新投资模式代表性的城际铁路；③广佛环线：大湾区目前仅有的、完全按照省市合作模式完成投融资、且部分开通运营的城际铁路；④广清城际：连接了大湾区中心城市与区域外邻近城市，全国首条由省方自主运营的城际铁路，以及向中国国家铁路集团有限公司（以下简称"国铁集团"）购买铁路服务的深汕捷运；⑤广州、深圳都市圈城际铁路项目：目前大湾区最新采取的，将未来城际铁路建设全面交由广州、深圳两市负责的都市圈合作模式，及其所涉及的城际铁路项目。

跨市地铁回顾了大湾区最早修建的跨市地铁佛山地铁 1 号线，即广佛线，并讲解了与之相关的广东广佛轨道交通有限公司和广佛市长联席会议工作协调机制；地铁则以深圳地铁集团与香港地铁公司在深圳城市轨道交通融资和运营方面的合作，作为私营部门进入公共交通行业的代表性案例；跨市公交和高速公路选择了跨市通勤量排名前列的深圳和东莞，并以东莞最接近深圳中心城区之一的塘厦镇为具体案例，同时讲解了与之相关的深莞惠党政主要领导联席会议机制；城市公交梳理了深圳市公共汽车经营规制整体不断走向市场化的改革历程；跨海大桥则以连接了粤港澳三地、涉及两种不同社会制度的世纪工程港珠澳大桥最为典型，并且讲解了与之相关的港珠澳大桥管理局和粤港澳三地之间的"三级架构、两级协调"制度；综合交通枢纽则包括了新塘南站、前海、深圳北站多条城际铁路、轨道交通交会的综合交通枢纽，重点突出前两者在多元主体共同参与、后者在一体化统筹建设方面的案例特征。

在明确了实践案例后，为了充分说明粤港澳大湾区在建设交通设施过程中的举措具有新区域主义色彩，也为了证实新区域主义理论与多模式交通协调发展的适配性，将根据案例具有的新区域主义理论特征进行拆解，并契合进研究框架的各个环节。接下来将在对粤港澳大湾区交通发展的基本情况做简要介绍与梳理后，分四个章节对每个环节内容展开阐述，分析新区域主义思想在大湾区多模式交通的发展过程中是如何起到推进作用、有哪些经验值得借鉴的。

| 第 3 章 | 粤港澳大湾区：跨区域、跨模式交通发展概况与政策规划

粤港澳大湾区地处"深莞惠"、"广佛肇"和"珠中江"三大经济圈以及香港、澳门两大对外窗口城市的深度融合区域，地理位置和交通区位优越。同时，粤港澳大湾区是国家建设世界级城市群和参与全球竞争的重要空间载体，是与美国纽约湾区、旧金山湾区和日本东京湾区比肩的世界四大湾区之一，也是我国打造全球经济和科技创新中心的重要支撑。随着我国走向更高层次的开放型经济，充分发挥湾区经济的开放引领作用正成为国家和区域空间战略的焦点。交通协调发展是推动大湾区全方面、深层次发展的基础，基于政策规划与发展需求，粤港澳大湾区在跨界交通实践中形成了多种协调模式，已成为交通协调发展机制创新的前沿阵地。本章将介绍粤港澳大湾区的发展概况，回顾大湾区区域概念的演变历程，并概述大湾区在跨境、跨江、跨市和跨交通地空衔接等多种运输方式上的建设情况。

3.1 粤港澳大湾区概况

3.1.1 区域概况

粤港澳大湾区包括香港特别行政区、澳门特别行政区和广东省广州市、深圳市、珠海市、佛山市、惠州市、东莞市、中山市、江门市、肇庆市（以下称珠三角九市），总面积 5.6 万 km^2，2022 年末总人口约 8000 万人。2017 年 3 月，国务院《政府工作报告》正式提出研究制定大湾区城市群发展规划；2019 年中共中央、国务院发布《粤港澳大湾区发展规划纲要》，制定了助推大湾区发展的纲领性文件，体现了大湾区在国家发展大局中的重要战略地位。建设粤港澳大湾区，既是新时代推动形成全面开放新格局的新尝试，也是推动"一国两制"事业发

展的新实践。这有利于密切内地与港澳交流合作，保持港澳长期繁荣稳定；有利于贯彻落实新发展理念，为我国经济创新力和竞争力不断增强提供支撑；有利于培育世界级城市群，建立与国际接轨的开放型经济新体制，建设高水平参与国际经济合作新平台。

粤港澳大湾区是我国开放程度最高、经济活力最强的区域之一。粤港澳大湾区地处我国沿海开放前沿，以泛珠三角区域为广阔发展腹地，交通条件便利，拥有香港国际航运中心和吞吐量位居世界前列的广州、深圳等重要港口，以及香港、广州、深圳等具有国际影响力的航空枢纽，便捷高效的现代综合交通运输体系正在加速形成。经济发展水平全国领先，产业体系完备，集群优势明显，经济互补性强。2022 年，粤港澳统计部门公布经济数据显示，粤港澳大湾区经济总量超 13 万亿元，其中大湾区广东九市地区生产总值 104 681 亿元；香港地区生产总值按 2022 年平均汇率折算，约 24 280 亿元；澳门实现地区生产总值约 1470 亿元，综合实力不断增强。

粤港澳大湾区是我国人口聚集程度最高、人口流入最活跃的区域之一。人口是大湾区经济活力最重要的要素，也是最核心的资源。2022 年末，粤港澳大湾区总人口达到 8662 万人，其中广州、深圳、东莞三个城市常住人口超过千万，城市群人口聚集度大。2012～2021 年，粤港澳大湾区人口增长迅速，增长比例达到 35%，人口流动活跃，相较我国其他城市群增幅迅猛。在年龄结构方面，截至 2020 年，粤港澳大湾区内除香港 65 岁以上人口比重达 18%，超过全国平均水平（13.5%）外，其他城市均低于全国水平；深圳、广州、东莞、珠海、佛山、澳门等市 15～64 岁的人口比重都超出全国平均水平（72.5%）。此外，香港、广州、深圳、珠海、佛山等市受高等教育人数占比高于全国平均水平。人口高度集聚的城市群、显著的人口迁移吸引力、丰富的劳动力要素和人力资本，为粤港澳大湾区高质量发展和融合式增长注入了动力。

概括而言，在行政区划上，粤港澳大湾区包含了国内不同的行政层级，即香港、澳门两个特别行政区和广东省内九个地级市；在制度上，存在"一个国家、两种制度、三个关税区、三种货币"，开世界未有之先例；在经济人口发展上，湾区经济结构各异而互补，人口要素活跃，是代表着中国改革开放和经济发展最高水平的区域之一。

3.1.2　区域概念演变

在粤港澳大湾区的概念提出之前，珠江口地区这一自改革开放以来获得飞速发展、建成区庞大连绵的区域曾有过两次区域概念转变，呈现出动态调整战略规划、不断增强区域共识和认同感的特征。

最早于1994年10月8日，在珠江口地区基础上形成了"小珠三角"的区域概念。在广东省七届三次全会上，广东省委首次提出建设珠江三角洲经济区，"珠三角"概念正式诞生。这一时期"珠三角"所覆盖的范围在后来被称为"小珠三角"，最初仅包括广州、深圳、佛山、珠海、东莞、中山、江门七市全域，以及惠州、清远、肇庆三市靠近珠江的部分地区。"小珠三角"范围后续逐渐调整扩大为上述除清远以外的九市，面积约5.5万 km^2，占广东省总面积的30.6%。以下一次新的区域概念提出前的2002年为节点，"小珠三角"人口数达到4414.7万人，约占当时广东省总人口的一半。"小珠三角"的地域范畴已与大湾区相差不大，仅未将香港和澳门纳入。该概念的提出为当地形成整体区域概念奠定了开创性的基础，为后续区域概念的演变和区域交通的发展起到了促进作用。

2003年，"大珠三角"在"小珠三角"的基础上诞生。前者与后者的区别在于新纳入了香港和澳门，因此"大珠三角"地区同时也可以被称作粤港澳都市圈，成为珠（三角）港澳的代名词。其范围包括"小珠三角"九市和香港、澳门，共十一市，面积约5.6万 km^2，2022年的人口数大约为8662万人。可以看到"大珠三角"与如今的粤港澳大湾区的地域范围一致，这也表明前者为后者概念的形成起到了铺垫和推动的作用。这体现在2004年出台的《珠江三角洲城镇群协调发展规划》中，这是在正式文件中首次提到"珠江口湾区"的区域概念，表明了"大珠三角"临珠江口核心区域的沿海发展方向。粤港澳三地也在该区域概念的指导下，由广东省住房和城乡建设厅、香港发展局和澳门运输工务司三方负责，于2009年10月，首次合作编制完成《大珠江三角洲城镇群协调发展规划研究》研究报告。这是我国第一份涉及不同制度区域的空间协调研究报告。

"大珠三角"所包含的地区彼此空间相连、文化相近，各市人民之间具有极强的亲近感和同根生的观念，大湾区区域认同感也在日常交往和区域概念加持下不断加深。"大珠三角""珠江口湾区"等区域概念，也正是从不同场合和尺度体现了三地希望区域一体化发展的夙愿。在此背景下，深圳市 2014 年政府工作报告中，首次提到"湾区经济"概念。希望借助前海的开发推动城市发展重心向珠江口沿岸地区倾斜，通过打造"湾区经济"构建对外开放的新格局。此后，在三方合作会议及高层会面中通过多次磋商，各方在携手打造粤港澳大湾区一事上达成广泛共识。国务院于 2016 年 3 月颁布《国务院关于深化泛珠三角区域合作的指导意见》，其中明确提到"共同打造粤港澳大湾区，建设世界级城市群"。随后在 2017 年 3 月，"粤港澳大湾区"概念被写入中央层面的《政府工作报告》。在早年广东省提出的"大珠三角"概念的基础上，粤港澳大湾区概念终于诞生。

回顾粤港澳大湾区历次区域概念演变历史，从"小珠三角"到"大珠三角"最后提出"粤港澳大湾区"，区域概念始终在动态调整和升级。在三次区域概念的转变中，每一个概念都没有涉及结构性制度的修改方案，也没有致力于建立任何一个管辖和统治区域内多个城市的大都市机构，更没有进行边界调整、合并多个城市为一个大城市的行政区划改动。同时，从粤港澳大湾区相比于大珠三角概念的进步之处中可以看到，大湾区这一概念在诞生和设计之初，主要起源之一便是三地各市人民相互间同根同文的区域认同感。随后由地方政府自下而上地推动、通过多向拓展和辐射以实现网络化发展。粤港澳大湾区自身蕴含的信任、过程协商、协同治理、动态发展等特征，与新区域主义的核心理念一致，这也说明了运用新区域主义理论研究粤港澳大湾区的契合性。

3.2 粤港澳大湾区交通发展概况

3.2.1 发展背景与政策规划

交通运输通道对区域内部发展和区域间联系起着重要作用，又被称为"交通运输走廊"，是满足两个社会经济发达地区客货交流的线路，是区域综合交通运输网络中的干线（曹小曙和阎小培，2003）。通道不单指某条线路，而是承载两地强大交通流的多种运输方式（公路、铁路、水运、航空）及多条主要线路的集合。粤港澳大湾区内部互联互通的难题在于构建交通运输网络以应对跨江地理障碍及跨境制度障碍。通过一系列通道规划及建设,大湾区不断促进三地跨境往来,加强珠江两岸跨江联系,推动广深双城联动与跨市融合,着力构建交通基础设施网络和综合一体化衔接模式,推动大湾区一体化发展。

粤港澳大湾区的交通发展是需求导向、问题导向的。珠江两岸经济、人口等方面的差异与产业层次、产业结构的优势互补推动了东西两岸的经济互动与人员往来,同时大湾区承载了内地与澳门、香港的跨境联系,有大量的交通需求。2021年,珠海全力建设横琴粤澳深度合作区,并以珠海高新区为重要创新平台,高标准谋划深圳珠海合作示范区;香港提出构建北部都会区,积极打造港深双城,融入粤港澳大湾区。而粤港澳大湾区的区域互联互通与协调发展面临两大阻隔:一是珠江口天然的地理阻隔,不利于东西两岸城市往来合作;二是港澳与内地的制度阻隔,经济制度、法律体系和行政体系的差异一定程度上阻碍了粤港澳之间的要素流动。交通基础设施建设能够克服空间距离障碍,对区域经济增长起到重要的作用(张学良,2012)。构建高效的基础设施网络是推动珠江东西两岸融合互动、粤港澳三地联动发展的重要基础。

为提升大湾区内外交通便捷性,促进要素高效便捷流动,加快推动大湾区一体化进程,近年来国家发展和改革委员会会同有关部门,与粤港澳三地共同发布多项支持大湾区交通协调发展的政策规划,以强化基础设施互联互通。2019年2月,中共中央、国务院印发《粤港澳大湾区发展规划纲要》,强调以连通内地与港澳以及珠江口东西两岸为重点,构建以高速铁路、城际铁路和高等级公路为主体的城际快速交通网络,力争实现大湾区主要城市间1小时通达。2020年8月,国家发展和改革委员会批复了《粤港澳大湾区(城际)铁路建设规划》(送审稿),同意在粤港澳大湾区有序实施一批城际铁路项目,形成以广深港、广珠澳和跨珠江口为主轴,"轴带支撑、极轴放射"的多层次铁路网络,提升粤港澳大湾区城际交通供给质量,服务粤港澳大湾区建设。2021年3月,中共中央、国务院印发《国家综合立体交通网规划纲要》,在加强交通运输协调发展方面,提出粤港澳大湾区要实现高水平互联互通,打造西江黄金水道,巩固提升港口群、机场群的国际竞争力和辐射带动力,建成具有全球影响力的交通枢纽集群。

为更好地在投资方面支持粤港澳大湾区建设,更好发挥中央预算内投资作用,2021年4月,根据《政府投资条例》及中央预算内投资管理相关规定,国家发展和改革委员会研究制定了《粤港澳大湾区建设、长江三角洲区域一体化发展中央预算内投资专项管理办法》(以下简称《管理办法》)。根据《管理办法》,

粤港澳大湾区建设以直接投资安排方式支持地方政府投资项目，支持方向包括连接内地与港澳的基础设施互联互通工程及其主要配套工程。此外，国家开发银行通过投资、贷款、债券、租赁、证券等各类综合金融服务加大对粤港澳大湾区重点项目支持力度，计划在 2021 年全年提供融资总量 3000 亿元以上。

为打造粤港澳大湾区枢纽集群，2021 年出台的《广东省综合交通运输体系"十四五"发展规划》提出加强与港澳交通衔接，完善跨珠江口通道布局。在加强与港澳衔接方面，规划提出通过公路、铁路、口岸建设等实现与港澳更便捷联通，在完善跨珠江口通道布局方面，规划提出加快深中通道、深圳至江门铁路等一系列公路、铁路通道建设，研究论证以铁路功能为主的伶仃洋通道，谋划深圳至中山的城际铁路建设。

3.2.2 大湾区跨境通道建设

粤港澳大湾区是实现内地与港澳深度合作、支持港澳融入国家发展大局的战略前沿阵地。由于"一国两制"的特殊性，粤港澳大湾区交通运输网络构建过程中面临着不同的政治、经济、法律体系等制度体系带来的难题。随着深港、珠澳多个通关口岸的建设，以及港珠澳大桥、广深港高铁（香港段）的建成通车，公路、铁路及水运等多种交通方式及线路共同构成了大湾区跨境通道。

1. 深港、珠澳通关口岸建设

大湾区跨境通关口岸分为水路、陆路、航空三类通关口岸，其中陆路口岸是粤港澳客货流量等要素流通的主要途径，以珠澳、深港之间跨境交通最为频繁。深圳共有 7 个陆路口岸，9 个海港口岸以及 1 个航空口岸（深圳宝安国际机场）（吴浩军，2011）。香港除与深圳 7 个陆路口岸相连，还有西九龙口岸（接广深港高铁），此外有 4 个海港口岸及 1 个航空口岸，分别是港澳码头、中港码头、屯门码头、机场海天客运码头，航空口岸为香港国际机场。珠海共有 5 个陆路口岸及 2 个海港口岸（九洲港口岸、湾仔口岸）。港珠澳大桥澳门口岸与珠海公路口岸同在珠澳口岸人工岛上，此外澳门有 3 个海港口岸及 1 个航空口岸，分别是氹仔码头、外港码头、内港及游艇码头，航空口岸为澳门国际机场。深港与珠澳主要通关口岸运营时间、交通方式、交通时间以及参考费用如表 3.1 和表 3.2 所示。

表 3.1 深港间主要通关口岸及通关效率

口岸	运营时间	交通方式	交通时间（分钟）	费用（元）
罗湖	6：30～24：00	铁轨列车、轻轨	108	37
福田	6：30～24：00	高铁、轻轨	（福田—西九龙）14	68
皇岗	全天 24 小时	自驾、巴士、公交	（巴士）60	28
深圳湾	6：30～24：00	自驾、巴士、公交	（巴士）50	45
文锦渡	7：00～22：00	自驾、巴士、公交		
沙头角	7：00～24：00	自驾、巴士、公交	（巴士）	40～50
莲塘	7：00～22：00	自驾		
蛇口码头	8：00～22：00	客轮	（蛇口—香港机场）30	280
福永码头	8：00～21：00	客轮	（深圳机场—香港机场）	295
西九龙站	7：00～21：30	高铁	（福田—西九龙）14	68
			（深圳北—西九龙）19	75

资料来源：根据网络资料、携程网站购票、深圳本地宝、广州本地宝、张璐等（2020）、李艳等（2020）整理。

表 3.2 珠澳间主要通关口岸及通关效率

口岸	运营时间	交通方式	交通时间（分钟）	费用（元）
拱北	06：00～次日 1：00	自驾、巴士	20	
青茂	全天 24 小时	人行	1	
新横琴	全天 24 小时	自驾、巴士、人行	1	
珠澳跨境工业区	全天 24 小时	仅限工业园区人员通关		
珠海公路	全天 24 小时	自驾、巴士	（巴士）45（港）	60～150
九洲港	7：00～22：00	客轮	25（澳），60（港）	48～175（港）
湾仔	7：00～22：00	客轮	3～5	

资料来源：根据网络资料整理。

深港边界的陆路口岸自西向东依次为深圳湾、福田、皇岗、罗湖、文锦渡、莲塘、沙头角口岸。深圳湾口岸是西部地区唯一的陆路口岸，通过深圳湾公路大桥与香港相连，通关量仅次于罗湖和福田口岸；广九铁路和广深港高铁分别在罗湖、福田口岸设站，福田口岸拥有铁路通关功能（李艳等，2020），是跨境交通量最大的口岸；皇岗口岸是深港唯一 24 小时通关的陆路口岸，也是货车出入境数量最多的陆路口岸，承接沙头角和文锦渡口岸晚上关闸后的货物运输通关，目前正在实施重建；莲塘口岸于 2020 年 8 月开通，是实现深港跨界交通的东部重要口岸，目前只启用货检场地通关服务。目前深港大多口岸均采用"两地两检"查验方式（林曾润，2020），仅深圳湾口岸采用"一地两检"通关模式，通过广深港高铁跨境则在香港西九龙站进行一地两检，正在重建的皇岗口岸建成后也将采用"一地两检"模式。

珠澳陆路口岸有拱北、青茂、新横琴、珠澳跨境工业区及港珠澳大桥珠海公路口岸。拱北口岸位于香洲区东南部，是珠海最早建造的通关口岸（1992年迁建并于1999年投用），承载了大量的客货交通流；珠海公路口岸位于港珠澳大桥西端珠澳口岸人工岛，通过港珠澳大桥与澳门、香港相连；新横琴口岸位于横琴岛东侧与澳门边界交接处，设有车行通道和人行通道；青茂口岸位于拱北口岸西南侧约800m处，是24小时通关的陆路口岸，仅供行人通行；而珠澳跨境工业区口岸仅限工业园区人员通关，普通游客无法通过此口岸往返珠澳。在通关模式上，拱北口岸仍采用"两次排队、两次查验、两次放行"通关模式，而新横琴口岸与青茂口岸均采用"合作查验、一次放行"的新通关模式，分别经过港澳通行证核验、指纹及人脸识别、澳门方信息核对系统共三道闸机，最快1分钟就能完成通关。

2. 跨境线路建设

(1) 港珠澳大桥

港珠澳大桥是粤港澳三地首次合作共建的超大型交通基础设施项目，全长55km，于2018年10月正式通车运营。大桥工程包括海中桥隧工程、三地口岸和三地连接线。海中桥隧主体工程（粤港分界线至珠海和澳门口岸段，简称"主体工程"）采用双向六车道高速公路标准由三地共同建设，长约29.6km，其中桥梁工程长约22.9km，岛隧工程长约6.7km；海中隧道工程香港段（起自香港散石湾，止于粤港分界线）、三地口岸和连接线由三地各自建设。

港珠澳大桥总投资额约1269亿元，其中主体工程采用"政府还贷"模式，三地按效益费用比相等原则分摊费用（内地占35.1%、香港占50.2%、澳门占14.7%）。主体工程初期资本金为157.3亿元，其中中央政府补贴连同广东省出资共70亿元，香港出资67.5亿元，澳门出资19.8亿元。资本金以外部分通过银行贷款解决。

港珠澳大桥管理局是三地政府共同成立的非营利性事业单位，负责主体工程建设、运营、维护和管理的组织实施工作。主体工程运营资金来源于项目收入

（通行费、广告经营等收益）等，三地各自建设工程的运营资金由各自负责。港珠澳大桥属于公共基础设施，收费按 30 年收费期年平均成本计算，标准车（小客车）单位平均通行成本为 106.14 元/次。收费收入全部用于偿还银行贷款和满足运营维护及管理需要，不获取营利性收入。

（2）广深港高铁

广深港高铁是连接粤港的高速铁路，北起广州南站、南至香港西九龙站，线路全长 141km，是京广高速铁路的延伸线，连接广州、东莞、深圳和香港。广深港高铁广深段采用"部省合作"模式，由铁道部和广东省合资建设，总投资 167 亿元。2005 年 9 月，国家发展和改革委员会正式批复《广深港铁路客运专线广州至深圳段可行性研究报告》，同年 12 月 18 日项目动工建设，设计速度为 350km/h。2011 年 12 月 26 日广深段通车运营，运营速度 300km/h。广深段的开通使广州与深圳的时间距离缩短至 29 分钟。广深港高铁香港段采取"服务经营权"模式，由特区政府出资约 395 亿港元兴建，建成后由香港地铁公司营运，特区政府每年收取服务经营费。香港段于 2010 年 1 月 27 日动工建设，设计速度为 200km/h，于 2018 年 9 月 23 日通车运营。广深港高铁票价计价原则为"分段计费、各自定价、加总核收"。广深港高铁的开通极大地方便了内地与香港的人员往来，促进了广深港三城联动。

（3）东铁线

港铁东铁线为原九广铁路（即广九线）的一部分，主要承担通勤、跨境功能。东铁线东北端起于罗湖站，支线起于西北端落马洲站，止于上水站，途经香港新界、九龙、香港岛，到达九龙的红磡站，红磡站经由香港第五条过海隧道至金钟站一段暂未开通。其中在落马洲站过关后可在福田口岸站换乘深圳地铁四号线，在罗湖站过关后可换乘深圳地铁一号线，且可在罗湖经罗湖桥与广深铁路连接，现运营长度约为 41.5km，最高时速 120km，设站 14 座，平均站间距 3.19km（陈坚等，2018）。东铁线原隶属九广铁路公司，现由香港铁路有限公司负责运营，另有地下站会展站、金钟站在 2022 年开通。

乘客可使用八达通或单程车票搭乘东铁线，车费按照车程距离厘定，使用八达通时更为优惠，可购买成人票和特惠票，且有普通车厢与头等车厢之分，普通车厢费用大约为头等车厢费用的一半。一般线路普通车费的成人票价在 3.6 ~ 42.5 港币（单程），行程时间在 4 ~ 54 分钟不等。东铁线在早高峰时段开行 12 个班次，每 2.5 分钟一班，每列车可载 3750 名乘客，单向轨道每小时载客量为

86 000 人次。

2023 年 8 月 8 日，国务院印发《河套深港科技创新合作区深圳园区发展规划》，合作区地处香港特别行政区北部和深圳市中南部跨境接壤地带，是香港北部都会区与广深港科技创新走廊的天然交会点，面积约 3.89km²。该合作区从区域内部和外部两方面优化交通网络。在区域外部，研究引入穗莞深等城际铁路，加快深圳城市轨道交通 6 号线支线进一步南延至深圳园区等项目建设，实现深圳园区与深圳光明科学城、东莞松山湖科学城等粤港澳大湾区重大科创平台的轨道交通连接；积极配合香港研究北环线支线经落马洲河套地区的香港园区接入新皇岗口岸的可行性。在区域内部，畅通深港内部各片区交通联系，构建"五横六纵"道路网络，推进落马洲大桥和连接线改造。在深圳园区预留合适位置建设与香港园区的跨境通道，实现双方园区科技人员便捷往来。河套深港科技创新合作区的规划布局，将进一步带动深港双城的跨境交通对接。

3.2.3　大湾区跨江通道建设

大湾区境内珠江东西两岸交通方式有公路、铁路和水上客运。公路交通主要通过南沙大桥和虎门大桥联结东西两岸。广州黄埔大桥虽作为跨江桥梁，实际主要承担内陆公路交通流，对跨江交通流量的分担较小。2018 年开通运营的港珠澳大桥，主要起连接广东与香港、澳门三地的功能，由于三地政策差异等原因，大桥目前仅限粤、港、澳三地牌照跨境车通行，尚未起到分担大湾区境内跨江交通流的功能。

除公路和铁路交通之外，粤港澳大湾区还通过水上客运实现跨江交通连接，客轮主要在珠海、中山、广州、深圳四座城市之间通行。境内跨江水上客运线路航班分客运航班和珠海海岛旅游航班两类。

1. 跨江公路线路建设

（1）虎门大桥

为改变广州经东莞至深圳公路及虎门汽车渡口常年超负荷运行的状况，虎门大桥工程项目由省交通厅组织实施，由中外合作集资修建，以独立核算、自负盈亏的方式，筹建项目公司（广东虎门大桥有限公司）进行建设和管理，工程项目总投资 30.2 亿元。虎门大桥于 1992 年 10 月 28 日动工建设，1997 年 5 月 1 日试通车，同年 6 月 9 日开通运营。目前虎门大桥管理方为广东省交通集团，运营方为广东虎门大桥有限公司。

虎门大桥主桥全长 4.588km，双向 6 车道，每车道宽 3.75m，设计行车时速 120km，日均饱和标准车流量为 8 万车次，最大日通行能力为 12 万车次。大桥线路起于东莞市太平立交，接京港澳高速公路东莞段，止于广州市南沙立交。北距上游南沙大桥约 10km，南距下游深中通道约 30km。

虎门大桥的通车改变了仅靠汽车渡口进行跨江的单一交通方式，极大方便了珠江口两岸的交通往来，缓解了汽车渡口超负荷运作的情况，汽车渡口这一跨江交通方式也逐渐式微。在国家撤渡建桥的背景下，考虑到其内在固有的运输效率、安全风险等弊端及后建成南沙大桥的分流功能，渡口于 2019 年 5 月 25 日正式停运。

2019 年南沙大桥通行，缓解了虎门大桥的拥堵状况，然而目前虎门大桥通行能力趋于饱和，拥堵现象时有发生，交通运输部门也通过一些措施手段缓解拥堵。在节假日车流量高峰时段，交通运输部门会关闭虎门大桥部分高速公路出入口（一般为南沙收费站和威远收费站），同时启动引桥匝道交会处交通信号灯进行车流引导，车辆驶入主桥前需按照桥头红绿灯的指示在相应车道上排队等候、交替通行。此外，大桥管理方也通过硬件设施更新来缓解拥堵。广东虎门大桥有限公司于 2021 年 3 月发布招标信息，拟对虎门大桥威远收费站出入口进行改扩建，提高收费广场的通行能力和服务水平。

（2）南沙大桥

随着区域发展，大湾区内城市间联系日益密切，同时虎门大桥还承担粤东粤西之间的交通联系，其日常承载量已超饱和，仅靠一座大桥无法承担所有跨江公路交通。2019 年南沙大桥（原名虎门二桥）正式通车，为虎门大桥分担了一部分车流量，进一步加强了珠江两岸交通联系。

南沙大桥由广东省交通集团投资，于 2013 年 12 月 28 日动工建设，2019 年 4 月 2 日建成通车，工程项目总投资额达 111.8 亿元。广东省交通集团于 2013 年成立下属三级单位广东省公路建设有限公司虎门二桥分公司，负责组织、协调、实施大桥建设管理的各项工作。大桥设计全长 12.9km，双向 8 车道，设计时速 100km，桥梁宽度 40.5m，起点位于广州市南沙区东涌镇，与珠江三角洲经济区环形公路南环段对接，沿线跨越珠江大沙水道、海鸥岛、珠江坭洲水道，终点位于东莞市沙田镇，与广深沿江高速公路连接，并预留与规划中的河惠莞高速公路接口。大桥收费车型按国家统一标准进行分类，客车实行按次计费，货车实行完全计重收费，收费标准如表 3.3 所示。

表 3.3　南沙大桥收费标准

车型	收费系数	金额（元）		
		东涌互通立交至海鸥岛互通立交段（6.652km）	海鸥岛互通立交至沙田互通立交段（6.243km）	东涌互通立交至沙田互通立交段（12.886km）
一类车	1	18	24	42
二类车	1.5	27	36	63
三类车	2	36	48	84
四类车	3	54	72	126
五类车	3.5	63	84	147

注：40 座以上大型客车按照三类车收费。货车实行完全计重收费，其中东涌互通立交至海鸥岛互通立交段基本费率为 0.54 元/（t·km），海鸥岛互通立交至沙田互通立交段基本费率为 0.77 元/（t·km），具体按照省交通运输厅、发展改革委粤交费函（2015）1031 号、粤交费函（2015）1130 号文等规定执行。

资料来源：广东省人民政府。

（3）深中通道

深中通道从 2002 年开始项目前期论证工作，2004 年正式启动研究，至 2015 年 12 月，深中通道项目工程可行性研究报告获国家发展和改革委员会批复。深中通道采用"省市合作，政府还贷"模式进行建造，项目总投资约为 423.71 亿元（静态投资 391.14 亿元），其中，国家安排中央专项建设基金（车购税）97.78 亿元、广东省安排财政性资金 99.25 亿元，项目资本金共计 197.03 亿元，约占总投资的 46.5%；其余资金利用国内银行贷款解决。

深中通道全长约 24km，设计速度 100km/h，为深圳—岑溪高速公路（国家高速 G2518）的组成部分。路线起自广州至深圳沿江高速公路机场互通，向西跨越珠江口，于中山马鞍岛登陆，止于横门互通，接规划建设的中山至开平高速公路和中山东部外环高速公路。截至 2020 年 4 月，深中通道已确定 5 个出口，其中山 4 个，深圳 1 个。目前深中通道仍在建设中，珠江口两岸城市之间的车流，仍需北上绕行至虎门大桥或南沙大桥方能互通。深中通道预计 2024 年建成通车，届时深圳至中山的车程将由 2 小时缩短为 20 分钟。

深中通道项目属于非经营性项目，项目建设及经营管理严格执行公路法、收费公路管理条例及相关规定，目前以规定的收费期 15 年内还清银行贷款（本金和利息）为标准论证收费方案，最终收费方案将在项目正式营运时由政府审批确定。

2. 跨江铁路线路建设

轨道交通系统以其速度快、运力大等优势，对压缩城市间时空距离、构建大都市圈具有不可替代的作用。而目前在粤港澳大湾区，尚无直连东西两岸的轨道通道，只能通过在广州南站衔接换乘，在此过程中轨道交通的优势得不到凸显，换乘带来的出行摩擦时间也进一步增加了出行成本。为进一步加强两岸跨江交通，缓解珠江口现有通道线路压力，2020 年 7 月深江铁路正式开工建设。

深圳至江门铁路（以下简称"深江铁路"）是粤港澳大湾区重大交通项目，新建正线总长 116.1km，项目投资估算总额 513.1 亿元，设计时速 250km，建成后将与广深港高铁、广珠城际铁路和江湛铁路实现贯通。2020 年 7 月 2 日，深江铁路先行段工程珠江口隧道正式开工建设。深江铁路连接江门、中山、广州、东莞和深圳，建成之后将进一步加强珠江东西两岸城市的轨道交通联系。

3.2.4　大湾区跨市通道建设

广州和深圳是大湾区两大中心城市，广深之间存在大量的要素流动。2017年以来，广深充分发挥各自优势，联手打造广深科技创新走廊，2021 年广东省"十四五"规划明确提出构建广州、深圳"双城联动"发展新格局。政策驱动与发展导向使广深双城不断谋求多种交通运输方式的跨城通道。与此同时，作为大湾区都市圈的核心城市，广深也分别将市内轨道交通外延以联结周边城市，形成多方向的跨市通道建设。

1. 广州–深圳通道建设

目前广州—深圳交通运输通道由铁路、公路和水运三种交通方式及线路组成，以公路和铁路为主，公路主要通过京港澳高速和广深沿江高速进行联通，铁路通过广深铁路、广深港高铁和穗深城际进行联通，另外广州南沙客运港与深圳机场码头有邮轮互通，每天往返各四班次。未来广深也将积极谋划磁悬浮线路建设。

（1）广深公路线路建设

广深高速和广深沿江高速是连接广深的两条主要高速公路线路，此外，南沙大桥与虎门大桥除承担珠江两岸跨江交通流，也承担一部分广深客货流量，从广州可通过南沙港快速和广州绕城高速接两座大桥，过桥之后车流并入广深高速及广深沿江高速到达深圳。

广深高速是广东省内第一条连接广州和深圳的高速公路，作为京港澳高速的重要组成部分，北起广州市黄村立交，与广州环城高速公路北段相接，南至深圳市皇岗口岸，全程 122.8km，双向 6 车道，于 1997 年 7 月通车运营。广深高速是国内第一条由粤港合作投资建设的高速公路项目，也是我国首次以项目抵押方式获得国际融资银团商业贷款的项目。

广深沿江高速北起广州黄埔 107 国道，南至深港西部通道，连接广州、东莞、深圳、香港，全长 89.14km，双向 8 车道，于 2006 年 3 月 25 日动工建设，2012 年 1 月 18 日广州黄埔至东莞虎门段通车，2013 年 12 月 28 日开通全线，由广东广深沿江高速公路有限公司负责建设和运营。

（2）广深铁路线路建设

广州和深圳之间的铁路线路较为完备，既有普速铁路（广深铁路），又有高速铁路（广深港高铁），还有城际铁路（穗深城际）。广深铁路（又名广深城际铁路）西起广州站，南至深圳站，最高运行时速 200km，是连接广深的第一条铁路线，原为广九铁路华段，2007 年从广九线中分离为独立客运专线铁路。广深港高铁除加强香港与广深莞联系外，也使广深之间交通时间缩短至 29 分钟，方便了广深两座超级城市的人员往来及要素流动。穗深城际是连接广深莞三市的城际铁路，其中广州东至深圳机场段已于 2019 年开通运营，截至 2021 年，穗深城际北延段（新白广线），琶洲支线和机前段（深圳机场至前海段）仍在建。

此外，2021 年 2 月，广东省自然资源厅发布了《广东省国土空间规划（2020—2035 年）》，规划提出，省域空间内将预留纵横两条高速磁悬浮廊道，分别是纵向的京港澳高速磁悬浮以及横向沿海的沪（深）广高速磁悬浮廊道。这两条磁悬浮廊道设计时速可达 650km，联通了广州、深圳、香港三个主要城市，能够实现半小时同城化，其他城市 40 分钟直达。目前该项目处于方案设计阶段，在广州的候选起点包括广州东站、珠江新城、广州站，中途候选路线包括莞城、虎门、南沙等。这一规划预计到 2035 年左右能够建成落地。

2. 广深与周边城市跨市地铁

除广州—深圳的双城交通通道外，广州和深圳也分别积极与周边城市联合建设跨市地铁,以自身城市为中心构建交通枢纽。就跨市地铁而言,广州在与周围城市融合的起步时间更早,线路也更考虑延伸到邻近市的核心区。目前已开通运营的地铁线路包括广佛线、广州地铁 7 号线顺德段、佛山 2 号线,其中广佛线直接经过佛山最繁华的桂城和禅城。已开工和待建设的地铁包括 18 号南延段、28 号线,前者联通了广州、中山和珠海三市,由广州申请和运营,按照属地原则由三市分别出资,目前中山段已在建。后者联通了广州、佛山、东莞三市,按照属地原则由三市分别出资,目前已批复待建设。除此之外,还有 10 号线支线、22 号南段、佛山 5 号线、佛山 6 号线、佛山 8 号线、广州 19 号线、广州 26 号线等连接计划。在广州与周边城市的跨市地铁建设中,佛山距离最近、联系密切,成为互通地铁线路最多的城市,此外广州也主动寻求与中山、珠海、东莞等市的跨市地铁建设,串联了珠江口东西两岸两条交通大动脉。

与广州相比,深圳进程稍缓,主要以市内地铁向外延伸为主,且多数线路尚在计划和申请中,并未动工。深圳 6 支线、11 号线北延、10 号线东延、22 号线北延四条线路分别计划对接东莞 1 号线三期、东莞 3 号线、东莞凤岗和东莞塘厦,但其中的运营模式和费用分摊情况尚未确定。此外,深圳 14 号线从坪山东延至惠阳,但该计划还未上报。深惠城际是比肩广州 18 号和 28 号线级别的跨城干线线路,已经申请成功,但目前只有深圳段和大鹏支线准备施工。深圳还规划了深大城际和深中城际,前者计划联通深圳机场到大亚湾;后者是深大城际的西延段,计划从深圳机场向西下穿珠江出海口后,与南中珠城际在南沙二十冲和中山香山站衔接。在跨市地铁上,广深都牵头与相近的城市,如广佛、莞深、惠深等,共同修建跨城地铁,这些城市地理位置相近且城市发展比较成熟,城市空间已经相互接壤,通过跨城地铁建设,能够促进人员、资源等各方面要素流动和都市圈交通一体化。

3.2.5 大湾区跨交通地空衔接

高效且便捷的综合交通体系是大湾区协同发展的支撑。地空衔接是以城市机场作为枢纽,将铁路、公路和水路的多样化交通引入空港区内部,最终实现航空与其他交通连接有序、天地换乘一体化的交通系统。粤港澳大湾区以综合交通网连接城市群的过程中,将铁路、公路、水路等交通设施延伸到航运,连接大湾区机场群,打造区域综合交通枢纽并实现不同交通运输方式的无缝衔接和耦合运行，实现空铁、空公、空水联运，推进综合交通网络融合（韩寒，2022）。

1. 大湾区机场综合交通衔接状况

（1）广州白云国际机场

空铁联运：白云国际机场在大湾区铁路网络中占据着核心交通的区位，其依托高速铁路、城际铁路和城市轨道打造的铁路枢纽具有强大的客流集散能力，而结合未来规划更是将建立起面向佛肇、深莞惠和珠江西岸城市群的多方向、多层次铁路体系。在当前的交通现状和建设规划下，有广河高铁和广中澳高铁两条高速铁路、广佛环线城际一条城际铁路、新白广城际一条市域（郊）铁路，以及地铁 3 号线和 22 号线两条城市轨道交通直接连通广州白云国际机场，同时更有两条高速铁路、6 条城际铁路能够与其间接联系。从接驳连通效率上看，当前由香港、澳门、江门和惠州四个大湾区城市乘坐铁路交通前往广州白云国际机场乘机的时间均超过 2 小时，且至少要换乘三条交通线路，通行便捷程度不佳。随着规划期内广中澳高铁、广惠高铁、广佛环线东段等铁路线的建设运营，四地与广州机场的交流条件将得到极大的提升。现状设施下与白云国际机场联系最便利的湾区城市有东莞、中山和佛山，出行时间均在 1 小时左右，未来随着新白广城际等快速线的贯通，深圳和珠海两城市民将可能享受到 1 小时内的跨城乘机体验。

空公联运：广州白云国际机场现有已相对成熟和健全的公路客运体系，通过道路基础设施和城际客车陆运系统很好地发挥着航空—公路的枢纽功能。当前围绕机场正在构建起以"开"字形高速公路为骨干，普通道路为支撑，结构合理、衔接紧密的道路网络。其中高速公路是联通粤港澳大湾区其他城市的重要通道，截至目前已经由机场北边的珠三角环线高速、西边机场高速、南边的花莞高速、东边的机场第二高速共同组成了环绕白云国际机场 T1、T2 航站楼的"开"字形高速公路架构。除香港外所有城市均开通了直达空港内部的机场巴士，深珠等地与广州机场的时间距离在 3 小时以上，而广州周边的佛莞两城市则能够在 2 小时以内方便地前往机场享受航空服务。

（2）深圳宝安国际机场

空铁联运：深圳是大湾区内铁路基础最好的城市之一，同时也有着密布的城市轨道交通线路，宝安国际机场在打造航空—铁路枢纽的过程中，将深圳北站、西丽站等国家铁路枢纽作为联结的桥梁，通过四网融合的方式将航空服务由机场站通过快速铁路线辐射到大湾区腹地内部。深圳宝安国际机场周边现有包括快速干线铁路、城际铁路、市域（郊）铁路、城市轨道交通在内的多条铁路交通已开通运营或在规划建设中，其中穗深高铁、深大城际、深茂高铁及地铁1号、11号、12号、20号、26号线等轨道直接通入机场内部，而其他如赣深高铁、广深城际、厦深高铁等引入其他铁路枢纽的城市间轨道线，则承担着深圳空港与湾区其他城市沟通的间接纽带作用。具体来看，港、广、莞、惠四城借助良好的轨道设施基础与深圳机场的铁路联系能够控制在2小时以内；而珠江西岸的肇庆、珠海、中山等城市需要绕行乘坐火车，耗时2~3小时才能达到宝安国际机场乘机。深茂高铁等线路未建成前跨江轨道通道薄弱仍然是制约深圳机场拓展腹地的关键因素。

空水联运：深圳市作为一座滨江沿海的国际性大都市，具备完善发达的水运体系，在水路客运方面，宝安国际机场主要通过深圳机场码头即福永码头来承担集疏运的服务。福永码头已经先后开通了6条前往粤港澳大湾区内其他城市港口的客运路线。其中，由宝安国际机场到广州南沙港的35分钟航线最为方便快捷，深港两大机场之间可以通过45分钟的高速客船互相通行，而开往澳门和珠海港口的航程大约在70分钟。

空公联运：高速公路在粤港澳大湾区其他城市同深圳机场的陆运联系中承担着最重要的角色，当下整个空港范围分别在东南西北方向布置着广深高速、机荷高速、广深沿江高速以及深圳外环高速四条高/快速通道，同时结合城市内部道路连接线完善了整个航空—公路枢纽系统。客运方面宝安国际机场巴士快线能够前往大湾区内的多数城市，得益于近年来跨江通道和珠三角高速的建设和发展，除受出入境耗时制约的澳门以外，其他不同城市到深圳机场的巴士均在2小时以内实现通达。

（3）香港赤鱲角国际机场

空铁联运：香港国际机场的对外接驳铁路主要经深圳与内地建立联系，包括港铁东铁线和广深港高铁在内的两条快速通道，再配合市内的港铁机场线使赤鱲角融入国家铁路网络中来。当前由大湾区内其他城市通过铁路到达赤鱲角国际机场最快捷的所有乘机方式，均是从深圳福田站经广深港高铁线进入西九龙站并换乘至九龙港铁站转乘机场线到达，其中通关加国铁地铁步行换乘时间共约耗时40分钟。但由于换乘频次繁琐和出入境检查等因素，其接驳效率很低，除广莞深三市部分地区以外大湾区其他铁路站均需2小时以上方可到达香港机场。

空水联运：香港国际机场位处于香港赤鱲角岛屿之内，得天独厚的临海优势使得其具备通过水路运输的方式为外地乘机旅客提供航空服务的能力。香港海天客运码头距离机场仅 4km，目前已经开通了直达粤港澳大湾区内共 9 个港口的水上航线，能够联结区域内 6 座不同的城市。在实际运营方面，深圳机场和珠海九洲两座码头可以在 1 小时内通达，其他航线也能保证 2 小时内的航程到达香港机场。

空公联运：香港国际机场周边区域已经构建起以"T"字形高速通道为主体，普通市政通道为辅助，结构分工明确的交通道路体系。其中高速公路通道目前包括了通向北面的屯门—赤鱲角连接路、西边连接的环珠三角高速公路（港珠澳大桥）以及沟通东边市中心区的香港 8 号干线公路，"T"字形环绕高速公路骨架充当着香港国际机场向外连接其他城市的关键媒介。深珠澳三城仅在 1 小时内可以联通至机场，而其余多数地区前往香港乘机的时间在 2～3 小时。

（4）其他机场

大湾区骨干机场以外的其他 4 个城市机场体量较小，其地空衔接及集疏运体系也相较简单。在空铁联运方面，4 座机场尚未有铁路干线或城际线路引入空港内，未来计划建设的珠机城际以及将与其实现"无缝对接"的澳门轻轨有望改变两地机场的现状；在空水联运功能上，澳门国际机场主要通过 10 分钟车程外的澳门客运码头实现与其他城市间的往来，客运公司提供豪华旅游巴士服务，能够载送旅客前往包括广州、江门、东莞等多个大湾区主要城市。而在空公联运功能方面，西部沿海高速和江珠高速将珠海金湾机场与中山、江门紧密地连接了起来，机场也先后在两地开设了城市候机楼，并设置中山、江门、斗门的机场快线，从跨城交通运营上发挥对珠江西岸城市旅客的航空服务辐射功能。此外，受限于机场规模，惠州和佛山两地机场仅有一定的巴士客运连接到本市主城区，尚未形成有效的联运体系，也没有对外客运交通提供服务。

（5）机场安检互认衔接

旅客便捷、高效换乘是多层次交通融合的重要内容。随着城市活动在更大尺度上的扩展，改善跨交通模式的换乘衔接效率对于提升旅客出行效率和出行满意度具有重要现实意义。2019 年 9 月，中共中央、国务院印发《交通强国建设纲要》，提出到 2035 年要基本建成都市圈 1 小时通勤圈，旅客联程运输便捷顺畅，实现都市圈交通治理体系和治理能力现代化。为此，《交通强国建设纲要》要求各种交通方式要由相对独立发展向一体化融合发展转变，推动干线铁路、城市轨道、航空等交通融合发展，提升交通枢纽换乘水平，构建便捷顺畅的都市圈、城市群一体化交通网。

建设交通运输 1 小时通勤圈对多层次交通融合提出了高要求。旅客的跨城出行是一个高效衔接的链条，各层次轨道交通在不同的空间尺度为旅客提供组合服务，需要通过大型综合交通枢纽实现在城市交通与区域交通间高效、便捷的换乘。在保证安全的前提下，大湾区内深圳机场积极探索新思路、新方法，已着手开展地铁、穗深城际轨道旅客进入 T3 航站楼的安检模式优化研讨，并取得阶段性成果。2020 年 1 月，深圳机场地铁 11 号线机场站正式实行了优化安检模式。乘坐深圳地铁 11 号线、穗深城际轨道的旅客及接送机人员到达深圳机场站后，仅需接受防爆检测后即可进入深圳机场 T3 航站楼公共区域和地面交通中心（乘坐出港航班的旅客，乘机前仍需按照民航规定接受机场乘机安全检查），旅客通行更加高效、便捷。在同一栋楼里，旅客上楼可搭乘飞机、下楼可换乘地铁，所有中转都可在 5 分钟内完成。下一步，深圳机场将与各方进一步协同合作，力争实现深圳机场与轨道运输安全检查互认，将深圳机场打造成更加安全、便捷、畅通的多式联运综合交通枢纽。

机场是高度叠合的多式联运枢纽，将航空、国家铁路、城际轨道、城市轨道、城市道路、公共配套、商业服务等各类设施在空间上高度融合格外重要。深圳机场安检互认的举措，有效提升了空铁联运和多模式交通搭载的衔接效率，值得其他机场借鉴改进。未来，大湾区内机场可以积极探索地空衔接的优化策略，通过科学拓展安检互认、流程优化、智慧交通等专项内容，在综合交通枢纽空铁联运及衔接效率提升方面做出新的技术探索与改革创新。

2. 大湾区机场群

大湾区机场群作为中国目前最大的机场群（王倩，2018），在半径不到200km 区域内，存在包括广州白云国际机场、香港赤鱲角国际机场、深圳宝安国际机场、澳门国际机场、珠海金湾国际机场、佛山沙堤机场、惠州平潭机场在内的 7 个机场。如此密集的机场群在全世界实为罕见，也难免会产生航线网络拥挤重叠、空域资源紧张等问题。2020 年 7 月，中国民航局印发《民航局关于支持粤港澳大湾区民航协同发展的实施意见》，正式提出构建以香港、广州、深圳国际航空枢纽多核驱动，澳门、珠海等机场多点联动的区域协调发展新格局，这基本明确了大湾区 "3+4" 机场体系的发展格局。其中，香港、广州、深圳机场作为三大骨干机场，承担国际航空枢纽的功能，不断提升其在国际航空市场上的竞争力；其他机场中，澳门国际机场着力发展东南亚航线补充大湾区机场群市场，珠海机场的定位是致力于成为粤西枢纽机场，以及建设公务机综合保障服务基地，同时惠州佛山机场则发挥补充国内航线的作用。

（1）广州机场交通集疏运状况

广州白云机场是国家三大国际航空枢纽之一，承担着我国重要对外门户枢纽功能。2020 年，白云国际机场年旅客吞吐量为 4376.8 万人次，在粤港澳地区内，白云国际机场具有显著的区域服务职能，其不仅在广佛都市圈内具有广阔的市场空间，同时也吸引着来自东莞、中山等附近地市的民航客流。

白云国际机场与地面交通接驳完善，综合交通中心总面积二十余万平方米，市区及长途大巴、穗莞深城际北延线、地铁 3 号线机场北站一同接入至其内部，能够实现民航、轨道交通以及公路的无缝衔接，为旅客换乘各种交通工具提供了更多便利。在与区域内其他城市的联系上，机场空港快线拥有能够通达省内多个城市的车次，珠海、中山、深圳、惠州、佛山、肇庆、东莞、云浮等大湾区城市的居民可以乘坐巴士直达白云国际机场享受航空出行服务。

除此以外，城市候机楼也是机场跨城运营拓展客流的重要载体。当下广州机场拥有了遍布广州、佛山、东莞等湾区范围内的 32 座候机楼，以机场为中心辐射粤港澳整个地区的地空联运体系已经基本构成。白云国际机场城市候机楼致力于逐步打造能够连接大湾区重要发展区的交通枢纽系统，为区域各城市的客流提供便捷的乘机服务。

（2）深圳机场交通集疏运状况

深圳宝安国际机场 2020 年全年实现旅客吞吐量 3791.6 万人次。在客源分布上，深圳机场旅客具有较强本地性，同时，机场主要服务于深莞惠都市圈的航空出行。根据 2019 年数据，深圳机场出行中来自本市的旅客占 86%，东莞是旅客来源的第二位，占 8.2%；广州为 2.7%，惠州为 1.3%（欧阳新加等，2020），其航空客流空间集聚特征明显，区域辐射力弱于广州机场。

在机场的客运接驳运营方面，深圳机场不断丰富地面交通业态，打造形成了以穗深城际、地铁 11 号线、公交、出租车、网约车、私家车、330 路机场巴士、机场码头巴士、长途巴士等多种交通方式为一体的地面交通网络体系。此外，深圳机场集团与深圳巴士集团、深圳运发集团携手打造了夜间出行服务产品"圳点夜行"，包括跨城定制客运和市内机场快线服务。跨城定制客运采用 7~15 座商务车，可以提供夜间固定长途客运，还可以便捷地跨城拼车前往东莞、惠州和广州等地。

深圳机场集团数据显示，深圳机场在粤港澳大湾区 10 个城市开通有 36 家城市候机楼，平均每年迎送旅客 300 万人次，占深圳机场旅客吞吐量近 10%。分区域来看，本市依然是深圳机场主要客源地，深圳市内各城市候机楼旅客服务量约占值机总量的 66%，东莞地区约占值机总量的 18%，各城市候机楼值机业务量呈现多级分化的特点，深圳龙岗和深圳湾口岸旅客服务量显著较高。深圳机场秉承城市一贯的改革创新理念，对 14 家候机楼开设了行李直挂服务功能（深圳 7 家，汕尾 1 家，珠海九洲港 1 家，中山港 1 家），当旅客抵达城市候机楼后，可在城市候机楼打印登机牌、办理值机和行李托运手续，乘坐机场快线/水上快线等交通工具抵达深圳机场 T3 航站楼，让集疏运系统运行得十分便捷。

（3）香港机场交通集疏运状况

香港机场是世界最繁忙的航空港之一，其运营着全球超过 100 家航空公司，客运量位居全球第 5 位。受制于口岸边检流程，香港机场对大湾区内地旅客的空间服务效能并不理想。即便是隔湾相望的深圳旅客，去往香港机场也存在过关耗时长、交通不便利等负面体验。然而量大价廉的香港机场航线仍是对大湾区内航空旅行需求的重要补充，由于香港机场在价格、与航空公司联动等方面均比内地机场有优势，不少内地居民在出境旅行时会选择从香港出发。

从客运接驳服务来看，海陆空交通连接着香港国际机场与珠江三角洲及其他地区，香港国际机场在大湾区内的城市候机楼已达到 19 个，包括 5 个海天联运城市候机楼和 14 个跨境客车及轿车城市候机楼。在陆路交通服务方面，每天有 550 班跨境旅游车来往机场与超过 110 个内地城镇，同时每天有 295 部跨境轿车来往机场与珠三角城镇，而香港机场的海运衔接同样十分发达，从海天客运码头开出的渡轮，可于 30～90 分钟内到达包括东莞虎门、广州莲花山、广州南沙、澳门（外港客运码头）、澳门（氹仔）、深圳福永、深圳蛇口、中山、珠海九洲在内的珠三角及澳门 9 个港口，方便区内旅客经香港国际机场往来全球超过 200 个航点。同时，多数航班还可以提供在快船口岸预办登机手续、托运行李、领取登机证及申请退还已缴付的飞机乘客离境税等服务。

（4）其他机场交通集疏运状况

除三大骨干机场外，粤港澳大湾区其他 4 个城市机场的集疏运体量较小，其体系也较为简单。澳门国际机场主要通过澳门客运码头实现与其他城市的客流往来，客运码头每天有 150 班次高速船只往返于香港，航程只需 55 分钟，而从码头至澳门机场只需 10 分钟车程。客运公司同时提供着豪华旅游巴士服务，载送旅客从澳门国际机场前往包括广州、江门、东莞、深圳、惠州和肇庆等多个大湾区的主要城市。另外，往返澳门–香港及澳门–深圳也可以选乘直升机跨境穿梭服务，现时在港澳码头和深圳机场每天分别有 54 个航班从澳门出发往返于香港和深圳之间。

珠海机场位于珠江口西岸的珠海市金湾区金海中路，可为国内主要城市超过 2 亿人口的自由行旅客提供快捷的中转和服务平台。在跨城交通运营方面，珠海机场先后在珠海、中山、江门开设了城市候机楼，并设有直达珠海市区、斗门、中山、江门的机场快线，为珠江口西岸地区的旅客提供更加便捷和高品质的服务。西部沿海高速和江珠高速把中山、江门与珠海机场紧紧地连在一起，自驾车旅客可经高速路快速到达珠海机场。

惠州机场坐落于广东省惠州市惠阳区平潭镇，其 1.5 小时服务半径主要辐射惠州市、河源市、东莞东部、深圳东北部等地区，影响范围相对不足，由于规模有限，惠州机场只有一定的客运交通连接到本市主城区，几乎没有对外的巴士和城市候机楼提供服务；而佛山机场承担着为大湾区地区提供廉价航线的职能，佛山机场的旅客吞吐量一般，尚未形成有效的联运体系，而其距离市中心约 10km，其他城市旅客可以通过佛山市区进行换乘。

3.3 本 章 小 结

粤港澳大湾区包括香港特别行政区、澳门特别行政区与珠三角九市，是我国开放程度最高、经济活力最强的区域之一，也是我国人口聚集程度最高、人口流入最活跃的区域之一，在国家发展大局中具有重要战略地位。粤港澳大湾区经历了"小珠三角""大珠三角"再到粤港澳大湾区的区域概念演变，综合站位更加高远，方向更加多维，目标与内容不断拓展。

粤港澳大湾区交通基础条件优良。随着粤港澳大湾区上升为国家空间发展战略，构建互联互通互享的跨界交通设施成为粤港澳大湾区经济发展的重要维度，交通一体化程度持续提升。粤港澳大湾区的交通互联需要克服珠江的天然地理阻碍和与港澳的制度阻碍。立足于多项政策支持和规划指导，粤港澳大湾区逐步建立起多模式跨市、跨制度交通体系，包括国家铁路、中短途航空运输、城际轨道、跨政区地铁、高速公路、跨江通道和跨海大桥、跨市巴士公交等多种交通模式。目前，粤港澳大湾区的交通发展呈现出集公路、铁路、轨道、水运、航空为一体的多样化运输方式，跨境、跨江、跨市、跨交通模式的综合区域联运状况，具备跨制度、多模式、广衔接、多线路的特征。未来，粤港澳大湾区将继续依托国家政策和发展战略，构建区域通达的多层级交通网络，探索深港、广深同城化交通连接，创新大型综合枢纽的多模式交通衔接方式，促进区域交通协调发展。

|第4章| 治理理念：树立注重开放、过程与信任的区域发展观

在树立适合大湾区多模式交通协调发展的新发展观时，需要认识到新区域主义与传统区域主义区域观最大的不同之处，在于如何实现区域目标。不同于传统区域主义把改革政府机构的结构性方案视作实现区域目标的策略，基于新区域主义理念的发展观尽量回避对政府进行结构性重组，转而谋求制定高效协调的政策及其结果，并认为政策结果优先于政府结构重组。同时非常注重在动态发展过程中发现问题，并持之以恒地动态解决问题。通过注重多方合作的治理过程达到发展目标，而不是通过建立跨区域的政府部门统一管理交通规划和建设。因此，具备新区域主义理论特征的发展观是重视过程的动态发展观。本章将以大湾区城际铁路历次规划的动态更新历程为案例进行阐释。

在树立适合大湾区多模式交通协调发展的新区域观时，需要认识到新区域主义与传统区域主义区域观最大的不同之处，在于如何看待区域范畴。不同于传统区域主义把区域看作封闭的实体，基于新区域主义理念的区域观非常强调区域的范畴需要具备弹性，也就是需要在具体交通项目中根据实际目标来灵活界定区域范畴。并且要求同等重视区域内部与跨区域的合作，以及区域空间结构的网络化，更多地关注区域系统关系的开放性。因此，具备新区域主义理论特征的区域观是灵活开放的区域范畴观。本章将以跨越大湾区区域边界的广清城际和深汕捷运为案例进行阐释。

区域认同感，即共同的区域认识，指的是"经过人们的认知过程，并逐渐形成对某一区域所产生的归属和认同感，主要指人们经由认知和想象所得到的结果"（Hettne et al., 1999）。新区域主义认为，区域内部的区域认同能促进实现社会整合的成长，以及自发性的社会和经济互动过程。基于新区域主义对区域合作需要以培养区域认同感为前提的认识，可以得出其认为区域内的社会联系和经济往来，很大程度源于相互间的信任。信任关系促使人员之间的流动和经济活动的产生，而这又推动了交通需求的产生。同时，新区域主义十分注重信任在区域一

体化与区域合作中发挥的基础作用，认为如果区域内各主体之间建立起高度发达的信任与沟通网络，并且各主体具有凝聚力自愿参与和推动项目落地，那么就可以显著地降低交易成本。由此在面临集体行动和合作的困境时，不需要再依靠高层级的权力结构或正式制度介入，便可以自行化解。而依赖高层级权力结构或正式制度，以问责制为手段通过行政系统施压，最终解决合作困境，正是传统区域主义所强调的。新区域主义认为区域协作的持续性主要取决于区域的社会、经济、政治与组织凝聚力能否长久保持。因此，在新区域主义的观点下，信任既是交通需求产生的源泉，也是解决交通需求的手段和途径。所以在树立具备新区域主义理论的区域发展观时，还需要树立注重信任的需求导向观。本章将以大湾区跨城通勤现状、广佛同城及广佛线修建历程、深圳都市圈发展及塘厦镇城际交通改善历程为案例进行阐释。

4.1　树立重视过程的动态发展观

4.1.1　大湾区城际铁路规划历程

2000 年广东省开启对珠三角地区城际铁路的规划工作后，迄今为止已经诞生了若干部各个时期不同版本的规划文件。这些规划是大湾区城际铁路发展的基石，起到了指引和目标导向的作用，具有重要意义。对其进行回顾和梳理，可以发现大湾区城际铁路规划大致可以分为三个阶段，分别是始于 2000 年最早对建设城际铁路进行探索的点轴模式时期、始于 2008 年对原有规划进行调整和升级的"环+放射线"模式时期，以及始于 2019 年大规模铺开规划和建设城际铁路的多中心网络化模式时期（图 4.1）。每个时期内部可再划分为三个小阶段，首先是伴随着新的发展思想的诞生或是纲要文件的颁布，进入前期的筹备、调研和规划工作；其次是在该规划制定完成后，上报至中央层面获得批准通过，得到中央的许可和支持；最后是按照获得中央批准的规划方案进行后续的建设。

第一个时期是 2000 年至 2008 年 11 月的点轴模式时期，开始于 2000 年有关部门委托铁道部第四勘查设计院制定《珠三角经济区城际快速轨道交通线网规划》，结束于 2008 年 12 月《珠江三角洲地区改革发展规划纲要（2008—2020年)》的出台，该时期大湾区城际铁路规划在空间格局上采用的是点轴模式。该

点轴模式时期(2000~2008年)

前期规划
珠三角经济区城际快速轨道交通线网规划
🕐 2000年

广东省综合运输体系"十五"发展规划
🕐 2001年8月1日

批准通过
环渤海京津冀地区、长江三角洲地区、珠江三角洲地区城际轨道交通网规划
🕐 2005年4月1日

后期建设
广东省综合运输体系"十一五"发展规划
🕐 2006年8月31日

"环+放射线"模式时期(2008~2018年)

后期建设
广东省综合交通运输体系"十三五"发展规划
🕐 2017年4月

广东省综合交通运输体系"十二五"发展规划
🕐 2012年9月29日

批准通过
珠江三角洲地区城际轨道交通网规划(2009年修订)
🕐 2009年9月30日

前期规划
珠江三角洲地区改革发展规划纲要(2008~2020年)
🕐 2008年12月

粤港澳大湾区发展规划纲要
🕐 2019年2月18日
前期规划

粤港澳大湾区城际铁路建设规划
🕐 2020年7月30日
批准通过

广东省综合交通运输体系"十四五"发展规划
🕐 2021年9月4日
后期建设

多中心网络化模式时期(2019年至今)

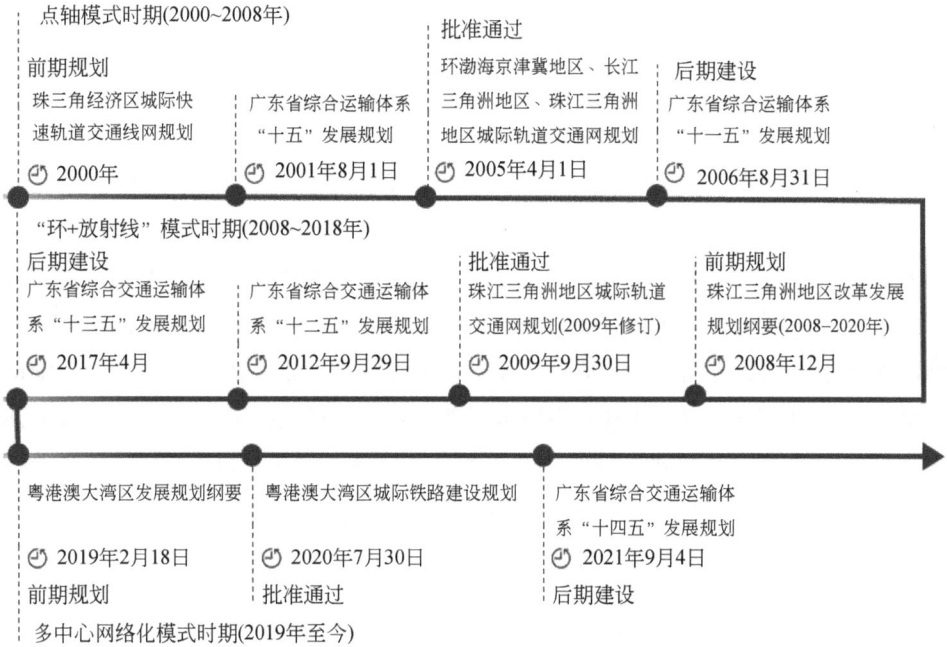

图 4.1　粤港澳大湾区城际铁路规划历史时间轴（2000 年至今）

时期的初始阶段，广东省开启了最早的城际铁路的规划工作，具有开创性的意义，制定了《珠三角经济区城际快速轨道交通线网规划》和《广东省综合运输体系"十五"发展规划》。到 2005 年 4 月 1 日，国务院在原则上通过《环渤海京津冀地区、长江三角洲地区、珠江三角洲地区城际轨道交通网规划》，标志着《珠江三角洲地区城际轨道交通网规划》得到中央许可。2006 年 8 月 31 日公布的《广东省综合运输体系"十一五"发展规划》则是按照上一规划进行部署，完成后续的建设工作。

第二个时期是 2008 年 12 月至 2019 年 1 月的"环+放射线"模式时期，结束于 2019 年 2 月 18 日《粤港澳大湾区发展规划纲要》的出台，该时期大湾区城际铁路规划在空间格局上采用的是"环+放射线"模式。在 2008 年 12 月《珠江三角洲地区改革发展规划纲要》颁布后，珠江三角洲更加受到政策关注和支持，迎来新的发展阶段，面临着发展的新机遇和新挑战。因此，在此前城际铁路规划的基础上进行调整和完善的工作也随之展开，需要制定新的规划以配合纲要的精神和要求。到 2009 年 9 月 30 日，国家发展和改革委员会批准《珠江三角洲地区城

际轨道交通网规划（2009 年修订）》，标志着升级后的珠江三角洲城际铁路规划得到中央许可。此后 10 年中颁布的《广东省综合交通运输体系"十二五"发展规划》和《广东省综合交通运输体系"十三五"发展规划》继续执行批准后的规划方案，同时也与时俱进尝试提出新的布局和线路。

第三个时期是 2019 年 2 月至今的多中心网络化模式时期，该时期大湾区城际铁路规划在空间格局上采用的是多中心网络化模式。在 2019 年 2 月 18 日《粤港澳大湾区发展规划纲要》公布后，原珠江三角洲概念得以升级，大湾区获得前所未有的关注和重视，该地区成为我国下一时期发展的最大热点之一，迎来向着湾区经济迈进的历史新阶段。为此，崭新的大湾区城际铁路规划编制工作也随即启动，并于 2012 年 7 月 30 日获得国家发展和改革委员会批复，标志着《粤港澳大湾区城际铁路建设规划》获得中央许可。而最新公布的《广东省综合交通运输体系"十四五"发展规划》则是该规划的具体落实，为此后实现上述规划的近期开工建设目标提供了可行性保证。

1. 点轴模式：2000～2008 年

广东省开展城际铁路的规划工作最早可以追溯至 2000 年，省有关部门委托铁道部第四勘查设计院开始对珠三角城际快速轨道交通进行规划，制定了《珠三角经济区城际快速轨道交通线网规划》。该规划确定了珠江三角洲 9 个城市未来首先要建设约 540km 的城际铁路，线网以广州、深圳（香港）为中心，珠海（澳门）为次中心，整体格局为"两主三放两联"，共 7 条线路。其中，2 条主轴线为广州—深圳和广州—珠海，3 条放射线分别为广州—肇庆、中山—江门和东莞—惠州，2 条联络线为顺德—东莞和中山—虎门。按照计划，至初期 2005 年，建设广州—佛山和广州—东莞，共 66km 城际铁路；至近期 2010 年，建设顺德—番禺、东莞—深圳和广州—珠海，共 240km 城际铁路；至中期 2020 年建设289km，共计 595km 城际铁路；此后远期即 2020 年后，进一步完善网络布局，形成布局合理、通达性强、放射线与环线相结合的城际快速轨道交通系统。这是第一部有关粤港澳大湾区城际铁路的详细的规划，分阶段按近、远期对此后的各时间节点提出了里程数目标，奠定了其整体空间布局和重要线路走向的基础，具有非常重要的基础性作用。此后最先开工建设并建成运营的一批城际铁路，广深、广珠、广肇和莞惠城际铁路的概念正是在该规划中得到初步确定的。

2001 年 8 月 1 日，在由广东省人民政府办公厅发布的《广东省综合运输体系"十五"发展规划》中第一次正式提出，"起步建设连接珠江三角洲主要城市、与港澳衔接的快速轨道交通系统"。因此，"十五"发展规划是广东省城际铁路建设从无到有的起点，此后的"十五"时期是广东省开展城际铁路相关工作最早的时期。"加快铁路出省通道和珠江三角洲城际快速轨道交通的规划和建设"，成为"十五"发展规划的主要任务之一。鉴于当时广东省的城际铁路建设尚处于初步设想的萌芽阶段，因此该规划中并未对粤港澳大湾区内城际铁路的整体布局和线路走向作出详细的规划，也没有明确各时间节点需实现的里程目标，仅简略地提到"近期建设广州至白云国际机场、广州至佛山—顺德—番禺城际快速轨道项目"，并要"加强城市交通和城际交通的联系"。虽然对城际铁路的规划还很模糊粗略，但"十五"发展规划作为广东省首部提到建设城际铁路的发展规划，表明了其轨道交通发展的方向，起到了纲领性的促进作用。

2005年4月1日，以上述规划为基础进一步修改完善后的《珠江三角洲地区城际轨道交通网规划》获得国务院原则上通过，城际铁路网建设成为珠三角交通发展的重要任务和方向。在该规划中，整体布局以广州为中心，以广深、广珠城际轨道交通为主轴，建设覆盖区内主要城市、衔接港澳地区的城际轨道交通网络。至2010年，建成广州—东莞—深圳131km、广州—珠海115km、江门—小榄30km、广州—佛山37km、小榄—虎门70km，共383km城际轨道交通线，构筑珠江三角洲地区城际轨道交通网的主轴；至2020年，建成东莞—惠州89km、广州—肇庆116km，共600km城际轨道交通线。该规划在整体格局上延续了2000年的规划，除顺德—东莞线未提及而新提及广州—佛山线外，线路走向也保持了一致并得到进一步明确。相比2000年规划中对于线路和里程的完成时间点仅到2010年即止，该规划对于提及的所有线路均有相应的里程数和具体完成时间点，并详细规划至2020年，更加具体和明确。这表明，珠三角地区最初的城际铁路规划设想及重要线路设计在此时基本成型。

2006年8月31日，《广东省综合运输体系"十一五"发展规划》出台，与"十五"发展规划相比，有关城际铁路的规划内容有所增加。在"十一五"发展规划中，提到在2010年建成广州—珠海和广州—深圳两条主轴线，运营里程达到约270km，并积极推进其他城际快速轨道交通项目的前期工作。可见该规划承接了之前两部关于城际铁路交通线网规划，并按照国务院通过的规划要求，重点关注了广珠和广深两条主轴线。而其他线路尚处于前期准备阶段，在该起步时期里还无法得到足以开工的支持力度。

总结该起步时期的规划要点和特征，主要包括整体线网格局为"两主三放两联"，中心为广州，线路覆盖范围为区内主要城市，规划里程约为600km，规划要点为重视广州—深圳和广州—珠海两条主轴线路的建设；发展模式为点轴模式。

2. "环+放射线"模式：2008～2018年

2009年，珠三角地区城际铁路的规划经历了一次大幅度的调整升级。2008年12月国家发展和改革委员会印发《珠江三角洲地区改革发展规划纲要（2008—2020年)》，其中提纲挈领地指出"大力推进交通基础设施建设，形成网络完善、布局合理、运行高效、与港澳及环珠江三角洲地区紧密相连的一体化综合交通运输体系"。并且针对城际铁路提到，"尽快建成珠江三角洲城际轨道交通网络，完善区内铁路、高速公路和区域快速干线网络，增强珠江口东西两岸的交通联系""到2012年，珠江三角洲轨道交通运营里程达1100km，到2020年，轨道交通运营里程达2200km"。因此，该纲领性文件颁布后，相匹配的城际铁路规划紧锣密鼓地展开，并在2009年9月30日最终获得国家发展和改革委员会批准。《珠江三角洲地区城际轨道交通网规划（2009年修订)》中的发展目标为，"形成以广州、深圳、珠海为主要枢纽，覆盖区域内主要城镇的城际轨道交通网络。实现以广州为中心、主要城市间1小时互通，以及珠江三角洲中部、东部和西部都市区内部1小时互通"。规划线路包括深圳—惠州、肇庆—南沙、广州—惠州、江门—恩平等15条城际铁路，共计1478km。并在2009～2015年除去已开工的线路外，重点实施广州—清远，广州—佛山环线；佛山—东莞，珠海市区—珠海机场，广州—佛山—江门—珠海，中山—南沙—虎门。可以发现《珠江三角洲地区改革发展规划纲要（2008—2020年)》对于2020年预估的里程数为2200km，而《珠江三角洲地区城际轨道交通网规划（2009年修订)》仅有1478km，两者之间有较大的出入。最后，广东省上交至国家发展和改革委员会批准通过的是相对更为实际的一版规划，确定了这一规划波动期对于2020年里程数的预估为1478km。

此后10年的时间里，珠三角地区的城际铁路主要是在按照2009年国家发展和改革委员会批准通过的规划方案进行建设。因此，在这期间与之相关的内容仅是在《广东省综合交通运输体系"十二五"发展规划》和《广东省综合交通运输体系"十三五"发展规划》中提及，两部规划均大致继承了2009年规划的内容，并进行了一定程度的完善。2012年9月出台的《广东省综合交通运输体系"十二五"发展规划》中，制定了到2015年里程数达到700km的发展目标，建成以广州、深圳和珠海为主要节点、连通珠江三角洲9个地级市及清远市区的珠江三角洲城际轨道交通网络主骨架，重点推进9条城际铁路项目。2017年4月出台的《广东省综合交通运输体系"十三五"发展规划》中，制定了到2020年里程数达到650km的发展目标，范围仍然是覆盖江三角洲9个地级以上市及清远市区。提出形成"环+放射线"的城际铁路网格局，"环"为广佛环线，建设里程约127km。"放射线"包括由穗莞深、广清、新白广、广佛江珠等组成的南北放射线，共约382km，和由广佛肇、莞惠、佛莞等组成的东西放射线，共约219km。其间再修以珠机、穗莞深琶洲支线、肇顺南、中南虎、深惠等路网加密线，共约226km。到2020年构建珠三角1小时交通圈，基本形成以广州为核心，纵贯南北、沟通东西两岸的城际铁路主骨架网络。这一时期城际铁路的发展在按照上一时期的规划按部就班地进行，是一个比较平稳的阶段，为即将到来的下一个规划高峰期做好了铺垫，打好了基础。

总结该发展时期的规划要点和特征，主要有以下方面：整体规划布局在"两主三放两联"的基础上，开始构建"三环八射"的空间格局；中心依旧为广州，同时将广州、深圳和珠海均设定为枢纽；覆盖范围由区内主要城市扩展为主要城镇；规划里程提高至约1500km，增加了1.5倍；规划要点加强珠江口东西两岸间的交通联系，打造广州1小时通达圈；发展模式为"环+放射线"模式。

3. 多中心网络化模式：2019年至今

在2016年3月，《中华人民共和国国民经济和社会发展第十三个五年规划纲要》发布，"粤港澳大湾区"一词正式出现于官方文件后，珠三角经济区概念得以升级，范围和内涵都有所提升，随之也需要开启新一轮的城际铁路规划，以服务于大湾区的发展。因此，2019~2021年每年均有一部相关文件出台。首先是2019年2月中共中央、国务院印发《粤港澳大湾区发展规划纲要》，重点提到了构筑大湾区快速交通网络，该纲领性文件在政策层面着重关注了城际铁路。要求"以连通内地与港澳以及珠江口东西两岸为重点，构建以高速铁路、城际铁路和高等级公路为主体的城际快速交通网络，力争实现大湾区主要城市间1小时通达"，为此需要"编制粤港澳大湾区城际（铁路）建设规划，完善大湾区铁路骨干网络，加快城际铁路建设，有序规划珠三角主要城市的城市轨道交通项目"。

这对后续的城际铁路规划作出了指示，推动了《粤港澳大湾区城际铁路建设规划》的编制。2020 年 7 月 30 日，国家发展和改革委员会批复了该规划，新阶段新时期的规划图景得到中央认可，许多新线路的设计诞生，在前序规划的基础上更宏大的城际铁路网正在形成。批复中指出，要"加大城际铁路建设力度，做好与大湾区内高铁、普速铁路、市域（郊）铁路等轨道网络的融合衔接，形成'轴带支撑、极轴放射'的多层次铁路网络"。城际铁路的客运枢纽布局分为广州枢纽、深圳枢纽和珠西地区三个部分，广州枢纽布局"五主三辅"枢纽，深圳枢纽布局"三主四辅"枢纽，珠西地区布局"三主四辅"枢纽。还提出了"近期到 2025 年，大湾区铁路网络运营及在建里程达到 4700km，全面覆盖大湾区中心城市、节点城市和广州、深圳等重点都市圈；远期到 2035 年，大湾区铁路网络运营及在建里程达到 5700km，覆盖 100% 县级以上城市"的近期和远景目标。根据以上空间布局目标，规划 13 条城际铁路和 5 个枢纽工程项目，分为 2022 年前、待相关建设条件落实后、远期三个阶段有序推进建设，总里程达约 775km。最终形成大湾区主要城市间 1 小时通达、主要城市至广东省内地级城市 2 小时通达、主要城市至相邻省会城市 3 小时通达的"123"交通圈，形成主轴强化、区域覆盖、枢纽衔接的城际铁路网络。

2021 年 9 月 4 日制定完成的《广东省综合交通运输体系"十四五"发展规划》中没有单独针对大湾区的城际铁路里程数目标，但规划全省到 2025 年达 476km 的计划。关于大湾区城际铁路在这一时期的建设重点，首先是要求加快 3 条横向铁路通道的构建，着重关注佛山经广州至东莞城际、佛肇城际—佛莞城际—莞惠城际、肇顺南城际—中南虎城际—塘厦至龙岗城际；其次是尽快形成珠海经南沙至深圳的环珠江口直连铁路通道，为此需结合深圳至江门铁路同步建设广珠城际铁路中山联络线；此外还要进一步加快修建广佛环线、深惠线等城际铁路，评估广深两市地铁与其相邻城市跨市连接的可行性，打造广深两市中心区域与相邻城市的便捷轨道交通廊道。大湾区这一概念的提出因其对大湾区内部紧密联系的关注，使得城际铁路更加得到重视。全新的大湾区城际铁路规划比以往更详细更宏大，新提出的建设项目数量众多，线网的空间布局更加密集，制定的里程数目标高远，为大湾区城际铁路未来十五年的发展指明了方向，提供了强有力的支持。

总结该扩张时期的规划要点和特征，主要有以下方面：整体空间格局由"三环八射"升级为"轴带支撑、极轴放射"的新概念；未提及线网中心，枢纽分为广州枢纽、深圳枢纽以及珠西地区；覆盖范围由区内主要城镇调整为县级以上城市；规划里程扩张至约 5700km，增加了 2.8 倍；规划要点为重视与港澳的连通、打造"123"交通圈；发展模式为多中心网络化模式；规划描述和定位为主轴强化、区域覆盖、枢纽衔接。

4.1.2 小结

粤港澳大湾区城际铁路规划经历了三个时期的发展，总体而言是里程数不断增长、线网越来越密集、覆盖范围越来越大、整体格局逐渐成形的过程。从点轴模式时期的蹒跚起步，对城际铁路进行探索式的规划，明确了 7 条主要线路，线网单薄，里程数少；到"环+放射线"模式时期的调整升级，新增大量项目形成"环+放射线"的线网初步格局，里程数翻倍；再到目前多中心网络化模式时期的大幅扩张，完善主干线的基础上增添众多加密线和联络线，形成一张线网密集的城际铁路交通网，里程数也扩张至一个庞大的数字（表 4.1）。需要注意的是，粤港澳大湾区的规划内容相对而言比较乐观超前，对未来城际铁路发展将遇到的融资和建设困难预估不足。这导致规划目标常常难以达成，每个阶段结束时的建成情况均远低于当初的规划目标。有的线路早早开始见诸规划，但至今仍未开通运营，表明城际铁路建设的各个阶段需要相互协调，规划也需要更注重实际，使得目标更为合理，易于实现。具体总结如下。

表 4.1 粤港澳大湾区城际铁路各规划时期要点表

时期	时间	线网格局	枢纽	覆盖范围	目标里程	规划重点
点轴模式	2000 ~ 2008 年	两主三放两联	广州	区内主要城市	约 600km	重点建设广州—深圳、广州—珠海两条主轴
"环+放射线"模式	2008 ~ 2018 年	三环八射	广州、深圳、珠海	区内主要城镇	约 1500km	沟通珠江口东西岸、打造广州 1 小时通勤圈
多中心网络化模式	2019 年至今	轴带支撑、极轴放射	广州、深圳、珠西地区	县级以上城市	约 5700km	连通港澳、打造"123"交通圈、主轴强化、区域覆盖、枢纽衔接

1) 粤港澳大湾区城际铁路的空间线网格局由简变繁，逐渐成形。在点轴模式时期仅规划了连接区内若干重要城市的主要城际通道，尤其是广州—深圳和广州—珠海主轴线；"环+放射状"模式时期大量新的区域城际通道提出，"环+放射状"的基础格局基本形成；多中心网络化模式时期众多加密线开始规划，线网更加密集，打造"轴带支撑、极轴放射"的多层次城际铁路系统。

2) 粤港澳大湾区的城际铁路线网中，广州一直是中心或者枢纽，深圳在"环+放射状"模式时期成为枢纽后地位得以延续，珠江口西岸则先是在"环+放射状"模式时期以珠海为枢纽，随后在多中心网络化模式时期改为珠海、中山和江门多个城市共同构成珠西地区的枢纽，广深则保持了单核心枢纽的地位。

3) 目标里程成倍数增长，覆盖范围由区内主要城市扩张至县级以上城市。"环+放射状"模式时期规划的里程数是点轴模式时期的 2.5 倍，而多中心网络化模式时期则是"环+放射线"模式时期的 3.8 倍，发展迅猛。逐步将整个大湾区的主要城镇连接成网，轨道密度增幅显著，构成一张如主动脉与毛细血管般的城际铁路交通网。

4) 规划重点从沟通中心城市到沟通珠江口东西两岸，再到连通港澳、区域覆盖。点轴模式时期着重建设省会广州到两个经济特区深圳、珠海的南北向主轴线，形成中心城市间的重要交通通道；"环+放射线"模式时期转向关注东西向线路的规划，加强东西岸联系；多中心网络化模式时期的重要任务则是将港澳纳入大湾区城际铁路网，并由单条线向密集线网转变，以覆盖大湾区绝大部分区域。

5) 各时期的规划中，大湾区城际铁路的发展模式由点轴式转变为"环+放射线"发展，到现在呈现多中心网络化特征。点轴模式时期以广州、深圳和珠海为主要节点，其他城市为次要节点，以广州—深圳和广州—珠海为主轴，兼顾连接其他城市的轴线开启规划，是将各城市节点以城际铁路直接相连的点轴发展模式；"环+放射线"模式时期城际铁路不只是连通主要城区，开始将城郊的站点纳入其中，构建环形线路以及放射线；多中心网络化模式时期则加密建设主要城市内部的城际铁路，支线短线明显增加，形成多中心网络化的发展模式。

根据三个时期内部分成的三个小阶段可以发现，每一次出台和制定新的大湾区城际铁路规划之前，都会首先经历有关珠三角或大湾区地区的新发展规划出台，在此之后会推动城际铁路规划的进一步扩张与完善。可见大湾区城际铁路规划是在不断适应新时期的地区经济和社会态势，不断根据发展过程中产生的新问题和新需求，有的放矢地合理安排和填补城市间城际铁路交通线路，持续动态地解决交通问题，满足区域发展的新要求。通过回顾大湾区城际铁路的规划发展历史，可以看出该规划历程具备新区域主义理论强调过程的理论特征，树立了重视过程的动态发展观。

4.2 树立灵活开放的区域范畴观

粤港澳大湾区作为一个中央层面确立的国家级区域概念，不可避免地在官方政策文件中需要有明确的区域范畴。但是在实际开展工作过程中，大湾区的区域合作并不是局限在其内部、继而泾渭分明地区别对待区域内外城市，而是视自身发展情况而定，根据现实问题的需要灵活地选择合作对象，并以开放的区域范畴观，积极承担在更大尺度空间中的带领责任，辐射和帮助周边城市共同进步。

2015年，广东省政府工作报告提出，推进广州、深圳、珠江口西岸三个新型都市区建设。虽然该工作报告早于大湾区概念的正式诞生时间，但三大新型都市圈的建设并没有在大湾区被提出后就销声匿迹，而是在与大湾区战略相互配合的过程中，形成了核心区与外围部分的良好合作关系，有利于大湾区的外溢效应，实现更大区域的整体发展。

2017年，《广东省新型城镇化规划（2016—2020年）》明确提出，构建"广佛肇+清远、云浮、韶关""深莞惠+河源、汕尾""珠中江+阳江"三大新型都市区，确立了大湾区各都市圈与周边城市的合作对象和范围。并且分别单独强调了要积极推动大湾区区域范围以外的各城市，加速融入各自所属新型都市区的进度。文件中提到交通基础设施共建共享等举措，以加快区域一体化进程。城际铁路作为专门服务于相邻城市间或城市群的快速、便捷客运专线铁路，相比于国家铁路更加高密度，是推进城市一体化和打造小时通勤圈的重要交通基础设施。两个城市之间修建城际铁路，既是为了满足两地间经济、人员密切交往的需求的产物，也反映出两地希望加强联系、推进区域合作的意愿，能够典型地体现出大湾区中心城市的合作方向。因此，以下以广清城际、深汕捷运为案例，研究大湾区中心城市灵活开放地与区域外城市建立城际铁路交通的联系情况。

4.2.1 广清城际

2012 年 3 月，"广清一体化"概念首次被提出。其后，广清从基础设施、产业项目和营商环境三个方面坚实推行"三个一体化"。在基础设施建设中，目标是要形成多方式、多层次、一体化的互联互通系统，建成以京广高铁、广清城际、广清高速为主骨架的 1 小时交通圈，通过推进交通互通加快经济和社会的一体化协调发展。

广清城际铁路是广东省境内一条连接广州市和清远市的城际铁路，呈南北走向，为珠三角城际铁路的组成部分，是全国首条由省方自主建设和运营的城际铁路。花都站至清城站全长 38.10km，共设 6 座车站，设计速度为 200km/h。2013 年 9 月，广清城际铁路花都至清城段土建工程开工建设；2020 年 11 月 30 日，广清城际铁路花都至清城段正式开通，实现了广州市区与清远南部的紧密衔接，"广清一体化"的概念实现跨越式的一步。广清城际铁路花都至清城段的开通使清远至白云国际机场最快 30 分钟可达，从清远市区至广州中心区预计仅需 40 多分钟，对将清远南部纳入广州半小时经济圈具有重要推动作用。另外，广清城际铁路是全国首条由省方自主运营的城际铁路，具有首创的探索性意义。广清城际铁路花都站至清城站总投资额为 156.07 亿元，资本金比例占总投资额的 50%，其中省级财政出资 27.35 亿元，沿线市级财政出资 50.68 亿元，另需项目公司向银团贷款 78.04 亿元。

4.2.2 深汕捷运

大湾区内城市与区外城市合作的典范当属深汕特别合作区。深汕合作区是全国首个特别合作区，作为深圳第"10+1"区，主要目的是承接中央和广东省的区域协调发展战略。通过打造一个以区域协调发展为主题的新功能区，探索特区加老区、先富带后富、区域协调发展的创新之路。在深汕合作区成立后，深圳有部分产业和劳动力外溢至区内，使得了两市之间的通勤规模迅速提升。在此背景下，大容量、快速准时的轨道交通成为亟须建设的交通基础设施。当时深圳与汕尾之间已经建有国家高速铁路网沿海通道厦深铁路，由于该铁路主要承担的是中长途铁路客流，并不能很好地服务于深圳与深汕合作区之间的通勤需求。但由于线路高度重复，如果再建设连接深圳与深汕合作区的城际铁路，不仅耗时较长，更有重复建设、增加成本的弊端。基于以上现实情况，深圳市通过申请在厦深铁路的基础上增设新的区间列车的方式，实现了与深汕合作区的公交化城际交通联系，即深汕捷运。

深汕捷运的成功开通离不开坪山快捷线的前期实践。由于深圳市中心房价高昂，迫使大量市民选择在当时还未正式设区的坪山新区居住，两地之间的日常交通出行量大大提升。但由于发展起步较晚，坪山新区与深圳市中心主要就业区域之间还没有地铁连接。为了满足两地之间的通勤需求，坪山新区与广州地铁集团进行协商，希望利用厦深铁路开设区间列车。采用这种方式的前提条件是线路仍有新增运营列车的空间、不会对线路本身远期运营安排造成影响、需要与广州地铁集团就列车运营安排和成本补贴方案达成一致等。除第一点硬件条件可以达到以外，后两点条件分别因工程技术条件和谈判协商难度而难以实现。并且坪山新区当时仍处于发展初期，通勤流量并不可观，因此开设坪山快捷线的紧迫性也并不十分强烈。这些因素导致了该线路早期未能取得实质性进展。

此后深圳市提出"东进战略"，深圳东部区域进入政府重点关注和发展的范畴。同时，坪山新区也在多年的建设中得到蓬勃发展，日常交通通勤需求与发展阶段初期相比已不可同日而语，亟须提升坪山新区与深圳中心区之间的交通便捷性。在该趋势下，开通坪山快捷线变得越来越具备现实意义。为了加快东部地区的经济发展，深圳市政府极为重视增强坪山新区与深圳中心区的铁路连接。2015年6月，在获悉利用厦深铁路开设深圳北至坪山的区间列车这一方案后，市政府层面开始与广州地铁集团商讨开通坪山快捷线的可行性。更高层级的协调机制使得坪山快捷线的开通得到了更加强有力的支持。此后，坪山新区政府明确了向广州地铁集团购买厦深铁路交通服务的模式，作为该线路的运营方式，坪山快捷线的开通具备了实际操作途径。据此，两者签订了相应的运营方案和成本补贴协议，前者每年向后者提供500万元的运营补贴（林雄斌等，2020）。2015年9月，坪山快捷线正式运营，乘坐公共交通工具从坪山至深圳北的时长从超过1小时缩短至不足半小时。该线路极大地节省了两地市民的通勤时长，同时充分发挥了对大规模通勤和商务交通出行的承载作用。

深汕合作区的成立带来了更大空间尺度的交通联系需求。为了加快深汕合作区的发展，同时也为坪山新区带来新的经济增长点，深圳市政府并没有将城市边界或大湾区区域边界视作封闭的空间，未将快捷线仅仅局限于自身行政区域内。

而是以开放的眼光，进一步提议将坪山快捷线西延至福田站，东延至深汕合作区，突破大湾区范畴，带动更大区域共同发展。该提案迅速得到惠州和汕尾的支持，两市积极争取该快捷线在其行政区域内设置站点。2016 年 2 月，在深莞惠第九次党政联席会议上，开通深圳至汕尾快捷线的提案被正式提出。2016 年 9 月，深圳市政府与广州地铁集团签订合作框架协议，两者携手推动深汕捷运开通。在深圳市政府通过补贴方案及中国铁路总公司审核批准后，2017 年 1 月，深汕捷运正式运营，由福田站经深圳北、坪山、惠州南、鲘门后抵达汕尾。这一方案充分发挥了既有厦深铁路的交通运载能力，并且在积极将深汕捷运公交化后，进一步加强了深圳、惠州与汕尾三者之间的合作与联系，有利于合理有序地引导核心城市深圳的产业和人口外溢，带动外围城市惠州与汕尾的经济发展，并加速其融入大湾区一体化建设之中。

4.2.3　小结

从广州加强与清远的城际铁路交通衔接、深圳与深汕合作区之间开行捷运化轨道交通，可以看出珠三角两大中心城市并没有被大湾区的边界范围束缚住合作视野，仍然与区域外相近的城市开展"一体化""公交化"等本是大湾区内区域战略的举措。这些举措有利于将大湾区城市的经济活动辐射至区外周边城市，让其共享发展成果，从而带动更大区域脱贫致富，体现了新区域主义开放的区域范畴观。

同时，这些跨区域合作也是广深务实解决自身发展弊病，根据实际问题灵活调整边界范围，采取相应举措的体现。作为大湾区内重要的两大核心城市，广深近年来都面临着大量人口涌入、土地开发强度大、土地资源紧张等问题。而其相邻的大湾区内城市，如佛山、东莞本身发展势头也很强劲，自身土地资源也比较紧缺，无法为广深在该问题上提供帮助。因此，广深跳出区域的限制，分别选择与清远和汕尾加强合作，建设产业园或特别合作区，再配套以便捷快速的轨道交通线路，能够极大地缓解广深土地资源问题。同时，市内各区之间也客观存在着发展不均衡的问题。例如，广州北部的花都、从化，深圳东部的坪山等距离市中心较远，起步较晚的市郊区，仍然需要注入新的城市基础设施建设，作为推动当地发展的契机和动力。伴随着广清城际、深汕捷运的开通，广深上述城区作为途经地获得设站点的机会，不仅借此拉近了与城市中心区的时间距离，还成为连接市中心与特别区域两大发展极点的中间地带，获得了更优越的发展区位和条件。市郊区的发展也将极大地增强广深全市的整体实力。以上有利之处体现了大湾区两大中心城市的对外合作战略中，蕴含了新区域主义所倡导的接受开放的、灵活的和有弹性的边界，区域的界限随问题而变化的思想，而这也将促进广东省更大范围的经济起飞与共同富裕。

4.3　树立注重信任的需求导向观

4.3.1　大湾区跨城交通需求现状

大湾区各市地理位置临近，在历史交流过程中形成了深厚的信任基石，为当下推动建设大湾区一体化奠定了坚实的基础。随着大湾区区域一体化程度的不断加深，各城市之间的经济、贸易、休闲等活动往来愈加频繁，加大了跨城流动的人流量。同时由于住房性价比等因素，跨城职住分离的现象也变得愈加普遍。在此背景下，催生了市民日常跨市通勤和出行的需求，使得他们对跨市公路和公共交通的密度和质量提出了更高的要求。由于这是与跨市居住市民自身利益密切相关的基础设施建设，其关注相关交通项目的自主意愿较强，在网络及媒体等平台上积极主动发声，以公众舆论的形式促进跨市地铁、公路的修建和跨市公交的开通。由此可见，大湾区跨市地铁、公路和公交的连接源于交通运输部门满足跨市居住的市民日常通勤和出行的需求，是由"自下而上"的市民自愿的呼吁和需求为基础推动的。而在各市政府共同解决跨市交通需求的过程中，多方的高度互信又形成了合作的前提条件，并在后续的项目推进过程中发挥了重要的作用。下文将首先定量研究大湾区的跨城通勤空间格局和需求数量情况。

本书采用的通勤数据源于多个手机应用的定位数据（SDK 数据），该数据具有空间定位信息，与手机信令、微博签到等数据相像，但精度比后者更高，为 Geohash 7（约为 152m×152m 的格网）。本书选取的数据为 2019 年 11 月某周二、12 月某周三居住地、工作地地理位置与通勤流动人次数据。通过统计用户最近一季度的白天与夜晚时段的位置情况，得到其工作地与居住地的空间信息。综合定位频率，确定居住地、工作地的可能选项。依据近期数据权重高、历史数据权重低的原则，确定各组居住地、工作地分值，选取分值最高的居住地、工作地作为个体当周的工作地、居住地，然后按 Geohash 7 网格汇总得到职住关系数据。该数据覆盖广东省、香港特别行政区和澳门特别行政区，共计 1.02 亿条。本书提取 OD 均位于粤港澳大湾区内的部分得到大湾区通勤数据集，提取 OD 位于不同城市的部分数据汇总得到大湾区跨城通勤数据集，共 78.3 万条。职住通勤的特征是高频次、高稳定性，职住联系是城市群内部最恒定的交通联系，使用 SDK 数据中的通勤数据，能呈现城市群内部的空间联系格局和一体化程度（李静娴等，2022）。

粤港澳大湾区内跨城通勤已成为普遍现象。其中，广州—佛山的跨城通勤量高居榜首，其次是深圳—东莞、中山—珠海和深圳—惠州等城市之间的通勤量。而广佛、深莞惠两大经济区内部的跨城通勤量占据了粤港澳大湾区跨城通勤总量的 49.1%，足以说明该区域内跨城通勤需求的旺盛程度（表 4.2）。在此现状下，跨城通勤人员自然会产生希望加强跨城交通联系的意愿，并自愿付诸行动呼吁政府加强交通基础设施建设，提高跨城交通联系的便捷性和效率，以满足他们的通勤需求。

表 4.2　粤港澳大湾区跨城职住联系量（排名前 20 的城市对）

居住城市	工作城市	职住联系量/条	居住城市	工作城市	职住联系量/条
佛山	广州	60 259	深圳	惠州	9 539
东莞	深圳	30 185	广州	深圳	9 203
深圳	东莞	28 392	深圳	广州	8 402
广州	佛山	26 348	佛山	中山	7 737
中山	珠海	25 670	珠海	中山	6 392
惠州	深圳	21 004	东莞	惠州	5 922
东莞	广州	11 144	中山	佛山	5 719
广州	东莞	10 881	深圳	香港	5 380
惠州	东莞	10 705	佛山	肇庆	4 691
珠海	澳门	10 304	肇庆	佛山	4 410

此外还可以发现，就流向来看，广州、深圳、香港、澳门的流入量大于流出量，东莞、中山的流入与流出量基本相当，佛山、肇庆、惠州、珠海、江门流入量则小于流出量。采用流入流出比的定义为利用某空间单元跨城通勤输入人数与输出人数的比值，值越大则该单元工作地属性越强烈，反之则更接近于居住地。

澳门流入流出比为 4.4，远大于其余城市。与之相邻的珠海则是流入流出比唯一小于 0.5 的城市。广州—佛山、中山—珠海、深圳—惠州间流向不对称，前者主要为流入地，而后者为流出地，深圳和东莞间的双向流动则相对均衡，居住在东莞前往深圳工作的通勤量略大于居住在深圳前往东莞工作的通勤量。香港与内地间的双向通勤量相对均衡，而居住在内地前往澳门工作的流量则远大于反向的流动，澳门与内地表现为单向吸引而非双向合作。港澳两城主要与空间上邻近的深圳、珠海存在跨城职住联系，分别占其跨城联系总量的 63.4%、71.4%，深圳与香港在经济总量上接近，2018 年深圳的 GDP 已超过香港，两者达到了双向合作的相对平衡的状态。而澳门经济总量则远超珠海，较高的经济收入对珠海居民具有较高的吸引力。

经济全球化的背景下，边界已经不再是作为流动和交流的障碍，而展示出作为桥梁和互动地点的潜力。大湾区城市边界附近是跨城通勤密集的区域，其中跨城通勤量排名前 50 位的街道、镇，有 37 个（占 74%）位于城市边界处，尤其是广佛、深莞惠两大经济区以及珠海、中山和澳门三地边界附近。例如，广州和佛山边界处的佛山市南海区大沥镇、桂城街道、里水镇，深圳和东莞边界处的东莞市的凤岗镇、长安镇、塘厦镇以及深圳市宝安区的松岗街道、观澜街道、沙井街道、坪山街道，中山和珠海边界处中山市的坦洲镇、珠海市的前山街道、拱北街道均为跨城通勤较为密集的地区。而惠州东部、江门及肇庆西部由于地理距离的制约，平均跨城通勤距离长，跨城通勤较少。

珠江西岸与东岸形成了两个明显的职住组团，位于同一侧的城市联系更密切，广佛组团以联系总量大为核心特征，深莞惠组团则表现出高度的一体化。西岸城市间职住联系呈现明显的社区与核心—边缘并存的网络结构，广州是西岸组团的核心，佛山与广州、珠海与澳门间形成了紧密的职住组团，肇庆、江门、中山三座城市内部职住联系远大于城市间联系，组团与组团间的联系较为稀疏；珠江东岸的深圳、东莞、惠州三座城市间形成了紧密联系的结构，香港则主要与深圳联系。珠江两岸的职住联系处于较低水平，广州与深圳、东莞间的职住联系则是珠江两岸城市联系的桥梁，虎门大桥、南沙大桥等跨江通道联通了珠江东西两岸的城市组团。边缘城市与珠江东岸的深莞惠经济区联系相对较少。香港、澳门均主要与地理空间上邻近的城市深圳、珠海存在较多职住联系，与大湾区内其他城市联系较少。

大部分社区边界与城市边界一致，行政边界在职住联系中仍起到了明显的分隔作用。城市间医疗保险、教育等公共服务差异仍是阻碍跨城通勤的重要影响因素。只有深圳—东莞、深圳—惠州、东莞—惠州、中山—珠海间的实体联系突破了城市行政边界，形成了紧密联系的组团，大湾区内深莞惠之间一体化程度较高，广佛间联系量最大，但内部联系明显大于城市间联系。由于通勤出行表现出频繁重复性、高稳定性的特点，出行时间成本是居住、工作地选择的重要考量，空间邻近性在职住联系上仍是最重要的因素。在社区划分中，社区几乎都是集中成片分布的，几乎没有社区存在职住联系的飞地。

1. 广佛跨城通勤

广佛间的跨城通勤是粤港澳大湾区内跨城通勤最重要的组成部分，其总量占大湾区跨城通勤总量的 24.1%，远超其他城市间的跨城通勤总量。佛山市中部是广佛跨城通勤最重要的居住地，佛山的狮山镇、里水镇均为制造业强镇，上榜中规院发布的大湾区高质量发展指数中制造业前 20 名，也是房地产热门板块，居住在该区域的居民占广佛总跨城通勤量的 63%，而跨城工作则分布于广州市中心的荔湾、越秀两个区、佛山市中部及广州市的天河、海珠等区，这 3 个社区的流入量分别占广佛总跨城通勤量的 25%、24.3%、23.1%。通勤方向上以垂直于广佛边界的东西向通勤为主，广州平均跨城通勤距离为 34.6km，佛山为 28.5km，广佛两城间的平均跨城通勤距离为 20.9km，均小于粤港澳大湾区平均跨城通勤距离（42.4km）。

跨城通勤总量高值区高度集中于广佛城市边界处的街道、镇，居住或工作地中至少有一处位于城市边界处的占广佛跨城通勤总量的 90%，居住地和工作地均紧邻广佛边界的占 26.3%，与广佛地区路网在交界处密集、外围稀疏的格局（庄筼等，2019）一致。广州市中心的荔湾、越秀、白云等区是广佛跨城职住的高流入地区，广州市流入量比流出量呈现明显的自市中心向外递减的圈层结构，佛山市整体上流入量小于流出量，特别是中部邻近边界的禅城区各街道是广佛跨城职住的高流出地区，流入流出比也呈现明显的圈层结构，自市中心向外递增。广州和佛山间的跨城通勤呈现高度不对称，居住在佛山前往广州工作的人数超过反向流动的两倍，广州和佛山间的职住联系呈现广州吸引的单向流动。

根据对广佛跨城流向及流量的分析，本书认为广佛间存在以下重要的跨城职住联系对。

1）佛山中部—广州中心，佛山市南海区的大沥镇、里水镇、桂城街道与广州市荔湾、越秀、白云三区的多个街道存在密切的职住联系，也是广佛一体化程度最高的区域。职住联系以佛山市居住、广州市工作为主，跨城通勤距离大多在15km 以内。交通上两地地理空间上邻近，交通基础设施完善，广佛线、广州地铁 5 号线、6 号线等公共交通衔接较好，公交路线、道路网密度高，是广佛两地一体化基础最好的区域。制度衔接上，政务通办尝试开始较早，佛山市南海区是广州市合作区域数量最多、范围最广的地区，与广州市荔湾、白云区分别自2016 年 2 月、2017 年 7 月便推出政务服务跨城通办，荔湾区与南海区业务通办事项基本涵盖全部的法人类事项。佛山市在 2019 年设立三龙湾高端创新集聚区，位于禅城、南海、顺德三地接壤的区域，包括南海区桂城街道、禅城区石湾镇街道、顺德区陈村镇的部分区域，在分析中这三地跨城通勤流入量远小于流出量，承担广佛跨城通勤居住地的角色。

2）广佛南部区域边界两侧的联系，如广州南部的番禺区钟村街道、石壁街道—佛山顺德区北滘镇、广州南沙区大岗镇、榄核镇—佛山顺德区大良街道、容桂街道等，其通勤距离也较短，大多在 30km 以内。番禺区、南沙区与顺德区自2017 年起也先后开通政务服务跨城通办 46 项、121 项，目前缺少东西向的轨道交通连接，但是两地间有多条公交线路、城际巴士线路，由于通勤距离较短，通勤时间大多在 1.5 小时以内。南沙港所在的广州市南沙区龙穴街道的对外通勤联系仍以广州市内为主，占比高达 96%，与佛山的联系仅为 1.3%。

2. 深莞惠跨城通勤

深莞惠经济区是粤港澳大湾区内跨城职住联系最密切、一体化程度最高的区域。深莞惠三城间的跨城通勤总量占粤港澳大湾区总量的 27%，与广佛两城间的跨城职住总量相当。深圳—东莞的跨城通勤居于深莞惠经济区跨城通勤的首位，总量占 55.4%，居于末位的则是东莞与惠州之间的联系，不到深圳与东莞间联系的三分之一。深圳—东莞的双向流量相对均衡，而惠州与深圳、东莞的跨城通勤呈现高度不对称，居住在惠州前往深圳或东莞工作的人数超过反向流动的两倍，惠州表现为跨城职住居住地，而深圳、东莞则跨城居住、工作属性相对均衡。深莞惠城市边界处是跨城通勤的密集区域，居住或工作地中至少有一处位于城市边界处的占深莞惠跨城通勤总量的 81%，居住地和工作地均紧邻广佛边界的占 44.3%。跨城职住总量高值区高度集中于深圳与东莞、惠州城市边界处的街道、镇，东莞与惠州边界处相对较少，与城市间跨城通勤强度一致。

深莞惠跨城通勤空间格局主要受以下因素影响。

1）规划的影响，地块用途的特性决定了区域流入流出量的特点。保税区、高新技术园区、港口等工作属性突出地区的流入流出比显著高于其他地区，如深圳市福田保税区、宝安国际机场、盐田区市保税区、东莞市虎门港等。惠州市龙门县密溪林场、惠东县港口海龟湾自然保护区等特殊的区域流入量为0，性质上的特殊性决定了其流入流出比显著小于其他地区。

2）交通基础设施布局，特别是铁路站点布局的影响。深圳市罗湖区南湖街道、福田区福田街道、龙岗区平湖街道、坪山街道分别是铁路深圳站、福田站、平湖站、坪山站的所在地，均为高流入地区，其流入流出比均大于2.5。而同样设有铁路站点的东莞市樟木头镇、惠州市惠城区桥东街道、惠阳区淡水街道流入流出比却显著小于周边区域，也有部分站点所在街道、镇与周边区域无显著差异。在深莞惠跨城通勤中也存在铁路的"通道效应"，更高的交通可达性能提高经济基础较好区域对周边区域的吸引力，也会加速相对欠发达区域的人才流失。

3）产业优势和产业联系。企业能够在产业空间集群中创新聚集效应，共享创新资源（刘友金，2004），获得创新优势，因此在深圳和东莞内有多个产业集群，包括深圳市福田区华强北街道、南山区粤海街道、东莞市松山湖、东莞生态园等产业优势明显的区域都是跨城通勤高流入地，流入流出比在3.5以上，由于产业园周边大多配套有居住区及相关配套设施，其跨城通勤总量与周边无显著差异。东莞市松山湖拥有华为终端总部及南方工厂、粤港澳中子散射科学技术联合实验室等知名科技企业及重点实验室，形成了千亿级高新产业集群，华为溪流背坡村、华为南方生产基地和松山湖团泊洼实验室是华为重要的研发、生产中心，与华为深圳坂田基地间存在密切的跨城联系，两者间有通勤专线、珠三角环线高速公路，自驾通勤时间大约为半小时（何震子，2021）。根据大湾区高质量发展指数，深圳华强北街道、粤海街道均在大湾区内各项指标综合排名前20名，粤海街道制造业和创新活力指数均排名大湾区内首位，其中粤海街道是中国本土世界500强企业最集聚的区域，有腾讯、华为、招商银行等公司总部或区域总部（邓雅蔓，2020）。

4）住房价格与生活配套设施。东莞市临深的长安镇、凤岗镇、塘厦镇以及惠州市惠阳区大亚湾西区街道、博罗县石湾镇是跨城通勤总量最大的居住地。东莞市长安镇涌头社区密集分布老旧住宅小区，生活成本低且与深圳仅一河之隔；凤岗镇东南部则有3个住宅小区，其平均房价比邻近的、性质相似的、位于深圳的小区低 2 万元/m²（何震子，2021），其配套设施却优于邻近的宝安区松岗街道；惠州市大亚湾西区龙光城片区紧邻深惠边界，商业、学校配套齐全，参考售价仅为 20 000 元/m²，仅为邻近的、但位于深圳的小区的价格的一半（何震子，2021）。

5）空间邻近性。深圳市龙岗区坑梓街道、坪地街道、葵涌街道以及东莞市等多个临界街道跨城通勤量较大，由于通勤具有高频率、高稳定性的特点，跨城通勤距离远大于非跨城通勤，通勤者对于通勤出行时间更敏感。

3. 深港跨境通勤

粤港澳大湾区内跨境通勤以深港间跨境为主，深圳与香港间的跨境通勤占跨境通勤联系总量的 29.3%。深港跨境职住空间总体均呈点状分布，居住地的集聚程度更高，而工作地分布更分散，居住地和工作地的莫兰指数均通过检验（$p < 0.01$，$z > 2.58$），居住地莫兰指数为 0.33，呈明显的集聚格局，而工作地莫兰指数接近 0，不存在明显的空间自相关。跨境居住地集中临近口岸和交通枢纽，工作地广泛分布于口岸、交通枢纽及新市镇周边。深圳和香港的莫兰指数均通过检验，深圳跨境居住地分布比香港更集中，两地都满足 $p < 0.01$ 和 $z > 2.58$，深圳为 0.79，香港为 0.34。

利用核密度分析探究跨境职住冷热点，可以发现跨境口岸周边是跨境职住的高热点地区。由于罗湖口岸与皇岗口岸直线距离仅 1 km，罗湖、福田、皇岗、文锦渡 4 个陆路口岸形成 3 个职住高等级热点，沙头角一个次级热点。罗湖口岸是深圳人流量最大的陆路通关口岸，临近铁路深圳站，位于深港边界中部，因为发展相对早，口岸北侧至深南东路附近聚集了密集的商业活动，提供大量工作岗位；而福田口岸与皇岗口岸周边用地以居住用地为主，有皇御苑、益田花园等大量居住小区以及学校等配套设施。除口岸外，深圳侧存在深圳东站（布吉站）一个居住热点、后海北侧科技园聚集区一个工作热点。布吉站与罗湖口岸旁的深圳站直接相连，通过地铁 5 号线与深圳北站相连，周围有多个居住区及小学、中学、医院等配套设施。后海北侧则是产学研集聚区，聚集了大量高新技术企业、金融企业和机构及科研院所。

香港跨境工作地分散于九龙、香港岛北侧区域及 20 世纪建设的多个新市镇，跨境居住地除了九龙与香港岛北侧，还有临近口岸的荃湾、屯门、元朗、天水围、粉岭 5 个新市镇。九龙东、西部为人口稠密的工业区，北部是住宅区，南部则拥有密集的商业中心，兼具就业机会与交通可达性，区域内设有广深港高铁西九龙站。屯门、沙田、荃湾、元朗、粉岭/上水、大埔、天水围为工作地热点。临近口岸的屯门、粉岭以及临近交通枢纽的荃湾为居住热点。在"自给自足"的规划理念下,香港第一、第二批新市镇在居住功能之外也强调工作岗位的提供(吴珊珊等,2019),经过几十年的发展已经形成了具有一定规模的综合性市镇。第三批建设的将军澳、天水围两个新市镇在规划中则更注重区位与交通可达,将军澳邻近九龙,天水围则位于香港西北角,面对深圳湾,处于门户位置。

本书利用 DBSCAN 算法对职住联系进行空间聚类,构建职住联系网络并研究深港跨境职住联系特征。该分析方法不依赖行政区划边界,可以规避深港两地基层行政区划的差别。结合地理邻近性和行政区划分割,基于 DBSCAN 聚类结果,本书将居住空间和工作空间划分为 34 类,构建 34×34 的网络,得到典型的二模网络,采用 Gephi 可视化工具得到图 4.2。深浅两色各代表香港和深圳侧节点,得到的结果如图 4.2 所示。

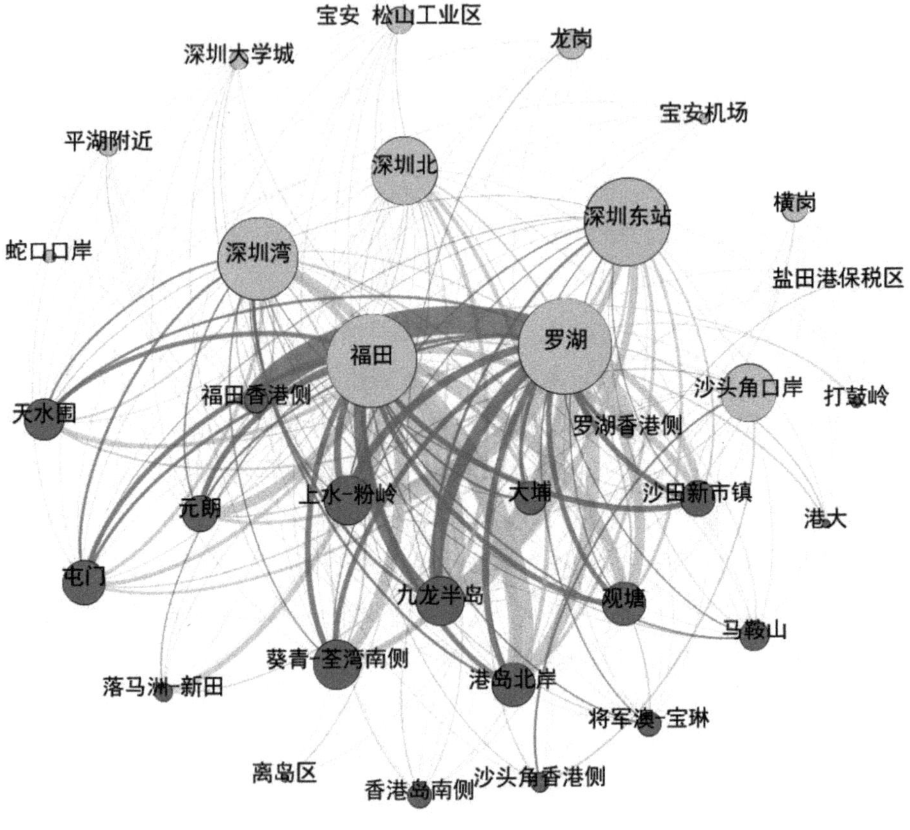

图 4.2 深港跨境职住网络

深圳与香港的职住联系集中于口岸及交通枢纽周边少数几个组团，节点间形成紧密的网络。福田口岸深圳侧，出度中心性远高于入度中心性，是跨境职住的居住地，与之相连的工作地按联系量大小依次是九龙半岛、港岛北岸、上水/粉岭、葵青—荃湾、观塘，除上水/粉岭在空间上与深圳邻近外，其余组团都邻近香港西九龙站，大量居民居住在福田站附近，乘坐广深港高铁前往香港南侧各新市镇及维港周边区域工作。罗湖口岸深圳侧出度中心性与入度中心性相当，与之联系密切的组团为福田香港侧、九龙半岛以及上水—粉岭，基于降低出行成本与缩短时间的考虑，部分居民前往罗湖口岸通关后乘坐跨境巴士或者自驾前往福田口岸香港侧以及落马洲地区、乘坐广深港高铁前往九龙半岛，较少通勤者选择在到达香港后继续前往离西九龙站更远一些的葵青—荃湾和观塘，而居住于香港、在罗湖工作的通勤者大多居住在九龙半岛。

口岸香港侧的入度与出度中心性均远小于深圳侧，邻近边界的地区一直是深圳发展的重点，而香港的经济重心则是南侧远离深港边界的维港地区，在香港最新公布的北部都会区规划建设下，香港北部将提供更多住房及就业岗位，利用空间邻近的优势，未来边界的中介和引擎作用将得以发挥。

4.3.2 广佛同城

1. 合作基础

广州与佛山两市同处于广东省中部，是粤港澳大湾区的重要组成部分，共同构成了广佛都市圈。两市总面积达到 11 232.1km²，2022 年 GDP 总量超过 4.15 万亿元，2022 年常住人口共计 2828.92 万人，经济水平与人口数量均占据大湾区总量的三成以上，集中连片的城镇化区域形成了庞大的建成区面积，城镇化水平极高。

广州与佛山两市作为粤港澳大湾区的核心城市，是国内一体化步伐最快的地区之一，目前已经完成国内首个同城化发展规划——《广佛同城化发展规划（2009—2020 年）》的编制，并且已经在规划实施的过程中做出了一些较为成功的成果。广州、佛山两市地域相连，历史文化同源，社会经济联系由来已久，在政府和民间都存在显著的互信基础，促使同城发展成效初步显现。从历史角度看，广州和佛山两市在行政联系、经济往来，尤其是民间社会文化层面，历来都是有着良好浓厚的互信基础。

1）从文化关系的角度看，广佛两市在地理空间上紧邻彼此，历史上曾同属于一个行政区域，具有密切的历史和人文往来。两市自然地域相邻，若干河流跨越其间形成了错综复杂的水网，构成了两市之间紧密的水路交通网络。两市的白云山、七星岩和凤凰山等山脉，也成为两市共同的自然绿地，为居民提供了休闲娱乐和生态旅游的场所。这使得两市共饮一江水，同享一座山，有同城化发展的文化基础。

2）从城市建设的角度看，广佛城市建成区在空间布局上呈现出连片分布的特点。两市地域内城镇密布，尤其在广佛高度城市化的核心地区，如荔湾与黄岐、番禺与顺德等地的同城发展尤为显著。这些区域的城市边界已逐渐模糊，形成了一个相对连续的城市区域。该区域人流物流畅通无阻，每日有超过 176 万人次的跨市通勤。

3）从基础设施的角度看，两市之间交通网络发达，基础设施完备。广佛路网已经初具规模，105 国道、324 国道、325 国道、广佛、广三高速公路、广佛铁路等交通设施将两市紧密地连为一体。这不仅促进了两市之间的经济往来和人员流动，还为周边地区带来了便利和发展机遇。在基础设施的建设和维护方面，广州和佛山之间的合作也愈发紧密。佛山靠近广州的黄岐、盐布等地的部分供水管道已经由广州负责修建，基础设施的建设和维护已经跨越了城市边界。这种跨城市的合作不仅提高了供水管网的稳定性和可靠性，也使两市在环保和水资源管理方面展开了更加紧密的合作。

4）从经济产业的角度看，广佛两市具有极强的互补性，互动密切。在第一产业方面，佛山的农产品生产对广州的供应起到了至关重要的作用，如蔬菜、副食品等，这些农产品的部分需要佛山提供。同时，广州也通过技术支持和市场销售等方式，对佛山的农业生产进行了有效的支持和帮助。在第二产业方面，广州的基础产业中运输机械制造、重化工业等产业占比较大，发挥着主导产业的领头作用，呈现出重型化的发展特征，这些产业不仅为广州提供了原材料和工业品，也为佛山的轻工业提供了重要的支持。佛山的陶瓷、家电等行业以及其他轻工业，需要广州的钢铁、石化等基础产业提供原材料，制成品则可以销往具有巨大消费市场的广州，这形成了产业链的完整性和紧密的互动。在第三产业方面，广州的第三产业比佛山发达，佛山的第三产业发展以及第二产业的升级改造都离不开广州的辐射和带动。两市在商贸、金融、旅游、文化创意等领域都有密切的合作和互动。在这方面，两市都积极开展合作，在经济发展中形成了产业协同、优势互补的格局。

由此可见，广佛两市的产业存在极强的关联性，具有非常密切的互补性。两市之间加强合作，不仅有助于推动两市产业结构的升级和完善，还能为两市经济的高质量发展提供坚实的支撑，这为广佛积极推进一体化进程造就了共同利益点。因此，不论是同属于广府文化圈、空间相连的地理邻近性造就的民间区域认同感，抑或是高度关联和互补的产业结构促成的经济层面紧密的贸易往来，更或是两市政府之间跨越行政边界的合作关系，都显著地体现两市在各城市成员和团体之间所具备的高度互信基础和条件。这为后续广佛同城化的推进，尤其是广佛线的建成提供了重要的前提。

2. 同城化发展历程

(1) 中华人民共和国成立以前，存在天然联系

广佛两市同属于广府文化，拥有共同的历史和文化渊源。在历史中的很多时期，广佛两市基本上都隶属于南海、番禺两县，属于同一个行政建制，共享着相同的历史背景和文化传承，这成为广佛同城的文化基础。在历史上，广州一直作为岭南地区的政治、经济、文化中心，在整个南方地区具有极其重要的地位。而佛山则以发达的民族工业而闻名，是岭南地区的工商业重镇。因此广佛两市在中华人民共和国成立之前，便已经在社会、经济、文化等方面形成了较为密切的联系。

(2) 计划经济时期，联系变弱

在中华人民共和国成立以后的计划经济时期，政府对经济资源的配置和控制起到了至关重要的作用。由于国家实行的计划经济体制，受国家指令的限制，广佛两市处于"各自为政"的状态。尽管两个城市在社会和文化方面仍然保持着联系，但经济方面的交流与合作却受到了限制，经济联系大幅下降。这种状况一直持续到改革开放的开启，随着我国经济体制的变革和市场化改革的推进，广佛两地的经济联系开始逐渐恢复。

(3) 改革开放后，联系加强

改革开放以后，广佛两市的联系逐渐得到恢复和加强。特别是 20 世纪 90 年代以后，随着我国的经济飞速发展和市场化进程的推进，广佛两市的产业联系更加紧密。随着城市化进程的加速和交通网络的完善，两市市民之间的生活和工作联系更加紧密，往来更加方便。两市间的职住通勤成为普遍现象，城镇空间趋于

一体。

总体来说在上述三个阶段，广佛两市之间的联系主要是由民间自发形成，信任主要存在于社会与文化层面。市场敏锐地察觉到两市间的民间联系，并由此做出积极的经济反应，但是两市政府相对缺乏参与的主动性与积极性（魏宗财等，2014）。

（4）21世纪开启"同城化"

在经济全球化和区域一体化不断兴起的背景下，广佛两市政府逐渐意识和关注到开展城市合作的重要性，"广佛同城"概念得以提出，并在历次研讨会、发展论坛和共同编制规划中逐步得到深化和实现。

2000年，广州市政府提出了"广佛同城"的目标，并在城市战略规划中强化了两市的空间联系。广州市政府提出"东进、西联、南拓、北优"的空间发展战略，佛山市响应并相应地进行了行政区划上的调整（林雄斌等，2015b）。

2003年，广州市组织开展广佛都市圈协调规划研究，并于同年7月和11月先后主办以"广佛区域合作与协调发展"为主题的研讨会，对广佛一体化的策略和举措进行了进一步的探索，初步制定加强功能区域建设、提升广佛都市圈竞争力等目标。

2005年，举办"广州·佛山区域合作发展论坛"，探讨两市之间的产业对接和合作等内容，并联合开展制定《广佛两市道路系统衔接规划》，协商道路衔接等基础设施建设问题，以及整治河道等环境保护方面的问题。

2009年3月，广州、佛山两市首次进行市长联席会议，此后这一形式被固定确认下来，作为两市之间的协作机制。并共同签署了《广州市、佛山市同城化建设合作框架协议》，同年合作编制了《广佛同城化发展规划（2009—2020年）》。

两市通过战略规划、研讨会、发展论坛和市长联席会议等形式加深了政府层面的交流与互信，极大地推进了两市在交通基础设施建设方面的同城化进程。2010年广佛线开通，标志广佛同城化协作上升到了新的高度。

3. 广佛线

广佛地铁又称广佛线或佛山地铁1号线，是国内首条地下城际轨道交通线，也是珠江三角洲地区城际轨道交通线网的重要组成部分，于2010年11月3日开通运营一期首通段（魁奇路站至西塱站），2018年12月28日全线贯通。广佛地铁起于沥滘站，途经广州市的海珠区、荔湾区和佛山市的禅城区、南海区、顺德区，止于新城东站，大致呈"厂"字型走向。截至2018年12月，广佛地铁线路全为地下线，其中佛山市内 21.47km，广州市内 17.03km。总共设置 25 座车站，全为地下站，其中佛山市设 15 座，广州市设 10 座。

建设广佛之间的轨道交通线路的想法由来已久。1993 年，当广州准备修建地铁一号线的时候，佛山市政府便专门成立了轻轨建设筹备小组，在西塱站预留通往佛山的接驳口。从佛山的这一举措中，可以看出其希望联通广州地铁的意愿。而广州也在协商中回应佛山的意愿，同样希望修建可联通佛山的地铁线路。跨市地铁带来的共同经济利益激发了广佛两市的主动性和积极性，使其对于修建广佛线拥有极强的自愿心理，为广佛线的提出创造了前提，也使其有动力积极参与建设工作，为后期的项目推进提供了保障，在一定程度上减少了阻碍，加速了项目的建成。

在广佛线规划立项的初期，其还不具备显著的新区域主义特征，项目的推动仍主要依赖于行政指令。2001 年 6 月，出于加快建设珠江三角洲经济区的考虑，广东省政府起草了《珠三角城际快速轨道交通规划》，正式提及兴建地铁广佛线的计划。2002 年 12 月 31 日，广东广佛轨道交通有限公司成立。2007 年 6 月 28 日，广佛线正式开工。2010 年 11 月 3 日，广佛线开通运营。

从广佛线后期的进展中可以发现，虽然广佛两市的互信基础和自愿心理能够在早期起到推动作用，成为项目得以立项的重要前提条件，但在实际建设过程中，面对具体投融资方案的谈判类涉及自身利益的问题，仅靠自愿意愿推动仍是不够的。由于广佛两市之间直到 2009 年才建立起市长联席会议机制，未能全程推动解决广佛线的投融资方案问题。在前期，广佛地铁的牵头和统筹由两市专设的轨道交通办公室负责，广州市将相关办公室设立在广州市发展和改革委员会，佛山市则设在国土资源和城乡规划局，部门间的不对等导致面对问题时没有便捷高效的直接协商途径（叶林等，2020）。由于没有恰当的符合新区域主义理念的网络化协商机制，广佛线在遭遇困境时更多还是依靠传统区域主义的方式，通过行政指令方式进行指导。但在后续开工建设过程中，两市市民之间的信任关系和区域共同体意识仍然发挥了作用。新区域主义所倡导的培养互信氛围、打造区域认同感的理念，在项目实践过程中切实提供了前提条件和建设便利，有助于减少项目可能遭遇的障碍，从而加速项目的建成。

从广佛同城化历程中政府与社会层面的合作基础可以看出，两市之间拥有非常深厚的历史文化认同，政府和社会组织也出台措施和举办活动引导并加强两市之间信任程度，使得广佛两市从政府到民间均形成了强烈的区域认同感。这与新区域主义所强调的发达的信任网络和强大的凝聚力相契合。正是双方高度互信和拥有共同利益的基础，推动了两市政府走向合作，促使了广佛线的提出和规划。并在后续开展建设工作时享受了两市市民极其支持的便利性，加速了广佛线项目的建成（图4.3）。

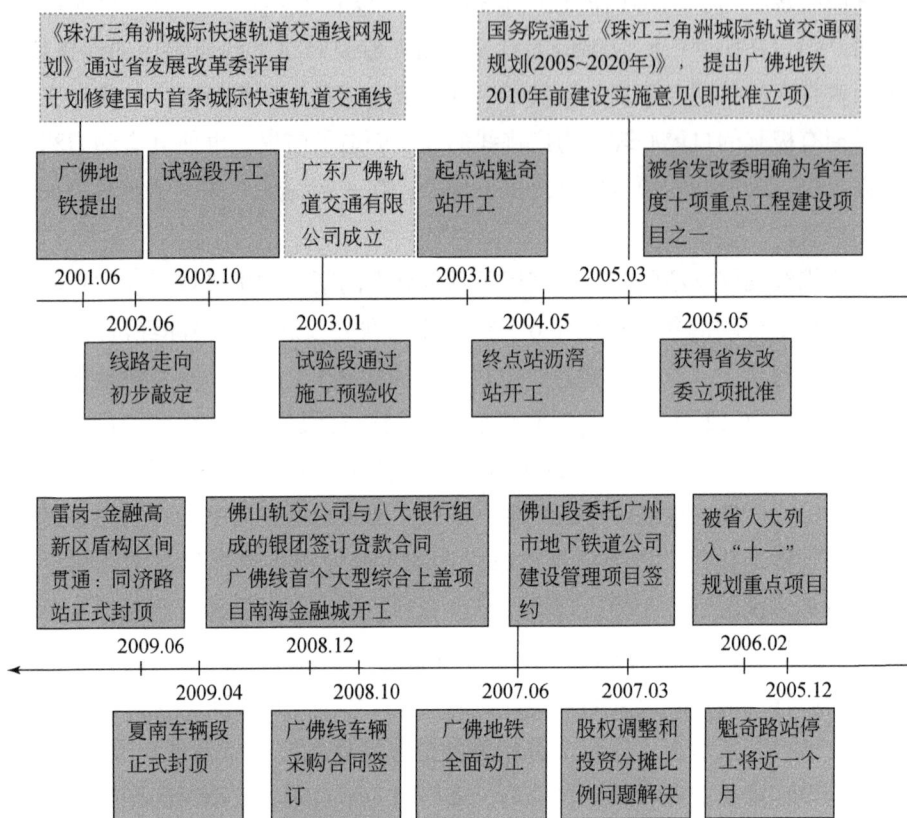

图4.3　广佛地铁前期建设推进时间轴（刘超群等，2010）

4.3.3　深圳都市圈

1. 合作基础

深圳都市圈包括深圳市（含深汕特别合作区）、东莞市全域，以及惠州市的惠城区、惠阳区、惠东县、博罗县。深圳、东莞与惠州三市同处于珠江口东岸，是粤港澳大湾区的重要组成部分，共同构成了深莞惠都市圈。三市总面积达到15 804.6km²，2022 年 GDP 总量近 4.9 万亿元，约占大湾区地区生产总值总量的46.8%。2022 年常住人口共计 3414.9 万人，约占大湾区总人口的 43.6%。经济水平与人口数量均超过大湾区总量的四成，在该区域中处于优势的地位，具有强大的经济实力和人口基础。

深圳、东莞与惠州三市地理空间相连，经济往来与社会联系密切。三市政府、企业与民众之间在过去长期的行政关联与新时代产业合作的作用下，培育了充分的信任氛围。其中，三市同属惠阳专区（地区）和深圳产业转移的历史奠定了最为重要的互信基础。

1）深莞惠三市在历史上同饮一江水，同是一家亲。惠州是原惠阳专区（地区）的政治、经济与文化中心，深圳与东莞则长期隶属于惠州管辖。1956 年，惠阳专区成立，专署驻惠阳县，所辖十三县中包含宝安县（驻深圳镇）和东莞县（驻莞城镇）。1970 年，惠阳专区改称惠阳地区，地区驻惠州市，下辖县中仍然包括宝安县与东莞县。直到 1979 年，宝安县撤销，深圳市成立，率先脱离惠阳地区。随后在 1988 年，惠阳地区撤销，原行政区域被拆分为东莞、惠州、河源和汕尾四个地级市。至此，深圳、东莞和惠州三市行政区划基本确定。深圳、东莞作为原惠阳地区的一部分，相互之间在地缘关系和人员往来方面，仍然存在着密切的联系。虽然三市成为各自独立的地级市已经有三十多年，但共同的历史记忆让三市的民众对于原惠阳地区依然保有较强的情感。

2）深莞惠三市经济联系紧密，产业深度捆绑。在历史上深圳企业曾经历三轮外迁，其中绝大部分最终落址于莞惠两市，形成了三市间紧密的产业链上下游关系。20 世纪 80 年代后期的第一轮深企外迁，源于深圳经历十年的高速发展，进入第一次产业转型升级阶段，促使部分产业转移至最为邻近的莞惠。2005 年开始的第二轮深企外迁，由于深圳的土地和劳动力成本不断上涨，导致在深制造业开始寻求成本更低廉的城市，陆续搬离深圳。2015 年开始的第三轮深企外迁则是深圳地价房价暴涨导致的，主要是市场受成本影响而形成的自发行为。在此情况下，深圳的电子信息、装备制造等一批技术密集型产业大面积外迁。

借助于三轮深企转移，深莞惠三市均成功实现了自身的产业升级，形成了紧密的经济合作关系，各自从中获得了巨大的收益。深圳将自身落后的产业逐步"腾笼换鸟"，实现了高端产业的引入。从最早的"三来一补"模式，更新至四大支柱产业、七大战略性新兴产业，再形成了目前布局合理的"20+8"产业集群。2020 年东莞 GDP 突破 1 万亿元，正式成为"万亿城市俱乐部"成员，发展成为了深圳电子信息产业链的重要一环。惠州则融入为深圳新能源产业链的一部分，在深圳企业迁入的助力下，惠州同样在呈现东莞曾有过的经济发展速度。2021 年惠州工业总产值突破 1 万亿元，成为广东第五个"万亿工业大市"。2022 年，惠州 GDP 增速居广东全省第一，规模以上工业增加值、工业投资增速居全省第二。深莞惠之间多轮的企业搬迁历程，为三市之间形成高度互信的经济合作关系奠定了坚实的基础。

2. 都市圈发展历程

深莞惠都市圈的发展历程可分为酝酿期、发展初期和扩张期三个阶段。

第一个阶段：酝酿期（1994～2009 年）。该阶段经过对珠三角都市圈的规划与构想，最终在 2008 年提出深莞惠区域一体化的概念及初步思路。广东在 1995 年的珠三角现代化建设规划中提出了"城市群"概念，随着东部深圳东莞、北部广佛、西部中山珠海江门三大构想出现，深莞惠一体化融合发展的思路由此形成。2008 年，国家发布了《珠江三角洲地区改革发展规划纲要（2008—2020 年)》，首次提出深莞惠一体化的发展概念，在政府层面初步明确了深莞惠三市一体化融合的发展思路。

第二个阶段：发展初期（2009～2013 年）。该阶段的主要特点是在深莞惠三市政府层面提出深莞惠区域全方位一体化融合发展，就基础设施、产业发展、城乡规划、环境保护、公共服务等多方面提出合作协议，并制定了《深莞惠区域协调发展总体规划》《深莞惠交通运输一体化规划》等一系列区域发展规划。

2009 年 2 月深莞惠三市党政主要领导在深圳召开首次联席会议，标志着深莞惠都市圈正式形成。同年 5 月和 9 月，深莞惠三市党政主要领导分别召开第二次和第三次联席会议。深圳、东莞、惠州三市于 2009 年先后三次召开三市党政主要领导联席会议，签订《深圳、东莞、惠州加快推进交通运输一体化补充协议》、《深圳、东莞、惠州规划一体化合作协议》等一系列合作协议。2010 年第四次联席会议在深圳召开，会议重点在于界河的治理，同时三地市长表示将尽快打通边界的断头路和瓶颈路。2011 年，第五次联席会议，三市共同签署有关坪清片区规划开发、产业发展合作、信息化合作等方面的协议。2012 年，第六次联席会议，三市重点推进监察执法合作机制、跨界河流防洪、推进新能源汽车等九大方面。2013 年，第七次联席会议在深圳召开，签署有关汽车零部件产业合作、应急管理区域合作、大气污染防治区域合作及深惠合作备忘录等四项合作协议。

第三个阶段：扩张期（2014年至今）。此阶段的深莞惠加入汕尾、河源两市，一体化程度不断提升，同时在赣深高铁、穗莞深城际铁路等重大交通基础设施发展的背景下，深莞惠都市圈将迎来新的发展机遇和挑战。

2014年，第八次联席会议以"3+2"的形式将深莞惠都市圈的范围进一步扩大到了汕尾和河源。三市共同制定《深莞惠交通运输一体化规划》，提出都市圈内交通运输网络协调发展、合理衔接与合作管理的规划目标。2016年2月，深莞惠都市圈（3+2）五市第九次联席会议签订了创新体系合作、社会信用体系建设、海洋经济协调发展等文件。同年12月，五市第十次联席会议召开，为推动交通运输一体化，在47个重点合作事项中，交通运输类项目多达26个。2018年4月，五市第十一次联席会议在河源举行，会议提出将在深莞惠都市圈（3+2）的基础上，参照深汕特别合作区有关做法，推动在东莞、惠州邻近深圳地区划出一定区域，规划建设跨行政边界的区域协同发展试验区（易承志，2010）。深莞惠都市圈十一次党政联席会议的召开情况总结如表4.3所示。

表 4.3　深莞惠十一次党政联席会议召开情况总结

会议	时间	地点	会议重点	重要协议
第一次	2009年2月27日	深圳	决定年内推进战略规划、产业协作、交通建设等八方面的工作；要求建立健全三市党政联席会议制度	《推进珠江口东岸地区紧密合作框架协议》
第二次	2009年5月16日	东莞	建立"三市党政主要领导联席会议"的三级组织管理架构；建立发展规划、交通运输等10个"重点领域专责小组"	《深圳市、东莞市、惠州市河界综合治理计划协议》
第三次	2009年9月24日	惠州	公共服务方面，将重点推进教育、劳动就业及社会保障等9个方面的37项合作意向的研究和论证；交通运输方面，将新增8个跨界桥梁建设项目和1个城际轨道建设项目	《规划一体化合作协议》；《社会公共服务一体化合作框架协议》；《交通运输一体化补充协议》；《界河及跨界河综合治理专责小组章程》

会议	时间	地点	会议重点	重要协议
第四次	2010 年 4 月 8 日	深圳	三市决定将界河治理与边界道路的建设确定为近期合作的重点，除了界河污染问题外，三地市长表示将尽快打通边界断头路与瓶颈路	《界河综合治理工作协议书》；《边界道路建设综合协议书》
第五次	2011 年 4 月 18 日	东莞	提出建设坪新清产业合作示范区；通过了深莞惠《三市主要党政领导联席会议办公室协作机制（试行）》，通过了《三市近期共同推进的重点工作事项》，共包括 13 项内容，涉及边界开发、交通卡互通、食品安全监管、跨界河流整治、招商引资等	《深莞惠边界地区坪新清片区规划开发合作框架协议》；《深莞惠关于产业发展合作的协议》；《深莞惠信息化合作框架协议》；《深莞惠加快推进交通运输一体化补充协议三》；《深圳市惠州市加强深惠合作的备忘录》
第六次	2012 年 5 月 18 日	惠州	通过了莞惠合作共建产业转移"园中园"、共同推广新能源汽车、建立深莞惠三市劳动监察执法合作机制、加快推进茅洲河界河段综合治理、建立跨界河流防洪、治污联防联治机制等九项重点工作	《深圳市东莞市惠州市加快推进交通运输一体化补充协议四》；《深圳市东莞市惠州市共建深莞惠区域创新体系合作协议》；《深圳市东莞市惠州市农产品质量安全监管合作协议》；《深圳市东莞市惠州市三地文化联动合作协议》
第七次	2013 年 8 月 7 日	深圳	深圳坝光部分填海，呼吁惠州支持；开展区域性大气污染联防联控，加强高排放车辆尾气监管；提出了都市圈建设的具体路径，即共建国家创新型区域，加快现代产业体系、基础设施、环境保护、公共服务和社会管理、区域市场一体化建设	《深莞惠区域协调发展总体规划（2012–2020 年）》；《深圳市东莞市惠州市汽车零部件产业合作框架协议》；《深圳市东莞市惠州市应急管理区域合作协议》；《深圳市东莞市惠州市大气污染防治合作协议》；《2013 年深惠合作备忘录》

会议	时间	地点	会议重点	重要协议
第八次	2014 年 10 月 16 日	东莞	汕尾、河源首次参加深莞惠联席会议，正式加入深莞惠都市圈，形成深莞惠（3+2）新格局	审议通过《深莞惠交通运输一体化规划》
第九次	2016 年 2 月 18 日	惠州	签署了共建区域创新体系、社会信用体系、海洋经济协调发展三大战略合作协议；并确定了五市下一步合作的重点事项，包括机制共建类 4 项，交通运输类 23 项，生态环保类 7 项，基础设施共建类 1 项，产业合作类 2 项，社会事务类 3 项，共计 40 项	《珠三角深莞惠一体化+河源汕尾 5 市文化合作联动备忘录》；《深圳市东莞市惠州市汕尾市河源市共建区域创新体系合作协议》；《深圳市东莞市惠州市汕尾市河源市区域社会信用体系建设合作框架协议》；《深圳市东莞市惠州市汕尾市海洋经济协调发展战略合作框架协议》
第十次	2016 年 12 月 29 日	汕尾	会议审议通过了五市近期共同推进的 47 项重点合作事项，涉及机制共建、交通运输、生态环保、产业合作、民生事业等五大类；深圳、东莞、惠州、汕尾四市携手打造海洋产业经济协作示范区	《深圳、东莞、惠州、汕尾四市海洋产业经济协作示范区建设纲要》；深圳、惠州、汕尾签署了三市《共建海上旅游航线发展粤东滨海旅游框架协议》；深圳与河源签署两市《农产品质量安全监管合作协议》
第十一次	2018 年 4 月 21 日	河源	提出将参照深汕特别合作区相关做法，在邻近深圳地区，东莞、惠州地区划出一定区域，规划建设深莞惠区域协同发展试验区	深莞惠版"雄安"

2019 年 7 月，广东省省政府印发的《关于贯彻落实<粤港澳大湾区发展规划纲要>的实施意见》强调"推动深莞惠区域协同发展试验区建设"。2019 年 8 月，《中共中央　国务院关于支持深圳建设中国特色社会主义先行示范区的意见》指出，"推进深莞惠联动发展，促进珠江口东西两岸融合互动"，要推动深莞惠联动发展，推动深莞惠合作发展走向纵深，根本性改变当前深圳发展受制于地域空间问题，实现与东莞、惠州更深层次的产业合作。

在深莞惠都市圈（3+2）扩容及建设粤港澳大湾区背景下，深莞惠都市圈一体化进入加速拓展的新阶段。目前,深莞惠都市圈已形成比较明确的三级城镇中心体系和东、中、西等多条连绵发展走廊。深圳原特区内是最强的区域中心,东莞莞城和惠州惠城是第二层级中心,沿都市圈各主要发展走廊分布多个三级城镇中心。

3. 城际公交

(1) 城际公交互通模式

目前,大湾区各市之间的公交互通模式可以划分为两种模式:一种是广佛模式,即由原有的公路客运班线改造而成。广州与佛山之间最先开通的跨市公交线路广佛001线,最初为往来官窑车站和广州市汽车客运站的市际客运班线,由广州公交集团第二公共汽车有限公司客运发展部和佛山市恒通客运有限公司联合营运。2019年11月15日,经过广佛交通运输部门同意后,原官窑汽车客运站至广州市汽车客运站市际客运班线调整为市际公交化客运班线营运,线路编码为广佛001线。另一种是更为普遍存在于各市间的广莞模式,即两个城市对开公交线路。

作为珠三角重点发展地区,深莞惠地区空间格局、土地利用和产业结构的快速变化,城市交界地区的公交需求持续增加。2009年8月,惠州市惠阳区的168路公交和深圳市龙岗区的870路公交以互相延伸线路的方式开通了深莞惠地区首批跨市巴士公交线路,一定程度上满足了深圳市龙岗区坑梓街道和惠州市惠阳区秋水街道的公交出行需求。2014年6月,深惠3B线路调整为深惠3线,调整后的线路向东莞延伸,成为首条跨越深莞惠三市的公交线路,并与深圳轨道交通、城际高铁和城市公交等综合交通形成良好的接驳(周华庆等,2016)。

城际公交的快速发展有效满足了深莞惠毗邻镇区人员的通勤需求。2009年以来,在省政府和各市之间跨市发展框架下,深莞、深惠、莞惠和深莞惠等地区之间均开通了一些跨市公交线路,跨市客运一体化运营在逐步推进。深圳共有三类线路发挥跨市公交的作用。一是长途客运班线,二是跨界公交线路,三是跨界公交化班线:长途客运班线多为客运站始发终到的慢速客运大巴,可在沿途道路上下客,公交站牌上一般没有标示,如东莞松山湖—深圳北站专线;跨界公交线路则大多为深莞惠原有市内公交线路的跨界延伸,享受各自城市的财政补贴与刷卡政策,如深圳M361路和深圳398路由深圳延伸到东莞;跨界公交化班线是市场化经营,公司自负盈亏,除燃油补贴外没有其他优惠补贴政策,其票价标准低于公路客运票价，但又略高于公交票价。公交站牌上标有线路，如深惠 1 线、深惠 2 支线。跨界公交化班线只是参照城市公交模式进行管理，并非真正的城市公交。截至 2023 年，深莞惠都市区共开通 44 条跨市巴士公交线路。其中深莞 2 线和深惠 3 线经历多次的线路经营权冲突和线路调整，所面临的问题和政策创新均具有更好的代表性。

（2）深圳都市圈的城际公交实践

公路交通一直占据着深莞惠地区交通的主导地位，承担了该地区 90% 以上的客运和 70% 以上货运。未来随着深莞惠都市圈内城镇、产业连绵化的发展，公路将凭借其灵活、便捷的优势，在衔接中心城、各功能组团、交通枢纽节点等方面发挥重要作用，是支撑和引领三市一体化发展的重要载体（孙相军，2014）。截至 2023 年，惠深沿海高速公路、广河高速、莞惠高速、广深沿江高速（广州—虎门段）、从莞高速等高速已建成通车。同时，在 2011 年，深、莞、惠撤销了区域内所有普通公路收费站，提前实现所有车辆在本区域内"不走高速不收费"的目标。

2010 年，深圳和东莞两市开通了深圳观澜汽车客运站至东莞凤岗汽车客运站的深莞 2 线，投放 4 辆公交车，每 15 分钟一班。公交线路的经营权和公交车由个体经营者拥有，分别挂靠在深圳市宝运发汽车服务有限公司和东莞市凤岗镇公共汽车有限公司，车辆和线路经营者每月向两家公司缴纳挂靠费、车辆保险等管理费用。

开通运营以来，深莞 2 线进行了数次线路调整。2011 年 9 月，深圳发车点由观澜湖汽车站延长到深圳北站，衔接深圳高铁、地铁等站点，线路延长了一倍多，运营车辆增至 28 辆，发车频次由此前的每班 15 分钟调整为 10 分钟，公交票价也相应由此前的 3 元增至 8 元。由于调整后的经营线路也带来线路运营成本的增加，加之周一至周五工作日的客源不足，远途的乘客量更少，线路经营入不敷出，仅在周末和节假日乘客量较多时才能实现微薄盈利。2015 年 3 月，深莞 2 线的深圳发车点再次调整，由深圳北站一个发车点调整为深圳北站和深圳地铁 4 号线终点站清湖地铁站两个发车点，但由深圳北站的线路发车频率从每班 10 分钟改为 60 分钟。

2014 年 5 月，深圳、惠州和东莞三市交通部门将深惠 3B 线更名为深惠 3 线，并对线路进行了调整。调整后的线路覆盖深圳龙岗、东莞凤岗以及惠州惠阳片区，实现了深莞惠都市区 5 个毗邻镇的跨界出行，并与深圳市轨道交通、城际高铁和城市公交进行接驳，成为首条跨越深莞惠三市的跨市公交线路。深惠 3 线全程 68km，途经 150 多个站点，票价 13 元。但开通后的深惠 3 线客流远远低于预期目标，20 多辆公交车每天亏损近 1 万元。同年 12 月，三市交通运输部门再次对深惠 3 线进行了线路调整，线路长度缩短为 48km，往返于惠州惠阳秋长白石总站与深圳平湖华南城之间。

（3）东莞塘厦镇城际公交改善历程

根据大湾区跨城交通需求数据分析结果可以发现，东莞市塘厦镇是跨城通勤需求最为旺盛、跨城通勤交通流最为密集的地区之一。因此下面将介绍塘厦镇居民早期"自下而上"地对于打通断头路、开设跨市公交的呼吁，以及深莞两市交通运输部门间通过互信合作，在不同年份改善跨市公路和公交的变迁历程。

塘厦镇地处东莞市东南部，其南部主要与深圳市龙华区接壤。在 2020 年 12 月之前，对于居住在塘厦镇东部和南部的居民而言，通过高速公路从东莞进入深圳十分困难。虽然当时塘厦镇东部有塘清收费站作为进入从莞深高速公路的入口，但由于该条高速止步于塘厦、清溪、凤岗交界处，成为一条断头路而并未能连接起深圳，因此对于当地居民通勤深圳的帮助甚微，而南部还未建成高速公路。当时此地的居民若要前往深圳，只能选择从塘清站进入从莞深高速后往北行驶，再通过惠塘高速和莞深—梅观高速，绕行非常远的距离前往深圳。或是选择穿过双向两车道的塘天路，经过凤岗镇进入深圳市岗区，才能够进入清平高速前往深圳其他地方。以上两种路径都会造成路途遥远、耗时增长的问题，导致当地居民通勤不便的情况。虽然塘厦镇紧邻深圳，与后者的空间距离很近，但却因为交通基础设施建设的落后而产生了断头路的存在，导致两地的时间距离难以缩短。这极大地阻碍了跨城通勤的上班人群，促使他们非常希望打通塘厦与深圳之间的高速断头路。

除了跨市公路存在断头路情况以外，塘厦镇的居民还面临着跨市公交线路不足、覆盖面窄的问题。虽然早在 2010 年 2 月，塘厦镇与深圳之间就已开通深莞 1 线跨市公交，连接起塘厦和深圳观澜、龙华。但是随着越来越多的深圳人在塘厦定居，仅靠一条跨市公交线路已经明显不能承担繁重的通勤人流，拥挤的乘车环境给了通勤居民欠佳的乘车体验。并且仅有一条跨市公交无法覆盖足够广的空间范围，未被覆盖的区域居民只能自行驾车、打车或搭乘顺风车，出行十分不便。公共交通的欠缺同样极大地阻碍了上班人群的跨城通勤，促使他们积极地自愿呼吁新增联通塘厦与深圳的跨市公交线路。

而基于深莞之间，尤其是塘厦镇与深圳之间旺盛的通勤需求，深莞交通运输部门借助两市之间在互信基础上搭建的沟通机制展开深度合作，回应了当地居民自愿的希望和呼声。针对从莞深高速公路断头路的问题，2020 年年底深圳外环高速正式通车。这条双向六车道、设计时速达 100km 的高速公路，缩短了塘厦镇与深圳之间的时间距离。深圳外环高速的开通，为该镇"环镇高速"补上了最后的空缺，形成闭环。这为该镇形成了四条高速公路环绕全镇，两条国道干线贯穿全境的"田"字形骨干路网。目前，从塘厦镇上高速公路后仅需几分钟便可进入深圳境内，形成了东有从莞深高速、西有莞深高速、南有深圳外环高速、北有惠塘高速，多条高速环绕的交通格局，实现了可以方便地前往深圳各地的交通可达性。

针对塘厦镇跨市公交线路不足的问题，在深莞两市交通运输部门之间的共同推动下，既有公交条件得以提升，新增了线路合理的关键公交线路。2021 年 10 月 28 日，深圳东部公交 M188 路取代运行了十余年的塘厦首条跨市公交深莞 1 线。票价由原来的全程 7 元下降为一票制 3 元，使用更适应沿途路况的比亚迪 C8 客车，高峰期每班 9 ~ 15 分钟，连接塘厦 7 个社区和深圳地铁 4 号线 4 个站点，以更高档的车型、更低廉的票价、更规范的发班，成为往返于深圳、塘厦两地的众多乘客更优质的选择。同时新增由深圳西部公共汽车有限公司经营的深圳 M464 路跨市公交，运行区间为锦绣观园公交总站至东莞万科棠樾，途经深圳地铁 4 号线茜坑地铁站。新增塘厦汽车站到深圳牛湖地铁站的莞 772 路跨市公交，此路线可以将平山、石鼓、石马等塘厦东南部临深区域的居民送往深圳。至此，从塘厦前往深圳的跨市公交，西线开通深圳 M464 路，中线升级为深圳 M188 线，东线运行莞 772 路，形成覆盖面更为广泛、公交班次更为密集、公共交通更加完善的交通局面。

由此可见，居住于塘厦、工作在深圳的跨城生活人群对于跨市通勤"自下而上"的需求，以及他们自身对于新增交通设施、改善交通条件的强烈愿望和呼吁，是深莞两市交通运输部门采取举措提升当地跨市交通便捷性的重要前提。最终成功解决了高速公路断头路和跨市公交不足的情况，推动了塘厦进一步融入深圳生活圈，加速了深莞的融合发展。因此，东莞塘厦镇跨市高速公路与公交的改善过程，契合了新区域主义所强调的"自下而上"的自愿参与。塘厦镇居民出于自身利益的推动，积极利用官方途径、接受媒体采访等形式，表达完善当地跨市通勤交通基础设施的需求，并建言具体线路走向。当地居民的自愿发声不仅为深莞两市政府了解实际交通需求状况提供了感性认识，也促使政府与居民之间形成了高效的联系，从而有针对性地实现交通供给。这可以在后续建设过程中，帮助政府与当地居民建立良好的信任关系，使得交通建设工作得到后者的大力支持，有助于交通改善项目的顺利落地。而深莞交通运输部门依托两市间的沟通渠道，双方在高度互信的前提下，在交通运输领域共同组建专责小组，直接举办交通运输部门之间的联席会议，统筹两市间的跨市公路和公交事宜。并使双方间的信任关系在对话和协商过程中持续发挥作用，较少依靠上级政府的介入通过行政指令进行施压，在两市交通运输部门之间即完成项目推进工作，有效地降低了行政成本，加快了交通改善的效率。

4.3.4 小结

目前，大湾区各市之间已经形成了规模庞大的跨市流动人群，其拥有希望建成便捷快速的跨城交通设施的强烈需求。流动的产生源于人际交往、职住分离、贸易往来等因素，也源于各市居民之间浓厚的信任关系。在由信任催生了区域内部的区域认同后，进而推动了自发的社会和经济互动关系。相反，如果一个区域内部的成员之间根本不存在信任，那么各市会处于各自封闭的状态，相互间的经济联系、贸易活动，甚至连最基本的社会交往都会中断，跨市交通需求也就无从谈起。而从大湾区的内部交流情况，尤其是广佛、深莞惠各自的合作基础与发展历程来看，当地在漫长的历史与文化交往过程中培育了向好发展的信任联系，而不是走向对立。这为当下大湾区的一体化发展形成了历史惯性，助推了各市之间探索高效的合作机制。广佛、深莞惠都市圈在此基础上，也积极在建设跨市交通项目过程中发挥了潜在的信任优势，实现了全国首条跨市地铁的建成落地，改善了边界城镇的跨市交通条件。这充分说明了培育并借用信任关系是解决交通需求的重要途径。

4.4 本章小结

本章围绕新区域主义理论特征中的强调过程、开放与信任的特征，从案例分析和实证研究的角度，主要研究了粤港澳大湾区城际铁路规划的发展历程，并选择了广清城际和深汕捷运作为案例进行具体研究，以及大湾区区域内部跨城交通需求的现状，并选择了广佛同城和深圳都市圈作为案例进行详细分析。

正如第 3 章中所述，大湾区区域概念历经"小珠三角"、"大珠三角"直到"粤港澳大湾区"的多次升级，呈现出动态调整战略规划、不断增强区域共识和认同感的新区域主义特征。而城际铁路规划的多次扩张与完善，总是与新区域规划出台相伴随，反映出大湾区在不同时期制定城际铁路的规划时，保持动态适应社会经济新态势、持续解决新问题、满足新需求的特点。以上历史过程均体现出大湾区在发展过程中所树立的重视过程的动态发展观。而广深在解决自身及区域发展问题时，灵活对待区域边界，在跨区域合作中采取与区域内部合作同等态度和举措，体现出新区域主义强调开放的理论特征。这一理念在广清城际与深汕捷运中得到了突出的体现，表明大湾区两大中心城市广州、深圳在建设交通基础设施、加强交通联系的具体实践项目中，树立了灵活开放的区域范畴观。同时，大湾区区域内素来已久的信任传统，以及依托信任关系开展深度合作交流、高效推进项目进度，体现出新区域主义强调信任的理论特征。信任的作用在广佛线和深莞惠城际公交的建设过程中得到了突出显现，反映出各市之间的交通需求由信任推动产生，又由信任促进解决，树立了注重信任的需求导向观。

基于大湾区区域概念、城际铁路规划和跨区域合作交通项目的历史和实例，可以看到大湾区在规划和建设的具体过程中，很多举措契合新区域主义理论的理念和主张，并且表现出新区域主义理论特征。虽然项目相关的政府部门不一定在行动之初就已经把新区域主义作为指导思想，但大湾区成功的跨区域城际交通项目，以及指引整个大湾区自 20 世纪 90 年代以来在各领域取得巨大成就的各时期区域概念，都蕴涵了新区域主义的思想，表明这不是一场巧合。大湾区在发展过程中不经意地运用了符合新区域主义理论的举措，同时"自下而上"地推动政策变革也正是大湾区自改革开放以来的关键特点。因此，以大湾区为研究区域，基于新区域主义视角研究大湾区多模式交通协调发展的机制，审视其在规划、投融资、建设、运营和管理中所蕴含的新区域主义思想、总结交通项目建设全过程中的符合新区域主义理论的特征，挖掘并总结其得以成功协调发展的经验，最终搭建起具有适用性的多模式交通协调发展机制，是合适且科学的。

| 第 5 章 | 协作治理：建立多协作主体参与的利益协调合作关系

在建立区域内各主体相互之间的信任网络，鼓励各主体自愿关注和参与区域合作之后，新区域主义试图将区域合作理念从区域性结构主义，转变成以跨部门联盟，包括公共部门、私营部门和"第三部门"为特征的区域治理思想。因为新区域主义理论的产生源于大都市区的治理实践，治理范围超越了单个地方政府管辖区域，具备多样性和复杂性的特点，所以需要纳入区域内多元主体进行有效合作。因此新区域主义倡导的多主体合作，不仅包括不同政府及政府部门，还包括非政府组织、私人机构和社会公众等不同类型的行动主体。不同于传统区域主义把政府视作绝对性的主导力量管理整个区域，新区域主义注重将参与者纳入到跨区域问题的解决框架中。由此可见，新区域主义的理论重点是采用多元主体协作的方式实现大都市区治理，而不是通过政府的完全主导。

本章以新区域主义理论中"协作"和"跨部门性"的特征为基础，通过对城际铁路融资环节的多主体尝试，以及城市轨道交通的跨部门实践这两方面案例的深入剖析，展开论述在粤港澳大湾区内，市场和社会力量是如何参与到城际铁路和城市轨道交通建设中，使交通发展从单一主体逐渐向多元主体迈进的。并进一步说明在大湾区交通发展的跨部门实践中，相关利益主体又是如何被纳入合作治理体系，并且经历了哪些利益协调过程，最终才能达成合作体系的。

5.1 城际铁路融资环节的多主体尝试

5.1.1 历史回顾

从国家层面看，为了满足我国飞速增长的铁路客流出行需求，促进社会交流和经济发展，进入 21 世纪后，国务院审议通过了《中长期铁路网规划》，其中提到：建立省会城市及大中城市间的快速客运通道，规划"四纵四横"等客运专线以及经济发达和人口稠密地区城际客运系统，建设客运专线 16 000km 以上。按此要求，此后的 10 年间我国的铁路网里程将增加一倍。宏大的铁路建设工程需要数额巨大的资金作为支撑，预估需要超过五万亿元的巨额资金投入。因此，要实现这一铁路建设目标，确保资金按要求充足到位是必要前提。在此背景下，国家发展和改革委员会与铁路部门共同发布相关政策，表明对合资兴建铁路的支持。该举措旨在激发地方政府与社会资本投资铁路的主动性与积极性，从而大幅度地减少铁路部门的筹资压力，有利于加速推动铁路建设。

从地区层面看，广东省作为我国的经济强省，其铁路建设水平却与经济水平严重不对称，长期落后于城镇化发展的需要。21 世纪初，广东省的铁路里程数排名全国倒数第六，铁路人均里程数为倒数第二。当时，珠三角各城市之间主要靠高速公路、国家干线公路网以及京广、京九、广深、广茂等四条铁路连接。随着珠三角国民经济和城乡一体化的快速发展，客货运输需求急剧增加，仅靠现有交通运输方式已经难以满足经济发展和居民出行的需要。在此背景下，广东省政府计划在珠三角地区修建城际快速轨道交通线网，大力推动本省的铁路建设，从而加强城市之间的联系，促进粤港澳经济一体化发展。中央的铁路建设发展规划与广东省急切旺盛的铁路建设需求两者吻合，使得广东省政府在 2004 年 10 月 1 日便与铁道部在广州签订《铁道部、广东省人民政府关于加快广东铁路建设有关问题的会谈纪要》，成为最早签订"部省合作协议"的省份之一，标志着广东省正式进入部省合作修城际铁路的模式。

然而在 2008 年 7 月，广东省发展和改革委员会基于珠三角地区同城化的设想，制定了新的珠三角城际铁路交通网规划。新方案的规模在 2005 年版《珠江三角洲地区城际轨道交通网规划》的基础上扩张，线网总长度由之前的约 600km 增加至约 2000km，增加了约 2.5 倍。线网规模的扩张意味着投资规模也将大幅度增加，珠三角城际轨道建设资金由最初的 1000 亿元扩张到 3600 亿元。在这一预期投资规模下，如果仍然按照"部省合作协议"中省政府和铁道部平均分摊资本金的出资比例，庞大的投资规模会极大地超过铁道部的预期。此外，由于合资铁路由铁道部负责运输和经营，但是铁道部的非企业化管理在较大程度上会导致合资铁路经济效益不理想，当时已经投入运营的部省合作铁路中，约 70% 的合资铁路都处于经营困难的局面。同时因为合资铁路的收入与支出均需要统筹进铁道部的内部清算系统，但清算的详细过程却是不对外公布的。不公开的清算方式对于社会资本而言具有极大的不确定性，而盈利的不确定性和不透明性导致社会资本对投资铁路一直心存顾虑。无法有效引入社会资本使得广东省始终背负着巨大的铁路投资压力。在这样的背景下，广东省自己主导来修建铁路的想法持续增长，明确表示将珠三角城际铁路网由铁道部主导调整为以省内企业为主进行建设，珠三角城际轨道交通建设主体也下移至省政府，希望探索一个有吸引力的投资模式引入社会资本。

根据新版本新规模的城际铁路规划，2008 年 10 月，修改后的投融资方案专家组草案大体确立，新草案尝试建立一个开放式的框架，以实现社会资本均可以对城际铁路进行投资。资金来源预计分为五个部分：省财政直接出资注入资本金，地市财政以土地资源形式入股，商业银行贷款，国家开发银行贷款，以及社会资本尤其是私人资本直接投资。建设主体以广东省企业为主，由广东省进行协调，旨在借助省政府的信誉撬动贷款驱动投资，让社会资本积极加入城际铁路投资。这一版方案已经极大地体现出新区域主义理论所倡导的多方参与的多主体理念。关键点在于努力吸引社会资本的加入，使得参与主体不再局限于政府部门，让更多的企业成为城际铁路的投融资主体。广东省发展和改革委员会认为这样便于协调各方关系，在筹集到资金后就可以尽快开始进行建设。新方案完成制定后，广东省铁路建设投资集团随即开始负责广东城际铁路项目建设工作，由广东省铁路投资建设集团与广东国资委下属企业广东恒健投资公司共同出资，组建广东省东南城际轨道交通有限公司、广东省西北城际轨道交通有限公司作为项目公司，实际负责穗莞深、莞惠、佛肇三条线路的建设。广东省积极地在此三条城际铁路的修建过程中探索新的投资方案，以省市合作模式为基础，积极吸引社会资本加入。自此，广东省的城际铁路建设进入省市合作模式。

5.1.2　穗莞深城际铁路

穗莞深城际铁路，简称穗深线，是连接广州、东莞和深圳三市的城际铁路，呈南北走向，为珠三角城际快速轨道交通的主干线路之一，也是全国第一条省方主导建设的城际铁路。该城际铁路于 2008 年 12 月 21 日在深圳市宝安区举办开工仪式，其中主线北起新塘南站，南至深圳机场站，全长 76km，共有 15 座客运站，设计时速为 140km。新塘南站至深圳机场段于 2019 年 12 月 15 日开通运营，其余支线路段正在建设之中。运营初期，穗深城际铁路每日最多开行 37 趟动车组列车，其中广州东站往返深圳机场站 33 趟，广州东站至深圳机场站全程最快行车时间为 71 分钟。

在此三条城际铁路中最先开工的穗莞深城际铁路最具有新融资模式的代表意义，其充分体现了广东省政府所希望的、具备新区域主义多主体特征的由广东省属企业主导建设城际铁路的融资方式与思路，运用的是银行贷款、企业债券融资及广东省财政合作出资的形式。在规划之初，穗莞深城际铁路预计的投资金额为 197 亿元。根据融资计划，50% 的资金以银行贷款的方式筹集，50% 的资金作为资本金，由省级财政、国资企业以及地市财政共同出资。在穗莞深城际铁路启动后不久，已经筹措到约 30 亿元资金，由项目公司广东东南城际轨道交通有限公司筹集完成。该公司由隶属于广东省国资委的广东恒健投资公司和广东省铁路投资建设集团共同出资组建，双方持股比例为 95% 和 5%。广东恒健投资公司是广东省级融资平台，自 2008 年开始发行了一项规模为 100 亿元的债券，期限为 8 年。这一巨额资金将完全投入珠三角城际铁路的建设之中，其中 35.71 亿元资金将用于莞惠城际铁路，14.29 亿元资金将投入到佛肇城际铁路，剩余 50 亿元资金将全部用于穗莞深城际铁路。然而棘手的难题在于，穗莞深城际铁路所需的大约 100 亿元的银行贷款难以确定资金来源，未能得到落实。与此同时，沿线的广州、东莞、深圳三市政府也没有对是否就以项目建设所需的土地征地拆迁费用折价入股表示支持。如果穗莞深城际铁路能够采用设计的模式成功完成融资工作并顺利建设完工，那么该融资模式可以极好地发挥样本作用，为珠三角其他城际铁路的投融资工作指引方向。这也表示在规划方案中预估的 3700 亿元资金在后续将主要依靠银行贷款、债券融资，以及广东省市财政直接出资来解决。但是，城际铁路所具有的长投资周期特征，以及不理想的盈利预期，使得社会资本对于投资穗莞深城际铁路仍然充满顾虑。尤其是珠三角城际铁路具有十分显著的公益性质，经济收益需要让位于社会效益，这对于吸引社会资本、吸纳社会主体来说更是极大的阻碍。因此，穗莞深城际铁路在实际融资过程中无法顺利筹集所需资金，在激发社会资本投资意愿和地方政府投资积极性方面仍然存在重重困难。虽然广东省政府希望在该模式下能够有所进步，成功吸引社会资本、吸纳社会主体，实现多主体参与与合作的目标，但是受限于上文所述的现实困境，穗莞深城际铁路在采用新融资模式不久之后，仍然回归到部省合作模式。后续部省合作模式过程中，穗莞深城际铁路总投资额调整为 157.5 亿元，资本金比例占总投资额的 50%，仍由铁道部和广东省按 1∶1 分摊，各出资约 39.38 亿元，其中省方出资分为 21.07 亿元的省级财政出资和 18.3 亿元的沿线市级财政出资,另需项目公司向银团贷款 78.75 亿元。

5.1.3 广州地铁、深圳地铁接管珠三角城际新模式

无论是部省合作还是省市合作模式,都对政府财政部分的出资设置了较严格的比例底线,城际铁路融资情况仍然非常受限于政府的财政状况与信誉级别,吸引社会资本的投资仍然困难,融资渠道较为单一。近年来,大湾区进一步探索具有新区域主义特征的城际轨道交通建设的投融资体制,将大湾区城际铁路分别交予广州地铁和深圳地铁,以更为灵活创新的途径发展珠三角城际轨道。

(1) 广州都市圈轨道交通投融资方案

2021 年 8 月,广州市政府出台《广州市轨道交通项目建设投融资方案(2021—2023 年)》,根据该文件,2021~2023 年,广州计划开展轨道交通建设项目 67 个,资金总需求为 3141 亿元。在本轮的投资计划中,国铁和城际铁路建设的资本金一般为 50%,地铁建设的资本金存在 40% 和 34% 的比例。地铁由市区两级财政出资,国铁和城际由市级财政出资,总体资本金超过 45%(表 5.1)。在具体的出资来源上,市财政要承担 1364 亿元,区财政负责 350 亿元。根据历年广州市和广东省重点项目计划,除去 2020 年前已投资建设完毕的地铁金额估算,在 3141 亿元的投资计划中,至少 1260 亿元资金将用于城际铁路。在本轮投资计划的总投资中,企业融资占 1427 亿元(45.43%),通过银行贷款(间接融资)、发行债券和中期票据(直接融资)完成;市财政负责 1364 亿元,区财政负责 350 亿元,其中,土地综合开发总测算金额 305 亿元,归属市财政出资。也就是说,土地综合开发资金占资本金的比例达到 18%。

表 5.1 广州市轨道交通项目建设投融资方案资金来源构成表

资金		城市轨道	城际铁路	合计
总投资(亿元)		1878	1263	3141
资本金比例(%)		34	50	45
资金来源(亿元)	企业融资贷款	1427		
	市级财政	1364		
	其中:土地综合开发	305		
	区财政	350		

在这一轮广州市投融资的思路上，可以归纳为三点创新：一是通过政府与社会资本合作（public private partnership，PPP）、股权投资+施工总承包的模式，撬动社会资金参与广州轨道交通建设，其中金融城站 PPP 是首个真正采用该方式的案例；二是注重轨道交通场站综合体、公交导向开发（transit oriented development，TOD）与城市片区开发相结合；三是"以市场换产业、以产值换产出"，预计"十四五"末，轨道交通产业规模可达 3000 亿元，率先培育广州轨道交通企业主体有利于率先占领市场，扩大城际铁路产业的有效溢出。2021 年 9 月 3 日，广州大湾区轨道交通产业投资集团有限公司正式挂牌成立，由九家本土企业共同出资设立。

（2）深圳都市圈轨道交通投融资方案

根据《国家发展改革委关于粤港澳大湾区城际铁路建设规划的批复》，深圳都市圈近期建设的城际铁路项目包括深惠城际前海至坪地段、深惠城际坪地至仲恺西段等 10 个项目，建设里程为 351km，总投资 1872 亿元。根据广东省重点投资项目的数据，截至 2020 年底，深圳市计划开展的城际铁路项目共需约 2400 亿元资金，全部由深圳市政府委托深圳地铁集团投资建设。其中，深大城际、深惠城际、深汕高铁等新建的五条城际项目均打算采用股权合作等方式引入社会资本参与投资建设的模式。

2021 年 2 月，深圳地铁集团就这一投融资方案公开邀请获取法律顾问服务。根据估算，五条城际线路建设未来共计需要约 1800 亿元用于运营补亏和补贴还息。根据初步方案，其中 400 亿元由政府财政解决，1400 亿元通过土地补亏。这两部分补亏的比例是通过协商确定的，因为如果以现金解决比例增加，则政府财政压力较大，如果以土地补亏比例增加，则近期深圳地铁集团资金压力较大。在基本确定了投融资和运营补亏方案后，同年 11 月四条城际项目招标结果公布，2021 年内五条城际铁路均已开工。各个城际项目资本金均为 50%，资本金由市区两级出资，项目资金来源主体与广州城际铁路现有项目有所差异（表 5.2）。首先，深圳城际采用引入社会资本的方式。在具体项目的资本金中，地铁集团占比 60%，社会资本占比 40%。社会资本的投资方式即为上述所说的"投资+施工总承包"制度。通过这个方式引入社会资本，可以省去 PPP 项目烦琐的审批程序尽快开工。社会资本在这一过程中，既是施工方又是投资方，可以赚取施工环节的利润和项目的分红。由于目前相关法律限制了社会资本对城际铁路的运营权等实际权利，因此需要考虑社会资本的退出机制。在项目运营到一定阶段后，通过股权转让的方式让社会资本完成退出，项目公司变为深圳地铁集团百分百持股的子公司。从招标结果来看，中标者全部是大型国有企业的联合体。这是因为国有企业向银团借贷的资金利息比私营企业低，在招投标中也更具有优势。其次，除了引入社会资本，本轮投资中，深圳地铁集团也将发行专项债作为资本金的一部分。

表5.2　深圳市轨道交通项目建设投融资方案资金来源构成表

资金		城际铁路	高速城际铁路	合计
总投资（亿元）		1732	572	2304
资本金比例（%）		50	50	50
资金来源（亿元）	企业融资贷款	1152		
	市区财政	692		
	地铁集团专项债			
	社会资本	460		

5.1.4　小结

大湾区城际铁路的投融资模式从部省模式到省市模式，再到都市圈模式的整个过程，贯穿其中的发展趋势和努力方向始终是引入更多的社会资本，纳入更多元的投资主体，也就是新区域主义理论的多主体参与，以减轻单一政府部门的投融资压力。

在部省模式中，由于没有具备新区域主义跨部门和多主体的理论特征，仅有单一的投资主体，导致存在以下三点相关问题：第一，该模式对政府财政部分的出资设置了较严格的比例底线，资本金占比过大，政府的财政状况与信誉级别成为决定融资规模的关键，导致融资金额受到较大的限制。融资方式逐渐偏向于企业债券和银行贷款，依赖债务性融资。这使得铁道部和地方政府面临沉重的债务负担，提升了系统性金融风险。第二，该模式所涉及的投资主体范围有限，未能充分吸纳社会资本。没有更多元的社会主体参与，导致资金渠道和产权结构趋于单一，进而造成市场化驱动力薄弱、市场化水平较为有限等问题。不仅社会资本吸纳困难，地方政府被调动的情况也不理想，2004～2009年铁道部完成的投资量基本维持在70%以上。第三，铁路项目公司债务繁重，难以可持续发展。繁重的债务负担使得铁路公司的主要精力都放在还贷方面，该模式不能大量吸引社会资本，使得合资铁路公司的债务包袱难以减轻，合资铁路企业内融资能力较差使得整个铁路投资产业链条显得比较脆弱。

在省市合作模式下没有了铁道部的参与，所建城际铁路不再归铁道部统一运营管理，收资也不再需要全部进入铁道部的清算系统。不受铁道部制约后，广东省得以因地制宜地不断探索多元化债务融资模式。该探索过程客观具备了新区域主义理论的跨部门特征，包括探索多种投融资市场化改革模式，尝试引入更多社会资本，降低融资成本。但是该模式对政府财政部分的出资同样设置了较严格的比例底线，巨大的投资和盈利压力从原铁道部转移至广铁投。并且最终因为珠三角城际铁路明显的公益性质导致吸纳社会资本的努力收效甚微，未能成功激发社会资本和地方政府投资积极性。省市合作模式最后实质上又回到了主要由广东省财政出资和银行贷款的模式，未能实现新区域主义所倡导的多元投资主体合作完成城际铁路融资的愿望和目标。

在将大湾区城际铁路分别交予广州地铁和深圳地铁后，都市圈模式可以进一步探索具有新区域主义特征的轨道交通建设的投融资体制。选择既有建设运营经验又有投融资经验的广深地铁集团作为牵头单位，能使轨道交通建设的前端投融资与建设和后端运营一体化。既能让企业有更大的自由度尝试城际铁路的新融资模式，发挥优势吸引社会资本，纳入多元化主体，以保证项目建设的资金支持。又能让企业发挥专长，实现城际铁路运营效率和盈利能力的提高。后续可通过申请专项债、PPP、土地作价出资、探索与中央企业股权合作等多种模式，解决项目建设资本金问题，并重点提升沿线土地综合开发效益。但需要注意的是，投融资压力和债务风险现在交由城市层面独自承担。由于重建设、轻运营，目前国内还没有轨道交通公司能够真正解决运营资金的问题。此前的投融资和运营模式给铁道部和广东省铁路投资建设集团都造成了巨大的融资困难和运营亏损，亟须进行改革，重建设轻运营的问题也需要得到重视。

5.2　城市轨道交通的跨部门实践

5.2.1　广州新塘南站—凯达尔枢纽

轨道交通枢纽往往是区域客流峰值地区，也是土地利用价值峰值地区，随着城市土地的高密度开发，交通枢纽功能也逐渐由单一型向复合型发展，协调枢纽地区的交通与土地利用，集约化、复合化的土地利用成为热点问题。结合轨道交通站点的建设，引入商业等综合功能成为目前交通枢纽地区的开发趋势（李蕾，2010）。公交导向开发（TOD）是以公共交通为导向的城市开发活动，是目前接受度较高的城市交通与土地利用协调建设的方式。而 PPP 模式是化解 TOD 等项目建设过程中政府融资问题的有效融资模式（Yang et al., 2016b）。在中国语境下，PPP 模式中的社会资本不仅指民营企业，还包括了国有资本控股企业，考虑到国有企业拥有更加雄厚的资金实力和财政担保，在如交通枢纽等对资金和担保要求高的项目中，政府的合作方仍以国有企业居多。

在广州市轨道交通投融资的创新实践中，广州新塘南站—凯达尔枢纽采用了 PPP 模式建成交通商业综合体，凯达尔集团作为新塘南站交通枢纽商业部分的合作开发方，是民营企业，但最终竞得了交通位置优越、土地利用价值为区域峰值的地段，并建设于新塘南站这一交通枢纽之上。这体现了广州市在轨道交通建设中，不仅运用了公私合作和轨道交通场站综合体并行的政策组合工具，也吸纳了私有企业为代表的社会资本以增加公私合作的灵活性和多元性。下文将详细介绍广州新塘南站—凯达尔枢纽的发展历程，并分析这一包括政府、民营企业、轨道交通公司在内的 PPP 合作模式中，不同权力主体和利益相关方之间如何达成权力交错与利益平衡，最终实现跨部门的合作发展。

1. 枢纽概况

广州东部交通枢纽位于广州市增城区，规划面积 269.11hm²，规划区内居住 3.10 万~3.42 万人，建设集合了三条国家高铁、两条城际轨道、四条城市地级公共交通等多种交通形式，是目前国内比较典型的场站综合体开发建设项目。而新塘南站—凯达尔交通商业综合体在广州东部交通枢纽的规划中处于核心地位，东邻惠州，南邻东莞，西接广州主城区，北连荔城，是广州城市发展战略的"东进口"，区位优势明显。其中凯达尔广场的建设主体为凯达尔集团，而新塘南站是"穗莞深"城际的途经站点，项目主体为广东珠三角城际轨道有限公司。新塘南站设站于凯达尔广场的一层和二层，与凯达尔商业广场构成了新塘南站—凯达尔交通商业综合体（图 5.1）。除设有城际车站新塘南站外，凯达尔广场还建设了地铁新塘站的接驳口以及火车站新塘站的连接平台，方便换乘地铁及国铁线路。

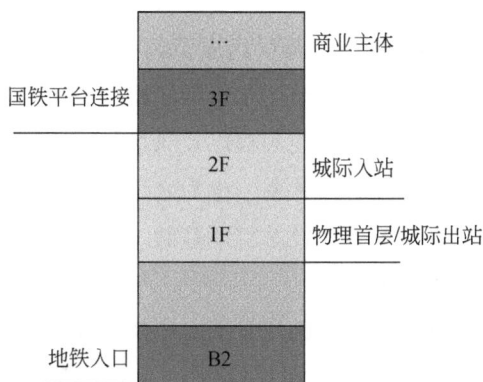

图 5.1　新塘南站功能分布图（周宜诺和杨家文，2023）

2. 落地协调过程

（1）村集体土地国有化

在新塘南站—凯达尔交通综合体规划建设之前，该地块（旧称新塘镇群星村茅山）原本是广州市增城区群星村的村集体用地。群星村属于典型城中村，位于东江江畔，新塘镇城区的中心地带，有广深公路及新塘大道穿过，占地面积约7100 亩①。2000 年，广州市的村镇建设工作会议决定逐步推动城中村改制工作的进行（李俊夫和孟昊，2004），2002 年 5 月出台了《中共广州市委办公厅、广州市人民政府办公厅关于"城中村"改制工作的若干意见》，指出列入改制区域的城中村要在土地管理、户籍制度等方面实现实质性转变，对原住村民的补偿也不同于国家进行土地征收时有所参照的具体费用补偿方式，农村转制过程中村集体可获得相应转性地块的国有土地使用权。

基于一系列鼓励城中村土地国有化的政策，群星村集体于 2004 年起陆续申请包括案例地所在地块在内的村集体所有土地转为国有用地，增城市（增城市2014 年撤市设区）政府给予的批复中同意其进行用地性质的转变并明确该国有建设用地需作为建设住宅用地，同时将该地块的使用权出让给新塘镇群星村经济联合社（原群星村集体改制后成立的集体法人股东持股的股份制企业）。至此该地块实现土地国有化，原有土地价值得到了大幅度提升，国有土地使用权可以在

---

①　1 亩 ≈666.7m²。

土地二级市场上自由流通，进行转让、出租、抵押等活动。

此后，2005 年凯达尔集团与群星村达成了约 40 年的长期合作协议，群星村集体将案例地块土地使用权出租给凯达尔，期间凯达尔还主持了紧邻的群星新村建房工程。基于群星村拥有的土地使用权以及凯达尔集团拥有的资金实力等，群星村与凯达尔集团形成的长期合作关系，也为之后凯达尔集团获得案例地块的土地使用权并与城际站新塘南站合作设站打下基础。

（2）交通枢纽规划与协商

在粤港澳大湾区逐渐融合发展的背景下，广州东面缺乏大型交通枢纽来支撑腹地发展，因此决定在"东进口"新塘镇设立大型交通枢纽来弥补广州"东大门"的缺失。在 2013 年 8 月批复广州东部交通枢纽规划之前，政府联合新塘南站开发主体广东珠三角城际轨道交通公司将站点选址于新塘镇群星村茅山（原名）地块。原计划新塘南站及其线路以高架形式穿越该地块，根据区域城市控规条件，该地块在平面用地布局上分为三大部分，分别为穗莞深城际轨道用地、综合体用地和交通广场用地，城际新塘南站红线内拟征用地 69 亩，为新塘镇群星村集体持有的国有用地。

然而，在交通枢纽选址前，群星村集体已与凯达尔签署土地使用权的长期租赁协议。由于原案例地块土地使用权属于群星村经济联合社且仍在有效期限内，若要继续推进项目进行则需从群星村一方获得土地使用权，并给予群星村一定的征地补偿。

随着广州东部交通枢纽的形成，案例所在地块的商业价值逐渐凸显，利益相关方均不愿意放弃该地块的开发经营。按限制征地范围的政策规范，建设城际铁路站场征收范围仅限地块中部狭长地带近 22 亩土地，则宗地将被分割成三块独立地块，如新塘南站独立实施建设开发将难以与站场周围用地进行综合开发利用，土地利用效率将会大打折扣。且鉴于群星村与凯达尔坚持不肯放弃土地合作开发协议，利益未得到有效平衡前，城际项目根本无法解决站场建设的用地需求。

为了继续推进新塘南站建设，解决历史遗留问题，实现土地高效利用，在增城政府的推动协商下，各方研究讨论得出两种开发模式：一种模式即按照规划功能双方独立拿地进行开发建设，中间带状为轨道交通设施用地，两侧为商业用地，由于投资主体不同将人为割断两侧地块的商业联系，造成土地资源的巨大浪费；另一种模式为整体拿地，统一进行规划，以综合体的模式合作开发、共享收益。对比发现，第二种开发模式更有利于推进项目，因此，群星村、凯达尔、城际轨道公司、增城市政府同意选择第二种方式，合作开发案例地块，由此多个利益主体达成合作开发共识。

3. 公私合作达成过程

新塘南站—凯达尔枢纽作为公私合作开发的交通枢纽综合体，在达成合作关系中主要存在两大权力主体。一大权力主体是由群星村与凯达尔集团组成的，该主体掌握了包括土地使用权、民营企业的资金实力、长期稳固合作关系等在内的资源，代表了"私"方。群星村通过村集体用地转为国有用地的形式实现了一定程度的"旧村"改造。村集体用地转为国有用地的形式与政府依法征收村集体用地有着明显区别，村转国是一种村集体自发的"旧村"改造行为，股份制改制后的村经济联合社仍可获得国有土地使用权。由于村民以土地入股参与改造后的项目利润分成，政府不再进行额外的补偿（王潇文，2010），这种方式常见于村集体经济较为活跃的地区（魏立华和袁奇峰，2007）。不具备开发实力的村集体可以将国有化后的土地出租给其他开发商，开发商支付租金并在期限内进行开发、收益。群星村集体的土地虽获得了国有土地使用权，但其缺乏土地开发经验、资金、能力，而凯达尔作为一个成熟的地产开发商具备一定的资金实力和丰富的项目开发经验，因此二者形成资源互补，达成了 40 年的合作开发协议。此后凯达尔集团还帮助群星村集体完成了群星新村还迁房的建设，固化了二者的合作关系，具备了土地使用权、资金、牢固且长期的村企合作关系等优势，形成了群星村、凯达尔集团权力主体。

另一大权力主体由政府与城际轨道交通公司组成，拥有城市规划调整权、土地所有权、轨道公司建设运营交通站场能力等优势，代表了"公"方。新塘南站属于"穗莞深"城际线路途经站点，建设主体为广东珠三角城际轨道交通有限公司，该公司由广州铁路集团代表铁路总公司出资 50%，由广东省铁路建设投资集团代表广东省人民政府出资 50% 建设而成的建设、运营、管理城际轨道的"省部合作"背景下的国有企业（林雄斌等，2016）。在广东省出资的 50% 建设金中，省级承担建设金的 70%，城际轨道线路途经的各地市级政府作为征地拆迁主体，承担由于征地拆迁所产生的占比建设金剩余 30% 的资本金。因此增城市政府（2014 年撤市设区）作为征拆主体，承担着落实新塘南站用地需求的责任，增城市政府与城际轨道交通公司由于"省部合作"达成的征拆成本出资协议形成了政府、城际轨道公司权力主体。

最终，在各主体方权力交错下达成了各方利益平衡，各方利益和需求在新塘南站—凯达尔交通商业综合体中进行了融合和满足。群星村—凯达尔权力方同意将土地使用权上缴政府，2013 年增城国土部门成功收回案例地土地使用权，并进行挂牌出让，由于案例地块的特殊性，挂牌出让后的竞标人只有凯达尔一方，并以 68 400 万元的成交价竞得案例地块 40 年的土地使用权，后采取分层设权的方式，合理划分出不同层面、不同性质、不同功能、不同主体的产权空间。地铁项目以及城际轨道项目开放了交通场站上下空间的使用权给予凯达尔，凯达尔出资建设凯达尔广场主体部分，包括商业部分、连接未来国铁站点的平台，城际以及地铁由于配合凯达尔广场建设所超出预算的资金也需要凯达尔支付，且对应实物的产权及使用权分别归属城际以及地铁，同时凯达尔还为城际轨道交通项目以成本价建设了 5000m² 的商办物业。而群星村作为案例地块的原权属人，获得凯达尔综合体全部首层的产权，群星村集体又将首层物业返租给凯达尔，每年获取一定的租金收益。

4. 项目总结

广州市新塘南站—凯达尔综合体的落地是包括了政府、民营企业、轨道交通公司在内的 PPP 合作模式，凯达尔没有国有资本控股背景，但仍与城际公司合作开发综合体。深入剖析来看，该项目既没有成立合作项目公司，也不是政府招商引资的结果，而是两个主体、多个相关方之间的利益冲突问题化解、权力交错，最终改变原有规划以综合体的形式平衡多方权力、达成合作关系的过程。村集体与私有企业权力方不肯放弃城际线路重要途经站点附近的土地使用权，及其潜在的巨大收益，政府与轨道公司权力方也有借地生财、推动项目进程的意图，基于此，打造了综合多方权力的综合体从而平衡各权力方的利益，推动了项目的落地发展。

由此可见，该枢纽由公私合作开发而成，主要涉及公私双方主体的协作。私方主体由群星村集体与凯达尔集团组成，拥有土地使用权、合作开发协议等权力。公方主体由政府与城际轨道公司组成，拥有土地所有权、规划调整权等权力。在枢纽开发前期，公私双方就征地补偿金额与方式难以达成一致，存在对立矛盾。但由于该地块具备潜在的巨大商业价值，各方均不愿意放弃参与地块开发与枢纽经营。因此，基于多方对站点开发预期收益的诉求以及各自拥有的权力，包括政府、国企、私企和村集体在内的跨部门、多类型主体均深度参与到协商环节中，并在后续开发环节分别发挥自身优势，协作推进项目顺利建成。

5.2.2 深圳地铁集团与香港地铁公司的公私合作

城市轨道交通系统的建设成本高昂，在系统运营中的成本回收率也较低，通常需要通过政府持续性的补贴来抵消。城市快速发展对公共交通需求的迅速增长，使单纯依靠政府部门补贴城市轨道交通的压力加重，在轨道交通领域的公私合作创新是减少政府补贴负担的可行选择。地铁开发项目可以由城市政府、交通公司、房地产开发商和其他相关参与者共同进行（Cervero et al.，2002），这有助于为私营部门和公共部门创造"双赢"的结果（Mathur and Smith，2013；Cervero，1994）。

香港地铁公司是中国城市轨道交通行业唯一的域外私有化运营商。香港地铁公司与深圳地铁集团在城市轨道交通融资和运营方面的合作，是在公共交通开发运营对市属企业的依赖程度较高的背景下，撬动私营部门进入公共交通行业的代表性案例。下文将介绍香港地铁公司在与深圳地铁集团的合作中采取公私合营和地铁+物业的开发模式，如何克服双方的制度和运营目标差异，最终达成跨部门合作并推动城市轨道交通发展。

1. 深圳地铁与香港地铁发展概况

20 世纪 80 年代初，深圳已经开始着手制定地铁线路的系统规划；1998 年 7 月 31 日，深圳地铁集团成立，是国有企业；2004 年 12 月 28 日深圳地铁系统开通。深圳地铁集团目前共承担深圳市 15 条地铁线路合计 516.7km 的运营任务，在建地铁线路共 12 条，线路总长 98.4km，并且建立了轨道建设、轨道运营、地产开发和资产管理的运营体系。2018 年，深圳地铁集团全年营业收入 111 亿元，净利润 70 亿元。

深圳地铁的发展可分为四个阶段。第一阶段于 2004 年完工，包括两条线路，一条是罗宝线（从罗湖到世界之窗），另一条是龙华线（富民到少年宫），全长 22km，投资 116 亿元。第二阶段为 2004~2011 年，新建了蛇口线、龙岗线和环中线三条线路，已有的罗宝线由世界之窗延伸至机场东，龙华线向北延伸至青湖，向南延伸至福田检查站。建成后，线路总长 141km，投资合计 847 亿元。第三阶段工程为 2012~2016 年，规划建设了光明线、西丽线、盐田线、梅林线和机场线 5 条线路，线路总长约 184km，投资 1320 亿元。第四阶段工程从 2017 年至今，是深圳地铁的成熟时期，地铁线路持续外延和扩大布局，规划建设 5 条线路，合计总长度约 148.9km，总投资约 1344.5 亿元。

在资金来源方面，地铁建设第一阶段（1998～2004 年）的整体轨道线路长度较短，市政预算比较宽裕，地铁工程费用的 70% 由市财政一般收入拨款支付，剩下的 30% 来自银行贷款。在第二阶段（2004～2011 年），由于城市轨道交通规划项目增多，政府财政资金负担加重，市政预算所占比例降至 40%。深圳地铁线路扩张的需求使得地铁投资无法仅靠财政资金投入，深圳地铁从地铁建设第一阶段的政府资金直投，到后续不断探索出建设-运营-移交（build-operate-transfer，BOT）、建设-移交（build-transfer，BT）、"地铁+物业"模式和专项债融资，地铁的投融资方式逐步走向主体多元化和市场化。

香港是亚洲国际化水平最高、经济最发达的城市之一，也是世界上人口最稠密的地区之一。当前，香港存在严重的土地供应紧张和人口密度过高问题，城市经济和社会发展活力很大程度上依赖强大的地铁系统。香港铁路线路由地下铁路有限公司（香港地铁公司）兴建和运营，香港地铁公司是全球为数不多的盈利的轨道交通公司。作为地铁运营商，香港地铁公司连续 10 年达到 99.9% 的正点率，截至 2018 年末，香港地铁年客运量达到 20.4 亿人次。过去十年，香港地铁公司积极拓展国际国内业务，已取得中国、英国、瑞典、澳洲的铁路营运专营权。

香港地铁公司在香港广泛推行地铁+物业（rail+property，R+P）模式。R+P模式将城市轨道的融资安排内置于公共交通为导向的开发（TOD）规划之上（Xue and Fang，2015）。TOD 强调围绕公交车站的集群开发，而 R+P 模式则进一步期望公交基础设施和房地产的联合开发，以及地铁运营商在与公交基础设施相关的房地产项目中的主导作用。R+P 模式典型的特点是融资、建设和运营一体化。香港地铁公司以兴建铁路前的市场价格，取得车站周围或以上土地的发展权，然后以铁路建设后的市场价格出售或租赁已完成的开发项目（Cervero and Murakami，2009；Suzuki et al.，2015）。由于铁路项目带来的可达性和集聚效益，香港地铁公司得以捕获土地增值收益（Chang and Phang，2017），而这一增量及其衍生价值恰能用于支付地铁建设和运营的成本（Lin et al.，2008）。截至 2016 年，香港地铁公司拥有轨道交通系统 87 个车站中约一半的建筑物，建筑面积达 1300 万 m^2。也正是地铁+物业的联合开发模式，使得香港地铁公司在地铁建设运营成本高企的情况下仍能继续保持盈利状态。

香港地铁公司在城市规划和轨道与房地产开发整合方面的成熟经验和盈利能力，与深圳地铁集团探索投融资创新相契合。在双方推动下，深圳地铁集团与香港地铁公司合作建成了深圳地铁 4 号线，这一项目具有代表性。香港地铁公司的参与，一方面希望把香港和深圳更好地整合为一体化经济区域，另一方面则希望基于香港地铁公司长期以来在轨道交通运营和地产开发方面的卓越表现在深圳地铁的开发过程中获益。目前，香港地铁公司已完成龙华线第二期工程（延长线至青湖），并开始营运整条线路，工程其他部分均由深圳地铁集团建造和操作。此外，香港地铁公司正与香港特别行政区政府就其参与第三期工程光明线的建设及运营事宜进行谈判。

2. 合作动机

深圳于 1996 年开始制定地铁线路计划时，共计纳入了九条地铁线路，最终在 2004 年建成深圳市第一条全长 22km 的轨道。彼时地铁线路选线和站点选址主要基于工程可行性和成本控制等标准的考量，并未与土地开发形成紧密协调。深圳地铁的资金来源也正如上文所述，从市政府的一般财政收入中获得现金补助占到总投资的 70%，剩下的 30% 来自银行贷款，且深圳市政府为其提供信贷担保。

2005 年，我国提出了面向国内所有城市的交通优先战略，TOD 成为我国城市发展的新兴概念，并被赋予了除交通效益之外的多重效益目标。在实践中，TOD 也被多个城市政府用作价值获取的工具。地铁站周边地块为城市政府所有，地铁投资增值越大，市政府获得的土地租赁收入越高，因此部分城市的地铁规划实践倾向于在欠发达的地块上设置地铁站点（Yang et al., 2016a）。由于城市轨道系统通常受城市政府财政补贴，因此公共土地所有权中嵌入了一种价值获取机制，这一机制不仅影响地铁站点布局，还会影响站点周边区域的发展密度，允许的建筑面积越大，同一地块可获得的土地出让收益越高。因此，站点内部或周边地块通常会获得发展密度奖励。以深圳为例，车站区域的地块可以获得密度奖励，其范围从基准密度的 20% 到 80% 不等。

然而，依靠土地租赁收入反哺地铁建设与运营的模式存在以下问题：首先，站点的土地租赁收入难以保证完全用于地铁投资和运营成本，这是由于这部分收入易受到其他部门，如教育和公共服务的挤占；其次，地铁建设的大量支出与车站周边地块土地租赁收入的征收存在较大的时间差，无法保证地铁建设开始后，土地租赁收入能立即用于地铁项目的补贴，而中央政府规定地铁基建项目的负债率上限为60%，意味着仍然需要有至少40%的财政资金投入，这为城市政府带来了巨大的财政压力。

因此，深圳地铁集团与香港地铁公司的合作符合深圳市政府在财政压力下的利益诉求。香港地铁公司的R+P开发模式，使深圳市政府将土地发展权出让给香港地铁公司，用土地出资代替现金出资，并使资金在工程开工前到位，在达成城市轨道交通开发目标的同时缓解财政资金压力，为地铁投资调动更多资源。香港地铁公司也能够涉足深圳当时蓬勃发展的房地产市场，在站点顶部、火车站上方或靠近车站出口的地块开发地产项目，获得可观收益。内地与香港的合作建设经营可视为跨制度合作的试验，共同构建区域一体化发展。在多方利益达成一致的情况下，香港地铁公司参与深圳地铁4号线建设成为深港合作的试点项目（Luan et al.，2014）。

3. 试验性合作

（1）初步合作协议

深圳地铁规划从一开始就邀请香港地铁公司相关人士担任专业顾问，在上述综合考量下，香港地铁公司顺理成章地参与到深圳地铁的建设和运营中。2004年，深圳地铁开始运营后不久，深圳市政府和香港地铁公司就龙华线（即地铁4号线）的30年特许经营权达成初步协议，主要遵循BOT的开发模式。之所以在计划建设的几条线路中选取龙华线，是因为它在福田过境点连接香港。

在这份初步协议中，香港地铁公司将把龙华线由少年宫站延伸至清湖站，并租用福田口岸至少年宫的原有路段（已于2004年完工），同时运营整条线路30年。香港地铁公司将承担16km扩建工程的工程费用，并获得市政府的路权捐赠，香港地铁公司在使用原有设施时亦无需支付任何费用。深圳市政府不会支付任何运营补贴，而是在"铁路+物业"模式的基础上，以协商价格出让给香港地铁车站周围80hm^2（290万m^{2}建筑面积）的土地使用权，这些地块靠近相对欠发达地区的五个规划车站。香港地铁公司希望利用土地发展利润，弥补地铁的建设工程成本和运营亏损。对于深圳市政府来说，这种伙伴关系也可以为深圳了解新式的轨道公共交通投资和运营提供平台。

然而，出于两方面的考虑，这版谈判协议最终被否定了。第一个原因是我国对城市轨道外商直接投资（foreign direct investment，FDI）明确规定，外资不能控制城市轨道运营，这意味着深圳市政府应该保留对轨道交通发展和运营的控制权。这项安排意味着香港地铁公司只要符合合约规定，便能拥有一定程度的自主权。第二个原因是我国新的城市土地出让规定。2006 年，中央政府颁布了两项新的土地条例，规定了拍卖要求并限制了政府自愿的土地出让安排，地方政府不再通过协商方式将土地出让给企业（Xu and Yeh，2009）。

（2）批准后的试验协议

外商直接投资（FDI）规定成为此项协议最终被否定的理由，但这并不意味着协议双方不了解外商投资的相关规定。在对外商直接投资限制条款的部分名词的解释中，条款规定境外投资者不能控制"交通运输系统"的运营，但外商是否可以控制系统的其中一部分？这一否决澄清了条例中模糊的表述，为 2009 年批准该协议作为特例奠定了基础。2009 年 3 月，在最初协议达成 5 年后，中央政府批准了一份修改后的协议，其中有两大变化：首先，香港地铁公司独家运营龙华线是根据《内地与香港关于建立更紧密经贸关系的安排》批准的特殊试验项目，尽管它并不完全符合外商直接投资城市轨道交通的一般规定。其次，深圳政府将在 10 年内向香港地铁公司提供 52 亿元的现金补贴，以取代 2004 年初始协议中 80hm² 的土地出让。

2009～2011 年，香港地铁公司承建了龙华线从少年宫至清湖的 16km 延长线，施工成本明显低于深圳地铁的原预算金额。作为一家在香港上市的营利性公司，香港地铁公司遵循成本最小化原则，同时满足深圳市政府规定的公共交通服务标准。与原计划相比，香港地铁公司在建投、设备购置、车站装修等方面节省了大量不必要的费用。香港城市规划及国土资源委员会对车辆段建设的研究表明，香港地铁公司的建设计划至少降低了 20% 的成本。此外，得益于其在轨道交通建设和运营方面的全球声誉，香港地铁公司的借贷成本也较低，更有机会获得更好的贷款利率。2012 年，在香港地铁公司的运营下，龙华线的铁路运营收入高于运营成本，实现了地铁运营盈利，而深圳地铁其他部分的成本回收率约为 60%。

（3）未来合作意向

香港地铁公司在提供公共交通运输服务的同时，能减低预算负担，促进服务运作提效，成为深圳扩建地铁系统的天然合作伙伴。2010 年，深圳地铁集团和香港地铁公司签署了一份备忘，探讨将地铁系统从龙华线的深圳北站延伸到西北方向的光明区，以及双方在深圳光明线的规划、土地开发和融资方面的合作潜力。根据这份备忘录，深圳地铁集团和香港地铁公司将成立一家合资企业，深圳地铁集团作为市政府代表将持有 51% 的所有权,香港地铁公司将持有 49% 的所有权。这家合资企业将建设和运营光明线,并落实车站区域的若干房地产开发项目。

虽然备忘录的细节并未公布,但深港双方都对合资企业的发展表示赞同。首先,通过将 49% 的所有权转让给香港地铁公司,使其更容易扩大在深圳的参与合作。其次,作为市政注资,合资公司可以获得车站区域的开发权,这在香港地铁公司单独运营龙华线时是无法做到的。由于深圳市政府在房地产开发中有直接的财政利益,因此可以协调规划,使合资企业的开发利润最大化。最后,香港特别行政区政府仍可受惠于香港地铁公司在交通营运和物业管理方面的专长,继续扩大收益。

值得注意的是,深圳并不是第一个考虑与香港地铁公司组建合资企业的城市,香港地铁公司在 2009 年也与北京市政府建立了合作关系。借鉴深圳的试验经验,北京采用了合资模式,北京地铁公司和香港地铁公司成立了合资企业,管理地铁 4 号线及其大兴支线的投资和建设。2012 年,杭州也成立了一家类似的合资企业,负责地铁 1 号线的建设和运营。

4. 合作机制总结

深圳地铁集团与香港地铁公司为达成最终的合作体系做出了一系列的协商努力和协议调适。这体现了在城市轨道交通引入境外资本实现公私合作时,需要设计合理的利益与风险共担机制,包括建设和运营成本的分配、稳定收入以及制度和政治风险等,其中任何一项内容协商不一致都可能导致合作中止(Hodge and Greve,2007;Grimsey and Lewis,2001)。深圳与香港在城市轨道交通建设、融资和运营的合作试验表明,在中国城市轨道交通中采取 PPP 需具备如下必要条件。

(1) 对制度深入了解

在对香港和内地具有 PPP 经验的专业人士进行的一项调查中,政府干预被视为需要应对的最大风险(Ke et al.,2011)。因此,城市政府是 PPP 关系中可能存在的风险变量,也是合作达成的关键利益相关者。在我国实现公私合作,一方面取决于城市政府的行为决策,另一方面取决于专业化的私营部门合作伙伴,即能够在掌握公共部门利益的基础上,利用成熟经验和专业知识设计出合作机制以达成双方共同利益。他们提出了关键的成功因素,如风险的公平分配、强大的私人资本、明智的政府管控、透明和有效的采购过程、项目的经济可行性、适当的法律框架以及可用的金融市场。这些因素都促成了香港和内地在地铁建设上的最终合作。

（2）公交运营目标与约束的重新调整

国有企业在城市轨道交通行业中多占据主导地位，出于多重因素的考虑，城市轨道向包括外商直接投资在内的私营部门开放市场的步伐相对缓慢。首先，公共交通运营的公共品属性使政府和国有企业有义务为地铁系统的建设和运营提供资金支持。一般来说，地铁系统的营业收入通常无法 100% 收回成本，运营成本必须得到补贴。此外，由于担心私企介入导致交通这一重要领域的发展方向偏离，市政府可能会对公私合作的新领域极为谨慎。随着城市轨道交通投资成为推动地方经济发展的重要手段，以及现代交通运营成为地方经济建设的表征，在许多情况下，城市政府可能会继续倾向于将整个系统置于其直接管理之下。将这项业务委托给私人合作伙伴，并通过 PPP 合同限制了潜在的政府干预，可能会引发这样的问题：私人合作伙伴的盈利导向是否会以牺牲公共交通服务和城市的经济发展机会为代价？

但是，完全依靠国有企业运营轨道交通也有其缺点，即存在较大的经营赤字，正如表 5.3 的经营统计数据所示。由于相对较低的客流量和较高的运营成本，深圳地铁集团的运营收入通常低于运营成本的 60%。此外，深圳地铁集团的人力成本也比较高，深圳地铁运营轨道平均员工数为 200 人/km，而香港地铁公司运营的龙华线平均员工数为 49 人/km。上述经营赤字通常由市政府补贴弥补，从项目启动到 2012 年底，总体运营补贴达到 10 亿元，仅 2012 年一年的补贴就达到 2.8 亿元。随着地铁布局的扩张，相应补贴金额只增不减。

表 5.3　深圳地铁与香港地铁运营成本收入对比表

年份	深圳地铁			香港地铁		
	运营收入（亿元）	运营成本（亿元）	回收率（%）	运营收入（亿元）	运营成本（亿元）	回收率（%）
2007	3.35	6.95	48	—	—	—
2008	3.78	8.09	47	—	—	—
2009	3.79	8.08	47	—	—	—
2010	4.46	8.3	54	0.47	0.88	53
2011	11.14	19.03	59	1.88	2.56	74
2012	18.64	30.43	61	4.15	3.54	117

资料来源：基于深圳地铁 2007～2012 年报与香港地铁 2010～2012 年报。

相比之下，香港地铁公司的运营成本回收率要高得多，龙华线在 2012 年的运营收入甚至超过了其支出。成本控制和近期车站区域人口的增加可能是造成这种情况的主要原因。龙华线沿线分布有密集的社区，且新规划社区的人口不断增长；此外，龙华线列车运行时间较短，班次较低，搭乘率较高。虽然深圳地铁的运营补贴对市政预算构成了越来越大的挑战，但目前尚无有效控制运营赤字的现成机制。除了提供公共交通服务外，深圳地铁还承担着其他"社会"义务。在现代交通运营被视为城市形象的一部分的时代，公共基础设施投资也是促进地方经济发展的工具，深圳地铁的所有支出并非都从"交通"的角度出发。例如，香港地铁公司营运的龙华线在繁忙时段每列火车使用 6 节车厢，在非繁忙时段每列火车只使用 3 节车厢。然而，深圳地铁一直以每列火车 6 节车厢运营每条线路，结果是较低的乘载率和较高的运营成本。

经历 5 年（2004～2009 年）的等待期后，深圳市政府对香港地铁公司这一经验丰富的运输业务合作者建立起了信任。香港地铁公司最终获准独家经营龙华线，为公私合作模式提供了一个有效运作的范例，以供市政合作经营办商效仿。

（3）收入稳定机制的再设计

可持续的交通运营需要可持续的收入来源。在深圳，深圳地铁集团和香港地铁公司都有多种收入来源，包括营业收入、市政府的现金补贴以及车站周边的房地产开发利润。虽然资产和现金流的多样化通常意味着对不利市场条件的高抵抗力，但两家运营商稳定收入的机制完全不同。

作为与深圳市政府签订的合同的一部分，香港地铁公司从市政府获得现金补贴，但金额是固定的，不根据经营亏损或盈利而变化，这给香港地铁公司带来了更大的扩大收入和控制成本的压力和激励。与深圳地铁集团相比，香港地铁公司在不违反与市政府签订的运营标准的前提下，追求运营收入具有更大的灵活性。而深圳地铁集团的公交运营则有附加的社会目标，政府可以随时介入，因此市政府也承担了运营赤字。考虑到深圳地铁集团承担的社会责任，提高运营效率和控制运营成本的压力可能更多地落在市政府身上。

在土地利用方面，香港地铁公司通过拍卖方式取得地块，用作其火车站及靠近龙胜站的地产发展。在开发过程中，香港地铁公司在提高开发成本、缴纳政府税费以及收取销售或租金收入时，遵循典型房地产开发商的规定。深圳地铁集团也接收了用于房地产开发的市政土地。自 2008 年以来，深圳地铁集团已获得六块土地，将其使用权用于住房和办公开发。六个地块共有 46.4hm² 的地表土地，最大可开发建筑面积为 265 万 m²。塘朗站和前海站附近的车辆段区域正在建造数百个住房单元，这些地块是作为土地赠与和社会义务获得的，深圳地铁集团代表市政府建造保障性住房。根据深圳市"十二五"规划，市政府应建设 2.4 万套（1620 万 m²）保障性住房。

5. 项目总结

深圳地铁集团与香港地铁公司在城市轨道交通服务方面创新性地开展了公私合作，以 BOT 和 R+P 的模式开发运营。深圳地铁集团和香港地铁公司的合作受地理邻近、文化同源、政治动机、共同利益等因素驱动。公私合作不仅能缓解深圳市在投资和建设城市轨道交通时面临的财政压力，创新轨道交通投融资模式，也能为香港地铁公司带来巨额的土地开发收益，使其在地铁站点周边的土地市场中获益。多方协作主体的利益共同点是深圳地铁集团与香港地铁公司合作的基础。

通过与香港地铁公司合作，深圳市政府改变了依赖一般财政收入和银行贷款的传统投融资模式，利用香港地铁公司在这方面成熟的运营经验与创新的开发策略，针对地铁融资和运营进行创新。香港地铁公司可以在更严格的条款下提供类似的服务：一份在固定期限内提供有限和非灵活性补贴的合同。引入私营部门的轨道交通多协作主体模式，能够丰富城市轨道交通的投资主体，提高建设和运营效率，相应降低单一主体的投资成本和借贷风险。

深圳地铁集团与香港地铁公司的公私合作是在跨部门、跨制度和跨地域的背景下进行的，双方为克服制度和运营目标差异而做出了相应努力。公私合作投资周期长、不确定性和风险高，公共部门与私人利益相关者分担风险、成本和收益的机制设计是合作达成的重要因素。通过深入了解相关制度，并重新调整公共交通运营的目标和制约因素，以及重新设计收入稳定机制，香港地铁公司与深圳地铁集团最终实现了合作。

5.2.3 前海综合交通枢纽

1. 枢纽概况

前海深港现代服务业合作区（以下简称"前海合作区"）是深圳前海蛇口自

贸片区的重要组成部分，位于深圳市西部的珠江口沿岸地区，与香港和澳门隔海相望，规划范围为15km²。其交通位置与大铲湾码头及蛇口港相邻，可通过公路和水路快速抵达香港国际机场和深圳宝安国际机场，具备良好的区位条件和发展前景（覃晴，2015）。2010年8月，为打造深港深度合作新平台，增强大湾区内部区域协作力度，推动深圳服务业向现代化转型，国务院通过了《前海深港现代服务业合作区总体发展规划》。次年11月，中共中央、国务院印发的《全面深化前海深港现代服务业合作区改革开放方案》中，前海合作区的战略定位提升至新高度，目标为打造"粤港澳大湾区的全面深化改革创新试验平台，高水平对外开放门户枢纽"，规划范围也扩大至120km²。在该方案中，前海合作区产业发展重点为高端服务业和总部经济，建设深港及国际合作核心功能区。而在深圳"十四五"规划中也提到，"以产城融合的城市发展模式，将前海合作区建设成为具有国际竞争力的现代服务业区域中心和现代化国际化滨海城市中心"（肖梦华，2022）。

基于规划和战略背景，建设前海综合交通枢纽（以下简称"前海枢纽"）成为激发区域活力、带动区域发展的重要支撑。该枢纽坐落于前海合作区的桂湾片区，占地规模达20万m²，建筑总面积为215.9m²，总投资金额超288亿元。在规划设想中，该枢纽未来将汇集穗莞深城际铁路、港深西部快线、深圳地铁（1、5、11号线）等多条轨道交通线路，并设立前往香港的通关口岸，建设成为珠三角重要城际交通枢纽、深港西部过境口岸和深圳市未来六大交通枢纽之一。在此建设目标下，该枢纽将承担的交通功能包括：①依托港深西部快轨连接深圳宝安国际机场和香港国际机场，同时通过支线连接至香港洪水桥片区，有效增强深港之间的商务往来和跨境通勤；②借助穗莞深城际串联广州新塘、东莞虎门、深圳宝安国际机场和前海合作区，同时依托所预留的向北延伸至广州白云国际机场和向东延伸至深圳市中心的线路，加速形成深圳1小时都市经济圈；③通过地铁1、5、11号线，实现前海合作区与南山区、福田区等核心区域的交通联系。预计枢纽建成后将极大地有助于吸引高端城市资源，带动片区城市建设，促使该区域成为"对外交通中心、通勤中心和超级商业中心"。

2. 规划工作的跨部门合作

深圳长期以来面临地狭人稠、土地资源紧张，因此由前海湾填海造陆而形成的前海合作区土地，自规划之初便需要满足集约高效的建设要求。在此背景下，前海枢纽的建设目标需要实现"站城一体化"。前海枢纽具体位于前海合作区启动区，在前海枢纽开始规划设计工作时，该区域也同样处于规划起步阶段，所涉及规划文件包括《前海地区概念规划国际咨询》《前海深港现代服务业合作区综合规划》《前海启动区城市设计》等。因此前海枢纽在该时期既需要结合"自上而下"的区域规划，也需要进行"自下而上"的项目工程设计，将两者统筹考虑，实现良好衔接，具有较高的协调难度。这对前海枢纽的规划工作在满足各层面规划限制条件、预留弹性发展空间方面提出了更高的要求。

在此要求下，政府部门、市场组织和社会专家等多主体被纳入到规划工作之中，共同分工协作，在各环节发挥自身优势，确保完成高水准规划方案（图 5.2）。在规划工作筹备阶段，由深圳交通主管部门和香港地铁方面顾问共同承担前期的策划、组织和资金保障工作（孙永海，2012）。在规划工作正式开始后，同步进行建筑设计和工程设计。深圳地铁集团作为枢纽建设单位，将建筑设计委托给国际建筑设计团队日建设计公司，同时委托其他工程建设单位开展工程可行性研究，以及软基处理和机电工程等设计工作。这实现了运营管理单位、国际咨询力量和工程设计单位的多主体参与，得以协作完成优质规划设计方案。

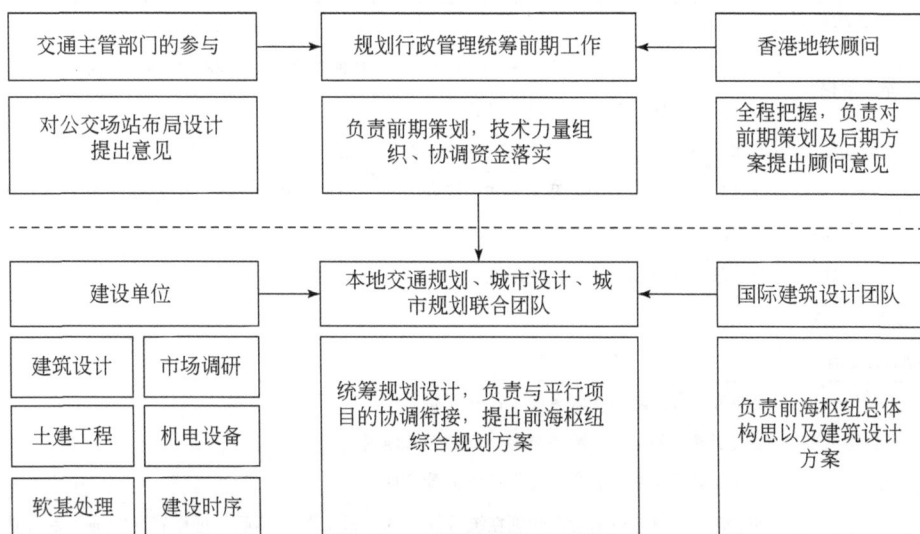

图 5.2 前海枢纽规划工作组织图（肖梦华，2022）

3. 上盖项目开发的跨部门合作

前海枢纽的投资主体为深圳市政府，项目建设单位是深圳地铁集团，在上盖项目的开发过程中，还通过建设-移交（BT）模式形成跨部门合作（表5.4）。其建设工程包含地下枢纽和上盖项目两部分实体，通过将交通枢纽全部建设于地面以下，在枢纽主体上方及其南北侧区域均规划建设上盖项目，以实现"以枢纽养枢纽"的一体化开发目标。深圳地铁集团作为项目建设单位，在枢纽及上盖开发过程中发挥了重要作用。在工程施工方面，由于有多个施工单位参与其中，各主体提出了各自的技术标准需求。针对该情况，深圳地铁集团统筹考虑各技术标准，优中选优制定统一标准，有力保障了一体化枢纽建设的技术基础。此外，深圳地铁集团还采取现代化管理措施，协调各方多次开展场地检测，完善灾害应急预案，切实推动施工进度和保证施工安全。2010年2月，深圳市政府成立直属派出机构前海管理局，前海枢纽的多项建设事宜省去向市政府报备的程序，在前海合作区即可通过各部门协同完成审批，极大推动了项目建设进度和设计落地。

表5.4 前海枢纽基本信息（肖梦华，2022）

前海枢纽	基本信息
站点规模	共占地约20hm²，总建筑面积215.9万 m²，枢纽总建筑面积881 431m² 地铁1、5、11号线、穗莞深城际线、深港西部快线
配套功能	港深过境口岸、香港机场值机、公交场站、出租车站、社会停车场
开发模式	以办公和商业为主导的开发模式，综合酒店、公寓等功能，实现能够提升城市魅力和价值的站城一体化开发
场站服务属性	珠三角市域范围，辐射港澳地区
投融资模式	BT模式
项目建设单位	深圳地铁集团
项目审查	深圳市前海深港现代服务业合作管理局 深圳市规划和国土资源委员会（深圳市海洋局） 深圳市交通运输委员会（深圳市港务管理局）
项目管理	前海综合交通枢纽的运营管理在统筹规划的基础上各司其职，管理界面明确，各自独立经营

2013年，前海枢纽签订了达145.65亿元的土地使用权作价出资合同。随后深圳地铁集团作为招标方，采用"协议合作开发+BT融资建设"开发模式开展

招标工作，招标对象为具备房产开发经验的开发商和施工单位组成的联合体（图 5.3）。根据协议，深圳地铁集团与开发商承担项目对外融资比例分别为 51% 和 49%，各自也可获得该枢纽开发收益的 51% 和 49%，两者通过共同参与投资，实现风险共担、收益共享。施工单位承担该枢纽的施工总承包工作，并承担 BT 融资建设工程范围内 70% 施工总承包价款的融资工作。深圳地铁集团通过与联合体签署合作开发及 BT 融资建设合同，使开发商和施工单位向自身承担连带责任，并与开发商共同成立项目管理公司，依托该公司共同进行项目开发管理工作。

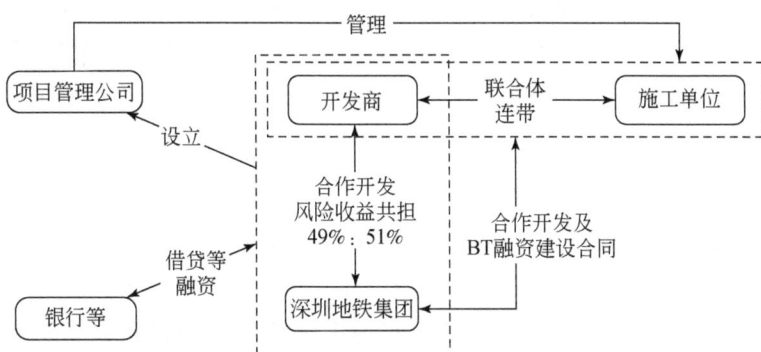

图 5.3　前海枢纽上盖项目开发合作模式图（周月萍等，2016）

基于该模式，深圳地铁集团借助公开招标方式，筛选具备经验和实力的开发商和施工单位。该模式的优势在于以深圳地铁集团主导，各方各司其职，充分发挥专业能力，同时可以通过施工单位的 BT 融资安排，降低深圳地铁集团物业开发的庞大资金压力。并且通过该合作模式，深圳地铁集团将土地使用权始终保持在自身公司名下，没有发生转移登记。

4. 规划与建设成效

得益于上述在规划设计和上盖项目开发过程中的跨部门协作，前海枢纽树立了科学、先进的总体规划理念，形成了合理、协调的功能布局和交通接驳空间。具体规划和建设成效分为以下三方面。

（1）总体规划理念

在规划设计方面，前海枢纽树立了站城一体化和打造国际 CBD 的总体规划理念。根据该理念指引，前海枢纽着力提升交通换乘便捷性，加强城市空间的复合利用，提升枢纽周边城市区域土地能效，借助交通集聚、触媒效应增加物业开发收益，突出枢纽的城市门户形象。在交通集聚方面，将穗莞深城际铁路、港深西部快轨、深圳地铁（1、5、11 号）线路，以及包括公交汽车、出租车、旅游巴士等在内的多模式交通均布设在前海枢纽内。借助便捷的交通条件，前海开展枢纽上盖物业开发，并在其周边地块进行集约化、复合化开发。基于总体规划理念，开发工作的具体措施包括：①通过打造流畅、便捷的交通换乘渠道，提升城市轨道交通在公共交通系统中的分担比例；②通过营造涵盖地面与地下的立体化步行网络空间，形成前海枢纽与周边街区及滨海地区之间步行友好的慢行空间；③适当预留未来开展分期开发的建设空间，避免城市建设时序不合理，导致重要设施无地可用；④结合交通站点的空间设计进行物业开发，使多模式交通集聚形成的庞大客流直接惠及前海枢纽，以及周边包括办公、商业、酒店等多种功能的物业区域，大幅度提升枢纽地块的投资回报率；⑤将地块性质由单一属性调整为综合属性，集合居住、办公、商业等功能。根据不同配比分为五类用地，放宽土地政策对站城一体化的限制。此外，为了更好地实现站城一体化和立体化开发，前海枢纽及其上盖物业采用"建筑功能和使用权属分层设置、同步设计、整体供地"的方式，实现了立体空间确权和地下空间边界厘清。在确定各层空间权属后，通过对前海枢纽多层功能进行同步开发，保障了项目建设质量和进度。

(2) 功能布局

在最终建设完成的功能布局上，前海枢纽可以分为地下交通枢纽和上盖物业两个部分（图5.4）。其自东向西可以横向分为 4 个区域：①深圳地铁 1、5、11 号线地下站厅和地上公交站点、出租车场站；②枢纽中央换乘大厅和小汽车地下车库，以及上盖物业；③穗莞深城际铁路下穿通道和地面集散广场；④地面以下为港深西部快轨及出入境口岸，地面为旅游大巴场站和上盖物业。将其自上而下纵向分为 3 个区域：①上盖物业，包括 9 栋超高层塔楼（含裙楼）、地铁 11 号线上盖独栋商业等；②地下枢纽上部三层为城市轨道交通通道和换乘大厅；③地下枢纽下部三层，包括约有 5000 个停车位的地下车库、港深西部快轨及出入境口岸等。

(3) 交通组织和接驳

前海枢纽作为城市中心型城际铁路交通枢纽，在交通布局设计总体思路和原则的指引下，形成了以下交通组织和接驳成果：①基于公交优先原则，首先满足

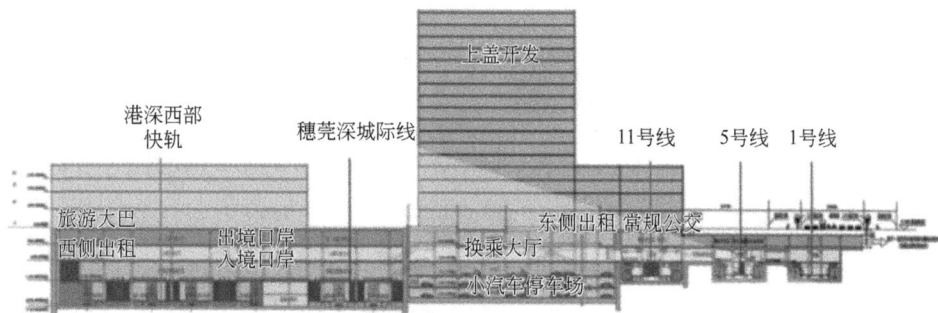

图 5.4　前海枢纽紧凑布局及功能分区（龙俊仁和邵源，2021）

城际铁路和地铁便捷换乘，实现地铁、公交等大运量公共交通工具顺畅进出枢纽；②基于以人为本原则，通过打造多层流线系统，达到人车分离的换乘通道设计目标，极大地缩短人流换乘距离；③为避免前海枢纽对城市空间造成割裂，通过打造舒适便利的慢行系统，将枢纽与周边区域和谐地衔接起来。

1）高效换乘接驳系统。前海枢纽将中央大厅作为换乘系统的核心，建设"十字形"步行通道主轴，实现港深出入境、城际铁路和城市轨道交通客流的有序交换。常规公共汽车站点、出租车停靠点设置在地面一层，可同时兼顾周边区域人群出行需求。由于预计有大量港澳过境旅客抵达前海枢纽，因此在靠近出入境大厅的位置同层设置出租车停靠点。

2）分离各类交通动线。人行交通方面，前海枢纽在其内部以地下一、二层换乘大厅为核心，修建四条主要人行通道，实现轨道站点、公交站点、出租车停靠点和上盖物业之间的串联，同时依托地下、地面和二层多层次的人行通道与周围区域进行连接。车行交通方面，前海枢纽采取在外围干路及地下通道组织枢纽进出交通，在内部支路组织物业进出交通的方式，实现两类交通流的相对分离。借助主要交通干道及其衔接道路，公交汽车及旅游大巴可直接进出前海枢纽；西侧出入境口岸的地下双层出租车停靠点设置独立的进出匝道，与前海枢纽北侧地下道路直接衔接，可实现通关客流的快速集散；前海枢纽地下停车场同样建有与周边地下道路衔接的独立匝道，可有效实现车辆的快进快出。

3）打造宜人慢行空间。前海合作区在前海枢纽片区致力于建设支线网络，打造宜人、微循环畅通的小尺度街区，通过修建不小于 8m 宽的衔接街区与枢纽的地下步行网络，在地面依据道路断面设置人行通道，街区地块实行"零退线"，建筑采取"骑楼"式等形式，建成连续、宜人的步行网络（图 5.5）。

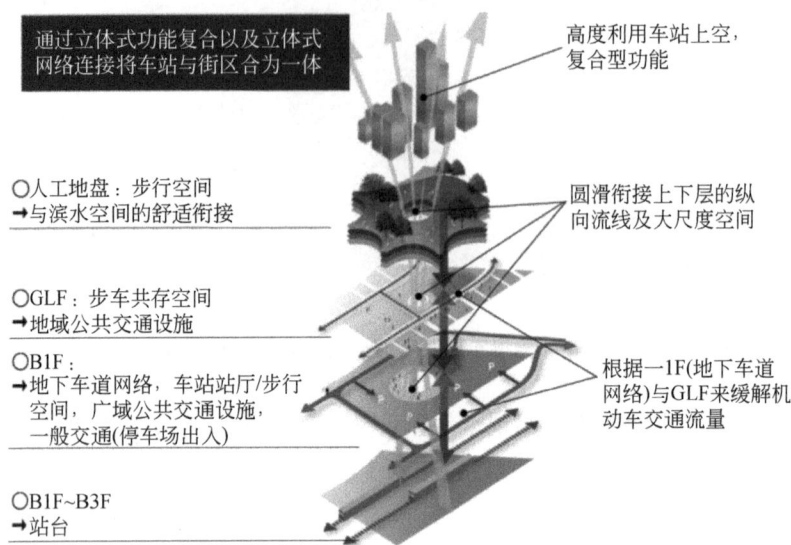

通过立体式功能复合以及立体式
网络连接将车站与街区合为一体

高度利用车站上空，
复合型功能

○人工地盘：步行空间
➡与滨水空间的舒适衔接

圆滑衔接上下层的纵
向流线及大尺度空间

○GLF：步车共存空间
➡地域公共交通设施

○B1F：
➡地下车道网络，车站站厅/步行
空间，广域公共交通设施，
一般交通(停车场出入)

根据一1F(地下车道
网络)与GLF来缓解机
动车交通流量

○B1F~B3F
➡站台

图 5.5　前海枢纽立体网络（覃晴，2015）

5. 项目总结

前海综合交通枢纽在规划、建设、运营上具有典型的跨部门协作特征。在枢纽的前期规划过程中，因其强调布局综合统筹、功能复合多元、空间有机融合、流线高效整合，所以纳入了包含铁路部门、政府、国企、专业咨询机构等管理、建设和咨询机构在内的跨部门协作主体。通过综合多部门的需求和想法，共同制定综合交通枢纽、站前综合体和周边街区的发展愿景。在综合体开发工作中，前海枢纽采用"协议合作开发+BT 建设"的模式，将地下枢纽以及上盖物业以作价出资的方式，整体供应给用地主体——深圳地铁集团，并由其负责招标工作，吸纳由开发商和施工单位组成的联合体，进一步增加协作主体数量和属性。这样可以实现枢纽与上盖的一体化设计与实施，有利于轨道交通实现站城一体化开发，并借助品牌地产开发商的丰富经验，提升产品价值，分散经营管理风险。

5.2.4 深圳北站综合交通枢纽

1. 枢纽概况

深圳北站综合交通枢纽（以下简称"深圳北站"）位于深圳市龙华区，是华南地区重要铁路枢纽、深圳市核心综合交通枢纽，总占地面积达 40 万 m²，共有 20 条股道和 11 个站台。目前运营的铁路线路包括京广深港客运专线、杭（厦）深铁路、赣深高铁，规划运营线路还包括深惠城际和深大城际线。基于深圳北站庞大的建筑体量和高标准高规格的定位，其规划目标被确立为"构建具有国际先进水平、复合功能、合理布局、换乘便捷和运营高效的一体化综合客运枢纽"。规划内容包括明确枢纽区域城市空间结构、枢纽站房规模和布局、交通接驳方案与设施规模、车流人流组织方案等。同时在深圳市级层面，起到促进龙华副中心城市发展，推动深圳产业结构和空间布局完善升级的作用（肖梦华，2022）。

深圳北站建成后融合多种交通模式，形成集国铁、城市轨道、公交汽车、出租车及社会车辆等多种接驳换乘方式于一体的空间格局，将自身打造为一个功能布局合理、交通换乘便捷的一体化综合交通枢纽（图 5.6）。其通过在设计与建设过程中充分发挥步行平台及夹层、地面、地下等多层次立体空间的作用，实现各种交通模式之间接驳换乘距离不超过 100m 的无缝换乘目标。经过立体化设计，

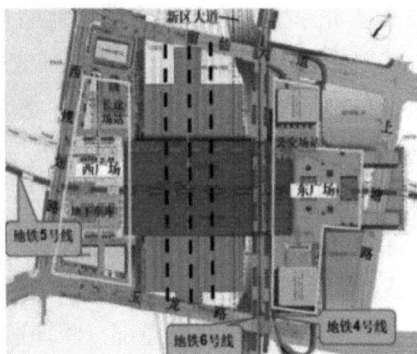

(a)深圳北站现状　　　　　　　　　(b)深圳北站平面布局

图 5.6 深圳北站现状及平面布局图（肖梦华，2022）

资料来源：《深圳北站综合交通枢纽配套商业策划报告》

成功节省了大约 50 万 m² 城市土地，为后续的综合开发留出了空间。这也使深圳北站成为当时国内占地面积最小、土地利用效率最高、流线组织最合理的综合客运枢纽。

深圳北站的建设历程始于 2003 年 3 月，在由铁道部编制的《客运专线网规划思路研究》中，提到深圳将规划新增两条铁路线路，即京广客运专线和厦深铁路。深圳市随即于同年 11 月通过《深圳市铁路第二客运站交通规划》，其中建议京广客运专线与广深港铁路在广深段共线运行，形成京广深港客运专线，并在其与厦深铁路相交的地点建设"新深圳站"，选址初步拟定于龙华区二线扩展线内。2004 年，京广深港客运专线和厦深铁路线路走向在国家《中长期铁路网规划》中得到明确，二者将在深圳实现交会。2005 年，深圳北站的具体建设地点在《深圳铁路枢纽总图规划》中得以确立，其被定位为"华南地区重要铁路枢纽"（朱逸云，2019），该规划同时也明确了深圳北站的规模与布局、交通衔接、承载功能等内容。2008 年，结合深圳城市建设向关外拓展的政策要求，深圳北站所在的民治街道启动该枢纽的交通设施配套工作，开始建设留仙大道、新区大道等交通网络重要主干道。2011 年 11 月，深圳北站正式开通运营。同年年底，龙华新区成立，定位为深圳市副中心。

此后，深圳北站与龙华新区的发展相辅相成，交通枢纽随城市建设而日渐完善，城市区域因交通枢纽而实现腾飞。2013 年，厦深铁路正式开通运营，深圳北站作为主要综合交通枢纽，推动深圳客运枢纽"二主三辅"格局的形成。2016 年，龙华新区升级成为龙华区，建设深圳北站核心商务区成为龙华区工作重点。2018 年，龙华区政府着手将深圳北站进一步打造为高端枢纽综合体，在其附近地块规划修建汇德大厦和汇隆商业中心，分别作为龙华和金融科技中心龙华总部基地。2020 年 5 月，龙华区印发《龙华区四大重点片区 2020 年度开发建设实施计划》，提出加快深圳北站新城建设，推进深圳高铁总部项目落地，深圳北站的站城一体化发展迎来新的机遇。

深圳北站的建成为周边城市区域带来了极强的发展动力。目前深圳北站片区已建成汇德大厦、汇隆商业中心、华侨城大厦等商务办公大楼，并引进了美团科技、稳健医疗、深圳高铁总部、深圳通总部、深圳计算科学研究院、华阳国际等重要企业和科研机构，深圳北站 CBD 已初见雏形。

2. 枢纽选址

城市总体规划、空间区位、交通接驳、用地条件等均为影响大型客运枢纽选址的重要因素（孙永海，2008）。因此，综合交通枢纽的选址过程需要综合考虑多方面因素。由于铁路部门和地方政府通常处于不同的利益出发点，如铁路部门更重视全铁路网线路布局、枢纽具体设计及工程建设可行性，而地方政府更倾向于关注铁路枢纽对当地城市建设和经济发展的带动作用，以及如何完善道路配套系统及避免空间割裂，因此路地双方需要开展充分的协作工作，才能有效保障铁路枢纽与城市区域的协调发展。

深圳是我国改革开放最前沿的城市之一，取得了瞩目的经济发展成就，成为我国最富创新力之一的国际化大都市。在进入 21 世纪初的新发展阶段，深圳面临土地资源紧缺的巨大压力，如何进一步提升城市地位和竞争力，增强对更大区域的辐射和带动作用，成为深圳亟待破解的城市发展难题。在此背景下，深圳提出多中心城市布局结构，通过在龙华新建综合交通枢纽，推动城市格局由单中心向多中心体系转变。

将深圳北站选址于龙华主要有以下四方面的考虑：①在用地条件方面，2005年深圳北站开始选址工作，龙华区作为原深圳特区外的战略储备区域，还处于极低的开发程度，尚有大片空置土地。②在地理区位方面，由于当时深圳尚缺长途客运枢纽，新综合交通枢纽的辐射范围需满足辐射全市的区位要求，以满足全市范围的长途客运需求。龙华同时与深圳人口最密集的罗湖、福田和南山三大中心城区相邻，在全市范围来看处于地理几何中心，因此可充分满足选址区位要求。③在交通接驳方面，规划有深圳地铁 4、5、6 号三条线路在龙华交会，便于全市各地区的市民前往，并可依托繁密的城市轨道交通网络实现铁路客流的快速集散。④在城市发展战略方面，深圳北站选址点与福田中心仅相隔约 9 km，在此建设综合交通枢纽可与中心城区形成城市功能协调发展格局，缓解市中心区域的土地与人口压力，带动龙华作为城市中部组团的开发建设，形成城市副中心。

3. 枢纽规划与设计

综合交通枢纽的建设工作离不开铁路工程、城市轨道交通工程、市政道路工程、城市规划、交通规划和建筑设计等多个专业人员的参与。因此，枢纽规划工作需要跨部门的多个专业主体相互间进行协作。综合交通枢纽的前期规划工作包括枢纽选址、综合规划和方案设计三个阶段（图 5.7）。三个阶段虽然在流程上有大致的先后关系，但也通常需要相互考虑，因此保持在时间上的同步、层级上的同频交流十分重要。在此要求下，为了便于路地双方的交流协商，深圳市政府在 2004 年成立由规划部门和交通运输部门组成的枢纽建设工作领导小组，前者承担枢纽规划工作，后者承担与铁道部、交通部的联络工作。同时领导小组内部充分实现信息互通，以达成枢纽规划设计与城市规划之间的协调性和一致性。

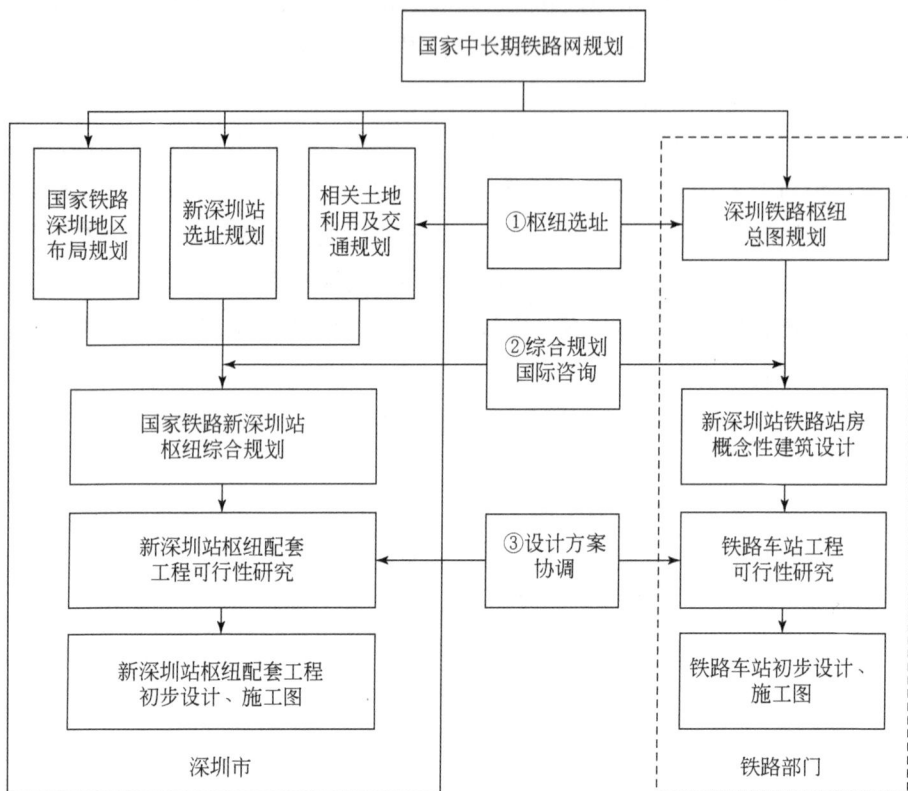

图 5.7　深圳北站枢纽前期工程流程图（孙永海，2012）

在枢纽规划方面，可将综合规划环节再细分为三个阶段，包括前期基础研究、国际专家咨询与成果汇总、综合规划总结与深化阶段。在前期基础研究阶段，需要根据综合交通枢纽选址点的基本概况和相关规划，制定枢纽建设的可行性方案，并对规划边界提出调整方案。在国际专家咨询与成果汇总阶段，工作重点为基于综合交通枢纽及其周边地区的总体空间结构，对整体布局提出修改和完善建议。在最后的综合规划总结与深化阶段，在完成对国际咨询成果的总结后，对枢纽核心区制定交通详细规划。

按照以上规划工作流程，深圳市政府于 2005 年 7 月与铁道部合作，启动了深圳北站综合规划的国际咨询工作。共有 4 家国外知名规划设计单位和 3 家国内铁道勘察设计单位参与, 对新枢纽提出各自的规划方案。根据国际咨询工作的方案成果, 路地双方在站点空间结构、铁路线路衔接模式、多模式交通接驳方式等方面基本形成一致意见。在此基础上, 深圳市政府与铁道部于 2006 年 8 月签订《铁道部、深圳市人民政府关于广深港客运专线深圳境内设站事宜备忘录》。随后深圳市城市交通规划研究中心和深圳市城市规划设计研究院受市政府委托, 联合开展国家铁路深圳新客站综合规划编制工作。同年 12 月, 铁道部开始进行站房建筑体概念性招标工作, 两个入选方案在一定程度上均与综合规划在轨道交通和公路道路布局等多方面保持吻合。2007 年 5 月, 铁道部确定深圳北站整体采用"上进上出"的交通组织方案, 中标单位最终确立, 路地双方就该综合交通枢纽的规划方案达成最终共识。

在枢纽设计方面, 深圳北站具有规模庞大、功能完善、组成复杂、综合性强的设计特点, 同时在"高铁链接城市"总体思想的要求下, 其设计理念确立为: ①一体化设计, 有机融合; ②整体布局, 协调接口一致; ③竖向设计, 坚持管道运输优先原则; ④集约利用土地, 尝试轨道上盖物业开发。该理念从始至终指导了该枢纽的规划设计、建设、运营管理和物业开发等多个流程环节的工作。

在此设计理念引导下, 铁道部与深圳市政府开始组织进行枢纽的设计工作, 以对枢纽规划方案进行细化与落实。由于枢纽设计工作事关最终的枢纽建设结果, 所牵涉的政府部门、建设单位和设计单位三方主体在此环节可能产生利益争议与分歧。同时, 任何设计方案内容的修改均需得到三方主体的认可, 导致协调工作非常棘手。为此, 路地双方分别在行政决策、设计和建设环节纳入跨部门的协作组织机构 (表 5.5), 通过建立铁路部门与地方政府双线管理的方式, 实现多协作主体的利益协调, 最终促成深圳北站的顺利建成。

表 5.5　铁道部和深圳市协作组织机构 (肖梦华, 2022)

项目	铁路部门	深圳市
行政决策部门	铁道部计划司 铁道部鉴定中心	轨道交通建设部 统筹指挥市规划局 发展改革局、建设局等部门
设计单位	铁道第四勘察设计院 深圳大学建筑设计院	北京城建设计研究总院
建设单位	广深港客运专线有限责任公司	深圳地铁集团

4. 项目总结

深圳以深圳北站和前海枢纽为典型综合客运枢纽,进行站城融合方面的实践,取得了一定的成效,但仍存在极大的探索空间。未来深圳还需在理念模式、体制机制、规范标准完善等方面进一步深化研究,推动枢纽一体化规划建设,共同谋划枢纽高质量、高效率发展。基于站城融合发展理念的铁路部门和地方政府双方互利共赢的关键在于制度保障,将跨部门的多元主体纳入平等协商的对话平台,构建利益协调合作关系,将是实现新区域主义理念下城市轨道交通协调发展的有效路径。这将在深圳最新建设的西丽综合交通枢纽中得到进一步的探索。对比深圳北站与前海枢纽的情况如表 5.6 所示。

表 5.6 深圳北站和前海枢纽模式对比(肖梦华,2022)

项目	深圳北站	前海枢纽
模式	新城发展模式	城市群发展模式
优势	通过物业开发迅速带动区域价值提升; 站城融合,促进区域的产业升级; 高铁、地铁、公交、出租车、长途汽车交通衔接	车站和街区开发一体化; 实现"站城一体"城市开发新理念; 用城际铁路连接粤港澳大湾区城市
不足	开发周期过长; 枢纽开发与新城开发在周期上未能协调同步	枢纽中未能引入高铁主干线,降低枢纽效能
规划理念	加快新城开发,即周边设施与枢纽的衔接,发展商业、办公、酒店及公寓等	强化城际轨道接入,形成城市间协同效应;构建轨道网,形成绿色毛细血管交通网络

从深圳北站和前海交通枢纽的实践过程中,可以得到以下的经验。

1)大力推进综合交通枢纽的站城一体化建设工作。深圳"建轨道就是建城市"的发展理念表明,综合交通枢纽建设不应当仅局限在地块范围内,还需要从城市层面的宏观视角综合考量。融合交通引领作用与城市区域功能,将综合交通枢纽建设成为城市"触媒点"。与之相配套的规划工作也需要打破城市和铁路系统的界限,推动实现多规合一与多网融合。相应地,在具体设计工作中,也需要打破站点与城市的空间边界,让铁路不再割裂城市空间,通过协作建设、共商运营,实现成本共担、利益同享。

2)建设综合交通枢纽站城一体化的多主体协作机制。目前普遍存在综合交通枢纽建设与运营环节衔接不畅、成本高于收益、产权过于分散、物业管理混乱、与城市建设之间的系统壁垒仍难以打破等问题。针对以上问题，深圳市在土地出让流程、投融资方案、政府长效补贴等方面做出创新，并与铁路部门进一步建设多主体协作体系，积极探索综合交通枢纽红线内外的一体化建设与运营体系。

3）打造高效集约、多元共享的综合交通枢纽。现行有关综合交通枢纽建设的法律法规基本均为分系统各自编制，尚未形成统一的指导性政策文件。同时某些用地方面的指标设置和产权规定，如容积率、分层确权等内容与目前综合交通枢纽的发展趋势相比已经相对保守，难以满足其建设和使用要求。因此需要统筹现有规划设计规范和标准、提升建筑和土地利用效率、创新开发权属关系、打破站点与城市管理界限，从而切实推动站城融合。除此之外，简化安检流程、实现安检互认将是未来综合交通枢纽的发展新趋势。这将极大节省乘客进出站时间，提升乘客在枢纽的体验满意度，从而提升周边区域的人气与活力。

5.2.5 小结

新区域的跨部门协作不仅强调吸纳多元主体和社会力量以增加决策的灵活性，更注重多元主体进入协作场域、最终达成协作的运作机制与博弈过程，也即不同利益主体是如何构建合作关系和协调机制的。新区域主义否定单一主体和垂直系统的科层制管理，认为区域可以通过富有弹性的利益协商机制，引导地方政府、市场力量和公民主体开展合作。5.2 节所举的广州新塘南站—凯达尔枢纽、深圳地铁集团与香港地铁公司的合作、前海综合交通枢纽、深圳北站综合交通枢纽的跨部门实践 4 个案例，是在城市内部的轨道交通建设中，城市政府部门与国营企业、私人企业、社会组织机构以及公民团体等多元主体协作的典型案例。针对案例的深入分析讲解在不同背景下，多元主体在实现合作过程中经历的利益冲突、博弈、矛盾和合力，以及为之构建的利益共享、风险共担、协商协调机制。

广州新塘南站—凯达尔枢纽是公私合作开发建设的交通枢纽。在广州向东布局城市交通枢纽以促进粤港澳大湾区融合发展的背景下，城市轨道建设与村集体、企业间关于选址地块的土地开发经营权问题需要达成一致。以凯达尔集团和群星村集体为代表的市场和社会力量，不肯放弃城际线路重要途经站点附近的土地使用权，以及其背后潜在的巨大收益，而城市政府与城市轨道公司为代表的行政力量也有借地生财、推动项目进程的意图。经过协商与谈判，双方最终放弃了独立拿地开发建设这一可能造成土地资源巨大浪费的方案，进而选择了利益最大化的合作方案，共同建设交通商业综合体。广州新塘南站—凯达尔枢纽的案例是城市政府交通规划过程中与私有企业的合作，尽管这一交通枢纽在前期规划时没有明确表示主动采取公私合营的方式引入社会资本与力量，但在开发过程中，城市政府、轨道交通公司与凯达尔集团、群星村集体进行了一系列自选动作，化解分歧达成利益一致。公私合作关系的构建是两个权力主体、多个利益相关方之间权力交错、利益平衡的结果。

深圳地铁集团与香港地铁公司公私合作开发经营深铁 4 号线，是城市轨道交通引入境外私有化运营商的创新合作模式。双方采用了"R+P"和"BOT"的开发模式，将地铁线路站点周边的土地以协商价格出让给香港地铁公司，使融资、建设和运营一体化进行。深港地铁的合作契合了多方主体关于政治、经济和城市发展等方面的利益诉求，在借鉴香港地铁公司先进的地铁投资运营经验的同时，也能缓解深圳城市轨道交通投资的巨额财政压力，提高运营效率。与境外资本的合作也面临政策、制度、投资风险等多重阻碍，深港地铁的初步合作协议一度由于政策规定而被搁置。得益于合作方对于制度的深入了解，双方设计出利益和风险共担的合作机制以达成共同利益，最终实现了合作落地。在这一案例中，公私合作关系的构建是多个合作主体间平衡风险与收益，并在此基础上不断争取的结果。

前海和深圳北站综合交通枢纽是"站城融合"模式下高效利用城市土地空间的典型项目。作为大湾区多条城际铁路、轨道交通的交会点，前海和深圳北站综合交通枢纽在规划设计、建设开发等环节均强调多元主体的共同参与。在前期规划环节，枢纽编制了专项规划，并且广泛征求交通管理和行政部门、专家学者、开发商企业和民众的意见。在开发建设环节，采用"协议合作开发+BT 建设"模式，由深圳地铁公司招标，第三方开发商和施工单位联合投资和建设。前海和深圳北站综合交通枢纽在规划和融资建设等方面的跨部门实践，有利于听取各方要求，缓解单一主体的融资压力，加快项目实施落地。

5.3 本章小结

本章围绕新区域主义理论特征中跨部门和协作的特征，从案例分析和实证研究的角度，首先分析了大湾区城际铁路投融资从部省合作模式，到省市合作模式，再到都市圈合作模式，不断改革以引入更多的社会资本，纳入更多元的投资主体的演变历程，并在每个模式选择了相应的典型线路作为案例进行具体研究。其次研究了大湾区在城市轨道交通的规划、建设、投融资和运营等多环节中，城市政府与资本方、专家学者和城市市民等行政、市场和社会力量的协作，相应列举了广州新塘南站—凯达尔枢纽、深圳地铁集团与香港地铁公司的合作、前海综合交通枢纽、深圳北站综合交通枢纽的跨部门实践四个案例，以全面、多样地反映不同情况下多主体协作供给区域交通的动力、过程与条件。

在大湾区城际铁路的发展过程中，广东省政府能够在与铁道部合作过程中，及时准确地发现传统区域主义模式下政府部门独揽交通建设项目投融资工作的弊端，不断努力在城际铁路投融资方案中减少所涉及政府层级过多带来的行政掣肘。同时主动放弃政府统管模式，积极探索吸引社会资本、采纳更多投资主体的方案。尤其是最终通过由广州地铁集团、深圳地铁集团接管珠三角城际铁路的方式，给予了两家公司充分自由探索全新投融资模式的空间。而它们也实实在在地在管理过程中采用了纳入社会资本和投资主体的模式，体现了新区域主义强调跨部门协作的理论特征。

在大湾区城市轨道交通的开发过程中，无论是广州新塘南站、深圳地铁4号线，还是前海、深圳北站综合交通枢纽，均是突破单一政府部门、注重多元主体参与的跨部门实践。对案例的分析表明，城市轨道交通的发展首先是跨部门、多主体共同参与的过程，PPP、R+P、BOT、BT等开发模式被灵活运用于不同场景。公私双方分别拥有差异化的资源禀赋、开发能力，通过公私合作能够最大程度聚合资源，将投资和运营效率最大化，并将优势发挥在规划、融资、建设和运营的多阶段中。而在实现公私部门合作关系的过程中，最重要的是利益相关主体间的博弈。轨道交通建设很难在初期就达成多部门的一致诉求，利益冲突与博弈才是常态，基于利益共同点和交会点的多方协商机制能够化零为整，达成非零和博弈，这也是新区域主义中组建多主体合作体系的重要因素。利益协调合作关系的建立应基于一个精心设计的利益和风险分担机制，以保证利益共享、风险共担。

新区域主义不局限于"政府间主义"，而着眼于各种类型的国家、市场和公民社会在内的各种行为主体之间的互动作用与推动，强调一个跨部门和多维度的合作关系，在该关系中多种参与者都能够参与区域项目（罗小龙等，2009）。新区域主义的理论论述强调了在治理中纳入多元利益主体以实现合作关系的重要性，但就如何克服利益冲突和现实阻力、最终达成多方合作关系的实现路径与机制并未做具象说明。粤港澳大湾区在城际与城市交通发展中的协作治理实践，本质是建立了一个多协作主体参与的利益协调合作关系，这不仅是注重多主体、跨部门参与的合作结果，更是注重主体间的利益诉求、协调机制和合作关系的过程建构。有关大湾区交通在规划、投资、建设、运营中的多协作主体实践，也是对新区域主义跨部门合作理念的丰富和扩展。

第6章 赋权治理：通过权力下放赋权执行主体自主负责事务

新区域主义的关键理论特征是"自下而上"地推动治理的模式，与传统区域主义所强调的"自上而下"的管理模式截然相反。在传统意义上，政府是一台经过精心安排和设计完成的管理机器，借助层层的政治权威和责任制进行运作（Savitch and Vogel，2000）。传统区域主义将权力来源认定为政府权威，由此区域内的各地方政府之间存在严格的竞争关系，一方权力的获取必然意味着另一方权力的损失，所以多方主体之间不存在合作的可能性。这导致传统区域主义理念指导下的大都市统治过程成为零和博弈。而新区域主义注重赋予更多元的社会机构、组织和部门参与区域决策的权力，不再搞大包大揽式的政府统管，通过赋权使决策过程更加透明和公开，并增强民主参与度，将权力下放到较低层级的执行主体，能够群策群力，充分发挥基层部门、社会组织和民众的主观能动性和独立运作能力。通过将部分艰巨事务交予执行主体负责，并给予其自主探索的空间，可以减轻上级政府的负担，使其得以将主要精力用于宏观调控。而将专业的事交予专业的执行主体，也有助于其发挥自身专业优势，实践得到具有创新意义的新模式新成果。同时，因为低层级权力源于高层级的赋权，使得高层级部门的话语权不会被削弱，反而能够从大方向上把握项目走向，以半脱离式的视角更加客观理性地评估项目方案和成果，使项目更能保质保量地完成。在大湾区现有的交通建设实践中，赋权治理的做法主要可分为新建独立自主的专业执行主体，以及将权力下放予现有基层部门或社会组织两种类型。在本章中，将以广东广佛轨道交通有限公司、港珠澳大桥管理局和深圳市深国铁路物流发展有限公司为案例阐释第一类赋权治理，以大湾区城际铁路事权财权下放、深圳市公共汽车经营规制改革和深圳北站综合交通枢纽一体化建设为案例阐释第二类赋权治理。

6.1 新建独立自主的专业执行主体

6.1.1 港珠澳大桥管理局

港珠澳大桥管理局是由广东省政府、香港特别行政区政府和澳门特别行政区政府举办的事业单位，主要任务是承担港珠澳大桥主体部分的建设、运营、维护和管理的组织实施等工作。从港珠澳大桥项目获批到管理局成立，经历了以下过程。

2003 年 8 月，国务院同意启动港珠澳大桥的初期准备工作，批准成立由香港特别行政区政府作为召集人，粤港澳三方组成的"港珠澳大桥前期工作协调小组"，负责统筹和协调与初期准备工作相关的事务。前期工作协调小组办公室于次年 3 月成立。

2006 年 12 月，国务院批准成立由国家发展和改革委员会牵头的"港珠澳大桥专责小组"，成员包括交通部、国务院港澳事务办公室，以及香港、广东、澳门三地政府代表，负责重大问题的协调，包括但不限于两岸登陆点、桥位方案、投融资等多个重大问题。在协调小组的基础上，三地政府成立"港珠澳大桥三地联合工作委员会"，通过平等协商的市场机制继续协调项目建设和运营中的重要问题。委员会的召集方首席代表为广东省发展和改革委员会、香港方首席代表为香港运输及房屋局，澳门方首席代表为澳门建设发展办公室。

2010 年 7 月，三地政府共同成立了港珠澳大桥管理局，以项目法人的身份代表三地政府在一定权限内开展决策协调工作。

作为港珠澳大桥的项目法人，管理局在被赋予权力后发挥了自身的主动性，圆满完成了以下多项工作。

第一，制定标准规范。由于港珠澳大桥跨越粤港澳三地，需要确保大桥的建设指标符合统一的标准。管理局委托设计和咨询机构，在全球范畴广泛搜集大桥建设标准，经过比较分析后明确以"就高不就低"原则采纳技术指标（高星林等，2016），以此建立起标准体系。

第二，选择招标模式。在现有两种主要招标模式设计与施工分离招标模式和设计施工总承包招标模式中，管理局在对国外现有跨海峡通道进行全面考察的基础上选择了后者，获得了行业主管部门交通运输部的充分肯定。之后又经过大量的论证工作，历时两年多时间完成招标策划。

第三，选择招标对象。基于中央企业所具备的资源整合、人才储备和技术创新的优势，尤其是中央企业面对极端困境时顾大局、讲政治的担当精神，管理局将国资委直辖的中央企业作为招标策划的首选目标。根据各中央企业的反馈意见，将最终招标对象范围锁定在三家，即中交集团、中国铁道建筑总公司（以下简称"中国铁建"）、中国中铁工程总公司（以下简称"中国中铁"）。随后为了防止产生流标的情况，管理局局长带队登门拜访三大集团，推介港珠澳大桥项目，深入交流设计施工总承包模式，同时设置了投标补偿。另一方面，针对中国铁建和中国中铁的海洋工程力量较为薄弱的现状，管理局进行了市场培育工作，支持这两家中央企业整合国内和国际资源进行产业并购重组，弥补海上施工的短板。这使得三家中央企业来到了同一起跑线上，有利于提升竞标的竞争性，符合赋权理念中教育和培训利益相关者，使其具有更好的参与能力的理念。

从港珠澳大桥项目设立管理局的成功经验中可以看到，在建设管理的组织架构中纳入相对独立的项目法人，按照新区域主义理念赋予其在一定权限内开展决策协调工作的权力，能够有效地保证项目的顺利开展。一方面，管理局由粤港澳三方共同组建，在大方向上契合政府的理念，面对港珠澳大桥这样的世界难题怀有坚定不移、勇于担当的政治决心，这是项目最终成功落成的根本前提；另一方面，赋予管理局较宽松的自主权，可以使其成为粤港澳三方之间协调润滑剂，并且可以充分发挥其自身的专业性，科学制定项目方针理念、整体框架、各类规划和具体标准，为推动港珠澳大桥的成功建成具有不可磨灭的功绩。同时，管理局还进行了市场培育工作，支持中央企业通过资源重组弥补自身短板。由此可见，该部门的设立充分发挥了新区域主义赋权特征中所蕴含的对区域治理过程中的利益相关者进行教育和培训，以使其具有更好的参与能力的内在要求，非常契合新区域主义的理论特征。将权力赋予管理局使其独立运作和拥有制定标准的话语权，不仅没有减弱粤港澳三地政府自身的权力，反而为三地政府更好地开展自治和联治提供了载体。结合下文将要讲述的三地共建共管的创新决策机制"三级架构、两级协调"制度，即"专责小组—三地政府联合委员会—项目法人"模式，管理局在粤港澳三地以新区域主义理念平等协商、互信合作的机制中发挥了重要作用。

6.1.2　广东广佛轨道交通有限公司

广东广佛轨道交通有限公司（以下简称"广佛公司"）是于 2002 年 12 月 31 日成立的广佛地铁建设、管理和运营的项目法人单位，由前期的广佛地铁筹备小组发展而来。在项目建设的初期，广佛地铁的股东由广东省、广州、南海、佛山四方政府组成，共同成立了董事会。在经历佛山市内部的行政区划调整，以及广东省政府放弃入股后，股东仅剩下广州市地下铁道公司和佛山市地下铁道有限公司，两个分别代表广州市政府和佛山市政府的企业。随后，由这两家企业成立了独立的第三方组织机构广佛公司（图 6.1）。

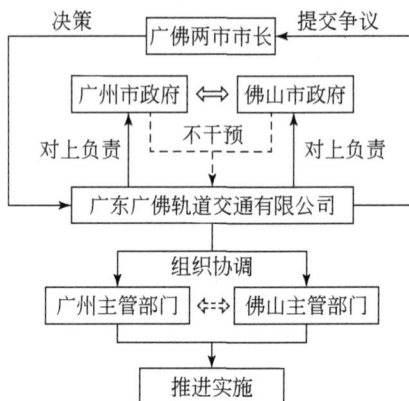

图 6.1　广佛地铁线建设管理架构图（叶林等，2020）

在广佛公司的具体运作流程中，董事会仅可任命总经理，总经理拥有全权处置公司内部事务的权力，除此之外的员工均由公司自行进行社会招聘。公司以市场化方式运营，负责对象仅有身为股东的广州市政府和佛山市政府。针对两市难以达成一致的问题，由公司牵头召开"协调例会"，双方政府的主要负责部门均需参与协商，而总经理有权力规定双方必须在相应的特定时间内达成共识。尽管依然存在双方部门未能如期达成共识、而将问题上报给市长定夺的情况，但这与过去通常需要提交至省级政府决策的方式相比，已经有了显著的改变。跨行政区域交通项目由各自独立互不隶属的市级部门共同主导，成立拥有极强自主性的第三方公司，无须上级政府的直接管理开展工作，这一种模式在广佛线的建设过程中得到创新。

在广佛公司成立后，其主要在两个时期面临了不同的严峻挑战，得益于赋权治理的举措，最终都充分发挥了自身拥有的话语权和自主性的优势，成功克服了难题。

首先是在2005年广佛地铁项目成功立项后，征地建设的进度远远低于最初的预期，难以实现亚运会前广佛地铁首通段建成通车的目标。针对上述难题，广佛公司在请示广州、佛山两市政府后，以项目业主身份将广佛线的具体建设工作交由在建设和运营方面均有成熟经验的广州地铁集团负责。广州、佛山两市政府通过广佛公司与广州地铁集团签署合同，给予广佛公司业主代理身份管理工程建设工作。广佛公司仍然保有工程建设和最终责任主体的身份，作为项目业主签署后续建设合同。在该合作方案确立后，广州、佛山两市政府依据属地原则承担前期征地拆迁工作，广州地铁集团负责后期项目建设具体工作，广佛公司负责在其间统筹协调，促使广佛线建设进程得以提速。

其次是在2010年广佛地铁首通段通车后，全线开通因众多困难而遥遥无期，除了广州方面部分地铁站附近的拆迁受阻问题，更重要和棘手的是首通段开通后的运营和管理问题，包括：跨区域合作地铁项目管理模式不清晰；运营亏损较为严重，而运营资金来源迟迟未能明确；运营成本未能得到合理控制，运营委托模式亟待优化。针对上述难题，广佛公司选择了"市场化采购服务"的委托运营模式。该模式本质在于市场采购，是一种可以高效利用市场化和社会化资源的地铁运营模式。该模式核心在于利用合同管理，保障运营成本的优势，实现封顶式管控。具体举措是在把握好合同管理的前提下，将地铁建设、运营部分的业务交由轨道交通行业市场中的专业团队。而广佛公司则将工作重心转移至理顺各方关系、协调各方利益上。这可以充分发挥广佛公司作为跨区域沟通桥梁的作用，呈现出"小业主，大社会"的模式特征。在该模式的基础上，广佛公司进一步探索城际地铁的委托运营、运营补亏、票价政策等的操作模式，以实现社会效益和经济效益最大化为目标。

在委托运营方面，广佛地铁采纳了"日常运营委托+维修外包"的操作模式。通过签订运营管理委托合同，将日常运营管理交由市场中的专业运营单位，运营总成本由运营直接成本、管理费和服务报酬组成，其中直接成本采取年度预算方式进行控制，独立核算；服务报酬与预算控制效果挂钩。根据成本比较优势原则通过公开招标方式，由广佛公司自主选择专业单位。

在运营补亏方面，广佛地铁以竣工验收时间为节点，全线竣工结算前，广州、佛山两市按各自境内已开通的线路长度占比分摊；全线竣工结算后，按两市实际投资额确定的股比进行分摊。

在票价政策方面，由于广佛地铁刚开通时，佛山还未制定轨道交通票价政策，因此整条线路暂时依据广州已有政策实施。在佛山制定完成相关政策后对于线路区间遵循属地原则，差异化执行票价政策，这有利于两市票务收入的清分。

广佛公司作为全新的公共机构，为广佛线项目的实施过程提供了沟通渠道（吴蕊彤和李郁，2013）。其由广州地铁集团和佛山地铁集团分别代表广州市政府和佛山市政府共同成立，协调处理涉及两个城市有分歧和冲突的细节问题，标志着两市政府将广佛线的部分投融资和建设事宜的处理权力赋予广佛公司。但同时广佛公司具备的市场化取向、独立性运作、以及在决策方面的话语权等属性和特点，使得它的成立和加入并没有削弱广佛两市在修建广佛线过程中的自主权，反而增强了它们的自治和联治的能力（熊烨，2017；叶林等，2020）。这也标志着广州、佛山两城市脱离了早期过程中所采用的、也是我国曾经习惯于采用的合并行政区的区域整合简易方式，从而达到更加符合新区域主义理论的多元、复杂、注重协商的新区域治理阶段（刘超群等，2010）。

6.1.3 深圳平湖南综合物流枢纽项目

深圳是较早开始重视物流发展，并将发展物流业定位为城市战略定位之一的城市（许深琛，2023）。早在21世纪伊始，深圳便启动了现代物流业发展策略研究，并于随后的2002年确定了将深圳建设成为我国乃至东南亚地区重要的物流基地、将现代物流业发展为经济三大支柱产业之一的战略目标。

2009年，深圳深入推进国务院颁布的《物流业调整和振兴规划》，推动物流业平稳良好发展，进一步增强自身在珠三角产业体系中的物流业服务能力，加快建设全球物流枢纽城市。在电子商务逐渐兴起的大背景下，深圳也开始将物流业的发展重点放到电子商务上，努力创建国家电子商务示范城市。在2010年编制完成的深圳城市总体规划中，深圳制定了"华南地区重要的供应链管理基地和亚太地区具有重要影响力的物流枢纽城市"。在2017年发布的《深圳市综合交通"十三五"规划》中，深圳将自身物流枢纽的定位再度提升，提出借助建设国家现代物流创新发展试点城市的契机，打造"具有国际资源配置功能和国际商务营运功能的国际物流枢纽城市"。基于该规划定位，深圳不断加大对物流业发展规划的编制工作，颁布物流业建设政策与方案，制定相关企业管理规范，加快打造国际物流枢纽城市。

在过去相当长一段时期内，深圳的铁路货物运输发展情况显著落后于其他交通方式。尤其是既有铁路货场规模不足、功能单一，且扩张空间已被周围城市建设限制，无法更新升级成为便捷、高效的铁路集疏运系统，又对区域的经济发展形成了较大阻碍。为促进城市物流发展和建设多式联运体系，平湖南铁路编组站被定位为未来的核心铁路物流枢纽，平湖物流园区的用地规划依据来源于《深圳市土地利用总体规划（2006—2020 年)》。在 2010 年编制完成的深圳城市总体规划中，提出将重点依托平湖物流园区作为深港两地港口拓展腹地的作用，实现东西部港区之间的有效衔接，打造多模式交通联运系统。2016 年，广州地铁集团与深圳市政府开展合作，共同建设平湖南综合物流枢纽项目工程。2019 年 9 月，平湖南铁路货场入选全国首批 23 个国家物流枢纽，同时作为国铁集团在全国规划的 33 个一级铁路物流中心之一，以及 18 个铁路集装箱中心站之一（戴晓蓉，2021），此外还具有深圳市明确的"最综合、辐射范围最广的综合物流枢纽"等多重定位，具有独特的政策优势。

1. 项目概况

平湖南综合物流枢纽（以下简称"平湖南枢纽"）坐落于深圳龙岗区平湖南街道，北部与机荷高速相连，东部靠近丹平快速路，西部邻近梅观高速，南部临近水官高速。平湖南枢纽是国家铁路网中华南地区的重要节点之一，共建有京九铁路、平南铁路、平盐铁路三条铁路，可以向东西两个方向分别直接连接盐田港与蛇口港，具有非常优越的交通区位条件（戴晓蓉，2021）。平湖南枢纽的项目用地性质为铁路用地和物流用地，代表分层确立不同的用地性质，即地面层的用地性质为铁路用地，二期铁路上盖空间的用地性质为物流仓储用地。其铁路货场总占地规模为 1350 亩，是深圳近 20 年来规模最大的单体可开发物流资源，可开发规模超过了深圳近 10 年来物流及仓储用地出让面积总和（约 1020 亩）。该项目的总投资金额约 100 亿元，主要通过发行债券和银行借贷等方式解决资金来源问题。既有平湖南货站为二级四站场型编组站，是该枢纽唯一的编组站。平湖南铁路货场接轨于平湖南编组站下行到发场深圳侧咽喉区，共新建线路 8.3km、道岔 9 组，并新建仓库 17 000m²、商贸服务及生产房屋 18 000m²、设备及生活房屋 2000m²。

场地上规划有铁路货运区、仓储物流区等功能区，并配套有综合物流服务功能。基于结合公路、铁路多式联运、区域分拨配送、公共仓储、供应链、物流信息服务于一体的规划理念，打造大规模智慧化现代物流综合体，包括区域市场中非常稀缺的高标仓、冷库等（戴晓蓉，2021）。项目具备发展公路、铁路、海运多式联运综合物流枢纽的条件，届时铁路货站将升级成全国单体规模最大的标杆性综合物流枢纽。

平湖南枢纽二期项目规划建设层高为 11m 的架空层，架空层以上（不含架空层）共有四层出让空间。二期铁路上盖项目总用地规模约 500 亩，容积率为 2.55，计容建筑面积约 80 万 m^2，规划主要功能为"仓储+办公"。项目着重打造"两大平台、十个中心"，即合作性策略模式（vendor managed inventory，VMI）服务中心、城市共同配送中心、城际物流中心、冷链物流中心、公铁联运中心构成的物流功能平台；电子商务产业中心、供应链管理及金融服务中心、数据信息服务中心、区域总部及商务中心、配套服务中心构成的产业链服务平台。

2. 开发建设主体：深圳市深国铁路物流发展有限公司

2016 年 10 月，广州地铁集团与深圳市轨道办签署新的合作框架协议，商定由深圳市政府指定相应企业与广州地铁集团开展合作，双方共同成立拥有一定自主权力的新合资公司，由其对平湖南项目承担具体的开发与运营工作。在此基础上，深圳国际控股有限公司与广州地铁集团共同成立了合资公司——深圳市深国铁路物流发展有限公司，作为平湖南枢纽项目的开发主体（图 6.2）。

由深圳市政府指定的深圳国际控股有限公司（以下简称"深国际"）是深圳市唯一一家以收费公路、现代物流、港口及环保为主业的市属直管企业。深国际秉持"城市配套开发运营国企力量"的企业理念，重点在粤港澳大湾区、长三角城市群和环渤海经济带三大经济区开展业务，并在全国近 40 个物流节点城市均有业务。深国际是《深圳市现代物流站场体系构建与布局规划（2021—2035）》的重要参与者之一，承担了该规划中大部分项目的开发任务，尤其将重点负责深圳三级物流站场规划、建设绿色智慧物流枢纽标杆项目。

平湖南项目对深国际而言是具有巨大发展价值的稀缺交通资源。在广州地铁集团与深圳市轨道办协议签署完成后，深国际便主动争取该合作机会，与深圳市轨道办、市国资委、广州地铁集团及其母公司国铁集团积极开展沟通交流。经过多轮长时间的协商，深国际最终于 2018 年成功获得作为深圳市属企业唯一代表

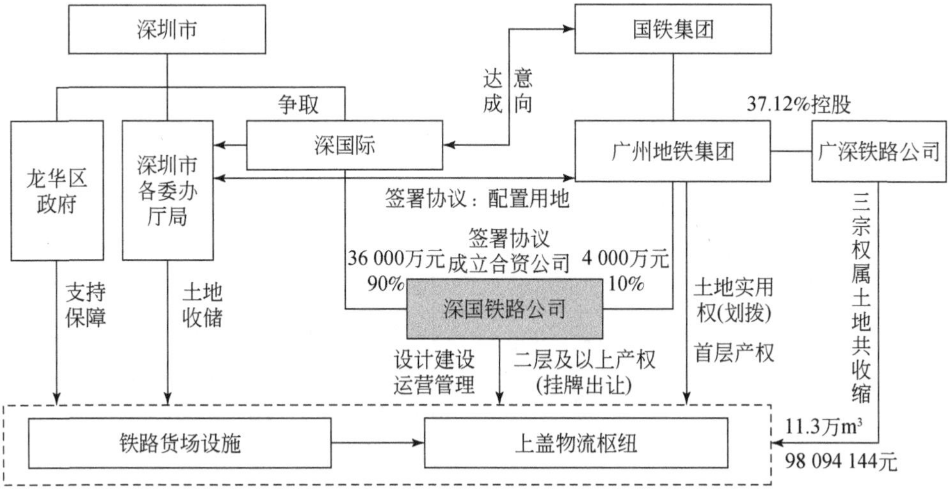

图 6.2　平湖南项目各主体关系示意图（许深琛，2023）

资料来源：根据访谈及公开资料绘制

参与平湖南铁路货场开发运营的资格。该项目是其首次与铁路企业合作开发物流园项目。广州地铁集团拥有土地使用权及铁路基础设施所有权，深国际拥有资金优势及仓储设施开发运营管理经验，因此双方发挥各自所长，通过共同成立合资公司深圳市深国铁路物流发展有限公司（以下简称"深国铁路公司"）作为开发主体，对平湖南项目进行分期建设和运营。

3. 路地协调过程

广州地铁集团与深圳市政府之间就合资公司出资比例、铁路上盖开发模式等方面进行了协商谈判。在合资公司出资方面，深国际在获得代表深圳市政府参与平湖南枢纽项目的资格后，于 2020 年 3 月与广州地铁集团签订合作协议和经营协议，并报国铁集团审批通过。协议中规定深国际和广州地铁集团按照 90%∶10% 的比例，分别承担现金出资 36 000 万元和 4000 万元，共同出资成立合资公司。合资公司需在注册后的三个月内与广州地铁集团（或其授权指定的全资附属公司）签署经营协议。根据协议规定，该公司可获得平湖南枢纽项目范围内的铁路设施及相应地块的 40 年使用权，作为唯一经营主体负责项目运营及管理。

针对平湖南枢纽的铁路上盖开发模式和权属问题，深圳市政府支持以分层确权的方式开展上盖综合开发。同年 8 月 18 日，深国铁路公司成立。深国际于 8

天后再度与广州地铁集团就协议进行修改重订，修订内容涉及董事会组成、控制人变动、合资公司破产清算相关规定及其他主要条款，具体内容见表 6.1。

表 6.1　深国际：有关平湖南项目经修订及重订的合作协议（许深琛，2023）

修订事项	原协议内容	修订后内容
董事会组成	合资公司董事会将由五名董事组成。深国际（深圳）将委任四名董事，广州地铁集团将委任一名董事	深国际（深圳）将委派三名董事，广州地铁集团将委派一名董事，职工代表大会将选举一名职工董事
控制人变动	不适用	若本公司/深国际（深圳）新增超过 33% 股份股东，须书面告知广州地铁集团。若本公司或深国际（深圳）实际控制人变更为非国有企业，广州地铁集团有权提出终止经修订合作协议
合资公司破产清算	不适用	若合资公司经营不善导致破产清算，则应依据有关法律法规对合资公司资产（包括上盖物流仓储设施的所有权）进行处理，地面层所有铁路设施及土地权属仍归属广州地铁集团
其他主要条款	倘合资公司能取得有关使用权的土地价格较届时市价有所折扣，则深国际（深圳）及广州地铁集团同意根据合作协议有关条款进行收益分配	双方将充分利用铁路行业政策优势，积极争取地方政府给予地价优惠。双方同意该地价优惠进行测算后用于广州地铁集团后续在合资公司的股权增资款

资料来源：根据深圳国际控股有限公司公开披露公告整理。

在经历多次深度协商后，深国际制定的项目方案与开发模式获得国铁集团和深圳市政府双方的高度认可。深圳市各部门和各级政府，包括发展和改革委员会、规划和自然资源局、交通运输局，以及龙岗区政府在内，均对平湖南枢纽土地复合利用方案表示支持：市规划和自然资源局提出可"带产业项目出让"的工作路径，市交通运输局出台支持交通运输结构调整的鼓励政策，龙岗区编制平湖南湾片区物流用地统筹实施规划等。2021 年 9 月 17 日，平湖南枢纽正式动工建设。一期铁路货场于 2022 年完成交接并已开始运营，已投入营运铁路货场/堆场面积约为 255 亩。此后陆续开展项目上盖仓储（二期）建筑的土地获取、建设方案设计等工作。

在土地获取工作方面，2022 年 9 月，广深铁路公司将深圳龙岗区三宗权属土地交由深圳相关部门先行收储后再配置给广州地铁集团。在完成交易标的评估定价后，广深铁路公司与龙岗区南湾街道办事处和平湖街道签署土地收储补偿协议及房屋搬迁补偿安置协议。在建设方案设计工作方面，2022 年 9 月，平湖南枢纽二期方案及施工图设计启动招标工作；同年 12 月，项目开展工程勘察资质审查及业绩公示工作。2023 年 3 月，龙岗区政府公示平湖南枢纽项目遴选方案，意向单位为深国铁路公司。根据项目方案，深国铁路公司通过挂牌方式取得用地后须在 1 年内开工建设，并在 4 年内完成平湖南枢纽的建设任务，实现建成投产的目标。

4. 开发收益分配

平湖南枢纽项目涉及广深铁路公司共计约 170 亩的三宗权属土地，具体位置位于深圳龙岗区南湾街道和平湖街道辖区，由深圳市规划和自然资源局龙岗管理局、深圳市龙岗区城市更新和土地整备局进行收储，而后再配置给广州地铁集团。2022 年 6 月 30 日，交易土地的账面价值为 358.25 万元（表 6.2）。

表 6.2 平湖南项目涉及权属土地信息（许深琛，2023）

房地产证证号	权属	用途	证载面积（m²）	本次交易涉及面积（m²）
深房地字第 6000038419 号	出让用地	铁路用地	8 440	8 440
深房地字第 6000050588 号	出让用地	铁路用地	1 009 500.03	80 554.26
深房地字第 6000048827 号	划拨用地	铁路用地	38 693.34	24 023

注：上述所涉及土地位于南湾街道辖区为 71 663.26m²，位于平湖街道辖区为 41 354m²。
资料来源：作者根据广深铁路股份有限公司第九届董事会第十四次会议决议公告整理。

上述涉及土地含南湾街道辖区土地 71 663.26m² 及平湖街道辖区土地 41 354m²。项目土地评估报告由双方认可的评估公司联合出具，划拨土地估价收回补偿市场价值依据相关土地补偿价值标准，结合周边土地使用权收回补偿案例情况进行综合分析确定。根据房地产估价报告评估结果，广深铁路公司 113 017.26m² 权属土地及地上建（构）筑物总价值为 98 094 144 元（表 6.3）。这宗交易的完成将为广深铁路公司增加非经营性税前利润约 9000 万元。而广州地铁集团为持有广深铁路公司 37.12% 股权的第一大股东，且此次收储的用地会再经由深圳市有关部门将其配置给广州地铁集团，也是项目的获益方。

表 6.3　平湖南项目用地收储评估价值一览表（许深琛，2023）

辖区	性质	用地面积 （m²）	评估单价 （元/m²）	评估价值（元）
南湾街道	出让土地	71 663.26	946	67 793 444
	出让土地	17 331	920	29 157 170
	划拨土地	24 023	550	
平湖街道	地上建（构）筑物及地上附着物	—	—	1 142 730
	搬迁费	—	—	800
总计				98 094 144

资料来源：根据广深铁路股份有限公司第九届董事会第十四次会议决议公告整理。

　　平湖南枢纽的开发主体深国铁路公司由深国际和广州地铁集团各自的全资子公司控股，根据合作协议，深国铁路的收益与亏损根据双方各自于合资公司的股权进行分配。

　　项目一期建设阶段采用使用权资产模式，因广州地铁集团持有项目产权，由其负责拿地建设，深国铁路公司采用支付建设费用及租金的形式获得项目 40 年资产使用权，并承担一期项目后期运营工作。根据深国铁路公司与广州地铁集团签署的经营协议，前者将向后者（或其指定全资附属公司）支付铁路设施使用费，首期费用按固定金额分期支付，总额暂定为 54 800 万元；其他分期铁路设施使用费则需按年支付，将上述区域计费面积（约 64 万 m²）乘以各自的计费单价进行计算，计费单价以双方同意的增长率每年递增。

　　项目二期建设阶段为合资公司开发模式。根据分层确权模式，地面层产权保留在广州地铁集团，二层及以上产权归属深国铁路公司，承担建设、运营工作。根据 2023 年 3 月公示的遴选方案，二期项目采用"带产业项目"挂牌出让方式，出让期限为 30 年，意向用地单位为深国铁路公司。平湖南枢纽是深圳市重点产业项目之一，深府规〔2019〕4 号文中规定，平湖南项目出让底价按照市场价格的 70% 确定。根据深国际与广州地铁集团修订后的协议款项，双方将积极借助铁路行业政策优势争取地价优惠，该优惠将在测算后作为广州地铁集团后续在合资公司的股权增资款。此外深国际还将根据确定的优惠收益调整后续增资的规模。

　　遴选方案也评估了项目产出规模：竞买申请人在项目建成投产后第 1 年，在本宗地块统计核算的产值（营收）规模不低于 2 亿元，缴纳税额不低于 2000 万元。投产后每 5 个会计年度的产值（营收）规模不低于 50 亿元，累计统计缴纳税额不低于 2.5 亿元。在转让期届满前 1 年，在本宗地块统计核算的产值（营收）规模不低于 10 亿元，缴纳税额不低于 5000 万元。

5. 项目总结

深国铁路公司负责开发的平湖南枢纽项目对于促进深圳市公路、海运、铁路联运快速发展，进一步提升多式联运承载能力和衔接水平，补强深圳市铁路货运短板，实现绿色物流目标具有重要意义，对于促进铁路用地综合开发也具有探索性的实践意义。目前项目还处于建设起步阶段，深国铁路公司在其权限范围内发挥主观能动性的成效正在逐渐显现。深国铁路公司作为开发主体，在开发模式上对平湖南项目进行了"铁路用地+产业用地"复合开发模式的探索。通过铁路用地上盖构筑物并分层确权，铁路资源和地方产业资源得到有效整合，土地产出价值大幅提升，土地集约利用水平大幅提高。建筑形态上，项目是全球首个铁路上盖物流枢纽的案例，且单体开发规模居全国之首。深国铁路公司在平湖南项目中采取公铁物流设施无缝衔接的设计理念，大幅提高铁路的服务效率和集货能力，缓解公路货运压力，优化区域交通运输结构，对深圳市铁路物流降本增效起到了重大意义，也符合城市绿色发展理念，从而实现"铁路运输+现代物流"的融合发展，是集约利用土地资源的有益探索。土地出让方式上，项目属于重点产业项目，采用"带产业项目"挂牌出让方式。根据《深圳市工业及其他产业用地供应管理办法》，项目用地不得改变土地用途，不得转让建设用地使用权及建筑物，初始登记后不得办理分证，也不得以股权转让或股权变更的方式进行变相转让。因此，开发主体须具备产业项目开发经验。深国际在物流园建设开发方面的经验相较广州地铁集团更为丰富，在合资公司股权分配上能争取到更大比例。深国际作为在香港联合交易所有限公司主板上市的红筹公司，其更为市场化的经营理念更加贴合新区域主义所强调的赋权理论特征，在其主导下能够接受赋予深国铁路公司更加充分自主负责的权力，有利于深国铁路公司在下一步实践过程中不断发挥自身主观能动性，执行平湖南综合物流枢纽项目开发任务，持续探索全球首例铁路上盖物流枢纽的发展新模式。

6.1.4 小结

在大湾区现有交通项目实践中，符合新区域主义赋权思想的新建独立自主专业执行主体的做法主要有，由国企主导成立合资企业和由政府组建下属事业单位两种类型。成立合资企业模式在实践中更为普遍，包括广佛公司、深铁国际等。而组建事业单位模式相对少见，其中以港珠澳大桥管理局为典型。成立不同类型的新执行主体的关键因素在于交通项目的建设技术难度。对于跨市地铁、铁路上盖一类技术已经非常成熟，主要障碍在于制度创新和协商途径方面的交通项目，新建具有市场化属性的合资公司，能够充分发挥其更加自由迸发的创新意识，自主探索出投融资、运营和管理方面克服制度障碍的新发展模式。同时，其相对独立的第三方组织属性，能够在多协作主体协商过程中恰当地充当润滑剂，提出相对公正的方案，更易被各主体接受，从而推动项目建设进程。而对于港珠澳大桥一类建设难度巨大、在技术上仍有很大挑战的世纪工程，成立政府下属的事业单位作为项目法人，更有利于发挥政府强大的政治决心和组织能力，从而攻克技术难题，确保高难度工程建成。

6.2 权力下放予现有基层部门或社会组织

6.2.1 大湾区城际铁路事权财权下放

跨行政区域和行政层级的共同协作是创新适宜的城际铁路投融资机制不可或缺的实现前提（Li et al.，2013；林雄斌等，2016）。大湾区城际铁路的事权财权经历两次下放过程，在投融资环节共形成了部省、省市和都市圈三种合作模式。我国最初的城际铁路投融资模式深受干线铁路建设的影响，形成了部省合作模式。这主要是因为在推动培育都市圈、城市群的政策大环境下，在城镇化水平领先的粤港澳大湾区、长三角经济区和京津冀经济区等区域提供城际铁路服务，既能满足中央政府的宏观政策要求，又能满足地方政府的自身发展需求。因此双方基于利益结合点达成了相关协议，共同助力城际铁路建设。部省合作模式的主导权在中央层面的原铁道部，最大的特点在于能够发挥中央政府强大的动员能力，依托成熟的行政架构快速推进城际铁路的前期建设。但由于借鉴干线铁路模式所带来的收支清算不透明，导致吸纳社会资本困难，该问题在后期全国各区域不断新增城际铁路需求，以及中央政府财政逐渐紧张的大趋势下，进一步造成了部省合作模式的难以为继。

在此背景下，城际铁路投融资模式进入第二个阶段，即省市合作模式。为探索解决引入社会资本困难导致城际铁路建设受限的问题，中央政府对铁路领域的投融资体制进行了改革，将城际铁路建设的事权财权下放至地方政府。同时，广东省政府也发现在部省合作模式阶段受铁道部限制，无法独自开展投融资模式探索工作，希望由省级政府主导城际铁路建设的想法不断发酵。中央政府与地方政府再度基于利益结合点形成共识，铁道部逐渐退出城际铁路领域，广东省政府转而采用省市合作的投融资模式，借助省级融资平台积极吸纳社会资本。

尽管如此，省市合作模式对于解决融资难题依然收效不佳，巨大的资金压力只是从中央政府转移至省级政府。因此，广东省政府再度对城际铁路的投融资模式做出革新，依托广州和深圳两个大湾区中心城市，将城际铁路的主导权赋予都市圈城市政府，探索都市圈合作模式。

对以上三种投融资模式的历史时期进行详细划分，需要对粤港澳大湾区的城际铁路建设历史进行回顾。为了适应珠江三角洲经济区快速提升的经济水平，满足未来人民对于跨市出行的需求，以及促进该经济区经济社会的进一步发展，广东省政府早在 21 世纪初便已经开始考虑和计划修建城际快速轨道交通线网。2000 年，《珠三角经济区城际快速轨道交通线网规划》预审稿出台。2002 年 9 月 12 日，广东首次提出在珠三角各城市（含香港、澳门）构建 1 小时生活圈概念，建设以广州为中心，以广深、广珠经济带为主轴，连接珠三角各城市的城际快速轨道交通系统。同年 11 月 25 日，广东省政府批准《珠江三角洲经济区城际快速轨道交通线网规划》。2005 年 3 月，广东省政府颁布的《珠江三角洲地区城际轨道交通网规划（2005—2020 年)》经国务院审议后获得原则上的通过。此后，珠三角地区掀起了修建城际铁路的浪潮，进入了建设高速期。

回顾珠三角自 21 世纪初至今的城际铁路建设史，其关于城际铁路的投融资模式也是一段事权财权不断下放的历史，可以被分为五个历史阶段（图6.3）。

第一阶段是 2004 年 10 月至 2008 年 10 月部省合作模式时期，结束于广东省所做的新投融资方案专家组草案成型。这一阶段中，广东省与铁道部以平均分摊资本金的形式创办股份公司合资建城际铁路，开工建设的为广珠城际铁路。

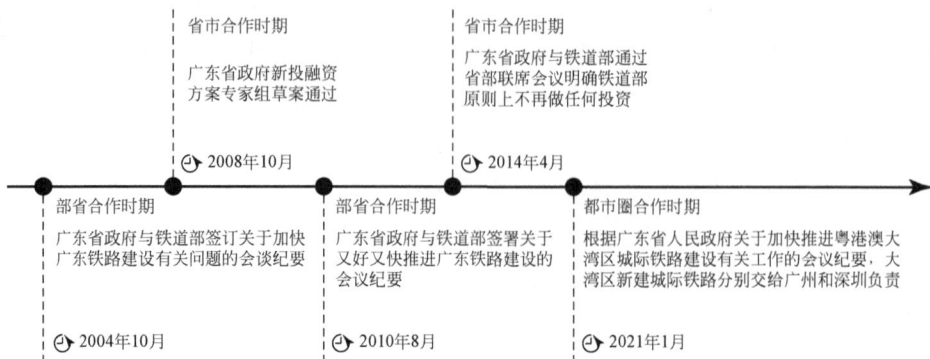

图 6.3　粤港澳大湾区城际铁路投融资模式变迁时间轴（2004 年至今）

第二阶段是 2008 年 10 月至 2010 年 8 月省市合作模式时期，结束于 2010 年 8 月 25 日广东省政府与铁道部签署关于又好又快推进广东铁路建设的会议纪要。这一阶段中，广东省谋求自主建设城际铁路，由省市两级财政出资本金共同投资，开工建设的有穗莞深、佛莞和莞惠三条城际铁路。

第三阶段是 2010 年 8 月至 2014 年 4 月部省合作模式时期，结束于广东省政府与铁道部通过省部联席会议，明确铁道部原则上不再参与广东省任何城际铁路项目的投资。前期开工的穗莞深、佛莞和莞惠三条城际铁路在回归部省合作模式后不久，铁道部的出资开始难以保证，后期逐渐减少投资直至完全不再做任何投资的过渡期，因此 2013 年 9 月开工的广清城际已是采用的省市合作模式。

第四阶段是 2014 年 4 月至 2021 年 1 月省市合作模式时期，结束于 2021 年 1 月根据广东省人民政府关于加快推进粤港澳大湾区城际铁路建设有关工作的会议纪要。省政府调整粤港澳大湾区新建城际铁路的建设模式，这一阶段同样是由省市两级财政出资建设城际铁路，开工建设的有广佛环线、佛莞城际、珠机城际、新白广城际等。这一阶段历时较长，但到目前为止建成的城际铁路有限，尤其少有跨市城际铁路完全建成，仅有广佛环线部分区间开通运营。

第五阶段是 2021 年 1 月至今都市圈合作模式时期，大湾区新建城际铁路将分为广州市主导的广州都市圈和深圳市主导的深圳都市圈城际铁路进行规划、融资和建设。省级层面不再参与出资，将权力下放予广州和深圳两市，由两市带头与其他地级市进行平级的协商与合作，推进城际铁路建设。

1. 部省合作模式

前文提到，广东省政府在 2004 年 10 月 1 日便与铁道部在广州签订《铁道部、广东省人民政府关于加快广东铁路建设有关问题的会谈纪要》，成为最早签订"部省合作协议"的省份之一，标志着广东省正式进入部省合作修建城际铁路的模式。部省合作模式是指铁道部与城际铁路所在省、市政府联合投资的铁路建设模式（霍亮，2021）。铁道部作为我国专门负责铁路建设的中央部门，其在修建铁路方面具有极大的技术、设备、人才和经验的垄断优势。因此在部省合作模式中，掌握最大权力的权力主体为中央层面的铁道部（图 6.4）。省级政府通过与铁道部签署"部省合作协议"，双方各自委托出资代表按协议中规定的比例出资作为资本金，地方政府承担沿线征地拆迁工作，共同作为股东成立铁路合资公司，该公司负责向银行贷款筹集资本金以外的建设资金，并负责城际铁路的建设、经营和还贷（张衔春等，2020）。

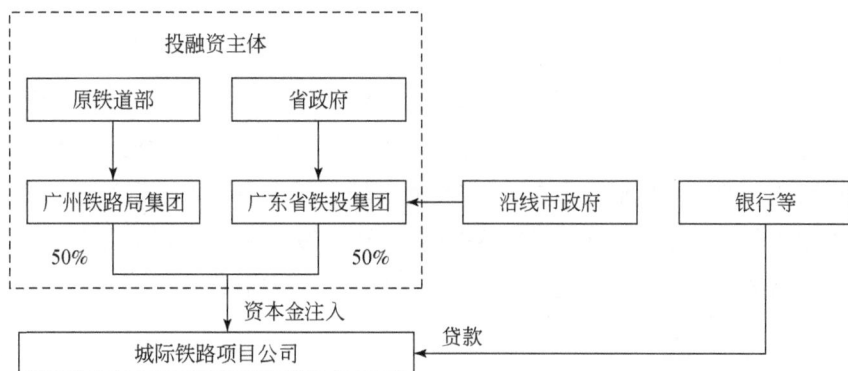

图 6.4　城际铁路项目部省合作模式图（段阳，2022）

（1）国家铁路影响下的部省合作模式

我国的铁路类型主要可以分为国家铁路和地方铁路，根据 1990 年 9 月由全国人大常委会审议通过《中华人民共和国铁路法》，可以得到两者的定义，即国家铁路是指由国务院铁路主管部门管理的铁路；地方铁路是指由地方政府管理的铁路。因此两者在支出责任上存在不同之处，事权财权的主导者也存在区别，前者主要由中央政府承担支出责任，后者则主要由地方政府承担。我国确立各项工作的事权财权应当归属于何级政府，主要依据的是以下三个原则：①外部性原则：高层级政府应当负责其下属行政区域具有外部性的事务；②复杂性原则：地方政府应当负责具有高难度信息获取和处理特征，以及潜在信息不对称风险的事务；③积极性原则：各级政府应当获得与自身所承担责任相匹配的事权财权，以调动其工作积极性并实现总体利益最大化。基于以上原则，具有跨区域属性的交通设施建设，如国家铁路的事权财权应由中央政府和地方政府共同承担，并且由中央政府掌握主导权。而行政区域内部的基本交通服务，如地方铁路则应由地方政府拥有事权财权。

因此，国家铁路作为跨区域交通设施，其建设模式主要采用部省合作模式。投融资主体包括中央政府、沿线省市政府和社会主体，各方通过协商明确具体的出资比例共同成立合资公司，通常由国铁集团即原铁道部代表中央政府控股合资公司，并承担铁路后续的运营和管理。地方铁路作为城市行政区域内部交通设施，主要由地方政府或地方国有企业代表政府与社会主体投资建设，并共同成立合资公司负责运营管理。作为我国铁路大通道骨架重要组成部分的干线铁路大多为国家铁路，采用部省合作模式，市域（郊）铁路和城市轨道交通则基本上均为地方铁路。

由于城际铁路在空间范围上虽然跨越了单个行政主体的界限，但并没有达到联系各省份的交通大通道地位，仍然仅限于城市群区域内，因此处于干线铁路与地方铁路之间的尴尬境地。在 2019 年交通运输领域中央与地方财政事权和支出责任划分改革方案落地之前，城际铁路的分类归属并没有明确的政策依据，主要受国家铁路部省合作模式影响，财政事权由中央政府与省政府共同承担，主导权在原铁道部。

（2）历史回顾

铁道部与广东省政府合资建设城际铁路的实践最早可追溯至 21 世纪初。2003 年 11 月，铁道部与广东省政府协商达成加快广东铁路建设的共识，正式开启双方合资建设铁路的历程。2004 年 10 月，双方明确包括珠三角城际快速轨道交通在内的九个重要建设项目，除其以外均为干线铁路项目，建设总里程达 2164km，静态总投资达 1390 亿元。2008 年 3 月，双方在大量干线铁路建设工作安排以外，提出加密和完善珠三角城际轨道交通网络，在既有规划基础上加快推进珠三角轨道交通同城化的规划建设。2009 年 5 月，双方提出加大合作建设珠三角地区城际轨道交通的力度。2010 年 8 月 13 日，双方明确授权广州铁路（集团）公司、广东省铁投集团分别作为铁道部、广东省政府的出资人代表，双方各出资 50％成立广东珠三角城际轨道交通有限公司，承担整个珠三角城际铁路网的建设和运营管理工作。原广东珠三角城际轨道交通有限公司随后变更名称为广东广珠城际轨道交通有限公司，继续作为项目业主负责广珠城际、珠机城际铁路建设。其余珠三角城际铁路项目则由新成立的广东珠三角城际轨道交通有限公司负责。

对于部省合作模式中广东省与沿线各市的出资安排情况，根据 2010 年广东省政府发布的关于研究珠三角城际轨道交通主骨架网络项目省级资本金筹措问题的签报意见，除了广珠城际和广佛城际（广佛地铁）外，其余城际铁路项目沿线城市采用以征地拆迁费用为资本金的形式出资，广东省政府承担除此以外的建设资金（图 6.5）。2012 年，广东省办公厅发布关于在建及近期拟建城际轨道交通项目资本金筹措建议的签报意见，明确了沿线各市的出资责任，广州、深圳自行筹集自身出资额；肇庆、清远由省政府协助贷款筹集出资额；其余城市由自行筹集和省政府协助贷款筹集各 50％出资额，贷款资金由各市政府负责偿还。在协助贷款筹集资金过程中，省财政通过向广东省铁投集团注资和安排用地指标的方式，支持其开展土地综合开发，提升其融资能力。

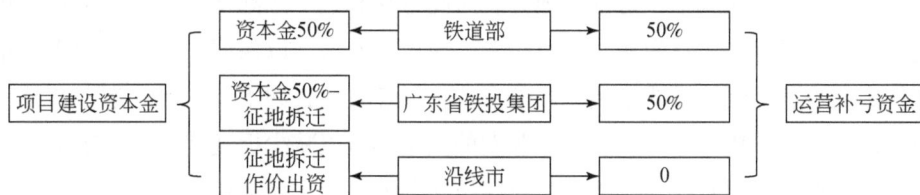

图 6.5　广东省城际铁路部省合作型投融资模式的出资安排（郝柘淞，2023）

（3）模式优缺点

该模式最大的特点在于有中央层面的铁道部的参与，因此优缺点均围绕铁道部的属性和特征产生。其中优点有以下三点。

第一，该模式的投资主体主要由铁道部、省市政府、各级政府性投资平台牵头组成，以政府财政性资金或专项债提供保障，发挥政府强大的协调能力推动项目前期投资工作。对于具有公益性而难以盈利的铁路而言，由政府掌握主导权，提供资本金并且承担项目风险，以政府的信誉和协调能力说服银团贷款，实现数额庞大的资金顺利流转，能够与我国铁路发展的实际需要适配。

第二，该模式基于政府内部的层级结构，运作流程成熟、运作路径清晰。实施过程中相关权力主体均为政府部门或其下属国企，有明确的等级和管理关系，项目协商与合作均在同一系统内进行，方便项目推进。没有社会资本的加入，因此不会牵涉到复杂的权属关系，也不会经历繁复的项目合同谈判和签署过程。因此具备缩短初期准备工作周期、快速高效推动整体项目进程的优势。

第三，在该模式下建成的城际铁路是统一按照铁道部的线路和车辆标准进行修建的，便于与其他国家铁路网络进行连接，从而纳入到我国整个高速铁路网络中。由于有铁道部的主导和参与，城际铁路可以容易地被允许在部分路段借用已有的国家铁路干线的线路，尤其是可以借此进入很早建成的位于市中心的人流密集的火车站。这不仅可以节省城际铁路的建设成本，也可以增加乘客乘坐城际铁路的便捷性，充分发挥其功能。

除了前文提到的与投融资相关的缺点外，部省模式还存在以下问题。

第一，部省模式的合作牵涉到铁道部与广东省政府间的协调，协调存在难度。铁道部因与多省进行部省合作，难以全身心关注广东省的城际铁路建设，融资建设的优先级有别。而广东省政府受限于与铁道部的合作，主导权有限，即使己方已完成资金筹备，也无法独自推进项目，从而造成进度延误。

第二，部省模式下铁道部与地方政府间存在利益不匹配情况。铁道部希望将线路和站点设置在人口稠密、建设完善的城市中心区，以保证城际铁路的人流量从而实现盈利。但该模式中地方政府只负责拆迁费用，并不负责后期运营和补亏费用，因此其希望将站点设置在待开发的城市郊区以减少拆迁费用，并带动郊区发展以增加政府财政收入。地方政府在该问题上处于主导地位，结果常以铁道部妥协而告终。城际铁路修建主导权与地方土地主导权的错位，导致城际铁路建成后可能因站点位置偏远、交通不便而难以吸引客流，亏损严重。

第三，在中央资金短缺与地方铁路建设需求较高的矛盾下，城际铁路借鉴干线铁路，部省合作合资建设，由国铁集团负责运营管理的模式对中央和地方均产生了明显的负面影响，出现了不可持续困境。对中央政府而言，一方面，部省合作模式会持续加大中央政府铁路建设和运营补亏资金压力，不利于国家集中精力发展干线铁路；另一方面，中央在资源有限的前提下，只能依据自身对项目轻重缓急进行判断后有差别地逐个实施，不利于快速落实规模宏大的全国铁路建设规划。对地方而言，一方面，限制了地方自主供给城际铁路的能力，拖慢了迫切需要发展城际铁路城市的建设速度；另一方面，在当前以发展都市圈、城市群为目标的新型城镇化战略背景下，地方对城际铁路的公交化运营、市场化运作、多元主体参与产生了巨大需求。而传统的干线铁路投融资、运营管理模式在利用社会资本融资、公交化运营、单一主体话语权过强等方面都具有明显缺陷。

（4）广珠城际

部省合作模式在广珠城际铁路的修建中贯彻得最为彻底。虽然广东省很早便与铁道部开展部省合作，但在目前已经建成并开通运营的跨市城际铁路中，仅有广珠城际铁路是从始至终完全采用部省合作投融资模式建成的城际铁路。广珠城际铁路是连接广州与珠海的城际铁路，线路沿南北延伸，属于"八纵八横"高速铁路网京哈—京港澳通道，也是珠三角城际快速轨道交通的主干线路之一。广珠城际铁路一共拥有 22 座车站，分为广州南站至珠海站和小榄站至新会站两段线路，前者线路里程为 115.625km，后者线路里程 26.609km，时速最高为200km。《珠江三角洲地区城际轨道交通网规划（2005—2020 年)》于 2005 年 3月获得国务院审批通过，其中预计 2010 年建成广州至珠海、小榄至江门的城际轨道交通线。随后的 2005 年 12 月 18 日，广珠城际铁路正式开工，2012 年 12 月31 日全线贯通。

最早动工的广珠城际采用的是部省合作修铁路的模式。按照传统部省合作的融资模式，铁道部和广东省政府需要首先筹集资本金，剩余资金由项目公司通过银团贷款获得。2004 年 4 月，广珠城际工程可行性研究审查会初步制定了其线路走向、技术标准及设计方案。在部省合作模式指导下，广东省政府与铁道部于同年 7 月 29 日各自出资 50%组建广东珠三角城际轨道交通有限责任公司，负责珠三角城际铁路的融资、建设和运营。因此，广珠城际铁路作为珠三角首条动工建设的线路，交由该公司作为项目公司负责。广珠城际的总投资额为 230.87 亿元，资本金比例占总投资额的 50%，由铁道部和广东省按 1：1 分摊，各出资 57.72亿元，其中省方出资分为 31.17 亿元的省级财政出资和 26.55 亿元的沿线市级财政出资。另需项目公司广东珠三角城际轨道交通有限责任公司向银团贷款 115.44亿元，最终满足总投资额要求（表 6.4）。

2. 省市合作模式

省市合作模式指铁道部不出资，由省方主导自主建设，仅由城际铁路所在省政府和沿线市政府联合投资的铁路建设模式。在该模式中，省政府与沿线各市政府之间达成协议，委托各自的出资者代表，主要是省属和市属国有企业，按协议中规定的比例出资作为资本金，共同作为股东成立铁路合资公司，该公司的职责

表 6.4 部省合作模式城际铁路资料一览表

项目名称	项目公司	建设规模（km）	总投资（亿元）	资本金比例（%）	资金来源				项目公司贷款（亿元）
					资本金（亿元）				
					铁道部	省方			
						省级	沿线市		
广州至珠海（含中山至江门）城际快速轨道交通	广珠城际轨道交通有限责任公司	144.30	230.87	50.00	57.72	31.17	26.55	115.44
穗莞深城际洪梅至深圳段	广东珠三角城际轨道交通有限责任公司	56.30	157.50	50.00	39.38	21.07	18.30	78.75
穗莞深城际新塘至洪梅段		17.90	76.90	50.00	19.23	11.25	7.97	38.45
穗莞深城际广州东至新塘段既有线改造		18.40	9.50	50.00	4.28	0.14	0.33	4.75
佛山至肇庆城际		84.80	213.80	50.00	53.45	29.95	23.50	106.90
东莞至惠州城际		99.80	342.84	50.00	85.71	52.51	33.20	171.42

资料来源：广东省铁路建设投资集团有限公司主体及相关债项 2014 年度跟踪评级报告。

与部省合作模式中的情况相同。因此在该模式下，大湾区城际铁路的主导权由中央层面的铁道部，转移至省级层面的广东省政府。在省市合作模式中，省政府和地方政府之间需要首先明确土地开发、交通融资和运营等方面的责任划分和收益关系，并且前者会给予后者一定程度的弹性空间，从而增强其参与城际铁路建设的积极性（图 6.6）。

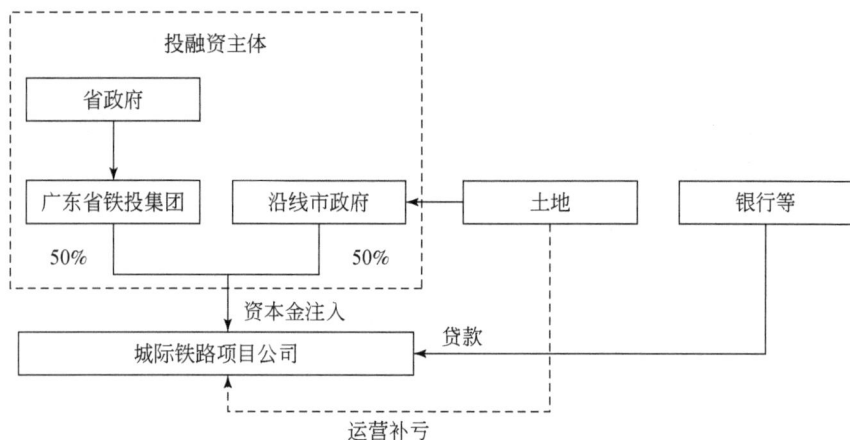

图 6.6 城际铁路项目省市合作模式图（段阳，2022）

在之前的部省合作模式中，地方政府只需要承担城际铁路沿线土地的征收和拆迁费用，并不需要负责后续的运营成本。而进入省市合作模式后，地方政府开始承担更多的开发责任，核心内容是省市政府在站点周边开展土地合作开发并进行溢价回收。

在铁道部逐步退出广东省的城际铁路建设后，线路的选址、融资和运营主导权也逐步移交至广东省与沿线城市政府，其中广东省政府拥有了珠三角城际轨道交通系统的建设主导权（刘超群等，2010）。2012 年，广东省政府发布《关于完善珠三角城际轨道交通沿线土地综合开发机制的意见》，统筹珠三角城际铁路的站场建设、站点周边土地开发与城市发展，其中明确提出要合理划分省市各自补亏责任，根据补亏责任分配土地综合开发净收益，并将收益用于弥补建设和运营的资金缺口。省市合作主要内容包括以下方面。

1）重新划分城际铁路的运营责任，要求地方政府需要承担部分运营成本。

2）省政府给予地方政府在土地区划和发展规划方面的弹性空间。

3）将站点及其邻近用地划分为红线内、外土地，并采取不同的开发模式。省政府负责红线内土地的开发规划，具体工作交由广东珠三角城际轨道交通有限公司设立的土地开发公司，但是"城际—城市"轨道交通换乘站的红线内土地开发规划需要经由省市双方协商。红线外的附近土地开发规划工作采用"沿线城市负责开发"或"省市联合开发"模式。若采用前一种模式，则城际铁路在该市行政区域范围内的剩余亏损额全部由其承担。若采用后一种模式，则由广东省铁投集团作为省级出资人代表，分别与各沿线城市出资人代表成立省方主导的合资开发公司，其股权比例由双方协商确定，其中市级政府出资需小于 50%，并按照股份比例分享开发净收益。实行联合开发的区域范畴需要由省市两级政府协商，根据省住房和城乡建设厅批复的 TOD 规划来确定。其范围通常是以站场为圆心大致 800m 为半径形成的圆形区域，将其中尚未划拨、出让和具有开发价值的国有用地拟定为备选地。目前尚未有针对站点红线外的周边区域开发方式的强制性规定，主要取决于省市两级政府之间的利益博弈结果。

4）城际铁路沿线城市政府应当支持轨道交通项目业主取得红线内开发用地。如果是采用省市联合开发的模式开发站点红线外的备选用地，沿线城市政府应当加强对此类用地的规划控制。

5）省政府需要推动地方层面的城市规划与区域层面的城际轨道交通综合规划充分对接。在 TOD 综合开发与地方规划的协调方面，如果城际轨道交通站点新编制了 TOD 规划，则原控制性规划需要根据已批复 TOD 规划完成修改。

（1）历史回顾

随着城际铁路的建设和运营实践不断增加，其在城市之间扮演的角色也日渐清晰，铁路属性逐步从国家铁路向地方铁路转换。2013～2014 年，国务院和国家铁路局接连印发和制定《关于改革铁路投融资体制加快推进铁路建设的意见》《关于创新重点领域投融资机制鼓励社会投资的指导意见》《城际铁路设计规范》，在"统筹规划、多元投资、市场运作、政策配套"总体理念的引导下，对城际铁路实行新的分类投资建设规范，将其所有权、经营权等重要建设和运营权限进一步下放，使得地方政府在其中拥有的主导权得到增强，社会资本进入城际铁路投融资领域的限制门槛也大幅下降，基本确立了城际铁路的定位为地方铁路。

基于这一基本定位，国务院于 2019 年 6 月发布了《交通运输领域中央与地方财政事权和支出责任划分改革方案》，这是第一份正式清晰地制定中央与地方两级政府在不同类型铁路建设中各自拥有的事权财权与需要承担的支出责任的政策文件。城际铁路的投融资、建设和运营等工作组织正式规定交由地方政府主导，或由地方政府委托以国铁集团为代表的中央企业实施，由地方政府承担支出责任。

在此大背景大趋势下，广东省是较早开始推动探索省市合作投融资模式的省份之一，其城际铁路建设曾经于 2008 年 10 月短暂地进入省市合作模式。但是 2010 年 8 月，广东省与铁道部重新回到部省合作模式，铁道部与广东省将再度全面合作建设珠三角城际铁路交通网。此后，广东省之前为推动城际铁路发展专门组建的广东省东南城际轨道交通有限公司、广东省西北城际轨道交通有限公司相继注销。

在回归部省合作模式后不久，铁道部出现经济困难，其出资的各铁路建设项目的进度已经放缓甚至停工，而原本在"部省合作协议"中承诺的承担建设总成本的 50% 金额也难以兑现。2012 年，广东省政府和铁道部经协商后同意调整股权，广东省政府分别获得了广珠城际公司和珠三角城际公司控股权，广东省铁投集团获得了实际控制权，成为广珠城际公司和珠三角城际公司的母公司。至此，广东省城际铁路建设均由广东省铁投集团下属子公司负责。其中，子公司广珠城际公司负责广珠城际和珠机城际项目的投融资、建设和运营管理，子公司珠三角城际公司负责其他珠三角城际铁路项目的投融资、建设和运营管理。2014

年 4 月，省政府与铁道部通过部省联席会议明确了此后在原则上铁道部不再参与广东省任何城际铁路项目的投资，自此城际铁路的建设主导权赋予省政府，广东省的城际铁路建设再次进入省市合作模式。同年 12 月再与铁道部达成了一项经过修订的协议。广东珠三角城际轨道交通有限责任公司中二者原本 50∶50 的资本金比例修改为 60∶40，由省政府扮演领导角色。铁道部对于已经在建设并接近完工的穗莞深、佛肇和莞惠三条城际铁路仍继续履行资金承诺。铁道部退出的直接影响是造成了原本由其承担的项目资本金和运营补亏资金部分的资金缺口。广东省政府为了填补这些资金缺口，同步启动了基于城际铁路沿线土地综合开发的溢价回收方案，即由广东省政府和城市政府共同分担运营补亏责任。此外，沿线城市政府除了将继续承担的项目征拆费用作为资本金出资外，也需要分担部分工程建设资本金。征拆费用作价出资与工程建设资本金合计约占项目总资本金的 50%。

因此，在此之后新开工的若干项城际铁路项目中，除穗莞深城际新塘至洪梅段项目、穗莞深城际广州东至新塘段既有线改造项目以外，铁道部改革后新成立的国铁集团均不参与建设。广东省开始了省市合作、省方主导、自主建设的城际铁路修建模式，在此模式下计划修建的项目包括广佛环线、佛莞城际、珠机城际、新白广城际、广清城际等。由于这一阶段中开工建设的跨市城际铁路数量不多，目前建成通车或者即将建成的城际铁路便更少，因此案例仅选取了跨越广州和佛山两市的广佛环线。

（2）模式优缺点

该模式的优点在于，城际铁路主导权被赋予省级政府后，所涉及的政府主体得以减少。且投资主体与投资对象均位于同一省级行政区范围内，方便省政府协调地级市政府和省属国企等各方关系，协调难度降低，地方政府的积极性也得到极大调动。并且省级层面有了更大的自主权后能更高效地完成项目，只要资金到位立即就可以开始进行建设，极大地加快了大湾区城际铁路建设的进程。

同时，省市合作模式使得市级政府在城际铁路投融资环节的参与度和话语权得到提升，可以通过回收铁路沿线区域土地因站点开发而产生的溢出价值，将其用作城际铁路建设和运营的资金，实现正外部效应内部化。这使得相较于部省合作模式，省市合作模式能够使城际铁路投资主体实现土地溢价回收。在此前的开发模式中，承担城际铁路建设和运营资金压力的主体，通常并非铁路站点的土地开发收益主体，这使得部省合作模式在巨大的资金负担下难以可持续运作。而在省市合作模式中，广东省政府得以提前将 TOD 规划区域范围内的土地完成储备，以省级政府为主导建立合作开发主体，将土地开发收益用于弥补城际铁路建设和运营支出。省市合作模式通过将土地收益与交通收入绑定，达成多级政府对城际铁路项目的共同融资。

该溢价回收策略的制定伴随的是省市政府之间"府际关系"管治机制的创新，地方政府得以从受上级政府主导的指令型参与，转变为自愿意愿较高的合作型参与。这使得该模式还具备了以下三方面的优点：第一，市级政府能够在省级政府土地和城市相关规划政策的支持下，获得城际铁路站点周边区域土地的开发权。省市合作模式主要涉及省市两级政府，其垂直型政府关系使得地方政府可以在土地取得、土地区划和交通运营等方面存在一定的弹性，并且充分兼顾地方政府在城际铁路建设过程中的工作难点和发展诉求。第二，经过省市政府之间开展利益协商和谈判，达成在省市联合开发框架下，双方根据股份占比，各自承担相应部分的城际铁路建设和运营补亏资金，并且可以保留部分土地市场溢价收益的谈判结果。这使得省市合作模式能够在一定程度上舒缓省级政府的资金压力，并且有效激发市级政府参与城际铁路建设的积极性和主动性。第三，在省级政府的主导下，能够助推 TOD 综合开发规划与市级政府站点周边区域控制性规划的统筹考虑和编制。在省市政府对相关规划达成基本共识以后，可以使城际铁路项目在建设初期即充分设计土地利用规划分区管制和土地取得、转让方式，为后续提升土地溢价回收的成效打下坚实的基础。

然而，省市合作模式由于并未彻底解决城际铁路建设主导权与地方土地主导权的错位问题，依然会存在以下三方面的缺点。

1）规划方案和土地指标的制约。根据《中华人民共和国土地管理法》和《中华人民共和国土地管理法实施细则》，只有市级政府才能在规划中将农村用地转变为国有建设用地。在省市合作模式中，城际铁路所涉及土地的开发和使用需要市级政府首先调整相应的土地利用总体规划和城市规划内容，协助省级政府获取铁路站点周边区域土地的建设用地指标和国有土地使用权。在土地转变成国有土地之后，市级政府才能够在空间布局、土地类型和开发强度等方面掌握更多的土地利用权限，使其能够在与省级政府的谈判过程中拥有更大的话语权。因此在省市合作模式的具体实践过程中，各市政府在站点周边土地使用问题上，往往很难与广东珠三角城际轨道交通有限公司达成一致，致使该模式同样面临着城际铁路建设主导权与地方土地主导权的错位问题。因而省政府难以通过土地开发来补贴轨道交通建设运营的成本，导致铁路的建设和运营给省政府带来巨大财政压力。

2）各城市因经济发展水平不同而存在土地价值方面的差异，使得各市政府对于参与城际铁路建设的积极性程度不同。广州、深圳作为一线城市，已经建立起较为完善的多层次对外交通格局，并且城市内部面临土地开发资源紧缺的情况，导致其土地相比于大湾区外围城市具有更高的价值。但若让省级政府参与进入其城市内部站点周边土地的开发工作，会导致市级政府的财政收入下降，因此两市在省市联合开发的框架下，对建设城际铁路的积极性不高。与其情况相反的是大湾区外围城市则大多希望凭借建设城际铁路的发展契机，实现自身在区域交通网络中的可达性级别的提高，并实施站点周边土地的综合开发以增加财政收入，表现出高涨的参与热情。由于各市在投资与回报上的比例受具体城市情况的限制而不尽相同，大湾区中心城市与外围城市在与省级政府合作的过程中表现出不同的态度。另一方面，在省市合作模式下，市级政府不再只负责铁路沿线的征地拆迁工作和费用，还需要负责更高的出资比例和更大的融资责任。然而由于城际铁路的事权财权只是从原铁道部下放至省级政府，市级政府并未得到更多的主导权。综上两方面的原因，在城际铁路经过多个地级市时，会出现各市政府因为修建意愿程度不同、建成后的经济收益不同等原因，而就出资份额难以达成一致的情况，从而导致后续工作无法开展，拖慢建设进程。

3）省市政府之间针对城际铁路站点的选址问题，仍然因为利益出发点不同而存在不同倾向。省级政府因承担了主要的建设成本，尤其是广东省铁投集团面临后续巨大的运营资金压力，希望能够将站点设置在城市建设成熟、人口密度高的区域，以保证巨大的客流量，尽快实现资金回笼，保障运营成本的收支平衡。但市级政府，尤其是发达城市考虑到中心城区高昂的拆迁成本和极高的土地价值，会更倾向于将站点设置在相对发展较缓的区域，以期为当地发展注入动力，提升整个城市的经济发展水平。

（3）广佛环线

广佛环线是呈环形连接广州和佛山城市中心区的城际铁路，由广东省铁投集团负责投资建设，委托广州地铁集团下属子公司广东城际铁路运营有限公司负责运营。广佛环线由南段（佛山西站至广州南站）、东段（广州南站至白云国际机场北站）、北段（白云国际机场北站至广州北站）、西段（广州北站至佛山西站）组成。其中南段于 2015 年 5 月开工建设，东段于 2016 年 12 月 26 日开工建设；

北段与新白广城际铁路共线运营，已于 2020 年 11 月 30 日通车；西段为远期规划线路，暂未开工建设。广佛环线南段总投资额为 188.86 亿元，资本金比例占总投资额的 40%，由省级财政出资 42.44 亿元，广州和佛山市级财政出资 33.1 亿元，另需项目公司向银团贷款 113.32 亿元。东段总投资额为 262.88 亿元，资本金比例占总投资额的 50%，由省级财政和广州市级财政按 1∶1 比例分摊，各出资 65.72 亿元，另需项目公司向银团贷款 131.44 亿元（表 6.5）。

表 6.5　省市合作模式城际铁路资料一览表

项目名称	项目公司	建设规模（km）	总投资（亿元）	资本金比例（%）	资金来源			项目公司贷款（亿元）
					资本金（亿元）		
					铁道部	省方	
						省级	沿线市	
广清城际广州北站至清远段	广东珠三角城际轨道交通有限责任公司	38.36	145.89	50.00	0.00	39.10	33.85	72.95
广佛环线佛山西站至广州南站段		35.82	188.86	40.00	0.00	42.44	33.10	113.32
广佛环线广州南站至白云国际机场段		60.60	262.88	50.00	0.00	65.72	65.72	131.44
珠海市区至机场城际		39.49	151.16	50.00	0.00	44.34	30.24	75.58
佛莞城际广州南站至东莞西站段		39.20	100.00	50.00	0.00	33.72	16.28	50.00

资料来源：广东省铁路建设投资集团有限公司主体及相关债项 2021 年度跟踪评级报告。

3. 都市圈合作模式

当前在粤港澳大湾区最新的都市圈合作模式指的是，广州和深圳两市政府作为牵头单位负责大湾区的城际铁路项目，由其根据各自都市圈的交通规划推进项目建设工作。广东省铁投集团不再参与新建城际铁路项目的投资，而是交由广州、深圳的国有企业主导，负责会同铁路沿线地方政府筹集资金。因此在该模式下，大湾区城际铁路的主导权由省级层面的广东省政府，转移至市级层面的铁路沿线各地级市，其中又以中心城市广州和深圳两市的权力最大（图 6.7）。

（1）历史回顾

在经历了部省模式和省市模式的阶段，直到 2019 年后，国家政策层面对于

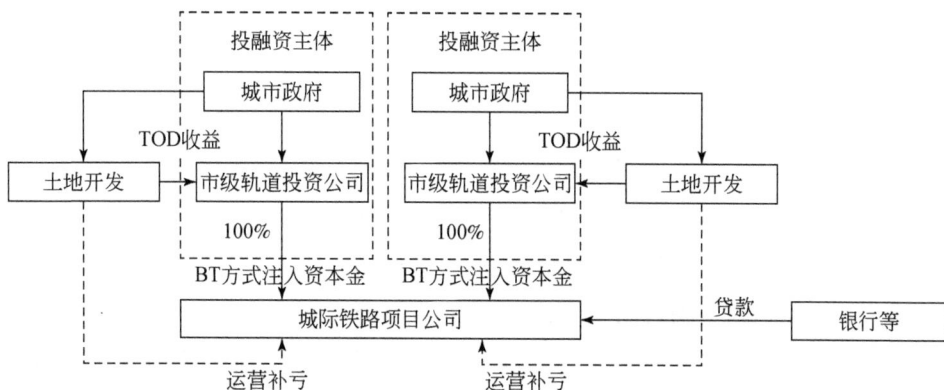

图 6.7　城际铁路项目都市圈合作模式（段阳，2022）

以都市圈的形态推动城市地区发展达成共识，并且对于建设"轨道上的都市圈"予以政策大力支持。珠三角地区的规划建设积极对应国家政策，与国家政策出台时间亦步亦趋甚至先行一步。2019 年 2 月，国家发展和改革委员会出台《关于培育发展现代化都市圈的指导意见》，同时《粤港澳大湾区发展规划纲要》得到国务院的批复。2020 年 12 月，国家发展和改革委员会出台《关于推动都市圈市域（郊）铁路加快发展的意见》，同年 7 月，《粤港澳大湾区（城际）铁路建设规划》已经获得国家发展和改革委员会的批复。2021 年，《粤港澳大湾区建设、长江三角洲区域一体化发展中央预算内投资专项管理办法》给予了粤港澳大湾区内城际轨道项目中央财政资金支持。2021 年 1 月，为加快推进广东省城际铁路项目规划建设工作，探索更加可持续的都市圈合作型城际铁路投融资模式，广东省政府调整了粤港澳大湾区新建城际铁路的建设模式，未来整个大湾区的新建城际铁路将分别交给广州和深圳两个都市圈进行统筹，省政府不再出资，将主导权下放到城市。这标志着大湾区的城际铁路建设正式进入都市圈合作模式，这一次改革的重心是直接前移至新建城际铁路的最前端，针对建设模式的调整，包括融资模式的探索。

根据《粤港澳大湾区城际轨道规划》和目前的协商结果，广东省的城际铁路投资建设将分为三个板块进行：一是广州主导的广州都市圈城际铁路；二是深圳主导的深圳都市圈城际铁路；三是广东省铁投集团着重对粤东和粤西的城际铁路。广东省铁投集团将现在的珠三角城际轨道全面移交给广州地铁集团，由广州市政府统筹建设。广东省铁投集团在城际铁路建设中已经投资约 1600 亿，其中资本金约 900 亿元，剩余的 700 亿元部分仍然存在利息。协商结果是这部分利息由广东省铁投集团继续负责，不由广州市承担。之后建设的运营补亏由广州市负责，但同时将此前"十二五"综合开发获得的收益给予广州市作为一笔资金支持。总体上，广东省铁投集团主要负责更加公益性的投资，执行广东省政府的政府职能。

2021年12月，广州地铁集团在与珠三角城际公司完成管理权移交协议的签署后正式接手后者，并开始承担珠三角城际铁路项目中隶属于广州都市圈的建设项目。在此之前，各方对珠三角城际公司的持股占比情况为广东省铁投集团占比64.74%，广州地铁集团占比23.42%，广东省国资委下属的广东恒健投资控股有限公司占比11.84%。在完成管理权移交程序后，原本由广东省铁投集团持有的股份已经全部交由广州地铁集团持有，使得后者成为新控股股东。广州地铁集团则通过采用将原本持有的股份与广东省其他干线项目开展股权置换的方式，实现从珠三角城际公司的完全撤出。根据协议，广州地铁集团将保留对穗莞深城际铁路、广珠城际铁路两条线路的运营权限，其余线路都将交由广深两市自主运营。

在此次改革前的2018年，广东省政府便已推动将珠三角城际铁路交由广州地铁集团负责管理和运营工作，这是为了进一步探寻"地铁+城际"一体化运营的具体操作方案，构筑起"一张网、一张票、一串城"的大湾区轨道运营模式。2019年6月11日，受接管城际铁路的需要，广州地铁集团注册成立了全资子公司——广东城际铁路运营有限公司。2020年5月，广州地铁集团启动了粤港澳大湾区地铁城际一体化运营规划——珠三角城际铁路线网优化专题研究工作。

深圳市由于大部分为新建城际铁路，没有复杂的移交程序。但可以注意到，深圳的城际铁路建设从2021年开始突然加速。深圳市都市圈的城际铁路项目交由深圳地铁集团承担。根据省市相关政府主管单位的安排，未来深圳都市圈城际铁路的规划、设计、建设及线路运营事宜由深圳地铁集团负责。2021年11月20日，经过近一年时间的准备，深圳地铁集团成立深圳深铁城际铁路运营有限公司，公司注册资金为6.2亿元，为深圳地铁集团下设全资子公司（表6.6）。

表6.6 广州与深圳都市圈城际铁路项目一览表

序号	广州都市圈城际铁路项目	深圳都市圈城际铁路项目
1	广佛环线佛山西至广州北段	深惠城际前海保税区至坪地段
2	广州东至花都天都城际	深惠城际坪地至仲恺西段
3	芳村至白云国际机场城际	深惠城际仲恺西至惠城南段
4	南沙至珠海（中山）城际	深惠城际大鹏支线

续表

序号	广州都市圈城际铁路项目	深圳都市圈城际铁路项目
5	佛山经广州至东莞城际	深大城际深圳机场至坪山段
6	中南虎城际	穗莞深城际深圳机场至前海段
7	广佛珠江城际	穗莞深城际前海至皇岗口岸段
8	肇顺南城际	塘厦至龙岗城际
9	广清城际清远至省职教城段	常平至龙华城际
10	广清城际广州至广州北段	莞惠城际小金口至惠州北段

资料来源：根据相关新闻报道整理。

在广东省政府进行新模式调整之后，广州、深圳两市各自联合大湾区内其他城市召开工作会议，推进机制改革，明确近期项目建设计划。2021 年 1 月 26 日，广州与除港澳深惠外的大湾区六市举行城际铁路项目建设工作会议，共同研究推进城际铁路规划建设，促进大湾区基础设施互联互通。目前，广州都市圈有十个城际铁路项目，其中除广清城际铁路的两个相关项目继续由广东省级层面负责以外，其余八个项目从规划、投资、建设到运营管理都交由广州市牵头推动，总里程为 656km，总投资达 3585 亿元。2021 年 4 月 2 日，深圳都市圈城际铁路建设指挥部在深圳举行了首次会议，参加会议的有深圳、东莞、惠州三市市长。在深圳的牵头下，会议制定了跨行政区城际铁路协调新机制，并统筹推动深圳都市圈城际铁路项目工作。而深圳都市圈近期十个城际铁路项目中，深圳主导了其中九个新建项目的建设工作，仅剩莞惠城际小金口至惠州北段仍由广东省级层面牵头负责。十个项目总里程为 351km，总投资达 1872 亿元。

（2）模式机遇与挑战

目前都市圈合作模式下的城际铁路建设实践正在逐步展开，在将城际铁路建设的主导权赋予广州、深圳两市后，两市政府如何发挥其在都市圈中的中心地位，领导周边城市通力合作推进城际铁路，将成为该模式能否获得成功的关键。因此，该模式具备的优势以及可能面临的机遇可分为以下三点。

第一，符合大湾区重点建设都市圈的发展方向，能与其他都市圈政策形成配合，有助于总体把控和相互协调，从而提高都市圈发展的速度。此次城际铁路建设模式的调整是以都市圈的建设为主导进行的，牵头单位的调整是迎合大湾区培育发展都市圈的需要，交由广深两市政府掌握主导权进行负责后，城际铁路和经济建设主体得以统一，更能实现交通与经济发展的相互协作。

第二，探索都市圈内跨市交通协调机制。建设主体变为广深两市，且无更高层级政府直接参与的情况下，此后城际铁路修建的相关事宜均为平级的地级市之间进行协商。这有助于探索全新的跨市协调机制，提高跨市协调效率，避免搭便车行为。未来广深有望利用其主导权，解决规划编制与审批、投融资方式和比例，以及运营补亏模式等方面的问题，推进跨市项目的建设，为其他都市圈提供实践经验。

第三，加速了城际铁路多元主体运营，推动"城际+地铁"一体化运营。新模式可以更好地解决"城际+地铁"一体化运营中不兼容的问题，实现城际铁路之间以及与地铁的互联互通。原有的多方运营主体现在变为一方统一运营，在交通制式的统一以及运营的衔接协调上跨过了一大障碍，有助于未来完善网线规划，制定工作方案，建立互联互通技术标准体系。通过高质量推动城际铁路建设，加快探索城际客运公交化运营。

另一方面，该模式具备的弊端以及可能面临的挑战可分为以下五点。

第一，广深两市在进行都市圈交通协调和项目推进时有多大权力？如何使其他城市配合其共同规划和建设？作为牵头城市应该承担多大部分的责任？如惠州市政府对深汕铁路惠州段的建设向深圳市政府提出自身不承担境内拆迁费用、融资成本以及后续的运营补亏责任，配合意愿较低，协调难度较大。

第二，如何保障各市政府的利益协调？行政和经济地位的不同使得各市政府的区域协调的协商能力存在差异。在中心城市主导的新模式下，城际铁路建设优先次序是否会偏向广深两市的铁路段？如何通过机制和制度安排保障中小城市在区域协调时的话语权，避免中心城市重点建设对自身有利的项目而忽略其他城市的利益诉求？如深圳都市圈目前的城际铁路项目绝大多数是全线位于深圳行政区域内。

第三，与国家铁路的融合问题。在将城际铁路的运营权限交由市级政府后，会形成新的城市自主运营体系，与国铁集团的运营调度系统将不再兼容，双方沟通协商成本增加，很难再借用干线铁路线路。但大湾区的城际铁路运行还存在继续借道国家铁路轨道运行的需求，以便进入市中心既有火车站，获取足量客流。目前已建成的广佛肇城际铁路和莞惠城际铁路还将继续长期借用国家铁路线路进入市中心既有火车站，脱离国家铁路体系后应该如何再借用线路是一个需要商讨的问题。许多地方政府没有意愿专门采购新交通设备，如投资成本高、使用频率低的综合检测车，因此地方企业仍然需要依托国铁集团使用特殊交通设备。

第四，地方企业运营城际铁路的成效还有待检验。广州地铁集团和深圳地铁集团虽然有运营地铁的能力，但均没有运营城际铁路的经验。并且两地铁集团并不接管珠三角城际公司的资产，对珠三角城际公司的资产没有支配权力，具体线路的定价权还是在业主珠三角城际公司的手中，依然涉及到多方博弈。另外，市级政府与国铁集团双方尤其在股权置换等重要问题上还未达成完全一致的共识。特别是穗莞深城际铁路和广珠城际铁路两条连接大湾区内广州、深圳和珠海的关键线路，仍然由国铁集团拥有运营权，各方之间还存在利益博弈。这使得广州和深圳地铁集团并未能完全掌控大湾区所有城际铁路运营情况，可能为后续统筹运营工作埋下了潜在的障碍和掣肘。

第五，如何实现国家铁路、城际铁路、市域（郊）铁路和城市轨道间的"四网融合"。目前国家铁路与其他三种轨道交通之间的融合基本达到在综合交通枢纽进行基础设施联通、实行相互间便携换乘的程度，但安检互认、资源共享和跨线直通运行还存在相当程度的难度。再加上大湾区城际铁路运营管理主体发生变化，国铁集团基本完全退出，使得各类型轨道交通之间在供给体制和技术标准等方面更难达成统一，"四网融合"工作面临巨大的阻碍。

4. 城际铁路合作模式总结

本小节总结了粤港澳大湾区城际铁路的投融资合作模式，先后经历了部省合作模式、省市合作模式和都市圈合作模式三个阶段。为推进都市圈多层次轨道交通融合发展、城际铁路公交化运营、探索投融资体制改革方案，大湾区城际铁路建设主导权从中央层面下放至省级层面，再至都市圈市级层面。在最新的都市圈合作模式中，大湾区城际铁路分别交给广深两市主导，支出责任、建设工作与运营权限下放到沿线城市，形成更加分权化的治理形式。在该模式下，纵向行政协调途径减少，各城市转而更多地依赖平等协商的市场化方式开展协调。这有利于都市圈内城市以更大的自由度实施投融资新模式，吸引社会资本以保证项目建设的资金支持。

在广东省城际铁路建设最初的起步阶段，铁道部与广东省政府在借鉴干线铁路部省合作模式的基础上，陆续就广珠城际、穗莞深城际、佛肇城际、莞惠城际四条城际铁路签署合作协议，在国内率先开启了城际铁路建设工作。在铁道部掌握主导权的情况下，其丰富的铁路规划和运营管理经验，以强大的融资和建设实力得以充分发挥（Li et al., 2013），推动了我国城际铁路的发展和相关标准规范的出台。

在以都市圈、城市群为重点发展形式的新型城镇化大背景大趋势下，全国各区域各城市对城际铁路的建设需求大幅增加。但由于部省合作模式吸纳社会资本投资困难，使得中央政府建设和运营城际铁路的资金日益紧张，国铁集团背负了沉重的债务压力。在国铁集团面临融资困境的情况下，部省双方合作的限制放缓了地方建设城际铁路的效率，导致地方政府的建设需求难以得到及时满足，也无法充分有效地发挥其建设积极性和自身财政能力。在此背景下，自 2013 年起由中央政府制定相关政策文件，开始推动铁路领域的分类建设管理和投融资体制改革，城际铁路的地方铁路定位得以明确。与之相匹配的由地方政府为主、省政府掌握主导权的省市合作模式更能契合城际铁路的功能定位，发挥其在都市圈、城市群中的交通联系作用。广东省根据自身发展情况，在省市合作模式框架下，对城际铁路项目省级与市级的资本金比例、出资和运营补亏责任划分、征地拆迁责任、土地综合开发等方面进行了富有创新性的探索。

珠三角经济区在概念升级为粤港澳大湾区后，迎来了新的发展机遇。广州、深圳作为两大中心城市，在推动大湾区区域一体化发展、探索都市圈合作型治理模式方面肩负着重要的带头责任。随着广东省政府将城际铁路建设的事权财权进一步赋予市级政府，广深两市将拥有更大的政策空间，创新建立囊括多元社会投融资主体的都市圈合作模式。目前，都市圈合作模式在城际铁路项目中的实践尚处于起步阶段，还未实际建成具有代表意义和参考价值的线路。因此，省市合作与都市圈合作两种投融资模式在未来一段时间内还将同时存在，两者各有其特征和优势，各地区应结合自身需求和发展情况，综合选择更加适用的模式。

在两种合作模式的适用性上，省市合作模式在大多数地区都能运用。这种模式将建设资本金和运营补亏资金分担到省市两级，缓解了城市一级政府的财政负担。另外，省市合作是由地方省政府牵头主导的合作模式，有利于发挥省政府的行政力量，构建一体化的协作型治理机制，综合运用市场机制和行政机制，有的放矢，推动各地市的参与度。

都市圈合作模式更适合经济相对发达、都市圈和同城化程度较高的地区。都市圈合作供给城际铁路，能够更大程度调动相关城市的积极性，有利于探索建立城市间利益共享成本分担的协作机制，提升区域治理水平与都市圈一体化。对于省级政府而言，这一合作模式也将权力下放，为城市政府赋能，提升了区域整体资源的分配效率。此外，在当前多层次轨道交通融合发展的背景下，都市圈城际铁路供给还能考虑与城市轨道交通衔接，进一步打通跨地域交通的空间阻隔，促进更大范围的互联互通。与省市合作相比，都市圈合作模式是一种更加分权化的治理形式和治理过程。不同于省市模式自上而下的纵向协调路径，都市圈合作模式寻求一种横向协商的市场化思路，达成多方共同认可的妥协性方案。但这种模式也可能面临协商与谈判的更大挑战，如城际铁路的途经点选址、资本金分摊比例、运营成本分摊比例、城市间合作积极性等问题，这是都市圈合作更具挑战性的方面。

总体而言，优化干线铁路的投融资机制对完善综合交通运输体系、加快城镇化进程有不可替代的重要作用，也是铁路建设中的难点所在。广东省以城际铁路财权事权下放为契机，在国内首次实现了由地方自主运营城际铁路，打造出轨道上的都市圈和大湾区等多层次轨道交通融合体系。通过将大湾区城际铁路财政事权和支出责任下放给广州和深圳两个都市圈，充分调动了现有城市的积极性，加快了以都市圈核心城市为中心的区域铁路干线布局，广深开始探索城市地铁企业一体化运营都市圈城际铁路和城市轨道交通的创新运营方式。这是权力下放和充分赋权以发挥灵活性的典型做法。

6.2.2 深圳市公共汽车经营规制改革

改革开放以来，伴随中国快速市场化改革进程，城市公共交通市场的经营权也经历了分散和下放的过程。从改革开放之初单一的国有国营、权力集中在政府手中，到经营主体逐渐放宽，形成目前的民营企业、国有企业、公私合营企业等多种模式并存的局面，公共交通企业的数量和经营模式发生了显著变化。在这一过程中，为了更加有效地推动公共交通经营规制改革，中央政府先后出台了一系列政策，引导地方政府在市场准入机制、票制票价与财政补贴体系、经营权三个方面对公共交通市场进行规制（表6.7）。

深圳市作为中国第一个经济特区，在公共汽车经营管理上历经近40年的探索，是中国公共交通经营规制沿革的缩影。从改革开放初的一家国有国营公司，到20世纪80年代末承包经营和90年代特区大巴区域专营与线路专营，再到目前由全市三大国有控股公共交通企业的区域专营，深圳市一方面落实公共汽车市场化改革的国家政策，另一方面也发挥特区可以先行先试的优势，在公共汽车市

表6.7　中国城市公共交通经营规制改革的主要政策

年份	文件政策	经营规制改革要点
1985	《国务院批转城乡建设环境保护部关于改革城市公共交通工作报告的通知》（国发〔1985〕59号）	市场准入：以国营为主，发展集体和个体经营；票制票价与财政补贴：价格可以根据季节不同在一定范围内浮动，改革月票制度；经营权：在国有企业实行经营承包责任制
1990	《城市公共交通当前产业政策实施办法》（建城〔1990〕700号）	市场准入：优先发展公共汽（电）车，适当发展"小公共汽车"；票制票价与财政补贴：按运营生产成本增长率分步骤、分时期调整公共交通票价；经营权：完善承包经营责任制
1993	《城市公共客运交通经营权有偿出让和转让的若干规定》（建城〔1993〕386号）	经营权：实行经营权有偿出让和转让制度
1993	《全民所有制城市公共交通企业转换经营机制实施办法》（建城〔1993〕671号）	市场准入：建立平等竞争的市场；票制票价与财政补贴：公共交通企业享有生产经营决策权，运价、产品、劳务定价权；经营权：完善各种形式的承包经营责任制，可以实行租赁制，有条件的企业也可以试行股份制
1994	《建设部关于对城市公共汽车、电车实行专营权管理的意见》（建城〔1994〕329号）	市场准入：引进竞争机制，动员地方、部门和集体经济力量以及个人进入公共交通市场
1995	市政公用企业建立现代企业制度试点指导意见》（建法〔1995〕599号）	市场准入：实行资质审查或特许经营管理；票制票价与财政补贴：大公交要建立价格与财政补贴双向调节机制，小公交在政府监审下，企业自主定价
2002	《关于加快市政公用行业市场化进程的意见》（建城〔2002〕272号）	市场准入：建立特许经营制度，通过市场竞争机制选择市政公用事业经营者；票制票价与财政补贴：城市公共交通等市政公用产品和服务价格标准应兼顾行业平均成本和企业合理利润，并由政府审定和监管
2004	《市政公用事业特许经营管理办法》（建设部令〔2004〕126号）	
2005	《国务院办公厅转发建设部等部门关于优先发展城市公共交通意见的通知》（国办发〔2005〕46号）	市场准入：鼓励社会资本包括境外资本以合资、合作或委托经营等方式参与公共交通市场，形成国有主导、多方参与、规模经营、有序竞争的格局；票制票价与财政补贴：保持低票价和低成本优势，对公共交通行业进行财政补贴
2006	《关于优先发展城市公共交通若干经济政策的意见》（建城〔2006〕288号）	

年份	文件政策	经营规制改革要点
2012	《国务院关于城市优先发展公共交通的指导意见》（国发〔2012〕64 号）	市场准入：同等对待各类投资主体；票制票价与财政补贴：根据服务质量、运输距离以及各种公共交通换乘方式等因素，建立多层次、差别化的价格体系，合理界定补贴补偿范围
2013	《交通运输部关于贯彻落实国务院关于城市优先发展公共交通的指导意见的实施意见》（交运发〔2013〕368 号）	

场准入机制、票制票价和财政补贴体系、经营权等经营规制方面进行了长期探索，以经营规制革新来平衡社会需求、运营压力和政府监管，适应了经济快速发展和城市扩展的需要。

1. 延续计划经济时期的国有国营模式

1975 年末，宝安县委和广东省建委城建处批准成立深圳镇公共汽车公司，公司开通 1 条从侨社和东门汽车站的公共汽车线路，虽然当时仅有 2 台车和 7 名工作人员，但是这条线路结束了深圳不通公共汽车的历史，人们日常出行有了新的方式选择。1983 年 2 月，深圳镇公共汽车公司由集体所有制企业改制为国有市属的深圳市公共汽车公司。经营管理上，深圳市公共汽车公司在中国较早实行了线路集体承包、线路单车趟数承包、安全单车承包、线路指标承包等形式的承包经营责任制。至 1988 年末，深圳市公共汽车公司的固定资产近 3000 万元，运营公共汽车线路 24 条，年客运量近 1.6 亿人次（表 6.8）。

改革开放以后，深圳市的常住人口由 1979 年 30 多万人增至 1988 年 120 多万人，人口快速增长带来公共交通出行需求快速增长。虽然同时期深圳市公共汽车公司在车辆购置和线路开通方面增加了投入，但 1985 年以前包括中巴在内深圳市每万人拥有公共汽车还不足 2 台，至 1988 年末也不到 3 台，难以满足快速增长的出行需求，造成严重的乘车难问题（图 6.8）。另外，从 1975 年公司成立到 1985 年，在国有国营模式下公共汽车票价几乎未作调整，月票价格长期低于成本的 30%～70%，票价过低造成企业负担过重，企业没有足够的资金购买车辆和开通线路，进一步加剧了乘车难问题。

表6.8　1979～1988年深圳市公共汽车公司运营情况

年份	固定资产（万元）	公共汽车（台）			线路（条）			线路长度（km）	客运量（万人次）	运营里程（万km）	运营收入（万元）
		小计	大巴	中巴	小计	市内线	市郊线				
1979	31.25	2	2		2	2	0	6			
1980	37.11	37	12	25	3	2	1	28			
1981	69.54	45	20	25	4	2	2	39	158		
1982	119.22	49	24	25	5	3	2	44	536		
1983	345.4	80	55	25	7	5	2	64	1 399		
1984	691.8	125	100	25	14	9	5	171	2 974	363	586
1985	1 569.11	185	153	32	20	13	7	230	5 184	612	1 031
1986	2 033.51	203	171	32	22	15	7	318	5 827	1 094	1 302
1987	2 111.82	237	205	32	24	15	9	324	9 068	1 372	2 022
1988	2 852	280	248	32	24	11	13	326	16 399	1 778	3 395

资料来源：根据《深圳年鉴》整理。

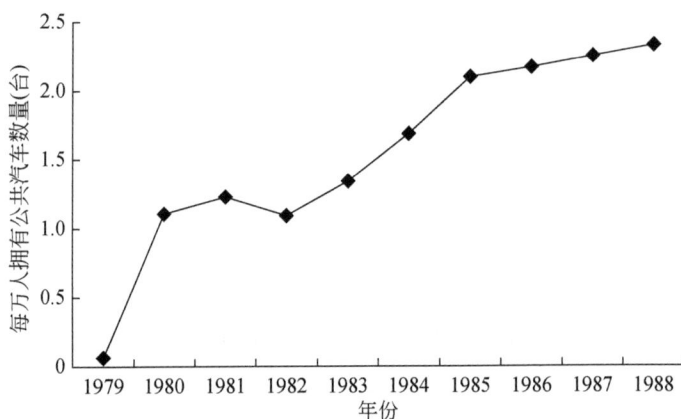

图6.8　1979～1988年深圳市每万人拥有公共汽车数量

资料来源：根据《深圳年鉴》整理绘制

2. 引入竞争机制，开启市场化改革

为了解决日益严重的公共交通服务供给不足和乘车难等问题，深圳市成立了新的公共交通企业，引进新的公共交通服务供给方式，开启了公共交通市场化改

革进程。在大巴方面，1989 年组建宝安县公共汽车公司，结束了深圳市只有一家大巴企业的历史。1991 年，宝安县公共汽车公司实行定线路、定站点、定趟数、定油耗、定利润的风险抵押承包责任制，客运量和营业利润分别比 1990 年增长 40% 和 58.6%，实现盈利 95 万元。在小巴方面，1989 年深圳市借鉴香港公共交通的发展经验，在特区内首次开放中小巴市场经营权，实行小巴线路竞投制度。中小巴作为大巴的有效补充，为解决市民乘车难和出行难问题提供了方便。这一时期的小巴市场仅限在特区内开放，线路运营范围也只在特区内，至 1992 年末，全市公共交通企业达到 6 家，开通 66 条公共汽车线路，全年完成客运量 3 亿多人次（表 6.9）。

表 6.9 1992 年深圳市公共汽车市场结构

单位名称	公共汽车（台）			线路数量	客运量
	大巴	中巴	小巴	（条）	（万人次）
深圳市公共汽车公司	830			34	24 647.8
宝安县公共汽车公司	36	50		5	2 600
鹏翔小客车公司			156	8	764.8
深圳市西湖企业公司小巴队			188	9	1 246.9
蛇口汽车客运公司			141	7	719
中南小汽车公司			70	3	371.2
合计	866	50	555	66	30 349.7

资料来源：根据《深圳年鉴》整理。

3. 区域专营与线路专营

1992 年 12 月，深圳市出台《深圳经济特区城市公共大巴专营管理规定》，在中国率先推行区域专营，授予深圳市公共汽车公司专营特区内大巴的权利。所谓区域专营指政府授予符合条件的企业在一定的区域和期限内单独享有经营城市大巴服务的权利。相对于国有国营模式，区域专营在一定程度上弱化了政府参与企业经营的程度，采用委托-代理机制，政府与专营企业签订专营合同向企业购买公共汽车服务，专营合同内容包括专营区域、专营期限、专营权利和义务、违约责任等。虽然区域专营弱化了政府参与企业经营的程度，但却未能在公共汽车服务市场有效引入竞争机制，实际上是从政府专营变为企业专营。深圳特区内公共汽车区域专营改革在一定程度上为中央政府出台建城〔1993〕386 号和建城

〔1994〕329 号等政策提供了实践参考。为了进一步吸引社会资本，拓展公共汽车市场，1998 年 5 月，深圳市修订《深圳经济特区城市公共大巴专营管理规定》，将先前实行的区域专营变为线路专营，实行线路招标、线路服务指标量化等，降低企业准入门槛，引入竞争机制，大大放宽了经营权限制。同年 7 月，深圳市一次性授权深圳市公共汽车公司经营特区内 46 条线路，深展巴士有限公司经营 5 条线路。在授权的同时，政府还对 106 路专营公共汽车线路实行了竞争性招标。

从区域专营调整为线路专营过程中，深圳市对公共汽车专营企业的财政补贴也从保证企业的年收益相当于大巴年营运收入的 10%，转变为每年 1000 万元的定额补贴。政府不再拥有经营权，从而实现从企业直接经营中脱身，便于其发挥监管职能。与区域专营偏重公共汽车企业的资质相比，线路专营下政府更多地关注如何量化线路服务指标，这种转变也有利于提高公共汽车服务质量。另外，从政府经营到区域专营再到线路专营，公共汽车企业逐步转变经营理念，建立了现代企业治理模式，增强了企业自我造血功能和盈利机制。例如，为了落实建城〔1993〕671 号和建法〔1995〕599 号，1995 年深圳市公共汽车公司改组为国有独资有限企业，成立深圳市公共交通（集团）有限公司，扩大了企业的自主权，企业向多元化经营、专业化管理方向转变。2000 年 9 月，深圳市继续推行公共汽车线路专营政策，但不再对公共汽车企业进行经营性补贴，标志着深圳公共汽车经营进入完全市场化的阶段。企业成为自主经营、自负盈亏、自我发展的经营单位，更有动力调整经营策略来实现盈利。

2002 年，建城〔2002〕272 号和建城〔2004〕126 号提出鼓励多种社会资金采取独资、合资、合作等形式参与公共交通等市政公用事业，形成多元化的投资结构。2004 年，深圳市公共交通（集团）有限公司通过股权多元化改造，引入国际战略投资者香港九巴集团，成立深圳巴士集团股份有限公司，改制为中外合资的股份制公司。在区域专营和线路专营时期，深圳特区内大巴的线路数和运营车辆数增加了一倍多，并且在线路专营时期的增加速度快于区域专营时期，不享受财政补贴时期的增加速度快于享受政府财政补贴时期（图 6.9）。

4. 自由竞争的郊线大巴市场

在推行特区内大巴专营的同时，1993 年深圳市进一步开放跨特区和特区外的郊线大巴（连接中心城区与郊区）市场，允许多种资本参与大巴经营，拥有

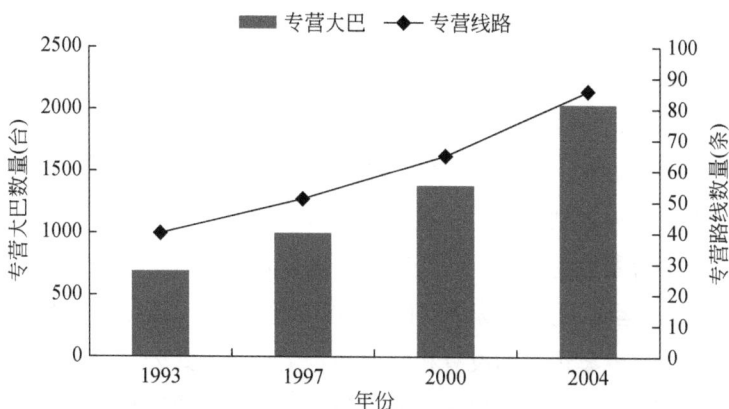

图 6.9　1993～2004 年深圳特区内专营大巴市场

资料来源：根据《深圳年鉴》整理绘制

经营权力。1996 年，针对郊线大巴存在的单车承包、以包代管，一条线路、多家经营等问题，深圳市对郊线大巴市场进行调整：通过合理调整线路，变一条线路多家经营为专线专营；引导企业变单车承包为线路承包或企业直接经营管理。这一时期郊线大巴市场发展迅速，但也存在经营企业数量较多、波动较大等问题，企业规模参差不齐，平均一家企业运营的大巴线路不足 5 条（图 6.10）。

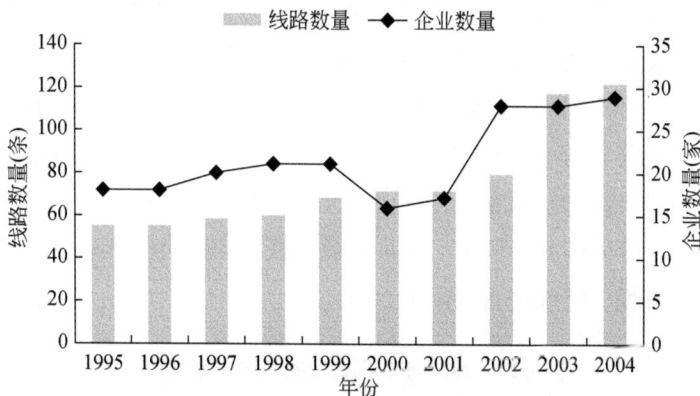

图 6.10　1995～2004 年深圳市郊线大巴市场

在政府为特区外公共汽车市场营造了自由的竞争环境，但却没有行使必要的管理和引导权力时，这些良好的市场机制在政府职能缺位、基础设施投入不足等规制不到位的情况下表现不佳，造成运营秩序混乱、服务质量较低等问题。这些问题在宝安区尤为明显，主要表现在三个方面。

1) 运营成本高，盈利压力较大。2005 年宝安区平均每辆大巴每月需缴纳 3000 多元的养路费、运管费等，而特区内的专营大巴则无须缴纳，但是特区内外又实行统一票价，给宝安区的公共汽车企业带来较大的盈利压力。

2) 企业各自为政，线网布局不合理。2004 年末，宝安区有 28 家公共汽车企业，由于缺乏统一规划和管理，这些企业大多实行"划街道而治"，其结果是企业争着经营客流量大的街道，一些冷线却没有企业经营。

3) 公共汽车运力不足，场站建设滞后。2005 年宝安区总人口比 1999 年增加一倍多，但公共汽车运力却没有相应增加，全日全方式公共交通出行分担率不足 5%，远低于特区内 20%。相比之下，公共汽车场站建设则更显滞后，2005 年宝安区公共汽车场站所需用地与建成用地的比例为 3∶1，远远不能满足公共汽车停放需求。

5. 公共交通优先战略下的国有化回潮

在公共交通市场化改革下，深圳市公共汽车快速发展，截至 2007 年 4 月，深圳市共有 38 家公共汽车企业，414 条公共汽车线路和 9906 辆公共汽车（中国城市科学研究会，2009）（表 6.10）。2004～2006 年，国家先后出台了一系列公共交通政策，确立了公共交通优先发展战略。为了解决市场化改革带来的问题，进而推行公共交通优先发展战略，2007 年 8 月，深圳市颁布《深圳市公交行业特许经营改革工作方案》，实行区域专营制度，成立东部公共交通有限公司和西部公共交通有限公司两家国有控股的公共汽车公司整合特区外的公共汽车资源；深圳巴士集团股份有限公司整合特区内的公共汽车资源。三家公司清退了公共汽车市场上大部分分散的社会资本。深圳市政府授权三家公共汽车公司分区经营深圳市公共汽车市场，特许经营年限为 20 年。

表 6.10　2007 年深圳市公共汽车市场结构

类别	企业数量（家）	线路数（条）	车辆数（台）	备注
特区专营大巴	3	145	3219	非特区专营企业 35 家，占 92.11%；其中，兼营郊线大巴和中小巴的企业 22 家，占 57.89%
郊线大巴	31	155	4641	
中小巴	26	114	2046	
合计	38	414	9906	

资料来源：中国城市科学研究会，2010。

在特许经营改革的同时，深圳市政府还进行了大巴降价和财政补贴改革，平均票价在 2000 年的基础上降低 25%，设置了公共汽车行业标准成本利润率为 6% 的补贴额度，公共汽车企业符合规制标准范围的成本投入都可以得到政府的财政补贴，并且还可以获得标准成本利润率为 6% 的财政补贴。公共汽车降低票价和财政补贴方案的实施使公共汽车企业的成本补偿和投资收益由原来主要通过票价收入实现转向了依赖政府的财政补贴。该方式的缺点是：企业的利润与营收无关，与规制成本总量相关，规制成本越大、利润越大，容易形成企业不关注营收却扩大规制成本的负面激励（黄敏等，2014），降低了公共汽车服务供给的效率，每人次成本费用和每车每公里成本逐年上升（周华庆和杨家文，2015）（图 6.11）。

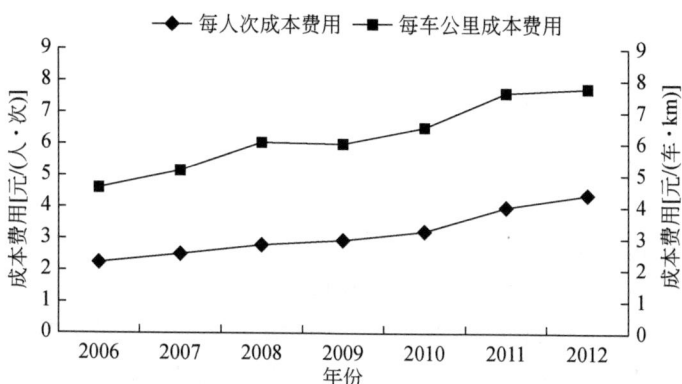

图 6.11　2006~2012 年深圳巴士集团股份有限公司单位成本费用

资料来源：周华庆和杨家文，2015

从特许改革的目标和路径来看，2007 年深圳市公共汽车行业进行了一次与以往 30 年改革方向几乎完全不同的转变。第一，成立国有控股的公共汽车公司，政府重新参与公共汽车公司的经营活动，改变了市场化改革的方向，公共汽车市场出现国有资本回归的趋势；第二，推行经营期限为 20 年的区域专营制度。区域专营实际上使企业在其经营区域形成垄断经营，消除了公共汽车市场的竞争机制，缺少竞争刺激，专营企业一般不会有竞争企业那样强烈提高效率、减少成本的压力；第三，降低公共汽车票价，推行成本规制财政补贴，在监管体系不完善或监管力度不足的情况下，政府通过财政补贴调节企业经营的行为不仅降低了企业自我经营、自主盈利的能力，还会逐年加大政府的财政负担（表 6.11）。2013 年，为了提高财政补贴资金的使用效率，深圳市出台了公共交通财政定额补贴政策实施方案，在维持公共汽车票价体系不变的情况下，政府对公共汽车企业的补贴标准由基于成本规制改为基于公共汽车企业实际服务的乘客量。

表 6.11　2008～2012 年深圳市公共汽车行业的财政补贴　　（单位：亿元）

项目	2008 年	2009 年	2010 年	2011 年	2012 年
刷卡补贴	4.16	5.14	5.83	6.92	6.91
燃油补贴	4.61	4.25	7.28	12.76	16.69
规制补贴	4.29	8.14	8.52	12.5	23.18
三项基本补贴合计	13.06	17.53	21.63	32.18	46.78
其他补贴情况	公共汽车改革一次性补贴、新能源公共汽车补贴、贷款利息补贴等共 10.08 亿元				
总计	141.26 亿元				

资料来源：黄敏等，2014。

6. 规制改革总结

纵观深圳市公共汽车经营规制 40 年的改革历程，从国有国营到市场化改革再到国有化回潮，深圳市公共汽车行业在市场准入机制、票制票价与财政补贴体系、经营权等方面的规制政策不断改变，同时政府参与企业经营的程度、公共汽车市场的竞争程度、政府在公共汽车行业职能缺位也随之转变（表 6.12）。可以看到，深圳市政府在 2007 年前的总体改革趋势是不断加大经营权的放宽力度，将公共汽车的经营交予市场主体，充分赋予各公交公司自主运营公交线路的权力。但是在此情形下，深圳市政府没有充分发挥在管理、审核、约束等方面的政府职能作用，使得公共汽车经营几乎走向了完全市场化的境地，导致出现了一系列公共选择理论模式下会产生的弊端。

表 6.12　深圳市公共汽车主要规制模式中的政府角色

规制模式	公共汽车市场	阶段	政府参与企业经营	市场竞争	政府职能缺位
国有国营	大巴	1975～1989 年	深	弱	少
区域专营	特区大巴	1993～1997 年	较深	较弱	较少
	市域巴士	2007 年至今	较深	较弱	少
线路专营	特区大巴	1998～2006 年	较浅	较强	较多
市场化主导	郊线大巴	1989～2006 年	浅	强	多

需要注意的是，新区域主义所强调的赋权并不意味着政府可以完全放下权力放任不管，将一切交给市场运作。"赋权治理"的关键举措在于"赋"，意味着执行主体的权力来源于上级政府，受到上级政府的管理约束，并且只能在上级政府划定的权限范围内开展活动。因此，政府需要切实履行自身更高层的监管和审核权力，慎重决定赋予执行主体的权力程度，并持续在宏观层面把控发展走向，在产生不利影响前收回权力，平衡执行主体的主观能动性优势和盲目逐利性弊端，更好地实现治理目标。而深圳市政府在 2007 年开始，也确实采取了与此前放权改革方向相反的举措。虽然此次改革有改变当时公共汽车经营市场乱象的初衷，但举措是否合适还有待商榷，主要问题在于以下几个方面。

首先，创建公交都市以城市政府为主体、突出城市公共交通的公益属性，并不意味着政府要参与公共汽车企业的经营。在国家推行公共交通优先战略以解决日益严重的城市交通拥堵问题的背景下，既能够发挥政府职能又可以不参与公共汽车企业经营的方法主要有：对公共汽车设施用地、路权分配、场站建设等方面给予优惠政策，为公共汽车企业发展提供良好的政策环境；对老年人、学生等低收入者乘车直接补贴，营造大多数市民可以接受的公共汽车消费环境。而政府成立国有控股的公共汽车公司，推行低票价，基于规制成本对公共汽车企业的经营性亏损进行补贴，实际上是政府参与了企业的市场经营活动。这种规制方式虽然也可以发挥政府在创建公交都市过程中的作用，但也会影响企业的决策和经营策略，不利于营造公共汽车企业自我经营、自负盈亏、自我发展的制度环境。

其次，区域垄断的公共汽车市场也许短期可以取得理想效果，但从长期来看，没有竞争机制和退出机制的市场难以提高公共汽车服务的供给效率和提供居民满意的公共汽车服务。深圳市公共汽车近 40 年的发展历程表明：由区域专营到线路专营，不仅有利于营造适当的竞争环境、优化公共汽车市场结构，同时也有利于量化线路指标、提高公共汽车服务质量；鼓励社会资本进入公共汽车市场的市场化改革使政府在投入较少的情况下，公共汽车行业获得了较快的发展，虽然这一模式也难免会造成公共汽车企业培植客流的内在激励不足、偏远地区公共汽车服务缺乏、公共汽车行业公益性难以体现等问题，但通过成立国有企业、清退社会资本、推行区域专营等形式的国有化改革未必是解决这一问题的良方，因为国有控股企业垄断经营公共汽车市场不仅降低了公共汽车服务供给的效率，还在很大限度上成为建立基于规制的公共汽车市场的阻力之一。

最后，城市公共汽车行业是市场行为和政府规制的共同结果，在引入市场竞争机制的基础上，提高政府的监管能力和治理水平是保证公共汽车行业可持续发展的关键。第一，竞争性的公共汽车市场需要交通运输部门的调控。提供地域上更加公平、选择方式上更加多样的公共汽车服务是政府规制的出发点之一，但不管是民营企业还是国有企业提供公共汽车服务，在经营权调整、线网规划、服务质量考核等方面政府职能的缺位往往会带来市场失灵。第二，政府需要制定具有渐进性和连续性的公共汽车规制政策来保持公共汽车市场的稳定，因为持续优质的公共汽车服务供给和稳定的公共汽车供给水平是提升公共汽车吸引力和出行分担率的前提，这一点对于正在致力于创建公交都市的中国城市来说更显重要。

6.2.3 深圳地铁集团一体化建设深圳北站综合交通枢纽

1. 开发建设主体：深圳地铁集团

深圳地铁集团是由深圳市政府于 1998 年 7 月成立并全资拥有、由深圳市国资委直管的国有独资大型企业。深圳地铁最早于 1992 年开始筹划建设，自深圳地铁集团成立后正式开工建设。截至目前，深圳地铁集团已经建立了完善的轨道交通建设、运营、站城开发和资产经营管理体系，业务范围囊括国家铁路、城际铁路和城市轨道交通。在二十余年的发展后，深圳地铁集团在 2016 年成为盈利的轨道交通运营商。截至 2022 年底，深圳地铁集团总资产达 6616.1 亿元，员工达 2.7 万余人（肖梦华，2022）。

在轨道建设方面，深圳目前已建成总里程达 547km、总车站数达 302 座的庞大地铁网络。而深圳地铁集团承担了其中 15 条地铁线路，共计 516.7km 的运营任务。同时负责推进 13 条总长度达 100.4km 的在建地铁的建设工作。在交通枢纽方面，深圳地铁集团统筹了罗湖站、福田站、深圳北站等重要交通枢纽的建设任务。在国家铁路和城际铁路方面，深圳地铁集团代表深圳市政府负责铁路的出资和股权管理，国家铁路和城际铁路共 332.1km。在站城开发方面，深圳地铁集团成立物业开发总部，推动地铁上盖物业开发，打造"站城一体化"综合交通枢纽核心产品，服务于深圳"轨道+物业""以公共交通为导向"发展模式。突破传统轨道交通业务"广通商"的范畴，将业务范围扩张至酒店式公寓、商业办公等模块，修建完成了深铁置业大厦等甲级写字楼、华强北地下商业街、深圳北站枢纽商业综合体、朗麓家园保障性住房等一系列重要城市建筑。

深圳地铁集团学习香港"轨道+物业"开发运营模式，实施轨道建设与物业开发一体化方案，已拥有深圳市 21 个轨道沿线上盖项目的综合开发权，总建设规模达 1260 万 m^2。其中，深圳北站枢纽、塘朗综合楼等物业开发项目取得市场高度认可，实现销售额连续七年突破百亿的成绩。就开发模式而言，深圳地铁集团针对不同的交通项目分别采用自主开发和合作开发的两种方式。针对开发规模和风险相对较小的交通项目，选择进行自主开发，针对规模庞大、建设复杂的大型综合体项目，则选择通过公开招标的方式，筛选具备丰富实践经验、实力雄厚的开发商，与其合作建设（表 6.13）。相对而言，合作开发模式更有利于吸纳社会资本，舒缓深圳地铁集团融资压力，同时可以帮助深圳地铁集团学习优秀开发商的管理模式和运营经验，加速自身市场化进程。目前在综合枢纽开发建设方面，深圳地铁集团不断总结革新，基于第一、二代综合枢纽建设经验，着重推进新一轮枢纽结合城市开发模式，在前海枢纽中创新实践第三代"站城一体"建设模式，以及在西丽枢纽中采用第四代"产城融合"建设模式。

表 6.13　深圳市现有地铁项目开发模式对比（肖梦华，2022）

开发模式	特点	优势	弊端	代表项目	代表项目涉及主体
自主开发	项目规模小，开发难度小、以销售型物业为主	项目开发主导权，可获取项目全部收益	承担全部投资风险，运行效率不高	深大站、车公庙枢纽	深圳地铁集团
代开发+BT	项目预期收入较大，负责全部投资，但委托开发商进行开发及BT建设	利用专业开发商，提升项目品质和开发效率，减少工程招标环节，可获取项目全部收益	承担全部投资风险，增加开发成本，存在合作管控风险	前海车辆段	深圳地铁集团中海集团福建九龙集团
协议型	双方协议确定权责和利益	对项目可控，共同承担投资风险	存在管控授权与风险控制矛盾	横岗车辆段	深圳地铁集团振业集团
法人型	地铁集团将用地权属转移至项目公司，双方作为股东，共同投资	市场化运作，模式成熟，双方共同开发、共担风险、共享收益	获取项目部分收益，土地流转或股权转让增加成本	塘朗车辆段	深圳地铁集团深业集团

开发模式	特点	优势	弊端	代表项目	代表项目涉及主体
协议合作开发+BT	双方协议确定权责和利益,但土地不转移,合作方进行BT建设	利用合作商开发经验,获取更大收益,分散经营风险,同时利用BT方融资缓解资金压力	实际开发收益稀释,合作管控风险加大	北站枢纽C2地块	深圳地铁集团 万科集团 中建四局
				北站枢纽D2地块	深圳地铁集团 中国中铁 中铁建工

深圳地铁集团最初采取的是政府直接投资的一元化投融资模式。但由于地铁总里程不断扩张,投资成本也随之大幅提升,逐渐达到收不抵支的程度,使得深圳市面临巨大的财政压力。因此深圳市政府在地铁二期建设中,逐步探索多元化投融资模式,即政府仅出资其中一半的资本金,其余资金由深圳地铁集团自身采用债权、短期融资、银行贷款以及BT等方式进行融资(表6.14)。然而,尽管仅需承担50%的资本金,政府筹集资金和偿还利息的财政压力依然巨大。因此当开始地铁三期建设时,投融资模式由"政府投资+地铁集团自筹"转变为"政

表6.14 深圳市轨道交通投融资模式分析(肖梦华,2022)

地铁工程	建设线路	投资总额(亿元)	投融资模式	具体措施
一期	1、4号线	106.5	政府直接投资	政府投资70%,深圳地铁集团通过银行贷款投资30%,主要依赖政府财政直接投入或兜底
二期	延长1、4号线,新增2、3、5号线	622.9	BT、BOT、"轨道+物业"	政府短期资金紧张,引入境外资金,开始探索实践多元化投融资模式
三期	6、7、8、9、11号线	1034.7	土地作价出资、"轨道+物业"、市区合作、PPP	政府资本金、融资还本付息压力巨大
四期	6号线支线,12、13、14、16号线	1373.1	"轨道+物业"、PPP、企业融资与政府发行专项债相结合	政府资本金、PPP引入社会资本、企业融资带条件"招拍挂"配置土地资源进行"轨道+物业"开发解决融资管本付息,探索全生命周期资金平衡

府作价出资地铁沿线上盖用地+地铁集团融资建设"，即政府部分的投资改为土地作价注入，剩余50%的资金由深圳地铁集团自行通过融资获得，融资方式包括设备租赁、企业债券、银行贷款、股权融资等，深圳地铁集团还可以通过物业开发反哺地铁投资。地铁四期建设则主要通过地方政府专项债券开展融资。以地铁 14 号线为例，该项目总投资预算约为 390 亿元，其中预计发行专项债券 200亿，占比 51.29%，按照实际使用需求分年度发行，并通过地铁运营和轨道上盖物业开发收入还本付息，探索轨道全生命周期资金平衡。截至 2019 年 3 月 31日，债券发行总额达 50 亿元。

2. 深圳地铁集团一体化建设

深圳北站综合交通枢纽集多模式交通及配套物业开发于一体，涉及十余个管理部门，如果按照传统枢纽建设和管理体制，各主体需要依照详细规划各自开展立项、设计、建设和管理等工作，势必会在一定程度上带来项目衔接的标准问题和沟通成本。因此，深圳北站在规划伊始便在统筹考虑城市空间、土地资源和建设周期等制约因素后，决定破除按部门职能进行条块管理的传统管理模式，采纳"一体化建设"理念（杨建华，2012），体现了新区域主义所提倡的赋权思想。

（1）建设主体一体化

在确定采取"一体化建设"理念后，深圳市政府决定将深圳北站枢纽的建设主导权赋予深圳地铁集团，使其成为推动该枢纽建设项目的执行主体，负责指挥协调、组织施工和运营管理等方面的事宜。主要采取了以下措施：深圳地铁集团代表深圳市政府持有广深港客运专线 30% 股权；市政府委托深圳地铁集团作为整个深圳北站枢纽项目的建设业主，代建枢纽范围内政府所有投资项目；将平南铁路和地铁 4 号线以企业委托的形式委托深圳地铁集团代建；深圳地铁集团自筹资金建设配套物业（表 6.15）。

表 6.15　传统模式下深圳北站建设管理主体（肖梦华，2022）

枢纽功能	涉及建设管理主体	一体化建设
铁路站房	广深港客专公司	深圳地铁集团代政府持股30%
平南铁路改线工程	平南铁路公司	深圳地铁集团（委托代建）
地铁5、6号线	深圳地铁集团	深圳地铁集团
地铁4号线	香港地铁公司	深圳地铁集团（香港地铁公司委托代建）

枢纽功能	涉及建设管理主体	一体化建设
长途客运站	客货运中心	深圳地铁集团（市政府投资，产权归交通委员
公交、出租车站	场站建设管理中心	会）
周边市政道路	建筑工务署	
广场配套建筑	建筑工务署	深圳地铁集团（自筹资金）
C2/D2 综合体开发	开发商、企业	

（2）指挥机构一体化

深圳地铁集团统筹了深圳北站各项建设、开发、经营工作后，相继设立了枢纽建设公司、物业管理公司、物业开发总部和商业管理公司，分别负责枢纽一期建设工作、交通功能日常运营管理、上盖物业的开发与销售、自持商业经营。同时在物业开发总部下，还成立了诺德投资有限公司和成科投资发展有限公司，分别负责汇德大厦项目和汇隆商务中心项目的开发工作。而深圳地铁集团作为母公司，成为了最高层级的指挥机构，实现了指挥机构的一体化（图6.12）。

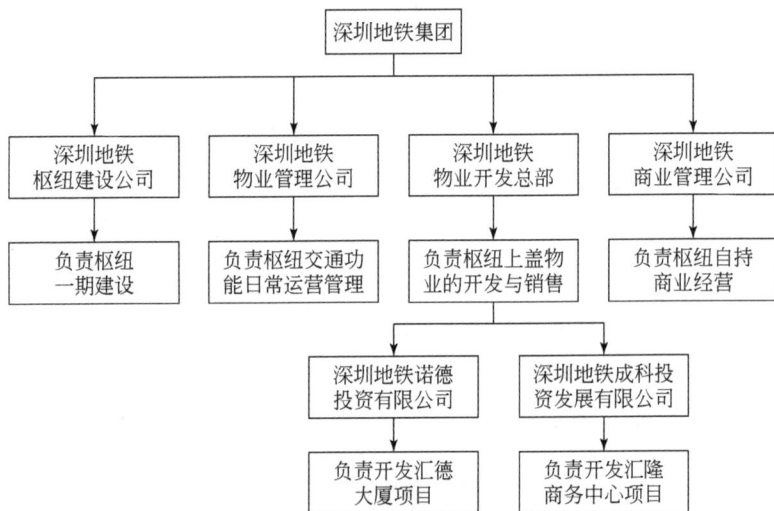

图 6.12　深圳北站枢纽建设、开发、经营组织架构（肖梦华，2022）

（3）施工组织一体化

深圳地铁集团在统筹衡量综合交通枢纽的项目复杂程度、预估经济效益、资金回笼需求和相关政策法规等因素后，最终选择"协议合作开发+BT"模式进行开发建设（图6.13）。深圳地铁集团以价款报价、开发经验、开发方案和持有物业经营方案等作为评价指标，通过公开招标的方式筛选合作方。深圳地铁集团拥有项目的用地权，合作方则向深圳地铁集团支付项目合作对价款，深圳地铁集团与合作方按照51%：49%的比例开展投资，并获取相应的开发收益，双方共同委托第三方公司对项目进行管理和经营。2015年3月12日，万科与中建四局联合体、中铁公司和中铁建工联合体分别中标C2和D2项目。

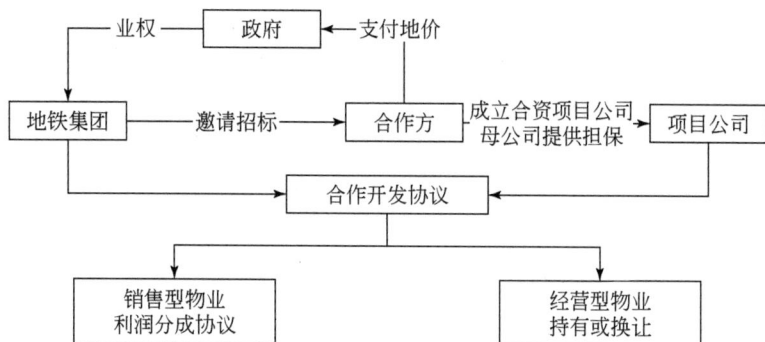

图6.13 "协作合作开发+BT"模式流程（肖梦华，2022）

深圳北站在具体建设过程中面临极为复杂的施工条件。因此，深圳地铁集团采用BT项目管理模式，将施工环节通过招标整体承包给大型中央企业。在施工过程中，将整个枢纽作为一个系统整体建模，运用系统仿真和决策分析等系统理论指导工程实践，有序指导工作交接和转换，在综合交通枢纽的施工组织方面开创了先河。同时首创信息化系统采购模式，严格按照工程接口管理办法，保证工程接口平顺和施工的有序进行。得益于"一体化建设"理念的创新，深圳北站自2008年底正式开工，不到3年时间至2011年6月即全部建成，具备非常有效率的建设周期。这使得深圳北站成为"十二五"期间铁路枢纽合作共建的典范，为国内其他城市枢纽的建设提供了范本。

（4）运营管理一体化

深圳北站不仅在投融资和施工建设阶段推行一体化理念，在运营管理环节也同样创新提出"一体化管理、专业化运营"，使得赋权思想贯彻项目始终。具体的运营管理一体化措施为：成立深圳北站联合建设指挥部，组成单位包括深圳市交通委、民治街道办事处、深圳北站枢纽运营管理中心、铁路和地方公安、地铁各运营主体、公交公司、长途客运公司等，明确运营和管理工作范畴和责任，建立信息通报及协调机制，编制统一的应急预案，为枢纽的安全运营提供重要的组织保证（图6.14）。并委托深圳地铁集团建设深圳北站交通枢纽运营管理中心，负责管理深圳北站地区的大巴、公交、出租、商业和枢纽公共区域等多方面的运营工作，实现运营管理一体化。

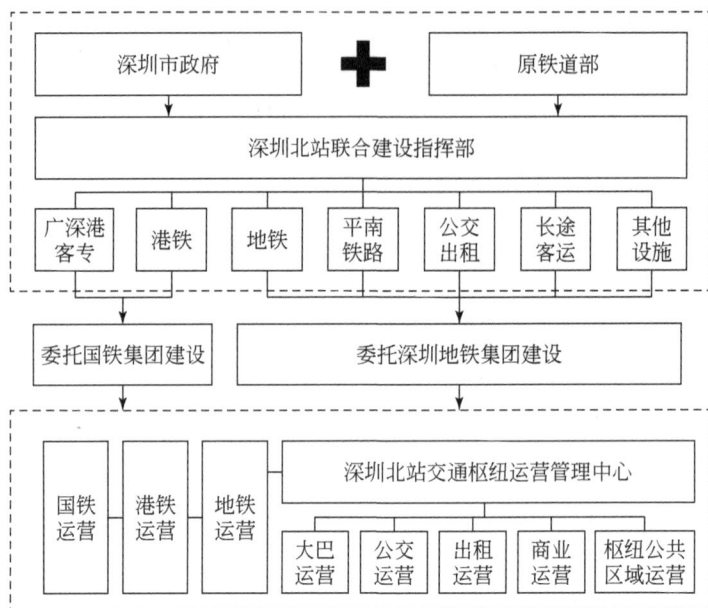

图 6.14 深圳北站多部门协同管理体系架构（龙俊仁和邵源，2021）

3. 建设成效

（1）创新运营管理模式，构建利益共同体

深圳北站集国家铁路、城际铁路、城市轨道交通，以及长途汽车站、公交车站、出租车停靠点、社会车辆停车场于一体，面临复杂的各产权主体、投资方、建设方、经营方以及利益相关方共存的局面。为了解决这一问题，深圳市政府联合原铁道部成立囊括多部门的深圳北站联合建设指挥部，构建多方参与的利益共同体。并将深圳北站地区多项工作的运营管理权力赋予深圳地铁集团，创新实行"一体化管理，专业化运营"。最终形成以运营管理平台、综合治理及治安管理平台、服务管理平台和枢纽应急预案四部分组成的综合管理平台，由深圳北站交通枢纽运营管理中心实施一体化管理，成为国内综合交通枢纽运营管理的标杆。

（2）多层级、立体化功能布局，实现便捷交通接驳

在深圳地铁集团统筹规划、设计、建设、运营和管理等多环节工作的有力安排下，深圳北站的建设工作在多主体间形成了良好的衔接和统一的标准，实现了多层级、立体化的功能布局，并在多模式交通之间打造便捷的交通接驳渠道。

在横向剖面上，深圳北站以国铁站房为中心，拥有东西两个广场。东广场作为深圳北站主广场，主要设置有公交车站和出租车停靠点，承担公共交通功能；西广场作为副广场，主要设置有长途汽车客运站和社会车辆停靠点。在纵向剖面上，国铁站房采取了"上进上出"的客流组织方式，将国铁站台布置在地面层，旅客进、出站大厅均布置在站台上方的高架平台层。地铁 4、6 号线高架于平台层上方，5 号线下穿铁路站台层（图 6.15）。

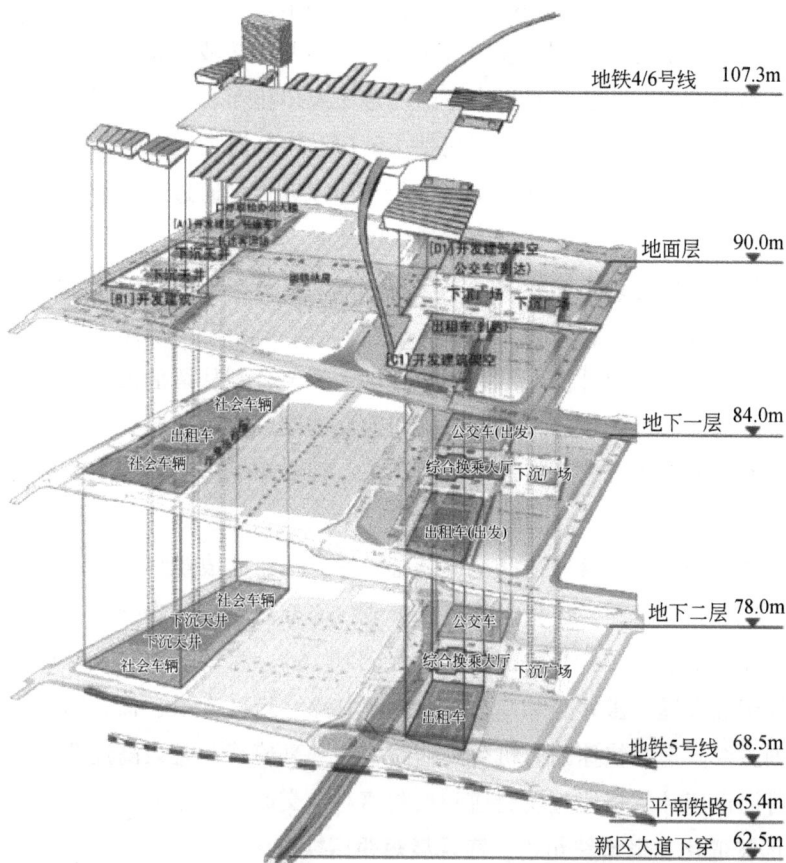

图 6.15　深圳北站综合交通枢纽立体化布局（肖梦华，2022）

深圳北站以国铁站房为中心，东西广场之间的步行平台与铁路站台垂直交叉，将整个区域划分为四个部分。

东广场以连接国家铁路车站、地铁站、交通接驳设施和城市步行系统的步行平台为中轴线，分别在北部和南部布设公共汽车和出租车专用场站，并在东广场根据交通接驳设施的分布格局进行上盖综合开发。为了满足各接驳设施、各个距离、各个方向的客流需求，公交车站共设置有三层，分别是地面层（标高78m）、夹层（标高84m）和高架层（标高90m）。其中，地面层为短距离公交场站，主要提供组团内公交接驳线路服务，从新区大道北端辅道、民塘路进出枢纽；高架层和夹层一同组成相对独立的长距离公交场站，前者为下客区，后者为上客区，主要提供组团间公交接驳线路服务。其通过匝道桥与留仙大道连接，车流组织为"西进西出"，层间则通过坡道连接。出租车专用场站布设在东广场南侧，利用高架层、夹层和地面层分别设置服务不同区域的两组接驳场站。其中，高架层和夹层的场站主要服务由玉龙路进出枢纽的远距离出租车，前者设下客区，后者设车辆排队等候区和上客区；地面层场站主要服务由新区大道地面辅道和上塘路方向进出的短距离出租车。公交车站和出租车停靠点均可通过综合换乘大厅，高架层及层间楼扶梯与轨道交通、铁路客流无缝换乘。

西广场在纵向方向上同样采取三层布设方式，其中地面层与东广场高架平台层同标高。地面层以步行广场为中轴，长途汽车、旅游巴士场站设置在其北部地面层，主要服务深圳市外围区域和周边地区人流，分别从留仙大道和致远路进站和出站，并通过留仙大道、玉龙路与枢纽次交通圈层的福龙路、南坪快速路进行集散。地面层南部以综合开发为主，出租车、社会车辆停车场则主要设于西广场地下层。

深圳北站外围市政接驳道路交通基础较好，枢纽完成规划后对既有道路进行了升级改造并新建道路，以枢纽为核心形成核心交通圈层、次交通圈层，使得枢纽内外交通能快速衔接，有效疏解交通（图6.16）。深圳北站对外交通主要由东西走向的留仙大道、玉龙路和南北走向的福龙路、新区大道、梅龙路承担。深圳北站外围主要高速、快速路有机荷高速路、梅观高速路、龙大高速路、南坪快速路等，可以迅速疏解枢纽过境交通和长距离对外交通。

（3）管道化交通流线组织，实现最短距离换乘

在深圳地铁集团一体化建设的背景下，深圳北站对枢纽运营的高效性、有序性提出了更高的要求，进而开启对人流（含无障碍）、车流、物流三大流线的综合分析。确定以公交优先为原则，针对多模式交通的人流、车流和物流流线开展比较，以此明确各模式交通流线的先后顺序，从而做到管道化流线组织，主要人

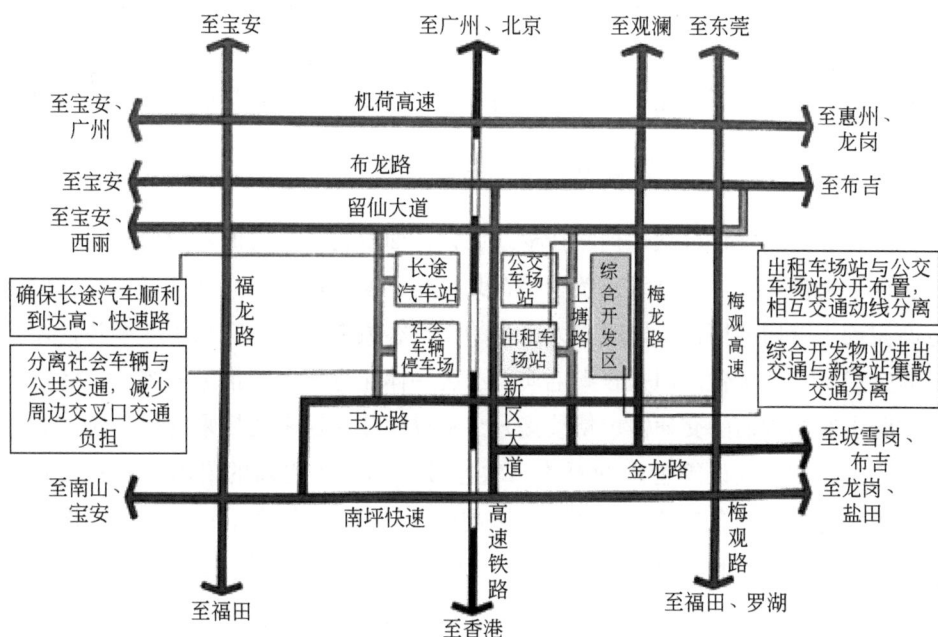

图 6.16　深圳北站对外交通设施布局示意图

资料来源：2011 年深圳北站综合交通枢纽配套商业策划报告

流流线不交叉、车流流线不交叉、主要人流流线和车流流线不交叉，实现"最短距离换乘"。

针对国家铁路的客流采取"上进上出"的方式，在国铁站房东、西侧的中部设进站口，站房南、北侧各设东西向的出站通道，有效避免进出站人流在广场聚集、交叉。针对地铁客流，在 5 号线地下层和 4/6 号线高架层之间，修建两组共 12 台电动扶梯，组织地铁线路之间的换乘客流。针对公共汽车客流，采取"半岛式"公交车站实现人车分流，改变传统的室外候车模式，在上下客区设置玻璃屏蔽门，提高旅客换乘候车时的舒适度和安全性。针对出租车客流，采取"人行天桥+多岛"式候车形式，能够快速有效地疏散客流，避免上客区乘客等候时间过长和传统等候区秩序混乱、人车交叉的现象。基于以上组织措施，深圳北站成功实现"管道化+人性化"的换乘客流组织目标，将主客流步行距离控制在 150m 内，时间控制在 5 分钟内。

深圳北站是多模式交通接驳与汇集的交点，是引导个体交通向公共交通转移的重要节点，是推动城市运输迈向可持续健康发展的民生工程。其在深圳地铁集团一体化建设的赋权举措下，通过采取"功能布局立体化"和"流线组织管道化"的全新规划设计理念，以集约化模式充分利用有限的土地资源，纵向拓展城市发展空间，建成了功能齐全、运营高效、换乘便捷的综合交通枢纽。

4. 安检互认：从"硬衔接"到"软连接"

虽然深圳北站综合交通枢纽在枢纽设计方面取得了一定的建设成效，尤其成功实现了地铁4、5、6号线三条线路在此交会，使得地铁与高铁站点在硬件设施方面做到了密切的衔接，同时也为庞大的出行客流在换乘的空间距离和步行体验方面完成了设计优化。但是在粤港澳大湾区一体化进程不断推进的当下，各市居民在跨市通勤方面的交通需求持续提升，不仅关注交通枢纽换乘的硬件条件和设计，更是对安检互认等管理方面的"软连接"提出了更高的要求。尤其在高速铁路极大地缩短了各市之间时间距离的情况下，若在安检环节重复进行检查操作，不仅本身流程时间会增加，其所造成的排队拥堵等情况更是会浪费大量的时间，使得旅客前往高铁站的时间相较于乘坐高铁的时间占比提升，导致高铁带来的时空压缩效应无法充分发挥。这一新形势对深圳地铁集团提出了新要求，如何实现高铁与地铁系统的安检互认，成为其在下一步的运营管理方面需要做出创新的新问题（何震子等，2021）。

针对该问题，本书在此部分以深圳北站为研究对象，利用排队论仿真研究高铁与地铁换乘中重复安检带来的效率损失程度。重复安检带来的效率损失主要体现在排队时间增加上，而高峰期乘客数量剧增，使得无谓损失被放大数倍。因此，研究高峰期的换乘效率更有意义。此部分在实测平峰期（即各通道基本畅通）换乘效率的基础上，着重研究高峰期的换乘效率。

（1）深圳北站东广场总体状况

深圳北站是深圳大型交通枢纽之一，属于国家级铁路枢纽（宗传苓等，2011）。该站线路繁忙、车次密集，客流高峰期运能紧张。与深圳北站接驳的地铁线路有4号线、5号线和6号线，三线均在东广场与国铁进行接驳。图6.17是深圳北站东广场及5号线站厅区域平面示意图。与国内大多数"上进下出"结构的高铁站不同，深圳北站的进站口、出站口以及售票处均位于同一层（标高为+90m），地铁5号线位于进站口和出站口层的下方（标高为+78m），楼层间有多个电扶梯和垂直电梯相连。本小节以国铁与地铁5号线之间的换乘作为研究对象，探究重复安检带来的出行时长增加情况。

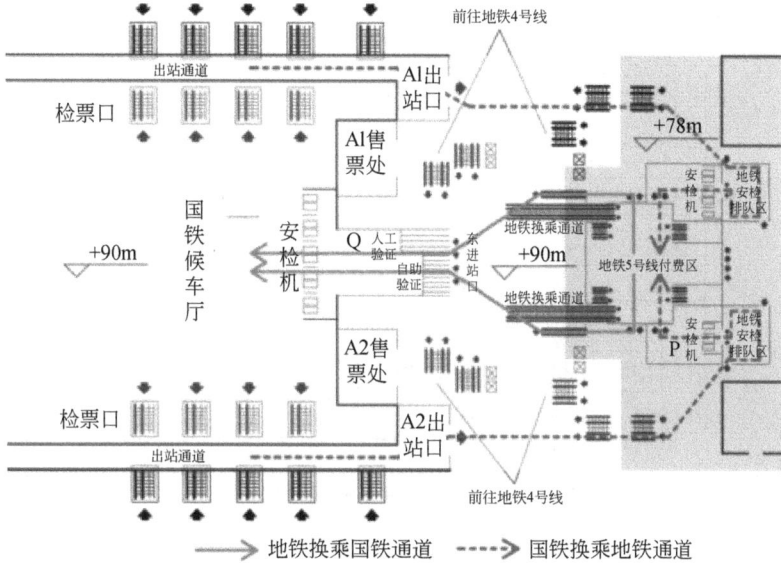

图 6.17　深圳北站东广场及地铁 5 号线站厅布局示意图

Q 为国铁东进站口；P 为国铁 A2 出站口对应的地铁 5 号线进站区

地铁进站区的情况为：A2 出站口对应的地铁进站区共有三台安检机，但流线设置只有一条，且不设工作人员进行控制；三台安检机安检效率相同。图 6.18 是高峰期的 A2 出站口对应的地铁 5 号线进站安检排队区排队流线示意图。

选择一个普通周日晚上为观测时间段，安排两位调研人员分别在乘客进入安检区域处和安检机的末端对客流进行实测。选择队伍流畅、安检机存在空闲的时刻为起始时刻，利用秒表分别记录乘客的到达时间序列和一台安检机上乘客完成安检的时间序列。观测期间出现较大客流、队伍积压的情况；观测持续到队伍几乎清空、安检机再次出现空闲为止，总观测时间窗口约为 90 分钟。

国铁进站区的情况为：东进站口位于地面一层中部，任何方式到达的乘客都需要经过实名验证、安检两个环节才能进入候车厅。验证通道分为自助验证通道和人工验证通道两类，高峰期自助验证通道开放 10 个、人工验证通道开放 4 个（其中一个为军人/急客通道），每个通道设置了独立的排队流线。

安检机和安检通道共设 10 组，并在每个安检机后设置流线。通过实名验证后到达安检处的乘客自行分流至 10 个安检机后的排队流线中，每个流线由一个工作人员（称为疏导员）控制，疏导员平均每次放行约 10 人，待其中的最后一

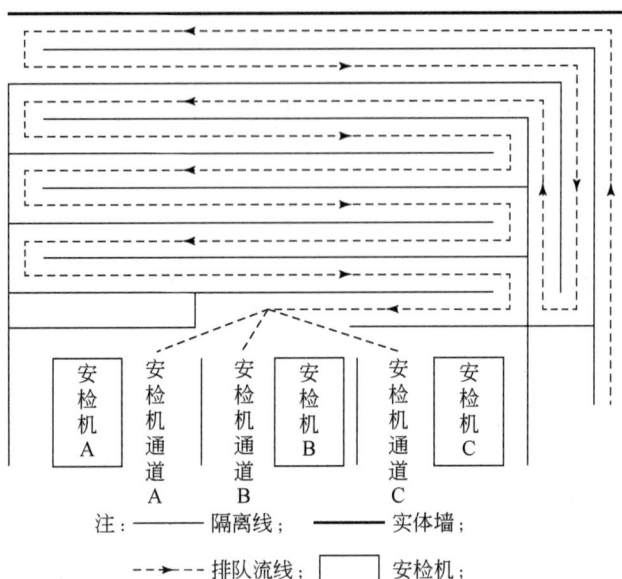

图 6.18　A2 出口对应的 5 号线安检排队流线示意图

名乘客到达安检机旁放下行李后再放行后续乘客，以保证安检过程稳定有序。

为研究高峰期国铁安检带来的排队时间，选择一个普通的周六上午作为观测时间段，安排多名调研人员分别观测东进站口的如下数据：①某一自助验证通道乘客完成验证的时间序列；②某一人工通道乘客完成验证的时间序列；③某一安检机乘客完成安检的时间序列。观测时间约为 60 分钟，期间进站乘客源源不断，验证口和安检口未出现空闲。

对安检排队时长进行描述性分析，估算空闲状态下换乘效率，根据调研人员实测，在各通道畅通的情况下，由国铁换乘地铁 5 号线，经过国铁出站、地铁安检和地铁进站，在各通畅通的情况下需要约 7 分钟。由地铁 5 号线换乘国铁，经过地铁出闸、国铁实名验证和国铁安检后到达最远的检票口，大约需要 6 分钟；考虑深圳北站各车次提前 5 分钟停止检票，各通道畅通的情况下从地铁 5 号线换乘国铁至少需要 11 分钟。

对地铁 5 号线的安检情况进行观测。观测开始时，地铁安检区几乎空闲，流线设置也较为简单。随后安检区域迎来较大客流，排队长度不断增加，约 35 分钟后排队达到巅峰。此时排队等待安检的乘客占满了整个排队区。随后，到达率减小，排队长度缓慢减小，直到约 90 分钟时流线恢复完全畅通，安检机再次出现空闲。观测过程中安检机未出现空闲。

而对于国铁安检排队的情况，在验证通道没有空闲的情况下，验证通道的总服务率等于安检区域的总到达率。每台安检机后的排队长度基本一致，在观测时间段内，安检排队长度基本保持稳定。

（2）排队过程仿真

为了更准确的刻画高峰期排队情况的变化规律，计算高峰期各环节的平均排队时间与最长排队时间，需要在观察的基础上进行模拟仿真。对于地铁安检排队而言，其乘客到达都是非稳定的；对于国铁安检排队而言，由于疏导员的存在，其服务间隔也是非稳定的。因而，涉及的两个排队过程都是非稳定排队过程。对于非平稳到达的排队过程，难以用数学手段进行刻画，一般用计算机仿真进行研究。利用 python 对四个排队过程分别进行仿真，根据实测数据、结合实际情况利用相应的随机数方法模拟乘客到达和接受服务的时间序列，并模拟多次后取均值、去除偶然误差，从而估算每一个排队过程的排队时间。

地铁 5 号线安检的服务率会因为排队情况的变化而有所波动。将整个过程按每 10 分钟一个单元进行划分，在每个时间单元内，乘客到达的时间间隔和接受安检的时间间隔按相应参数的指数分布进行模拟。该时间段内每个人工通道每个时间单元的到达率见表 6.16。

表 6.16　地铁 5 号线乘客到达率及安检服务率的分布

观测时间单元	到达乘客数（人）	平均到达率（人／秒）	安检机服务人数（人）	安检机平均服务率（人／秒）
20：00～20：09	825	1.375	241	0.402
20：10～20：19	834	1.39	246	0.410
20：20～20：29	1046	1.743	216	0.360
20：30～20：39	814	1.357	223	0.372
20：40～20：49	495	0.825	239	0.398
20：50～20：59	468	0.780	230	0.383
21：00～21：09	356	0.593	172	0.287
21：10～21：19	542	0.903	223	0.372
21：20～21：29	559	0.932	207	0.345

注：安检机平均服务率=统计时间单元内完成安检的人数/时间单元长度。

根据先到先服务原则累加得到按到达次序排列的每位乘客的到达时刻（以观测起始为 0 时刻）和接受安检时刻，从而得出每位乘客的排队时间；为减少偶然误差带来的影响，将这样的仿真重复 10 次并取均值，得出该高峰段乘客平均到达时刻和接受安检时刻（即"离开时刻"）与到达时刻的关系图（图 6.19），同时计算出所有乘客的平均排队时间。

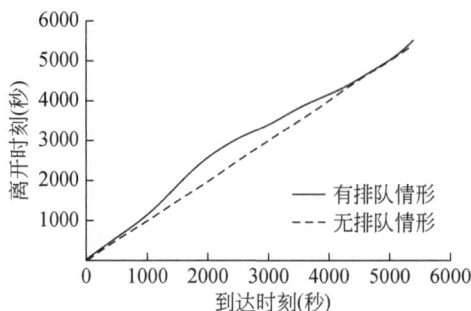

图 6.19　地铁安检排队乘客到达和离开时刻的仿真结果

根据模拟得到地铁 5 号线安检排队仿真结果为：高峰期由 A2 出站口出站前往地铁 5 号线的乘客在地铁进站口的平均排队时间为 4 分钟 25 秒，有近一半乘客的排队时间超过 5 分钟，排队时间最长达 10 分钟。

而在针对国铁安检排队仿真的观测时间段内，各验证通道均未出现空闲。因而，观测时间段内国铁安检的总到达率即为自助验证通道和人工验证通道的总服务率。测得正常情况下乘客通过自助验证通道平均耗时 5.22 秒、人工验证平均耗时 3.58 秒，且保持稳定，同时考虑自助通道部分旅客在接受验证时会出现的异常。据此模拟得到所有通道乘客接受完验证的总时间序列，作为国铁安检的总到达时间序列。对总到达时间序列进行 1/10 的系统抽样构成其中一台安检机的乘客到达序列。

实际的安检时间间隔为前后两位乘客通过安检门的时间间隔。测得同一批次放行的乘客其通过安检门的时间间隔平均为 3.22 秒，且保持稳定；同时考虑被拦截的乘客，其与上一位乘客接受安检的时间间隔有所拉长。由此模拟并累加得到一台安检机的服务时间序列。仿真结果表明，一次高峰过程开始时，安检排队长度经过一小段时间的迅速增加后达到并一直保持稳定；达到稳定后乘客平均排队等待安检时间为 1 分钟 40 秒，标准差为 15 秒。另外行李通过安检机还需要约 20 秒。

由此可以估算总体换乘效率。由国铁换乘至地铁 5 号线，各通道空闲情况下至少需要 7 分钟。而在高峰期，地铁进站安检平均需要 4.5 分钟、极端情况需要 10 分钟以上，乘客往往会因为排队安检而错过两趟车甚至三趟车。因此，高峰期从国铁换乘至地铁需要 20 分钟甚至更久，与往来广深之间的高铁时间相当；事实上，高峰期的排队不仅导致效率的损失，更因为空间狭小、人流拥挤而大大降低乘客换乘的舒适度。对于携带婴儿车或大件行李的乘客、老弱病残孕等特殊乘客，过长的排队及拥挤的空间会带来更多的不便。由地铁 5 号线换乘至国铁，各通道空闲情况下至少需要 11 分钟。而在高峰期，受实名验证和安检排队影响，由地铁 5 号线换乘至国铁需要预留 16 分钟甚至更多，同样与往来广深的高铁耗时相当，深圳北站的换乘接驳效率有待提高。

（3）安检互认总结

旅客便捷、高效换乘是多层次轨道交通运营融合的重要内容。在都市圈时代，随着城市活动在都市圈尺度的扩展，改善城市交通和区域交通的换乘衔接效率对于提升旅客出行效率和出行满意度具有重要现实意义。2019 年 2 月，国家发展和改革委员会印发《关于培育发展现代化都市圈的指导意见》，提出要以增强都市圈交通基础设施贯通性为重点，加快培育一批以 1 小时通勤圈为基本空间范围的现代化都市圈。推动都市圈干线铁路、城际铁路、市域（郊）铁路、城市轨道交通 "四网融合"，构建以轨道交通为骨干的通勤圈。9 月，中共中央、国务院印发《交通强国建设纲要》，提出到 2035 年要基本建成都市圈 1 小时通勤圈，旅客联程运输便捷顺畅，实现都市圈交通治理体系和治理能力现代化。为此，《交通强国建设纲要》要求各种交通方式要由相对独立发展向一体化融合发展转变，推动干线铁路和城市轨道交通等融合发展，提升交通枢纽换乘水平，构建便捷顺畅的都市圈、城市群一体化交通网。

打造轨道上的都市圈，建设轨道上的 1 小时通勤圈对多层次轨道交通运营融合提出了很高的要求。各层次轨道交通在不同的空间尺度为旅客提供组合服务。旅客的都市圈出行是一个高效衔接的链条，需要通过大型综合交通枢纽实现在城市交通与区域交通间高效、便捷的换乘。在城市交通和区域交通换乘量巨大的枢纽车站，重复安检造成严重的客流积压，对都市圈出行旅客，尤其是都市圈通勤群体造成了严重的出行效率和出行体验损失。中央政府曾多次出台相关政策、意见推动城市政府和相关运营管理企业尽快实现跨层次轨道交通换乘的安检互认，但进展依旧缓慢。例如，交通运输部等多部门于 2017 年 12 月和 2019 年 10 月分别发布《关于加快推进旅客联程运输发展的指导意见》《城市轨道交通客运组织与服务管理办法》，督促城市政府、铁路运营企业和城轨运营企业实施安检互认，减少旅客换乘中的重复安检。

换乘通道不连续封闭是重复安检的空间成因。枢纽车站和安检设施的规划设计未考虑到安检互认需求，导致铁路和城轨间缺少连续封闭的换乘通道。枢纽车站通常规划设计时间早，部分车站甚至早于城轨开始安检时间。历史局限性导致目前运营的枢纽车站在规划设计上几乎都没有体现安检互认需求。在安检设施方面，铁路安检区以外区域通常由城市政府负责，且铁路安检设施一般位于站房进站口内。所以，换乘通道是否连续封闭主要受城轨安检设施影响。各城市在最初规划实施城轨安检时，安检互认设计理念还没有被广泛倡导，再加上预算约束等因素，建设铁路与城轨间连续封闭的换乘通道通常不会成为安检设施规划设计内容。然而，只有依托连续封闭的换乘通道才能阻隔未安检客流混入已安检客流，形成安检封闭区域。

例如，深圳北站的特殊布局导致其与地铁间实施安检互认有一定的难度。经过深圳北站的三条地铁线路中，地铁 4、6 号线位于最高层的高架二层，地铁 5 号线则位于最底层的地下三层，而深圳北站的进出口都位于地面一层，这使得高铁和地铁乘客在站内的流线交织复杂。同时各轨道交通标准高度也不一致，且站内场地空间有限，为不阻挡非换乘旅客的正常通行，始终很难设置长久的免安检换乘设施。以地铁 5 号线为例，为实施由高铁转乘地铁乘客的安检互认，一种可能的方案是设立独立的安检互认通道，但是安检互认通道会将东广场切割成不联通的区域，从而导致其他乘客的不便；另一种可能的方案是整个深圳北站东广场以及地铁站厅统一设置安检区域，但深圳北站东广场属于露天区域，此方案的实施可能涉及比较高的工程改造成本。

虽然深圳北站已经不断在尝试运行免安检通道方案，曾在春节、五一等法定节假日期间，由深圳市公安局联合深圳北站协调办、深圳地铁、港铁（深圳）公司、北站枢纽中心、北站运管办、高铁铁路派出所等联勤单位共同创新提出，在高铁 A 出口至 5 号线付费区前设置一条封闭式高铁转乘地铁单向免安检通道，但是该方案受限于深圳北站的建筑设计始终无法长久运行，只能在节假日客流高峰结束后取消。2023 年 7 月 11 日，深圳市轨道办已致函龙华区政府，商请尽快实施免安检通道方案，最新的免安检通道方案已由龙华区民治街道办尝试推行，但仍然是高铁转乘地铁单向免安检，还没有形成非常理想的双向互免方案。而深圳地铁集团同时作为深圳北站运营管理的负责主体，以及深圳市地铁系统的负责主体，理应承担起探索高铁与地铁系统安检互认的责任。通过与国铁集团和深圳市相关部门积极协商，将安检互认作为下一步工作重点和创新方向，继续发挥其作为专业执行主体的优势，在所赋予的权限下努力推动深圳北站综合交通枢纽从"硬衔接"迈向"软连接"。

5. 项目总结

广深港高铁的建设任务推动了深圳北站的规划修建，深圳市由此开展了铁路综合交通枢纽方面的探索工作。深圳北站的选址位置位于原特区范围以外，并不在城市中心区域而属于"郊区站"，但却在一开始被政府部门命名为"新城站"。这既与长期以来高铁站点"布局于郊区，不对中心城区产生巨大影响"的传统原则相符合，又展现出深圳市希望依托新的高铁枢纽带动新城市区域发展的愿望。在此理念下，深圳市计划在未来实现将铁路枢纽服务置入城市核心地区的目标，不再将深圳北站单纯作为功能单一的郊区交通站点。在探索铁路综合交通枢纽开发模式的过程中，借助于深圳北站的项目实践和深圳地铁集团获权开展一体化建设，深圳市逐渐形成了以下三方面的模式转变。

1）从分包制到总师制的枢纽设计制度。铁路枢纽的前期建设工作的关键点在于规划研究和工程设计两方面，但在传统工作框架中，这两方面工作交由不同部门负责。规划部门负责开展相关规划研究工作，工程部门负责解决工程技术难题，双方部门各自委托相应的技术和研究单位开展项目工作。在此分包制设计制度下，造成了双方部门间产生了大量相关的行政协调工作。同时由于工程技术问题通常更具难度，工程部门容易将关注度集中在交通枢纽本身的技术突破上，忽视更大尺度层面枢纽所在地区的规划理念和目标，没有将枢纽设计与城市空间有机结合，从而使得站城融合程度不高，交通枢纽成为周边城市建成区中的孤岛。协调综合交通枢纽规划与设计主体间的关系，以实现枢纽设计满足与周边城市区域融合发展的目标，成为迫切需要解决的现实需求。在此背景下，深圳北站交通枢纽项目采用了"项目工程总承包管理"的方式，由一家综合实力、统筹能力强大的规划咨询机构。深圳地铁集团作为项目的规划技术总包，协助整理各个阶段工作重点、组织高水平技术专家参与技术工作、处理各专业协调沟通等事宜，将行政协调转化为技术协调，从而有效保障综合枢纽规划设计工作的质量。

2）从站城相背到站城融合的枢纽建设理念。铁路系统是由国家铁路局、地方铁路局及轨道主管部门负责建设和管理的专业系统。但在 TOD 开发模式逐步开始得到应用的趋势下，需要更加注重综合交通枢纽与城市规划发展之间的互动关系。因此在最新的《城市综合交通体系规划标准》中明确提出"综合交通枢纽选址应与城市中心布局相结合"的选址原则，广东省人民政府办公厅也印发了《关于支持铁路建设推进土地综合开发若干政策措施的通知》，标志着"路地合作"成为新的发展方向，综合交通枢纽的开发建设进入到铁路部门与地方政府多主体合作的"站城融合"模式。深圳北站在妥善处理商业开发诱增交通量对换乘枢纽影响的基础上，对枢纽进行合理的商业开发，不仅吸引了城市客流依托交通便利的枢纽进行集散，缓解城市交通压力，也提高了枢纽及周边地区的商业价值，通过效益的增值冲抵枢纽的建设运营成本，提高枢纽自身的可持续发展能力。创新盈利模式，探索以企业为主体、以资本为纽带的投融资方式，鼓励社会资本进入综合交通枢纽的建设和运营，充分发挥市场配置资源的作用，吸收民间资本，形成多渠道、多元化投资格局。

3）从单个获益到多方共赢的枢纽运营模式。综合交通枢纽不仅是铁路枢纽，也是多模式交通汇集的枢纽，牵涉到多种交通系统之间及其与周边物业之间包括产权、股权、经营权、管理权在内的多方利益与责权关系。在此背景下，综合交通枢纽的开发与运营需要实现内部多模式交通的一体化管理，交通设施与物业开放空间的一体化经营。由于深圳北站在汇集城市地铁、国铁的同时配套有长途汽车站、市公交车站、出租车站以及社会车辆停车场，每一部分都各有其产权主体、投资方、建设方、经营方和利益相关方，对此，深圳北站提出"一体化管理，专业化运营"，形成以运营管理平台、综合治理及治安管理平台、服务管理平台和枢纽应急预案四部分组成的综合管理平台，由北站枢纽运营管理中心实施一体化管理，成为国内综合交通枢纽运营管理的标杆。

6.2.4　小结

在粤港澳大湾区的交通项目建设赋权实践中，各上级政府不仅会专门新成立有权负责交通项目的执行主体，也善于借助已经存在的地方政府和专业组织，发挥其所长。逐渐形成了在政府架构中层层下放权力、开放纳入多股市场力量、赋权单个专业组织一体化负责三种模式，以实现赋权执行主体的最终目标。在本节中所选择的大湾区城际铁路事权财权下放、深圳公共汽车经营规制改革和深圳地铁集团一体化建设深圳北站三个案例，分别对应了上述三种模式。可以看到，在面对城际铁路这类公益属性强、在我国国情下难以完全交由市场化的交通对象时，采取将建设和运营的权力赋予其所途经的地方城市政府，有助于推动投融资方面的改革创新以及运营模式的突破。针对城市公交这类前期投入成本相对较低、市场化运营风险相对较小的交通对象，在有关部门充分发挥政府监督和管理职能的前提下，将公交线路的经营权开放予市场力量，使其可以在政府管控和市场规律调节下适度竞争，有助于促进当地公交硬件条件和服务水平的提升，从而为市民提供更便捷的公共交通服务。而对于综合交通枢纽而言，由于其涉及交通系统与城市区域开发的协调问题，尤其在 TOD 理念不断推广和兴盛的趋势下，为了达到综合交通枢纽与周边地块有机衔接的目标，选择由单个专业机构统筹负责开发工作，协调两方面系统的多主体利益分配和责权关系，可以更高效地实现"站城融合"的建设愿景。

6.3 本章小结

本章以新区域主义理论中的重要特征和步骤赋权为主题，主要阐释了新建独立自主的专业执行主体和权力下放予现有基层部门或社会组织两种类型的情况，案例研究包括早期广佛线建设过程中成立的第三方独立组织机构广东广佛轨道交通有限公司，港珠澳大桥项目中可以在一定权限范围内负责大桥主体工程部分的投资、建设和运营管理工作的港珠澳大桥管理局，全球首个铁路上盖物流枢纽平湖南综合物流枢纽的开发负责主体深铁国际，以及大湾区城际铁路整个发展历史中主导权从中央层面的铁道部下放至省级层面的广东省政府，最后下放至市级层面的广深两市市政府的历程，深圳市公共汽车经营权限总体呈现不断放宽的历程，深圳地铁集团承担深圳北站一体化建设共六个案例。

本书认为，上述四个组织机构和部门，以及城际铁路主导权、公共汽车经营权下放的过程，都深刻反映出大湾区在建设交通项目过程中注重成立第三方独立组织，上级部门愿意将权力分享甚至直接下放给地方政府和专业部门，非常符合新区域主义的赋权特征。赋权指将权力下放到组织中的低层级，通过赋予地方政府和专业部门能力、资源、自主决策的权力，以使其能够在特定领域内更加自主地行动和影响，实现区域管理的有效性和可持续性。这种做法有助于提高其工作动力和创造力，提高大湾区多模式交通项目合作的效率和质量，同时也可以帮助大湾区更好地适应变化和应对挑战。

　　因此，在赋权思想潜移默化的影响下，广佛两市在推进广佛线建成的过程中，首创了在跨行政区交通基础设施建设中，成立完全不受上级领导和管理的第三方公司进行运作的模式，搭建起合作渠道，成功摆脱了传统区域主义常使用的行政区兼并这种简单的区域整合模式，广佛公司最终也极大地助力了广佛线的全线贯通；粤港澳三地在共同合作建设跨体制的港珠澳大桥时，将大桥主体工程部分的投资、建设和运营管理工作交由独立法人港珠澳大桥管理局负责，使其成为三地间沟通的重要桥梁之一，得以充分发挥自身权限，圆满完成多项艰巨的任务；深国铁路公司作为全球首个铁路上盖物流枢纽平湖南综合物流枢纽的负责主体，推动确立了以分层确权铁路用地上盖构筑物为核心举措的开发手段，成功探索出"铁路用地+产业用地"复合开发模式，并且仍在开发铁路用地这一问题的前沿实践中，不断发掘新的解决方案；大湾区城际铁路主导权一路下放至广深两市，使得建设模式再一次得到革新，让改革重心直接前移至新建城际铁路的最前端，充分给予地方政府探索融资模式的权力和空间；深圳市公共汽车经营权管控不断放宽，从国有国营模式逐步走向市场化，极大地促进了公交线路的增加与延伸，在深圳形成了便捷、发达的公交网络；深圳地铁集团承担起深圳北站综合交通枢纽的开发与建设责任，推行建设主体、指挥机构、施工组织和运营管理一体化建设，将深圳北站打造成功能布局合理、流线组织顺畅的国内综合交通枢纽运营管理的标杆。以上实际案例和历史过程都充分说明了粤港澳大湾区在协调多模式交通和谐、科学发展时，应用了符合新区域主义思想的举措，成立了被赋予独立权力的组织和部门，或将权力赋予现有的基层部门和专业组织。而事实结果也印证了新区域主义的赋权思想有助于交通项目的成功落成，在多模式交通协调发展中发挥了至关重要的促进作用。

第7章 治理网络：构建网络化协作 机制以形成网络结构系统

传统区域主义的重要目标之一是提升公共部门在规划和执行方面的管理能力，而这需要的是参与主体之间形成一种上下等级性关系。要实现这一目标需要依赖的是正式制度，因此传统区域主义通常被看作是一个具有等级结构的系统。与之相反，新区域主义主张在区域内各主体间建立多层次的协作网络与高效灵活的协作机制，将不同的区域组织视为一个多层次的治理机构网络。新区域主义认为，区域内部各利益主体间的横向协作和沟通可以构筑起一个具备弹性和活力的网络系统。该网络系统有助于区域的政策完善、经济腾飞和信息交换，并且可以为整个区域内的社会环境提供不断更新和创新的动力与平台。因此，自发宏观调控的、自下而上的协作过程是新区域主义视角下大湾区多模式交通项目实施和建设的重要过程机制。可以说，网络化的协作机制是新区域主义区域治理范式中最为核心和关键的举措。前文所述的每一个步骤，包括树立重视过程的区域发展观，灵活开放的区域范畴观，注重信任的需求导向观，重点纳入跨部门多主体参与项目协作，并把权力赋予各主体以发挥主观能动性，最终目的都是为了形成一个灵活、高效的网络化协作机制。总而言之，新区域主义依靠的是一个基于网络的协作系统。

7.1 广佛市长联席会议工作协调机制

7.1.1 机制内容

良好的协调机制和规划实施是实现跨市合作的重要基础。但在广佛同城刚开始推行的初期，广州和佛山面临着管理制度上的巨大差异。

广东省许多地级市在改革开放后均采取了"自下而上"的分权举措，造就了佛山延续至今的管理体制特征。南海、顺德等县因为经济发达一直拥有较为独立的管理权限，2002 年佛山市下辖南海、顺德两县转设为区之后，市级政府仍然允许其保留大部分经济管理权限，延续其在作为县时获得的强县扩权相关政策，并且多次赋予两区各项行政审批管理事权（李郇等，2016）。佛山内部市—区—镇三级政府的管理模式是比较扁平的。

而广州采用的是国内大部分城市所惯常使用的"两级政府，三级管理，四级网络"的城市管理体系，形成了"市—区—街道（镇）—居（村）委会"四级垂直管理架构（吴军等，2021）。

广佛两市在管理体制方面存在的诸多不同之处，导致了双方面对共同的重大项目合作议题时面临重重阻碍。佛山因为将各项经济管理权限赋予了区、镇两级基层政府，可以在总体规划的编制过程中在宏观层面统一考虑重大项目的建设，由基层政府负责具体执行工作，而市级政府只需要履行督办的职责。但是在广州所遵循的四级垂直管理架构的框架下，同样的项目则不仅要求在早期的分区规划和控制性详细规划阶段进行论证，还需要按照管理体系层层上报至最高级别的市级总体规划。但在此过程中，佛山的区、镇两级单位与广州的市级单位等级不匹配，因此没有直接参与两市政府之间的协商、沟通和论证过程的权限，不得不频繁借助于佛山同等级的市级单位传递相关诉求。两市在管理体制上的诸多差异造成了双方在合作过程中的巨大沟通障碍，这严重阻碍了"同城化"项目的及时实施和落地。

为了解决这种跨市项目规划上的合作不畅，广佛两市合作组建起组织层级比两市更高的协调机制，即市长联席会议工作协调机制。该机制由广佛同城"四人领导小组—市长联席会议—分管市领导同城化工作协调会—对口职能部门专责小组"组成垂直管理框架，在两市共同签署的市长联席会议工作协调机制的文件中得以确立。

1）四人领导小组。成员包括广佛两市各自的党政最高级别领导市委书记和市长，负责制定广佛同城化的宏观战略和发展目标，部署重大项目，并对具体事项履行决策职能。

2）市长联席会议。由广佛两市的市长召开会议，参与成员包括两市发展和改革委员会、交通、建设、环保等职能部门负责人，通常以半年为召开周期。负责检查和监督广佛同城的阶段性实施成果，编制重点工作计划和同城化建设规划，并对具体事项履行协调职能。

3）分管市领导同城化工作协调会。由广佛两市的分管副市长组织召开，负责审批广佛同城化建设重点计划方案，并对基础设施共享、道路衔接等具体事务的开展协调工作。

4）对口职能部门专责小组。成员包括广佛两市的发展和改革委员会、交通、建设、环保等职能部门人员，负责各自专职领域的衔接、协调和具体措施制定工作。

在市长联席会议工作协调机制的框架下，广佛同城化重大项目得益于"自下而上"的立项与"自上而下"的实施监督两方面机制的结合，得以有序推进和落地（图7.1）。各项目由主管部门和各区政府向广佛市长联席会议办公室提交年度工作计划，后者根据同城化战略评估和筛选部门项目，并列入年度重点工作计划草案。经联席会议审批通过后，工作计划内的项目开始实施，并受到联席会议、同城化工作会议等多层面的监督检查，保障项目如期合规建成（林雄斌等，2015b）。

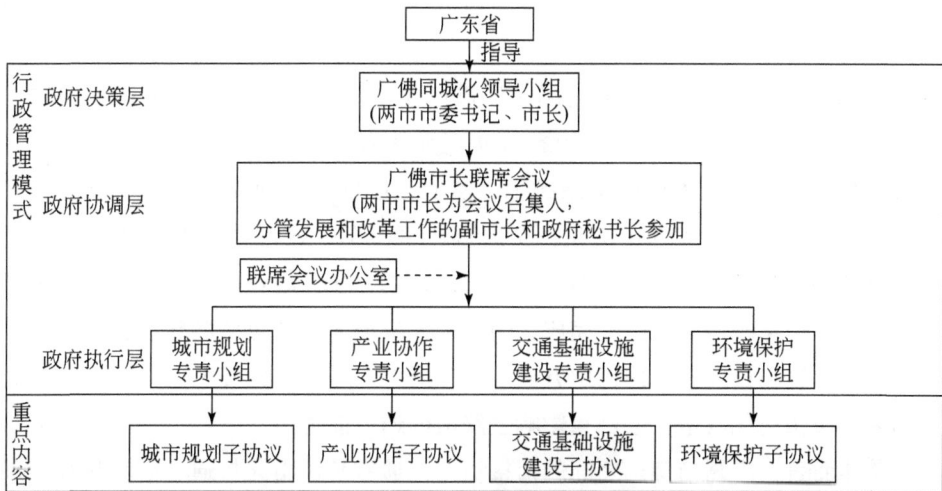

图7.1 广佛市长联席会议工作协调机制模式示意图（魏宗财等，2014）

7.1.2 基于联席会议机制的跨界交通规划

（1）跨市道路交通设施规划与建设

2006 年，广佛两市规划、交通运输部门联合编制《广佛两市道路系统衔接规划》，提出"共享共建区域交通基础设施"，此后有17个路口由佛山通向广州的"佛山一环"通车，减少了广佛之间的交通时间与费用。根据广州市、佛山市同城化建设合作框架协议，广佛提出通过交通枢纽、高/快速路和轨道交通的对接，实现广佛同城交通发展目标，即建设"广佛共享的交通枢纽"、"广佛一小时道路交通圈"和"广佛半小时轨道交通圈"。在广佛跨市道路建设中，一些线路由于广佛政府利益的一致性，建设比较顺利，如广佛新干线一期工程；但也有部分线路由于城市行政区内拆迁、税收等成本承担与利益共享的不对等，导致建设项目面临约束，进展缓慢，如海八路—龙溪大道和三善大桥建设。

广佛新干线一期为双向8车道，全长9.24km，行车时速为60km，是接通南海东西部板块、联系佛山与广州的重要干线通道。广佛新干线建成后，由南海中心城区、禅城中心城区、狮山新城到广州中山八路的车程将降低为8~20分钟，成为广佛中心城区之间最快的城市道路，有利于佛山全面接受广州的辐射，促进沿线地区的土地开发和产业发展，并有效解决广佛路的交通拥堵问题。2008年10月，广佛新干线一期工程（盐步路段）通车，成为来往广佛最快捷的道路之一。

从南海大道到海八路再经龙溪大道进广州是居住在佛山的"候鸟"去往广州常走的一条路。2011年底，投资13.4亿元的海八路金融隧道通车，随后，一直阻断在广佛间的五丫口收费站撤销。然而，广佛在快速路的对接上仍存在问题，如龙溪大道未能实现快速化，交通灯较多，车速缓慢等。2012年第五次广佛市长联席会召开，两市对龙溪大道的快速化仍存在分歧：广州方面提出，虽然龙溪大道快速化改造方案已经完成，但涉及大量征地拆迁及桥隧建设，融资难度大，建议暂缓项目建设；而佛山方面认为，海八路快速化已经全面完成，龙溪大道如果暂缓快速化改造将会严重影响全路段的通行能力。

总体而言，广州与佛山之间的衔接道路，通常是佛山先打通，而广州却进展缓慢，这与两市修建道路的成本差异有关。据统计，佛山修1km公路大约需要1亿元资金，而广州因老城区拆迁补偿较高（最低约为2.5万元/m²），修1km道路的成本高达10亿元。相似的同城化但积极性差异也反映在三善大桥扩建工程上。2009年，连接顺德龙洲路和番禺市良路的三善大桥扩建工程列入广佛同城化工作计划。按照计划，该工程应于2012年完成前期工作并力争动工。2011年第四次广佛市长联席会议再次明确要求番禺、顺德两区共同扩建三善大桥，并签订共建协议。然而，2012年第五次广佛市长联席会议上，广州方面认为随着周边一些项目的完成，三善大桥的客流量下降，建议暂缓该项目；而佛山表示，目前该桥仅为双向两车道，项目缓建会形成交通瓶颈，影响国道通行能力，建议广州尽快落实资金，按原计划推进建设。

（2）跨市道路收费政策调整

2008 年 10 月起实施了广州和佛山市籍车辆试行车辆通行费年票互通的措施，促进广佛同城化发展。广州市籍的机动车凡购买了广州市有效年票，往返佛山市五区内所有收费站（共 19 个）可以免缴车辆通行费。同样，佛山市籍的机动车购买了佛山市有效年票，往返广州市中心城区收费站（23 个）也免缴车辆通行费。据广州和佛山交通运输部门统计，广州每年收取佛山籍机动车辆通行费约 1204 万车次，日均约 3.3 万车次；佛山收取广州籍机动车辆通行费约 1939 万车次，日均约 5 万车次。通行费年票互通后，广州市区内收费额将减少 30%，极大降低广佛跨市通行的成本。然而，广佛跨市道路交通政策的促进效用仍需检验。一方面，在广佛车辆通行费年票互通中，佛山将五区所有收费站全部纳入年票互通范围，但广州则仅限于中心城区内，番禺、从化、花都、增城四区尚未纳入年票互通范围；另一方面，广州市"限（制）外（地车）"政策在一定程度上也阻碍广佛一体化发展。随着广佛跨市道路交通出行规模的增长和方式的增多，跨市交通政策需要充分论证，无论是广佛"年票互通"，还是广州"限外"政策，其实施细则将直接促进或限制广佛同城发展。

（3）广佛互设出租车回程候客点

广佛同城之前，两市出租车不能跨区载客，广州出租车载客到佛山后，必须到原设立的 6 个回程点候客；而佛山出租车搭客到广州后只能空车返回，否则均将面临 5000 ~ 10 000 元罚款。由于广佛旺盛的跨市出行需求，两地自发形成了一些非正规的异地出租车回程载客点，如大沥黄岐、桂城海三路等。在同城化趋势下，为了降低出租车返程空载率，两地交通运输部门协商后同意互设出租车配客点。2010 年 1 月，两地交通运输部门达成协议，广州开设坑口等三个佛山出租车回程候客点，佛山在五区开设 16 个广州出租车回程候客点。新设置的出租车回程点规范了出租车运营，方便居民异地打车返城，也提高了出租车跨市运营的经济效益。

7.1.3 联席会议机制困境

新时期区域一体化需要地方政府之间建立协作机制，实行空间管治，消除行政壁垒，实现共赢的空间格局。然而，由于"地方政府差异较大、缺乏有效的法律约束、政府合作机制和执行力薄弱、地方政府间利益协调困难"等问题，导致府际合作存在障碍（蔡岚，2009）。对于广佛跨市交通而言，取得较大突破的同时也存在一些问题。在广佛道路衔接上，通常是佛山建设进展较快，而广州由于建设成本高昂、拆迁困难等因素，道路建设进展缓慢，影响跨市交通发展效率。这种成本承担和利益分配的不对等关系导致广佛跨市交通衔接建设周期延长。一方面，广州和佛山分属不同行政区域（王达梅，2011）；另一方面，现有广佛协作框架缺乏常规管理机构和激励机制，导致跨市交通难以实现无缝对接与融合发展。例如，在海八路—龙溪大道快速化建设项目上，佛山将其列为"启动项目"，强调建设进度和效率，而广州方面只完成前期立项，实施开展进程缓慢。直至 2009 年第二次广佛市长联席会议上，在广州市长的督促下该项目才开始动工，但项目进程依然缓慢。因此，在广佛双方城市发展战略与利益博弈下，需要建立常规的管理机构和良好的激励机制，实现成本分担与利益分配的对等和平衡，调动广佛双方参与跨市交通发展的积极性。更详细而言，广佛之间跨市交通的发展仍面临以下问题。

1）需要构建权威、高效和常规的管理机构。面对大都市区增长的诉求，大都市区政府管理复杂网络和都市区利益互动的能力非常重要（Goldsmith，2009）。目前，广佛同城发展仅限于广州与佛山市政府之间的协调互动，尚缺乏责权明晰的常规管理机构。曾有提议"构建独立于广佛市政府之外的权威、高效的第三方组织"（刘松龄，2012），然而现行行政制度下，该方案可操作性较低。广佛两市共同组建面向同城化重大事项建设与协调的常规行政管理机构，或许有助于突破府际合作困境，实现基础设施融资、成本承担和利益分配等问题协调，促进同城化发展。

2）需要建立可操作的激励机制。合理的政府激励机制有利于资源合理配置，提升区域整体福利。处于探索阶段的广佛同城发展框架建立了良好的项目开展机制，但并未建立合理、可操作的激励机制，成本与利益分配陷入不对等困境，导致跨市交通建设与政策难以有效沟通，降低了同城发展效率。

3）需要鼓励多元主体公共参与。作为我国快速城市化的前沿阵地，珠三角城市区域的空间治理呈现政府主导的特征（刘超群，2010），在广佛地铁、道路交通规划与建设、出租车市场管制中，政府相对主导，负责建设融资与运营管理。广佛跨市交通在规划、建设与政策制定过程中缺乏企业、居民等其他利益主体的公共参与，一定程度上阻碍了跨市交通建设与政策实施效率。

4）需要推动"政府+企业"的跨市交通建设。现有广佛跨市合作框架下，城市政府主要承担了广佛跨市交通设施和公共服务供给。由于需要经过"立项、讨论、审批和实施"等复杂、周期较长的程序，导致跨市交通发展缓慢。促进"政府+企业"共同推动的跨市交通发展有助于提升跨市交通发展水平，加快同城化发展。存在利润空间的前提下，企业能更积极参与跨市交通的建设和交通服务供给。如广州第二公共汽车公司参与南海公共交通运营改革，获得南海交通客运有限公司70%的产权，高效推动了广州与南海地区"普通巴士、城市巴士、快速巴士"三级巴士网络建设。

7.1.4 小结

与传统区域主义和公共选择理论相比，新区域主义空间管治模式更强调地域空间的组织和区域多重利益主体协调机制的构建。广佛同城空间治理模式是新区域主义理论在珠三角一体化进程中的有效实践，以推动广佛跨市交通设施与公共服务发展。良好的制度环境、合理的组织安排和完善的区域合作规则是构建府际合作机制的基础（陈剩勇和马斌，2004）。现有广佛合作协议框架下，跨市交通规划与政策需要更有效的府际沟通途径与协调机制。然而，地方保护主义和拆迁、税收等成本承担与收益分享的博弈，导致府际合作面临困境，如广州"限外"政策在一定程度上影响广佛同城化进程。随着跨市多样化交通需求的增长，寻求新的战略以突破地方政府合作的困境，构建良好的协调机制保障跨市交通供给，成为广佛同城化的重要方向。

我国现有空间管治的框架下，并未产生类似于美国都市区规划委员会（MPO）进行跨市交通规划与供给管理的行政机构，再加上城市间成本与利益共享机制难以协调，导致跨市交通设施合作建设与服务供给难以满足日益增长的多样化需求。面对同城化发展趋势，广佛跨市空间治理逐渐从非正式协调向正式协调发展，并且建立了由广佛政府主导的跨市重大基础设施项目立项、建设和监督相结合的治理框架，推动了交通、产业、环保等同城合作与发展。在应对日益增长的跨市交通需求上，这种层层衔接的跨市治理模式通过地铁投资、道路建设、年票互认和出租车管理等跨市交通规划、建设和管理的协调，在一定程度上降低了行政壁垒，推动了跨市交通的高效发展。未来需要进一步完善现行治理框架，努力构建更加合理、高效的府际协调机制，继续推动跨市交通交通的协调发展。

7.2 深莞惠都市圈轨道公交化和联席会议机制

7.2.1 轨道公交化区域

随着城市区域化和区域城镇化发展的不断演进（陶希东，2008），一些核心城市的社会经济要素不断拓展到周边城市，使得某些地区成为功能节点区域。为了降低交通运输的成本，这些多中心功能区往往会对交通供给和服务提出新的要求：①需要速度更快的交通服务方式，来降低客运和货运的时间成本，这种交通供给的改善有助于促进更大范围的空间联系（Yang et al.，2011），以及扩大城市功能复合区的空间范围；②在空间距离相对不变的情况下，期望通过降低运输经济成本的方式，来增加城际社会经济流动的频率，增强城际交流的深度，而满足这一交通需求的重要方式就是推动区域交通的公交化。伴随着区域内部各种要素流交往程度的增加，城市交通区域化、区域交通城镇化成为交通发展的趋势。为此，构建轨道交通公交化区域对优化区域产业分工，提高跨界协作能力和竞争力都有重要的意义。

与城际轨道相对固定的运营时间安排不同（如珠三角广珠城际线），"轨道公交化"是指为了满足大规模交通客流的同时，将城市间的轨道系统实现公交化的组织和运营管理，具有发车密度较高、等候时间较短和交通成本较低等特征，实现乘客快速便捷的城际出行（杨斌，2008；冯启富，2006；王辉和李占平，2015）。与国家铁路服务于中长距离的交通需求不同，跨市轨道的主要目的是满足都市圈内部距离短、频率高和准时性高的交通需求。因此，这类交通服务的主要特点是：①公交化。轨道公交化能以较高频次的交通供给来满足通勤、商务等出行模式的需求。②快速化。快速化和准时性往往相互联系，这也是跨市轨道区别于城际客运、跨市巴士公交的重要特点。③接驳化。满足区域内部的交通需求，不仅仅体现了某种交通运输模式所耗费的时间，更重要的是为完成某次出行链中"门—门"的时间，因此这要求跨市轨道必须与其他交通模式（如城市地铁、城市公交等）实现良好的接驳。

跨市轨道交通以其快速、准时、环境友好等特点，成为承担城市群之间跨市交通供给的重要模式。2015 年 12 月，国家发展和改革委员会与交通运输部联合印发《城镇化地区综合交通网规划》，提出至 2020 年，京津冀、长三角、珠三角城市群基本建成城际交通网络，在相邻核心城市之间、核心城市与周边节点城市之间实现 1 小时通达圈，其余城镇化地区初步形成 1~2 小时的通达圈。为此，随着城市群的社会经济发展，空间组织调整和重组，以及交通需求（规模、模式和时空分布等）的变化，都显示了在区域层面实现交通一体化和构建轨道交通都市区域的重要性。目前，跨市轨道交通的建设通常有两种做法：①在国家和省级政府等区域尺度上安排城际轨道的专项规划，进行跨市轨道的规划、建设和运营。这通常是自上而下的，需要符合一定的人口规模、财政和公交分担率的需求，并且通过省级政府与国家发展和改革委员会的审核。②以城市尺度的轨道向毗邻城市延伸的方式，建设区域性的快速轨道系统。这种方法通常是若干城市政府在区域政策协调下相互协商的结果，呈现自下而上特征。这两种方式在交通战略、投融资体制、规划时序和沿线土地开发上均存在显著的差别。

目前，在相对成熟的大湾区深莞惠都市圈城市轨道跨市延伸的规划实践中，多地政府和居民为实现跨城便捷通勤和经济要素流动，先后经历了自上而下式珠三角城际铁路系统建设，自下而上式以城市地铁跨市延伸构建轨道公交化区域，但前两者均由于各种原因推进缓慢，最终"购买国家高铁服务"进行都市圈公交化客运服务得到青睐，最具代表性的案例即为在坪山快线基础上延伸的深汕捷运。接下来将详细介绍深莞惠都市圈在打破单一城市行政边界、供给跨区域交通服务时的不同模式选择及其优劣，以及其能成功实现深汕捷运运营背后的网络化协调机制，从而为理解在新区域主义理论视角下，不同区域主体如何在单个城市发展目标和区域共同目标之间，构建地域空间组织协调网络化框架达成目标一体化协作提供借鉴。

7.2.2 深莞惠都市圈的轨道公交化实践

改革开放以来，珠三角地区逐渐经历了从城镇化的起步阶段，到城镇化快速发展阶段的转变。在区域交通领域，传统依赖道路交通的城际客运和货运组织方式，难以适应珠三角社会发展的需求。在此背景下，珠三角逐步进入基于轨道交通的城际交通网络，以轨道为主导构建公交网络。尤其是 2000 年以来，随着珠三角城际轨道网络规划的提出，以及广州、深圳、佛山、东莞等大城市轨道系统的建设，轨道交通逐渐成为城市和区域交通组织的重要形式，并且珠三角历次区域规划和政策都强调了区域交通优化组织与城际轨道规划对区域发展的重要性。

2008年广东省政府发布《珠江三角洲改革发展纲要》后，在珠三角范围内正式确定了三个都市圈：广州—佛山—肇庆、中山—江门—珠海和深圳—东莞—惠州。在珠三角发展规划的框架下，深莞惠作为都市圈重点地区，已经建立了相对成熟的党政领导区域事务的联席会议制度，并先后通过《珠江口东岸地区紧密合作框架协议》《深圳、东莞、惠州规划一体化合作协议》《深莞惠交通运输一体化规划》等合作协议，依托跨市巴士公交、轨道建设和交通供给一体化成为推动同城化发展的重要措施。结合珠三角铁路、城际轨道和城市地铁系统的规划和建设情况，在城市规划和发展中，以统筹线网布局、加强枢纽衔接、完善管理等规划和体制，来实现不同轨道交通方式的合理分工、有机衔接，形成高效一体化、公交化的轨道网络，将成为珠三角区域转型发展的关键。

跨市轨道交通公交化不仅是深莞惠都市圈密切联系的要求，也是在房价高企和产业外移背景下对当地居民跨城通勤需求的回应。首先，对于深圳中心的许多居民来说，房价高企使居民纷纷选择迁到外围周边城市购买可负担的住房，这导致了通勤时间的延长。自2014年以来，深圳的平均房价经历了巨大的增长，根据2016年的一项调查，超过92%的受访者认为深圳的房价太高，其中60%的人愿意在邻近的惠州、东莞或中山购房。其次，由于商业活动从深圳中心转移到深莞惠都市圈的郊区，乘客的出行时间也不断延长。长期以来，珠三角一直鼓励在经济发展方面开展城际合作。例如，广东省政府2008年发布的《关于促进产业和劳动力转移的决定》，鼓励珠三角及周边城市"统一发展"。省政府制定了计划、法规和政策措施，鼓励建立工业园区并安置搬迁企业。作为都市圈的主要经济中心，深圳面临着土地供应紧张的问题，许多企业已从深圳迁往惠州或其他地价和生产成本较低的城市。以2015年惠州市惠阳区落户的300个制造业项目（总投资231.5亿元）为例，其中213个项目来自深圳。因此，在整个珠三角地区，都市圈跨城的客运量正显著增加。例如，滴滴出行2017年发布的一份报告显示，2017年珠三角城际旅客出行量是2016年的3倍。

根据2016年发布的《广东省新型城镇化规划》，汕尾市和河源市被纳入了粤东边缘，尽管这两个城市在行政上并未划分进深莞惠都市圈范畴，但它们在交通、经济发展等区域问题上都有很高的合作意愿。在谋求区域同城化发展、满足区域通勤需要和借助交通干线延伸促进城市发展等多重动力下，深莞惠都市圈和粤东地区的河源、汕尾两市在推进轨道交通公交化方面进行了一系列尝试，并建立了独特的联席会议网络化机制。自上而下的珠三角城际轨道网络规划对打造轨道公交化区域将发挥重要的作用。与此同时，城市轨道区域延伸也将有助于珠三角轨道公交化区域的建设。

1. 珠三角城际轨道网络

高铁列车因其省时间的优势而在城际交通中更具潜力。在所有可用于珠三角地区旅客旅行的高铁服务中，部分属于国家高铁系统，由其当地的广州铁路分公司管理。相关列车主要服务于长途旅行，线路运输时速可以超过300km，并且在每个城市都有站点，但服务频率和时间表难以满足都市圈通勤者的需求。例如，这些列车的出发和到达时间可能与通勤高峰时间不符，而大多数在都市圈的出行实际上都是在高峰时间进行的。同时，每列火车只出售一小部分位于珠三角的列车座位，因为其主要目的是服务长途旅行，乘客迟到和错过预定火车的代价很高。乘客只能乘坐所购固定车次的列车，错过列车的乘客必须到售票处申请部分退票，并重新购买车票，整个过程相当耗时和繁琐。对于在都市圈满足日常通勤需求的乘客而言，更多的灵活性和频次更高的班车时间表较为重要。

作为对这些问题的回应，广东省政府于2005年开始与铁道部合作建立了珠三角城际铁路系统。该系统计划轨道长度超过2000km，截至2018年，部分城际铁路线路已经投入运营。其中第一条线路连接了广州和珠海，并于2011年开始运营。目前，广州—佛山和东莞—惠州城际铁路也在运营中。此外，广州—清远城际铁路、广州—东莞—深圳城际铁路和广州—佛山环线正在建设中。该城际铁路系统由广东省政府和相关市政府共同出资（Xu and Yeh，2013；Li et al.，2013），并以我国早期的"和谐号"列车（"D列车"）高速铁路来解决都市圈乘客的出行，其线路运输时速设定在200km以下，在运营形式上是国家高铁服务和地方交通服务的混合体。这些服务是由省政府和市政府共同出资，但仍由广州铁路局运营。同时，尽管进出火车站的方式与传统的火车服务类似，无法做到像城市内部地铁站那样方便快捷，但相关部门始终努力提升城际出行的便捷性。例如，放宽列车的车次限制，这意味着乘客在列车座位空置的情况下，可以灵活乘坐相近时间的列车，而不是车票上指定的班次。此外，现在的时间表和发车频率都是根据都市圈居民的高峰通勤需求来安排的，所有的座位都是为区域出行提供的。

受限于以下三个原因，这一城际铁路交通体系尚未完成：首先，我国最新一代的高铁时速可以达到 300km 左右，比原本珠三角城际规划的高铁服务速度更快；其次，中央政府决定加强沿海发达地区的高铁网络建设，先前计划用于城际线路的交通走廊现在需要与国家高铁共享，两类交通系统之间容易产生重合和矛盾；再次，国家高铁系统完全由中央政府出资，一旦高铁基础设施能够覆盖地方省市所需的城际服务，省市政府也无须继续投资城际轨道交通系统。在多个因素的影响下，由省部合作自上而下推行的城际轨道交通网络并未完全实现。但这一交通网络规划对打造轨道公交化区域发挥了重要的作用，城市轨道区域延伸也将有助于珠三角轨道公交化区域的建设。

2. 城市地铁区域延伸

城市轨道区域延伸是构建轨道公交化区域的重要策略之一，为城际交通联系提供了一种新的交通组织模式。在深莞都市圈方面，2015 年 12 月 29 日召开了莞深轨道交通建设相关问题工作协调会，东莞和深圳市政府在城市轨道系统的区域延伸上达成共识，东莞轨道 1、2、3 号线将分别与深圳轨道 6 号线、20 号线（远景）、11 号线对接。

东莞轨道 2 号线全长 55.7km，共设车站 23 座，一期工程从东莞火车站至虎门火车站，已于 2016 年 5 月开通运营，是东莞首条开通的轨道线路。根据东莞和深圳达成的协议，东莞轨道交通 2 号线将同时连接深圳轨道 12 号线和 18 号线。其中，深圳轨道 12 号线为普速线路（海上世界—空港新城），是深圳轨道四期工程（2017~2022 年）建设规划线路之一，线路全长 33km；深圳轨道 18 号线为东西向市域快线（空港新城—平湖），线路长 43.2km。在此会议基础上，深圳和东莞两市将从规划上完成相关线路制式、通道、换乘方案的研究，明确线路建设时序以尽快启动项目建设。

东莞轨道 3 号线（企石博厦站—长安新区南站）为东莞市西南与东部的切线，全长 66.2km，经过 8 个镇街，设站 24 座，将预留与深圳轨道交通 11 号线的接口。深圳轨道交通 11 号线为串联西部重要组团的市域快线，全长 54.3km，设站 18 座，将经过福田枢纽、南山、前海、机场、沙井等地区。根据两市轨道线网规划和会议协调结果，深圳 11 号线将在松岗碧头站预留与东莞长安镇海悦花园站或长安步行街站与东莞 3 号线的换乘衔接。

东莞轨道交通 1 号线（麻涌西—黄江南）是东莞市第二条开工建设的轨道线

路，全长 69.6km，设站 24 座，将经过东莞 11 个镇街。其中，东莞轨道 1 号线一期（望洪站—黄江中心站）全长 58km，设车站 21 座，其中换乘站 5 座，已于 2016 年 9 月开工建设。这条线路将与广州、深圳连通。与广州连通方面有两种方案，一种是东莞 1 号线在以后的麻涌西站与广州 13 号线接驳，另外一种是东莞 1 号线在望洪站或广州夏园站预留与广州 5 号线的接驳口。与深圳市连通方面，根据两市轨道线网规划，深圳轨道 6 号线将与东莞轨道 1 号线衔接，在荔林站预留与东莞 1 号线站厅换乘的条件。深圳轨道 6 号线为轨道快线（科学馆—松岗），线路全长 49.7km，设站 26 座。此外，东莞 1 号线还将与珠三角城际轨道穗莞深线和莞惠线实现换乘衔接。其中，在东城南站和望洪站与莞惠城际轨道实现换乘，在望洪站与穗莞深城际轨道实现换乘。

在深惠都市圈上，2006 年，惠州市政府开始与深圳市政府讨论深圳轨道 3 号线延长至惠阳淡水的可行性，深圳市政府表示深圳轨道 3 号线在建设上已经预留了与惠州轨道接驳的条件，但需要等待省政府进一步规划。随着《珠三角地区改革发展规划纲要》的颁布和实施，深惠都市圈积极推动交通领域的合作和一体化发展。2008 年，惠州市制定《惠州市轨道交通网络规划（草案）》，根据该规划，至 2050 年之前，惠州将建设 6 条轨道线路，总长 247.5km，并积极推动与深圳轨道的对接。在 2012 年 5 月召开的深莞惠第六次党政联席会议上，深圳、惠州和东莞签署了《加快推进交通运输一体补充协议四》，深圳轨道相关线路延伸至惠州的可行性研究也位列其中。2013 年 8 月，召开深莞惠第七次联席会议，审议通过了《深莞惠区域协调发展总体规划（2012—2020）》，并签署了《深惠合作备忘录（2013）》等合作协议。在跨界道路衔接上，强调深莞惠三市建设以干线、次干线为主的跨市道路交通，完善交界地区的路网衔接，打通瓶颈路和断头路。在轨道方面，做好深圳市轨道 3、12 号线等延伸至惠州市境内的各项规划和对接工作。

随着深圳市提出"东部崛起"空间战略，以及深圳轨道向东部延伸的发展计划，这些再次为深圳和惠州的交通设施对接和联通的合作提供良好的切入点。2016 年 1 月，惠州市提出将通过赣深高铁、珠三角城际轨道深惠线、惠州轨道等交通设施与深圳实现无缝对接的空间发展需求。2016 年 2 月，根据《深圳市轨道交通规划（2012—2040）》和最新的《深圳市轨道交通 14 号线交通详细规划（征求意见稿）》，深圳计划推动轨道 14 号线向邻近的惠阳区延伸，该线（福田中心区—坑梓）是连接深圳市中心与龙岗和坪山地区的东部快线，计划于 2017

年开工，2022 年前建成通车，其终点站（坑梓站）毗邻惠州市惠阳区，距深惠边界大约 2km。惠州市计划从惠州南站修 1 条轨道交通，与其实现对接。

近年来，深莞惠都市圈城市轨道能在区域交通上扮演重要的作用，一个重要原因是珠三角历次颁布的区域规划都积极倡导区域同城化发展，并且在一系列区域合作协议和交通一体化专项方案推动下，为深莞惠都市圈轨道的区域化延伸奠定了重要基础。随着近年来珠三角各城市的快速发展和空间转型，深莞惠都市圈已经到了需要实施跨界合作发展的重要时期。在深莞惠都市圈中，深圳具有独特的地理和经济优势。因此，东莞和惠州都希望能依托深圳的经济优势，承接产业转移和经济外溢，希望能与深圳市共同拥有快速、及时、可达性高的跨界轨道系统。而由于土地资源和空间的限制，深圳也需要采取向外疏散的方式，降低集聚产生的负外部性。这种空间转型发展的趋势，使得深莞惠都市圈延伸各自轨道系统，实现对接成为可能。

以若干城市政府协商的形式推进区域轨道交通延伸，是不同于珠三角轨道交通的自下而上式手段。但在实践中，地铁线路建设仍面临一定阻碍。计划与惠州地铁 1 号线连接的深圳地铁 14 号线于 2018 年年初开工建设，然而，惠州地铁 1 号线仍在等待国家发展和改革委员会的批准，截至目前，深莞惠都市圈的地铁线还没有一条建成。深圳—惠州地铁线路延迟的原因有以下方面。

第一，尽管城市轨道通过区域化延伸的方式使得城市交通系统也开始承担区域交通的责任，但需要指出的是城市轨道的主要功能仍是服务于城市的交通系统，满足城市内通勤和各种出行的需求。城市地铁轨道系统属于地方基础设施建设的项目，在满足国家的规划和审批条件之后，往往缺乏省级政府的监管和政策支持，这使得两地轨道的对接缺乏统一的管理平台，容易产生缺乏规划平台和机制的问题，相关工作的进展也会相对滞后。例如，早在 2006 年，惠州市政府就已经和深圳市政府就深圳轨道 3 号线延长至惠阳淡水地区的计划展开讨论，但由于各自轨道规划的相对独立性，以及两市缺乏长效的合作意愿和合作机制，使得这一方案至今没有落实和实施。

第二，地铁系统通常由市政府单独出资和运营，没有上级政府的补贴。在这种预算约束下，我国的地铁规划通常采用价值获取的方法，地铁线路和车站布局与当地政府潜在的土地收入密切相关（Yang et al., 2016b）。城市政府将地铁线路延伸到城市边界的动力不足，因为那里的地价（也意味着城市政府的收入）往往较低。同时，城市政府也会关注地铁系统互联对收入的分配效应。考虑到深圳和惠州之间巨大的房价差距，区域地铁系统的连接可能会导致大量深圳居民在惠州购买住房，这将导致深圳房地产行业的巨额收入损失。

第三，根据现行规定，城市政府的地铁规划必须由国家发展和改革委员会评估和批准。城际地铁连接易面临更多的不确定性，因为它涉及城市郊区的地铁线路，而这些线路的客流量往往较低。根据客流量和营业收入的标准，这些线路难以得到国家发展和改革委员会的批准。"首先，深圳地铁延伸到惠州可能直接将发展机会转移到惠州，而深圳郊区仍在等待发展机会。其次，国家发展和改革委员会正在提高地方政府建设地铁系统的门槛。目前尚不清楚惠州地铁计划是否以及何时会得到国家发展和改革委员会的批准。"事实上，2018年7月更新的《城市轨道交通规划建设条例》，将市政府的GDP要求从1000亿元增加到3000亿元，市政府的财政收入要求从100亿元增加到300亿元。此外，每个城市市区所需的人口规模从100万增加到300万。按照这个新标准，惠州地铁计划在近期内难以得到国家发展和改革委员会的批准。

3. 基于高铁的都市圈公交客运服务

珠江三角洲地区率先使用高铁基础设施进行区域客运。深圳—惠州—汕尾城际高铁（以下简称"深汕捷运"）使用了厦门—深圳铁路（从深圳到厦门）的基础设施，这是国家高铁系统的一部分。该服务于2015年9月开始作为深圳坪山快线，后来于2017年1月扩展到汕尾。与深汕捷运相连的各个市政府与广铁签订了运营这条城际服务的合同。

深汕捷运始发于深圳市中心的福田站，终点为位于深莞惠都市圈东部边缘的汕尾市汕尾站，全长150km。这条快线每天发车14辆，发车间隔不到1小时。最早一班从深圳到汕尾的高铁抵达时间是早上6：55，全程大约需要70分钟。这条走廊的一端是深圳中心繁华的商业金融区，另一端是承接了都市圈产业分散和搬迁的深汕合作区。从深圳搬迁的企业仍然与深圳保持着密切的联系，这使得深圳和汕尾之间产生了许多出行需求。

在研究深汕捷运的过程中，本书采访了参与这项服务中的关键主体，分别包括参与深汕捷运的提案和推进的政府相关部门人员与城市规划者，以及一些在规划公司或大学工作的交通专家，以求更全面、深入地了解高铁作为联通区域客运的创新模式（表7.1）。

表7.1　相关受访者信息

序号	受访者	访谈时间 （年–月）	访谈方式
1	R 先生 北京高级城市规划师；国家铁路规划专家	2018–4	线上（微信访谈）
2	D 先生 深圳坪山交通发展办公室主管；深汕捷运主要提倡者	2018–4	线下（深圳坪山）
3	Y 先生 深圳高级城市规划师；深汕捷运首席规划师	2018–4	线下（深圳福田）
4	Z 先生 广东铁路发展集团经理；珠三角城际铁路专家	2018–3 2018–4 2018–4	线上（电话访谈） 线下（广州）
5	L 先生 北京交通大学教授；国家铁路规划专家	2018–3 2018–4	线上（电话访谈） 线下（深圳）

（1）坪山快线

深汕捷运最初出现在深圳市政府加强与位于城市郊区的坪山区交通联系的努力中。由于住房负担能力和工业搬迁问题，深圳市中心和周边地区之间的交通需求一直在迅速增长。从坪山中心到深圳中心的距离约为 50km，这使得公交和地铁在通勤方面没有竞争力，高铁自然而然地成为一种可行选择。坪山在厦深高铁线路上设有一个高铁站，厦深高铁于 2007 年开始建设，2013 年底开始运营。然而，这条线路主要提供长途出行，而非用于日常往返于深圳市中心的区域性出行。

在厦深铁路运营之前，高铁基础设施就已被考虑用于城际交通，坪山区政府与中铁广铁地区分公司就在厦深铁路轨道上运营坪山快线的可能性进行了谈判。然而，这项提议没有成功。第一，当时并没有明确的国家法规，也没有先例来指导这一提议。1 号受访者指出，在国家铁路系统中实施区域服务方面缺乏正式的指导。"目前，中央政府对于国家高铁是否以及如何用于地区服务没有明确的指导。因此，地方政府必须与中铁及其地区分公司就方案进行谈判，这存在不确定性。当然，如果运营时间表和成本分摊安排可行，当地分支机构可能会同意运营区域服务。"第二，广铁的运营目标与地方政府有很大的不同。广铁的业务重点是长途运输，对深圳坪山快线的运营将吸收部分运力，并减少广州铁路未来增加长途服务的机会。第三，当地政府提出的商业模式在当时参考价值不大。深圳市政府提议租用高铁轨道，这意味着地方政府需要购买自己的火车，建造自己的站台，运营自己的服务。2 号受访者表示："2012 年厦深铁路还在建设的时候，我们就开始设想从坪山到深圳北的高铁运营。但由于缺乏有效的商业模式，该提案被推迟了。随着服务购买概念的引入和上级政府的大力支持，这一举措得到了实质性的推进。"

这种轨道租赁模式会增加深厦铁路运营的复杂性。深圳市政府于 2015 年发布了"深圳东部崛起战略"，坪山快线的重要性被充分注意（4 号受访者）。因此，坪山区政府迅速与广铁签署了坪山快线协议。根据该协议，坪山高铁每辆列车每年将获得 500 万元的补贴（3 号受访者），由深圳市政府和坪山区政府共同出资。随着坪山快线于 2015 年 9 月开通，从坪山中心到深圳中心的出行时间从大约 2 小时的公交车和 1 小时的汽车减少到 20 分钟的铁路。坪山快车在 2015 年开始运营后不久，每天的乘客人数达到 5000 人。

（2）深汕捷运

坪山快线扩展为深惠汕快线的机会。长期以来，深莞惠都市圈的市政府试图通过区域铁路系统相互连接。例如，相关城市政府签署了联席会议管理条例，规定了政府在重点区域交通规划和相关基建项目中的集体行动，《东珠三角更紧密伙伴关系框架协议》《深莞惠都市圈规划一体化伙伴协议》《深莞惠都市圈交通一体化规划》等多个区域规划已获联合批准。

与此同时，深圳市政府也寻求在深汕合作区的重大业务转变。在深圳市和汕尾市政府共同管理深汕合作区数年后，尽管两地相距约 150km，广东省政府决定将深汕合作区的唯一行政管理权授予深圳市。这一行政改革被视为有效促进深汕合作区经济发展的关键，预计将有更多的企业从深圳迁往深汕合作区，深圳与深汕合作区之间的客流量将进一步增加。如果深汕合作区要有效地与深圳市空间区域相整合，那么像高铁一样快速的交通服务就变得必不可少。正如 2 号受访者所说，"因此，地方政府共同提出了将坪山快线向东延伸的建议。得益于深圳市政府与广铁的良好联系以及坪山高铁的运营经验，该提案与广铁合作良好。"

最棘手的是运营日程安排和相关地方主体之间的运营赤字分担，这种政府间合作没有既定的先例或明文规定。相关市（区）政府与中国最大的城市交通咨询公司——深圳交通研究中心签订了合同，并不断敲定其中细节。他们很快就运营时间表和补贴方案达成了协议，惠州市、汕尾市、深圳市、坪山区政府的财政赤字占比分别为 21%、19%、13%、47%。该协议的主要谈判代表、3 号受访者表示，这一比例是根据每个管辖区内停靠的列车数量和列车行驶里程计算的。

深汕捷运于 2017 年 1 月开始运营，连接深圳福田站和汕尾站。从深圳到惠州只需 30 分钟，到汕尾只需 60 分钟。网上订票的乘客只需刷身份证即可乘坐深汕捷运，无需纸质车票。只要乘客不改变始发地或目的地，他们可以视列车座位情况灵活乘坐下一班有空位的火车。截至 2017 年，深汕捷运搭乘率超过 40%，超出预期搭乘量。

(3) 模式比较

与城际轨道网络和跨市地铁延伸的方案相比，将坪山快线的想法变成现实只花了两年时间。值得注意的是，深圳市政府和广铁在 2015 年 8 月达成协议后，仅用了一个月的时间，就在 9 月初将协议转化为高铁运营服务。坪山快线的快速实施，并进一步扩展为深汕捷运，可归因于以下因素。

第一，与地铁相比，高铁的运行速度更受青睐。例如，从深圳北站到深圳坪山站只需 21 分钟，正常票价为 12 元，比计划中的地铁服务便宜。相比之下，这段距离的乘客乘坐地铁要耗时更多，从深圳北站乘地铁到惠州南站需要两个多小时，但乘坐深汕高铁只需要不到半小时。深汕捷运的发车间隔时间不像一般地铁那样密集，目前间隔大约为 1 小时。然而，深汕捷运的引入为其他长途列车设定了一个运行标准。持有从其他车站到深圳的火车票的人，现在可以乘坐最早一班的长途列车，而不是火车票上指定的列车。当然，这种灵活性取决于座位的可用性。因此，公交式服务实际上比深汕捷运单独发车的频率要高得多。

第二，从广铁购买服务对地方政府来说是一个节省成本的解决方案，它比地铁或珠三角城际铁路这两种选择更为经济。在地铁连接的情况下，市政府将需要支付工程成本，然后承担运营赤字；如果城际通勤是珠三角城际铁路网的一部分，那么省级和市级政府将需要分担工程成本和运营赤字。通过购买高铁服务，国家已经支付了工程成本，基础设施已经建成，运营经验和能力也已经到位，市政府在其中只需要填补运营赤字，负担压力降低。

第三，作为首个购买高铁服务用于城市客运的案例，广东省政府和深圳市政府在提升区域规模流动性方面的创新意愿值得称赞。

第四，其他城市政府愿意在分担运营赤字方面做出妥协，这促成了协议的达成。

深汕捷运的开通，使跨城出行者从节省的出行时间中受益，地方政府则从节省的工程成本和获取国家高铁团队的运营经验和能力中受益。同时，城际通勤客流量使国家高铁的过剩产能得到了更好的利用。相较其他方案而言，基于高铁的区域交通是效益更优的替代方案。

7.2.3　深莞惠党政主要领导联席会议机制

深莞惠交通一体化发展和深汕捷运的成功开通，很大程度上得益于三市建立的党政主要领导联席会议机制。在解决区域公共事务和公共服务供给时，单个政府往往限于行政边界和制度约束，难以达成最优决策。以深莞惠联席会议为代表的地域空间组织协调框架，能够在三地政府、居民和相关部门间建立灵活的协商机制和沟通渠道，进而降低区域性交通规划和建设的交易成本，促进区域交通协调发展。

1. 机制内容

2009 年 2 月深莞惠三市党政主要领导在深圳召开首次联席会议，标志着深莞惠都市圈正式形成。深圳、东莞、惠州三市于 2009 年先后三次召开三市党政主要领导联席会议，签订《深圳、东莞、惠州加快推进交通运输一体化补充协议》《深圳、东莞、惠州规划一体化合作协议》等合作协议。2010 年，第四次联席会议在深圳召开，三市市长表示将尽快打通边界的断头路和瓶颈路。

深圳都市圈的一体化进程，主要通过联席会议推进。为保障合作顺利推进，三市经协商，在第一次联席会议上成立联席会议办公室，第二次联席会议上同意建立"三市党政主要领导联席会议"的三级组织管理架构（图 7.2）。

1）决策机构"三市党政主要领导联席会议"，由三市市委书记、市长组成，负责部署、决策和监督职能。

2）协调机构"三市党政主要领导联席会议办公室"，三市常务副市长分别担任本市联席会议办公室主任，负责三市紧密合作工作计划、会议协调、落实等工作。

3）执行机构十个"重点领域专责小组"，负责各项事务的协商和落实具体工作。

三市党政主要领导联席会议通常以半年为召开周期，按顺序在深莞惠三市轮值举行，并邀请其他有关部门参加。2014 年，在举行第八次联席会议时，深莞

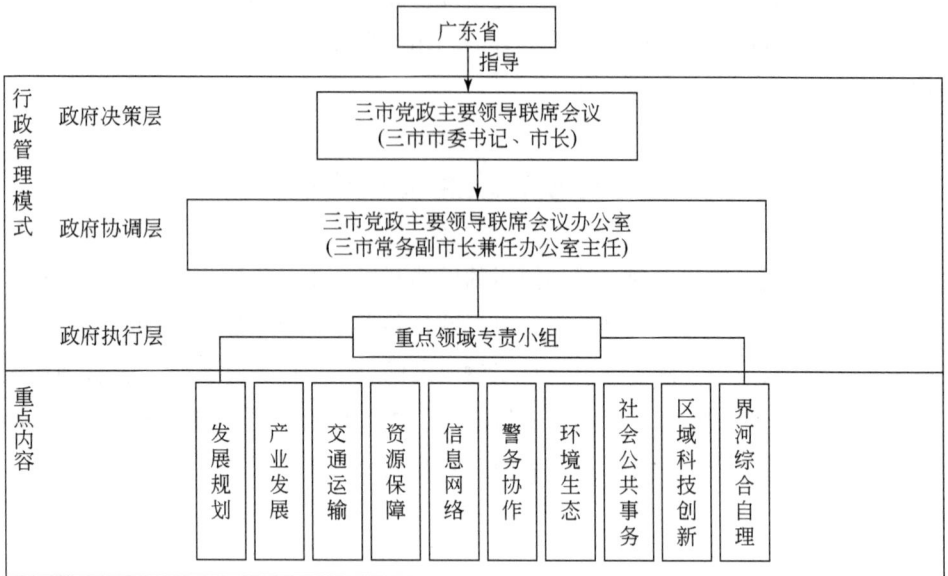

图7.2　深莞惠党政主要领导联席会议机制模式示意图

惠纳入了新的成员，新增了汕尾与河源两市。此举不仅使深莞惠都市圈区域的面积翻了一倍，经济总量也接近全省的40%。

　　此外，除了高层领导的互动的党政联席会议之外，三市也通过"深惠莞紧密合作高峰论坛""珠江东岸论坛"等形式推进规划实施。同时三地各级政府及相关职能部门也经常性组织各样的学习团、交流团互访，另外也开展部门级别，如交通运输部门的联席会议。这是为了进一步探寻三市在各个方面开展互惠合作的机会，同时学习对方在相对领先方面的举措和经验。

2. 基于联席会议机制的跨界交通规划

（1）进行统一的跨界交通规划

　　深莞惠三市有着共同的地理空间，20世纪90年代起，三市开始着手加强三地交通网的建设，经过多年的发展，并确定了"三地一体化交通网络"的目标，但由于没有统一的规划和进行强力的推进，三地交通网络的建设仍比较缓慢。2009年10月，深莞惠三市党政领导在惠州签订《深圳市、东莞市、惠州市加快推进交通运输一体化补充协议》，并启动了深莞惠交通一体化规划编制工作，这标志着三市将开始合作共同构建交通运输网，努力成为国家级的公路运输枢纽，成为世界级珠三角物流中心的重要组成部分。

2014年4月广东省交通运输厅在深圳主持召开了深莞惠交通运输一体化规划评审会，2014年10月深莞惠第八次党政联席会议审议通过该规划文件。根据该规划，三地将建设"九纵八横九联"高速公路网，形成快速交通保障。规划"九纵十横十四联"城际快速干线网，承担三市间中短途交通。连通边界道路，让公众出行更加方便。2020年前，深莞惠三地将全方位安排"公路畅通、轨道加速、港口提质、民航增效、换乘便捷、物流提升、公交跨市、管理协调、交通智能"九大工程。规划到2030年，深莞惠将形成"珠江东岸1小时通勤圈"，与珠三角兄弟市、港澳之间实现2小时互通，构建15分钟—30分钟—60分钟的区域综合客运枢纽服务圈。此外，2019年11月18日，深圳市交通运输局官网公布了《深圳建设交通强国城市范例行动方案（2019—2035年）（公众咨询稿）》，提出到2035年，深圳将实现粤港澳大湾区核心城市核心区以及莞惠核心区枢纽间半小时直达。

（2）拟建立区域间部门协调组织

为了深莞惠三市交通运输部门联系更加紧密和沟通更加便捷，保证决策更加科学，在三市党政主要领导联席会议制度的框架下，三市于2017年在深圳召开的深莞惠交通运输一体化联席会议上确定建立三市交通运输部门三级协调架构，分层次解决深莞惠三市区域交通发展和交通一体化事项：①各委（局）主管领导层面，定期召开三市交通运输部门主管领导协调会议，商议重要议题，解决棘手问题；②三市交通运输部门联席会议，根据需要不定期举行，协商解决区域交通发展的重大事项（表7.2）；③在各委（局）的职能处（科）层面，将设立专门机构，各委（局）专门机构的工作人员一体办公，处理区域交通发展、一体化日常工作和一般衔接事项。该一体化专门机构在各自部门内发挥统筹功能，安排部门内各单位按区域交通发展要求开展工作，在市级层面则协调本市其他相关部门按区域交通发展要求密切配合，落实交通一体化涉及的资金、用地等问题。

表7.2 深莞惠交通运输一体化联席会议召开情况

会议	时间	地点	会议重点
第一次	2011年 3月29日	东莞	敲定未来几年三市交通运输合作项目，涵盖规划编制、路网对接、跨市公交、年票互通、联合执法多个合作项目，预计协议将在第五次三市党政领导联席会议上签署

会议	时间	地点	会议重点
第二次	2013 年 8 月 28 日	惠州	会议要求编制单位再次梳理重点项目情况，提出切实可行的项目落地方案；从服务经济组团方面研究大通道布局；深入论述空港经济、海港经济发展规划；提出交通管理、整合资源的相关政策措施
第三次	2015 年 7 月 6 日	深圳	通报了深莞惠交通运输一体化部分项目进展情况；继续坚持并完善三市交通运输联席会议制度
第四次	2017 年 4 月 1 日	深圳	同意 M361 等两条深圳公交线路在大运城邦附近增加停靠东莞市公交站点；提出深莞惠海铁联运集装箱内陆港的初步设想；确定建立三市交通运输部门三级协调架构

3. 联席会议机制困境

自 2008 年提出深莞惠区域一体化的概念及初步思路后，在珠三角发展规划的框架下，深莞惠作为重点地区，先后通过《珠江口东岸地区紧密合作框架协议》《深圳、东莞、惠州规划一体化合作协议》《深莞惠交通运输一体化规划》等合作协议，推进"1 小时城市生活圈"发展。并且通过"三市联席会议制度""深惠莞紧密合作高峰论坛""珠江东岸论坛"等形式推进规划实施。总体上，在交通方面，道路"断头路""瓶颈路"问题已得到较好的解决，但是轨道交通特别是城际轨道推进进度迟缓。需要注意到的是，虽然深莞惠之间初步建立起党政主要领导联席会议机制，使得三市在协商涉及跨市交通的衔接问题时，具备了网络化协作机制的形式，但是在实际操作过程中，该联席会议机制的制度建设是否完善，尤其是否已经具备切实的协调渠道和有效的约束力度，还存在很大程度的疑问。而这将深刻影响到三市之间跨市交通项目的建设进度，最终能否真正形成网络结构系统。目前，深莞惠党政主要领导联席会议主要面临以下困境。

第一，都市圈层面缺乏统一统筹协调，联席会议制度作用发挥不充分。作为三地一体化的主要工作方式，联席会议制度一定程度上发挥了统筹协调深莞惠都市圈发展的作用，如联席会议有效地研究解决了许多道路断头路问题，但仍不能适应建设同城化大都市圈的高水平要求。深莞惠都市圈属于松散型合作机制，在现有行政分割体制下，由城市政府部门制定的规划协议，往往缺少协调和监督机制的保障。联席会议制度比较松散，也没有预警机制做出事先规划（刘媚，

2013）。在跨市交通规划上，已经建立了深莞惠交通运输一体化联席会议制度。但是该会议制度并没有常态化，2017 年后，该交通一体化联席会议就再未举办。

第二，干部考核机制决定了各市各自为政，以行政单元为主体的管理模式产生的行政壁垒尚未消除，利益分享与补偿机制亟待完善。深莞惠区域联合的发展模式常见的管理体制为"联合管理"或"齐抓共管"，但实际执行起来有很多具体问题要破解。2010 年，深莞惠共建"坪新清"产业合作示范区，这一片区位于深圳市龙岗区坪地街道、东莞市清溪镇和惠州市惠阳区新圩镇间，是三市接壤处。当初的构想是突破行政、土地、税收、财政、社会管理等制约，创新区域合作机制，为建设"深莞惠城际高新技术产业带"探路。但因为磨合不易、体制未能突破，这一合作在两年后归于沉寂。

在跨区域共建合作中，由单个主体主导的模式更具有可操作性。深汕特别合作区，改变了过去深圳、汕尾两地共管的方式，开启了由深圳全面主导、汕尾积极配合的新时代。

第三，深圳作为都市圈发展的增长极，其辐射作用发挥不足。三地合作牵涉到更多的利益和敏感因素，是否能步调一致、协调共进，需要上一级及省级层面进行强有力的推动和协调。深圳作为经济更为发达的城市，对其他城市形成辐射作用，是有其历史使命的。但是如果深圳的这种带头作用不给予一定的政策或者是制度上的保障，其他城市很难做到"完全紧紧跟随"（刘媚，2013）。

7.2.4　小结

深莞惠都市圈在同城化建设中的轨道交通公交化创新与党政主要领导联席会议机制，与新区域主义理论提倡的协作与网络理念相契合。

第一，在实现区域交通协同发展上，轨道公交化区域的构建往往超越了单个行政区框架上的规划和开发。单个城市政策往往难以有效组织区域性的交通建设和公共政策的实施（曹海军和霍伟桦，2013），容易造成交通设施供给不充分等问题，且缺乏协调的单个城市决策往往会阻碍同城化发展（林雄斌等，2015a），这使得区域公共事务需要各个地方政府的协调。为了更好地推进区域轨道都市的建设，需要一个主导的机构来协调各城市政府间的利益博弈，以突破潜在的不同层次制度的约束。新区域主义强调建立多层级和网络化的协调机制，实施都市圈多层级空间治理策略能够降低跨行政区的行政制度约束。在理论和现实要求下，构建区域网络化协作机制成为都市圈空间发展的主流方向。

第二，在解决跨区域通勤问题的基础上，深莞惠都市圈经历了从自上而下的城际轨道网络建设，到自下而上的城市地铁区域延伸，最终到购买国家高铁服务以应对区域客运需求的发展过程。这一交通演变过程也是区域政府不断权衡若干决策方案利弊、达成各方目标一致和利益最大化的过程。坪山快线和深汕捷运的引入，反映了在都市圈范围内实现区域交通协同模式创新的一些重要制度因素。其中包括：主要地方政府的议价能力，地方政府间的共同利益取向和动力，以及地方政府为满足共同需求而建立的协调联盟。尽管我国没有类似于美国和加拿大的大都市规划组织（MPO），负责交通投资和相关政策安排，但存在各种正式和非正式的机构安排来规划、资助和运营城际基础设施和服务，起到了与 MPO 相似的作用（林雄斌等，2015a）。

第三，在实现跨区域公共事务协调上，多方政府建成了都市圈空间协调机制和网络决策框架，也即党政主要领导联席会议机制和一体化专业机构，以统筹协调城市间轨道交通规划、建设与开发。在这一过程中，协调机制易受土地规划与指标、规划协调和财税体制等制度约束，以及政府间的利益冲突与博弈（林雄斌等，2016）。尽管轨道公交化区域降低了城际交通成本，进而带来一定的社会经济效益，但上述特征和制度安排导致了这种模式的构建需要区域内部多层级政府和社会组织的良好协作，并且这对于仍缺乏一个统一的区域交通规划管理机构的我国城市群来说，无论是城际轨道交通建设还是城市轨道交通的区域化延伸，实现这种协作并不容易。首先，巨额的轨道交通建设需要城市政府具有较好的财政能力；其次，轨道与土地利用协调能更好地发挥轨道的交通绩效，这使得跨市轨道在线路和站点选择上存在较大博弈；再次，现阶段我国城市政府过度关注本行政区内的经济效益，使得各自为政，缺少解决公共事务的合作动力。

因此，为了真正落实这些城市交通区域化的组织方式和协作联盟，仍需要有较好的府际治理关系，对这些规划方案和实施进程进行良好的管理和监督。首先，应建立区域内轨道交通对接项目的协调组织，定期沟通各城市轨道对接线路的建设进展，及时沟通潜在的线路调整等问题；其次，积极鼓励公众参与这些跨市线路的规划、建设和监督，通过第三方平台最大化扩大线路的覆盖范围和潜在的交通作用。最终逐渐发展为新区域主义所提出的"市场机制、府际协调和公众参与建立一个地域空间组织协调框架"，统筹安排交通投资，以降低跨区的协调与交通成本（林雄斌等，2017；Lin et al.，2018）。

7.3 港珠澳大桥"三级架构、两级协调"制度

2019 年 9 月，中共中央、国务院印发《粤港澳大湾区发展规划纲要》，要求大湾区加强基础设施建设，构筑快速交通网络，以连通内地与港澳为重点，构建以高等级公路为主体的城际快速交通网络，力争实现大湾区主要城市间 1 小时通达。由于大湾区区域范畴包括广东省九市和港澳地区，因此涉及"一国两制"制度的跨体制交通基础设施供给，是大湾区跨境交通建设的最关键特征，这也使其需要更具针对性的协调渠道和制度。港珠澳大桥是我国在"一国两制"背景下建设的重大跨制度交通基础设施项目，在推进项目过程中遭遇了诸多障碍和困难，尤其是因粤港澳三方难以就相关利益问题达成一致而多次使得项目停滞。这是因为新增大型跨界交通设施，会在不同程度和方面对城市原有交通组织、可达性和空间格局造成影响，导致各地区核心诉求彼此冲突，相互无法妥协的情况。由于香港和澳门是特别行政区，实行与内地不同的社会制度，使得粤港澳大湾区跨体制协调相较于其他的跨城市协调更加复杂（郝柏淞，2023）。

7.3.1 城市空间规划与登陆点选址决策过程

港珠澳大桥工程的提出最早可以追溯到 1989 年制定的伶仃洋大桥规划方案。在历经十余年的研究论证后，2003 年，《香港与珠江西岸交通联系研究报告》获国务院批准通过，粤港澳三地政府随后共同成立"港珠澳大桥前期工作协调小组"（以下简称协调小组），启动港珠澳大桥前期筹备工作。

（1）香港城市空间规划与登陆点选址

2004 年，协调小组委托第三方咨询公司从城市规划、交通组织、环境保护、地形地质等方面对港珠澳大桥在香港一侧的登陆点位置进行可行性研究（朱永灵等，2019），研究结果为香港一侧登陆点位置包括新界屯门西、大屿山岛西南岸和大屿山岛西北的散石湾三个备选方案。

大屿山岛位于香港特别行政区西南部，面积约为 $147km^2$，是香港最大的岛屿。由于在 20 世纪 90 年代前该岛与香港市中心区域距离较远且缺乏交通联系，因此发展情况与香港其他地区相比存在差距。在 1989 年宣布在大屿山岛北部新建香港国际机场后，该岛交通情况大为改善。1998 年接连建成运营了连接香港

国际机场与港岛中环的机场快线、连接大屿山岛新市镇东涌和中环的东涌线。此外在应对亚洲金融危机的 1998 年，为拉动经济发展，香港特别行政区政府在大屿山岛东北部引进了迪士尼主题乐园，并且修建了以东涌线欣澳站为起点，以迪士尼站为终点的迪士尼线铁路，为迪士尼乐园提供交通配套设施。并且为了舒缓已有香港港口码头的货运压力，满足港口发展需求，香港特区政府也计划在大屿山岛兴建第十号货柜码头。

2004 年 3 月，港珠澳大桥工程可行性研究项目组赴香港、澳门和广东调研，听取对大桥登陆点选址的意见。香港特别行政区政府表示：在交通组织方面，由于新界屯门西的交通已经较为拥堵，如果大桥登陆点选址屯门，需要大规模改造道路系统，所以不同意该方案；而大屿山岛西北可以与正在兴建的香港国际机场、城市轨道交通机场快线和迪士尼线等大型交通设施相衔接。在可达性提升方面，登陆点选址在大屿山岛西北有利于提升国际机场和迪士尼乐园等大型设施的客流，以及计划兴建的第十号货柜码头的货流。在空间发展方面，登陆点选址在大屿山岛西北与香港的空间发展战略相契合。香港特别行政区政府将大屿山岛西北被视为重要的中长期土地供应来源，规划建设容纳近 30 万人口的新市镇，以满足房屋、经济和社会发展的空间需求。由于大屿山岛西南方案会对沿岸景观造成破坏，与大屿山岛西南的自然保育功能定位相违背，所以此方案不可接受。因此，香港特别行政区政府推荐登陆点选址在大屿山岛西北散石湾附近。

(2) 珠海城市空间规划与登陆点选址

港珠澳大桥工程可行性研究项目组在对珠海市进行考察调研后给出了九州岛、横琴岛和拱北三个备选方案。

横琴岛位于珠海南部，面积约为 106km²，2004 年时还存在 40 多平方公里可供开发的土地，是珠海最具政策优势和发展潜力的地区。拱北街道位于珠海香洲区，是珠海的城市中心区和老城区，拥有内地与澳门间最大的口岸拱北口岸，其附近区域是珠海交通最繁忙的区域之一。早在 2004 年，广珠城际铁路珠海站便已明确将在拱北修建。

对于备选方案，珠海市政府表示推荐横琴岛方案：在交通组织方面，拱北登陆点位于拱北口岸与澳门口岸的关闸之间，该地区已经有很大客流强度，在横琴岛登陆可以避免增加拱北主城区的交通压力。在可达性提升方面，在横琴岛登陆可以将香港的西部发展战略和珠海的横琴发展战略相结合。在空间发展方面，横琴岛是珠海扩大开放的重点区域，拥有相当面积的城市开发空间，有利于优化城市空间结构。而九州岛方案对生态影响太大，故基本不做考虑。

（3）澳门城市空间规划与登陆点选址

在考虑珠海推荐登陆点选址横琴岛后，港珠澳大桥工程可行性研究项目组提出了对应的澳门登陆点选址三个备选方案，分别是路环九澳、凼仔北安和明珠。

明珠位于澳门半岛东北部，北与珠海拱北接壤，是土地资源极度紧张的澳门半岛上少有的可以进行增量开发的地区，截至2003年存在约0.2km²可供开发的土地。并且澳门特别行政区政府为获取城市新发展空间，计划在明珠登陆点东侧水域填海造陆。明珠南部是澳门重要的水路口岸外港码头，可借助水路通往香港和深圳等城市。北安东部临近澳门国际机场，土地开发受到高度限制，并且在2003年时已基本建成连片的工业区，不存在可供开发的新城市空间。

澳门特别行政区政府表示：在交通组织方面，明珠登陆点可与澳门规划的轻轨网络相衔接，方便旅客。大桥从明珠上岸后再与北安附近的交通设施接驳，就能同时发挥明珠登陆点和北安登陆点的优势，同时解决了从北安登陆离拱北市区较远，且离澳门机场较近的问题。在可达性提升方面，明珠靠近珠海拱北市中心和澳门外港码头，会给澳门带来直接经济效益，且从明珠接驳上岸路程更短，节约成本（曾平标，2019）。同时，出于对自身可达性的提升，澳门和香港均坚持将珠海登陆点选址在拱北市中心（Yang，2006）。在空间发展方面，路环九澳登陆点方案对生态环境破坏大，与生态保护区的功能定位不符；北安方案一需要在大桥进入珠海横琴岛前在澳门设专用通道，将占用澳门用地。所经路段对沿线澳门地区的再发展也有限制，因此不同意大桥穿越澳门陆域后再连接到横琴；北安方案二大桥会上跨澳门的澳凼一、二、三桥，会将澳门一分为二，不仅对城市景观影响大，而且还会影响这三座桥未来的改造和再规划；北安方案三由于澳门机场航空限高制约，需采用隧道穿越澳门外港航道和内港航道。而采用海底隧道穿越澳门三座大桥登陆横琴岛，未来的地铁规划会受到制约，限制澳门日后的发展。同时，澳门对以澳门明珠和珠海横琴岛为登陆点的穿越澳凼三座大桥的"明珠—横琴"方案不同意（朱永灵等，2019）。此外，澳门特区政府已计划在明珠登陆点东南侧水域大规模填海造陆以获得新的发展空间。因此，澳门坚持推荐明珠登陆点。

协调小组汇总三地政府意见后，要求港珠澳大桥工程可行性研究项目组考虑香港的登陆点为大屿山散石湾，西岸登陆点考虑两个组合：①珠海登陆点为拱北，对应澳门登陆点为明珠；②珠海登陆点为横琴岛，对应澳门登陆点为北安。

出于城市发展利益，关于港珠澳大桥登陆点选址，珠海市和广东省政府选择"澳门北安和珠海横琴"方案，而澳门特区政府选择"澳门明珠和珠海拱北方案"。

7.3.2 跨界、跨体制登陆点选址行政协调

面对珠海与澳门间的登陆点选址困境以及缺乏有效的都市圈跨界、跨体制协调途径，三地政府选择主动向中央政府寻求行政协调。2005年4月，国家发展和改革委员会邀请交通运输部等相关部委的专家代表在珠海召开了港珠澳大桥桥位技术方案论证会，听取三方意见，围绕"澳门明珠-珠海拱北"及"澳门北安-珠海横琴"两个登陆点选址方案进行比较。可行性研究得出的主要研究结果为：①登陆点选址在横琴岛。优势：在交通组织方面，大桥在横琴岛登陆与珠海及国家的路网规划相衔接，将使从粤西进入珠海到港、澳的通道更顺畅。可从横琴岛规划高速公路直线连通珠海机场、珠海港和广珠铁路等大型交通设施。在空间发展方面，横琴岛已成为泛珠三角共同开发区，多个重大旅游、能源项目已经动工兴建。大桥登陆横琴岛能带动该地发展。劣势：大桥长度增加，投资额提高。②登陆点选址在珠海拱北。优势：在可达性提升方面，从拱北到香港机场和迪士尼乐园不超过30分钟车程，有利于珠海高科技产业和旅游业发展。此外，大桥造价更少，建设工期更短。劣势：在交通组织方面，拱北口岸空间小，客流量大，交通已经严重拥堵。即将开工的广珠城际铁路珠海站选址也在拱北，在拱北登陆将对交通分流、城市建设产生消极影响。

最终专家组经过综合对比"澳门明珠-珠海拱北"及"澳门北安-珠海横琴"两个登陆点，推荐港珠澳大桥澳门登陆点选址在明珠，珠海登陆点选址在拱北，并将结论提交至国家发展和改革委员会审批。三地政府均表示执行这一决策。中央政府作出决策的主要考虑是：三地政府应首先通过平等协商的市场规则寻求共识。在因无法达成共识导致项目停滞的情况下，通过中央政府的行政裁决保证合作可以继续开展。在港珠澳大桥的登陆点选址方案决策中，中央政府更多地考虑了澳门的诉求。

在此之后，为了保障三地政府间能够首先通过市场规则达成共识，在协调小组的基础上，三地政府成立了"港珠澳大桥三地联合工作委员会"（以下简称三地委），通过平等协商的市场规则协调项目建设和运营中的重要问题。委员会的召集方首席代表为广东省发展和改革委员会、香港方首席代表为香港运输及房屋

局，澳门方首席代表为澳门建设发展办公室。随后，三地共同成立了港珠澳大桥管理局，以项目法人的身份代表三地政府在一定权限内开展合作协调工作。

而当三地政府无法通过市场规则达成共识时，为了协调三地之间的重大决策分歧，2006年12月，国务院决定由国家发展和改革委员会牵头成立"港珠澳大桥专责小组"（以下简称专责小组），以通过行政机制协调各方利益。专责小组成员包括交通运输部、国务院港澳事务办公室，以及粤港澳三地政府代表，形成了多主体参与的协作治理机制。在港珠澳大桥后续的口岸模式和投融资模式等重大决策分歧的协调过程中，均应用了该合作型治理机制。如在口岸模式决策协调中，三地政府首先通过市场规则开展了长达两年半的平等协商，最终在协作型治理协调制度框架中的行政机制的作用下达成了共识。

7.3.3 "三级架构、两级协调"制度

港珠澳大桥是在"一国两制"体制下，连接和沟通粤港澳三地的重大跨海大桥项目。如何处理三地之间不同的法律制度、技术水平、社会文化的差异，尤其是三地政府如何在大桥建设过程以及后续的管理方面，在理念上保持求同存异、达成一致，是该项目将会面临的巨大挑战。针对此类复杂情况，尤其在经历"登陆点选址"、"口岸模式选择"和"投融资策略"等合作困境，项目进程多次因三地意见不统一被迫搁置后，中央政府牵头建立了三地政府共建共管的港珠澳大桥创新决策机制。考虑到在登陆点选址协调中探索出的协作型治理的作用，三地政府与中央政府决定将跨界、跨体制协作型治理机制制度化（郝柏淞等，2023）。

为了保障三地政府间能够首先通过市场规则达成共识，在协调小组的基础上，三地政府成立了三地委，通过平等协商的市场规则协调项目建设和运营中的重要问题。当市场机制失灵时，为了协调三地无法达成共识的重大决策分歧，由国家发展和改革委员会牵头成立专责小组，以通过行政机制协调各方利益。为了提供一个正式的跨体制协作制度框架，2010年2月，三地政府共同签订港珠澳大桥建设、运营、维护及管理协议，将"三级架构、两级协调"协作性治理框架制度化。"三级架构"，即"专责小组—三地政府联合委员会—项目法人"三个层面的组织架构，被采纳为建设和管理网络化机制的核心组织。

1）专责小组：由国家发展和改革委员会牵头组成，成员包括国家有关部门

和粤港澳三地政府。负责中央政府层面的各项事宜，解决项目中涉及中央事权的
重大问题。同时负责对其他与项目建设相关的重要问题进行协调。

2）三地政府联合委员会：由广东省政府牵头组成，成员包括三地政府各自
委任的三名代表，共九名代表，负责代表三地政府在项目建设及运营环节中开展
协调工作，并解决项目过程中的各项阻碍。另外还负责对项目法人进行监管。

3）项目法人，即港珠澳大桥管理局：由广东省政府牵头组成，三地政府共
同组建。负责大桥主体工程部分的投资、建设、运营、维护和管理等工作。

与"三级架构"相配套的"两级协调"主要发挥了专责小组和三地政府联
合委托会的作用（图 7.3）。在上述协议中提到，"本协议执行过程中产生的任何
分歧或争议应通过三地委协商解决。若三地委无法达成一致意见，由各方首席代

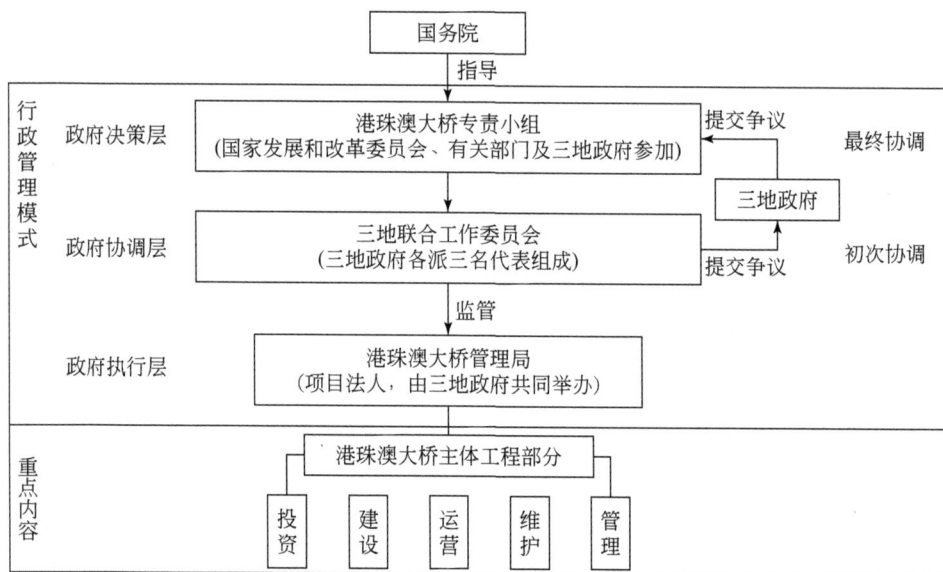

图 7.3　港珠澳大桥"三级架构、两级协调"制度模式示意图

表分别上报各方政府，三地政府应就分歧或争议进行友好协商；若三地政府之间
无法达成一致意见，任一政府可将争议提交专责小组决定。专责小组的决定一经
作出，三地政府和三地委应执行。三地政府之间、项目法人与任何一方政府之间
不得在任何区域启动任何诉讼程序"。为与该制度安排相配套，提升其执行能力，
三地政府还共同成立了跨界通行政策、跨境环境保护、应急管理联动机制协调小
组等。在这一制度安排下，港珠澳大桥建设和管理过程中所遇到的问题，均可以

通过三地委进行初次协调。若意见难以统一则在专责小组即可完成最终协调，达成最终意见，具有极高的效率优势。

在此过程中三地政府首先拥有了平等协商的平台，同时均有权将争议问题上交专责小组，也具备了"自下而上"反馈和推动的渠道，充分保障了地方政府的利益和权力。该机制具备了新区域主义典型的网络化特征，是非常高效、科学、优越的网络化协调机制。

7.3.4 小结

跨体制交通基础设施供给协作型治理依赖正式的网络化协作制度框架，需要在内地与港澳之间建立融合政府和市场机制的网络结构系统。在内地的交通基础设施供给合作中，协调途径既可以是正式的，如提供一个正式的协作制度框架，也可以是非正式的，如在没有明确的协作制度框架的情况下，合作双方在"干中学"。其中，基于政府和市场共同作用的非正式协作在实践中是更加常用的达成一致协商结果的途径。如内地城市政府在与地铁公司、巴士公交公司等合作提供公共交通服务的过程中，在缺乏正式的协作制度框架的情况下，通过市场规则和行政规则在具体问题上随时开展非正式协作是较为常见的。但非正式协作之所以奏效的关键是合作方处于相同的制度环境中，尤其是它们之间存在着超越市场逻辑的、对双方都有强约束力的行政关系。但"一国两制"背景下的跨体制交通供给合作与内地跨城市的合作相比具有制度异质性特点。可以设想，内地的城市政府在与香港地铁企业的合作中，非正式合作途径的效果会大打折扣。然而，设计一个正式的网络化协作制度框架是有成本的，完美的正式协作制度框架的成本高昂。这也是内地的政府和国有企业更倾向于在合作中采用非正式协作途径的重要原因。在内地的实践中，非正式协作途径能够低成本实施，是因为这些合作行为享受了"体制"作为一种无形的公共物品产生的规模经济效益。而这种"体制"的独特性是均质，且包容了政府和市场的双重协调逻辑。因此，非正式协作依赖均质的制度环境，在跨体制的协作型治理中，提供正式的协作制度框架是促进协商达成的重要途径。

正式的协作型治理制度框架需要融合市场机制和行政机制。在粤港澳大湾区，交通基础设施的供给首先建立在市场经济的基本逻辑上。但当合作方的选择受限、谈判费用高昂时，市场机制会失灵。那么，就需要一个能够融合市场机制和行政机制的正式的网络化协作制度框架，以发挥市场和政府的共同作用。在内地的实践中，得益于既存的、成熟的行政体制，即使不做出专门的制度安排，合作方也可以低成本地使用非正式行政协调工具。但在跨体制的治理中，不能忽视对制度框架中行政机制的设计。为了使跨体制协作型治理制度框架中的行政机制能够尽可能低成本实施，需要充分利用"一国两制"体制的规模经济效益。在"一国两制"下，内地的省级政府通常被认为与特区政府具有平等的行政地位。因此，在内地省级政府（及以下）与特区政府（及以下）的关系中，协作制度框架仅应发挥市场机制的作用，以得到市场均衡解。当市场机制失灵时，应在制度框架的行政机制中引入中央政府作为"第三方"。制度框架的设计应尽可能保证中央政府扮演一个不偏不倚的第三方的角色。如由中央政府的专业部门聘请相关专家团队组成评议组对方案进行投票。中央政府的作用是发挥上级政治组织作为"第三方"的规模经济效应，保证专家团队的意见能够通过行政机制执行，而不是代替市场机制直接作出行政裁判（郝柘淞等，2023）。

综上所述，解决大湾区内地与港澳之间的跨体制合作问题的途径在于，建立涵盖相关利益主体的协作型网络机制。由于港澳与内地存在制度方面的差异，粤港澳三方之间的合作需要建立起正式的协作制度框架。而融合政府与市场两种作用的协作制度框架将有利于形成协作型网络机制，促使粤港澳三地之间最终搭建起网络结构系统，并形成可随治理过程动态调整的治理边界。首先是在市场能够发挥作用的条件下，该框架保障粤港澳三地政府可以在三方内部通过沟通谈判，达成平衡各方利益诉求的方案结果，治理边界是三地政府针对港珠澳大桥选址等问题进行市场协调的边界。当市场作用不足以满足三地政府的利益诉求时，其可以选择启动协作制度框架中的行政协调机制。通过将行政裁决权交由公正的第三方主体，使治理边界扩张纳入了中央政府，最终得到协调问题在理论上的"次优解"，实践中的"最优解"，确保各方能够顺利达成合作共识。

7.4 本章小结

本章围绕新区域主义理论强调网络特征最终所形成的网络化组织形式，以广佛市长联席会议工作协调机制、深莞惠党政联席会议工作协调机制、港珠澳大桥"三级架构、两级协调"制度为案例进行介绍和解析。

本书认为，以上三个机制和制度都充分发挥了新区域主义所倡导的网络化决策机制理念，成功实现了妥善安排各个部门的特殊职能和权限范畴，从而完成粤港澳大湾区的区域发展任务。在推进广佛同城化、深莞惠都市圈、港珠澳跨体制的交通项目过程中，具备新区域主义思想的协作机制发挥了至关重要的作用，有助于大湾区多模式交通的协调发展。将上述机制构建划分为不同的层次，可以发现其均可以划分为政府决策层、政府协调层和政府执行层三个层次。

政府决策层是指政府最高层级领导组成的层级，在广佛市长联席会议工作协调机制中指四人领导小组和市长联席会议，在深莞惠党政联席会议工作协调机制中指决策机构"三市党政主要领导联席会议"，在港珠澳大桥"三级架构、两级协调"制度中指专责小组。在国家有关部门及地方政府的领导层之间建立畅通的沟通和交流机制是非常必要的举措。领导层之间可就多模式交通协调发展的宏观战略目标、规划原则、项目框架等问题，以座谈会、联席会议等形式及时有效地进行沟通，在大方向上制定清晰准确的路径，有助于充分保障多模式交通项目的建设和推进。

政府协调层是指区域内各地方政府的分管领导或有关负责人组成的层级，在广佛市长联席会议工作协调机制中指分管市领导同城化工作协调会议，在深莞惠党政联席会议工作协调机制中指协调机构"三市党政主要领导联席会议办公室"，在港珠澳大桥"三级架构、两级协调"制度中指三地政府联合委员会。这一层级处政府决策层与执行层中间的位置，对于传递领导层面的决策，指导具体部门的执行发挥了承上启下的重要作用。因此该层级需要通过各级政府在协调层面的沟通，细化政府决策层制定的宏观目标、原则和框架等重大事项。将宏观事项拆解落实后，使得区域内各级政府可以确立具体的执行部门和负责人，为执行层分配清晰任务，便于各具体政府部门开展协作工作。

政府执行层是指各地方政府的具体主管部门、重点合作专题组等负责具体任务落实的机构和组织，在广佛市长联席会议工作协调机制中指对口职能部门专责小组，在深莞惠党政联席会议工作协调机制中指执行机构十个"重点领域专责小组"，在港珠澳大桥"三级架构、两级协调"制度中指项目法人即大桥管理局。执行层作为具体落实项目的层级，对建设区域内部的跨行政区交通基础设施有不可替代的作用。在政府决策层和协调层的指导下，各地方政府的相关负责部门通常以专项合作小组等形式，构建紧密的协作机制，展开密切配合，通力合作完成重大的跨行政区交通建设任务。

第8章 | 区域治理演变与新区域主义的适用性

　　粤港澳大湾区是我国城镇化和区域化发展最快的地区之一，是政治、经济、文化、环境、产业、交通、创新、技术等互动发展的交织地区。尤其在"一国两制"背景下的粤港澳大湾区，其区域治理的难度和意义更加显著。对粤港澳大湾区交通协调发展的治理机制和治理模式研究，不仅能理解社会经济要素的深层次协调，概括相对发达地区在交通协调领域的创新经验，为我国其他区域的协同发展提供借鉴与参考；更能基于粤港澳大湾区这一极具代表性的经济区，透视中国区域治理模式的发展历程与演变思路，并思考行之有效的区域治理方案。

　　在政策支持、经济发展、社会需求和文化认同的推动下，粤港澳大湾区的交通形成了包括治理理念、协作治理、执行主体和治理网络在内的全流程治理机制，已具备新区域主义理论中开放、信任、赋权、治理、跨部门性、协作性、过程和网络的特征。新区域主义和粤港澳大湾区的交通协调实践相互印证，彼此补充。一方面，粤港澳大湾区在交通发展的规划、融资、建设、执行、运营和管理中，直接或间接呈现了新区域主义的理论主张，丰富了新区域主义的应用案例；另一方面，在新区域主义理论的指导下，粤港澳大湾区的交通协调策略从实践上升为理论，凝练出立足于我国国情与区域特色的理论框架，进而提升了新区域主义的理论张力。

　　交通是促进区域协调发展和互联互通的骨架，区域交通本质是区域治理的一环，区域交通供给也是区域治理机制的重要组成部分。新区域主义在我国粤港澳大湾区交通协调发展中展现出适应性，当应用范畴从交通治理延伸到区域治理、应用尺度从大湾区扩展为全国时，这一适用性是否依然成立？为何选择新区域主义视野下的区域治理路径，也即为什么我国的区域治理需要协作和协商？相较于其他区域治理模式，新区域主义在中国的优势是什么？本章将回溯国内外处理区域性事务的几种常用模式，主要包括扩大城市行政地域、建立新型功能地域空间单元、建立结构化行政协调平台和协作区域治理四种模式；梳理西方与我国区域治理模式和思路的演变历程；并在此基础上厘清不同治理模式的利弊所在，重点论述基于新区域主义理论的协作治理模式在中国语境下的比较优势和适用性，以期在更广域的视野中推动区域协调发展。

8.1 区域治理模式演变

在国内外的区域治理实践中，主要出现了四种治理模式：扩大城市行政地域、建立新型功能地域空间单元、建立行政协调平台和协作区域治理。这四种模式并非替代关系，而是长期共存的。在不同的治理情境下，这些模式优势互补，共同组成区域治理体系。

8.1.1 扩大城市行政地域

扩大城市行政区域的区域治理模式，是利用行政手段将城市行政区域与城市化发展区域重叠，通过结构化的行政边界调整满足区域治理需求。城市行政边界拓展赋予城市政府统筹区域内部公共服务与基础设施的权力，原有的区域间治理问题由此转化为城市内部的治理问题，这是典型的中心化和集权化的区域治理思路（郝柏淞，2023）。

在 19 世纪，把新的郊区区域兼并到现有城市辖区，是美国最基本和常见的扩大城市地域范围的方式（孟美侠等，2019）。工业革命后城市人口迅速聚集，城市问题和服务需求由此产生，提供清洁的空气与水源、住房、交通、治安等城市服务，几乎成为所有城市都面临的问题。为了协调城市内部与城市之间的服务供给，保持城市生产力和经济高速发展，"在更大基础上的规划"成为当时区域治理与区域协调的主导思路。由于大城市有能力以更低的成本提供高水平市政服务，郊区居民也希望获得更好的城市服务，乐于归并到大城市，使得大城市周边城镇不断并入其中，区域城镇个数不断增多并向着核心城镇集中，在空间上表现为城镇的集聚。

1898 年，纽约合并了曼哈顿、布鲁克林（当时为一个独立城市）、纽约县（包括布朗克斯的一部分）、里士满县和皇后县的西部，用行政方式正式组建成大纽约市。纽约的"五区合并"被赖特称为"区域治理的一次试验"。合并的出发点是扭转纽约城市间围绕港口资源展开的恶性竞争，让竞争者转变为解决共同城市问题、提供市政服务的合作者。合并之后，纽约把更新港口设施、清洁航道污染、提升交通条件、协同治理犯罪、保障公共卫生、改善移民住房条件等紧迫社会问题提上议事日程（Wallace，2017）。1904 年，纽约地铁系统开始合并运营，20 世纪上半叶，纽约发展成为世界工业、商业和通讯业的中心。

在中国城市与区域发展的语境下，与纽约"五区合并"相类似的做法即为行政区划调整。在我国的城镇化进程中，行政区划调整是提升城市等级结构和扩大城市行政管辖地域的手段，是提升区域治理能力的一种重要途径。行政区划调整中最为典型的代表即为撤县（市）设区，这种思路将邻近的县（市）纳入城市的管辖范围，由上级政府自上而下地推动市内各区之间的一体化（刘卫东，2014；李志刚等，2021；赵聚军，2016）。2000～2016 年我国的县级行政区共进行了撤县（市）设区等类型的 631 次行政区划调整，调整频率偏高。其中，撤县设区 215 次，占比 34.13%。16 年间，县减少了 137 个，县级市减少了 40 个，市辖区增加了 167 个（吴建民和丁疆辉，2018）。

中国撤县（市）设区热潮背后的深层逻辑，与地方政府促进经济发展的动机和地方财政对土地收入的依赖息息相关。在我国具有特色的财税体制与土地制度下，地方政府依靠出让土地使用权的"土地财政"收入成为地方公共预算最重要的收入来源，且地方对土地出让拥有相对自由的支配能力。全国平均土地出让收入占城市政府财政收入的比重高达 50%（Jing，2008），这一比例在快速增长的地区还要更高（Crane，2007）。在地方经济增长与官员绩效考核评价的背景下，城市政府有明显动力促进地方经济发展和基础设施建设，与之相对应的财政收入压力和对土地出让收入的依赖促使地方拓展行政边界以谋求更集中的城市规划和土地利用。在城市合并之前，各县（市）为吸引投资和拉动增长，在土地出让时可能存在竞争，降低了土地出让价格和土地利用强度，进而降低基础设施投资的回报率；此外，界限明显的行政区域使各地政府在处理区域性公共事务（如区域交通、大气污染等）时动力不足，基础设施连通性和整合性差，且容易牺牲环境质量、生态保护等公共产品。

撤县（市）设区将城市规划权从各区政府统一移交给市政府，将竞争性土地市场整合为垄断市场，行政等级变化也意味着城市政府将拥有更大的土地出让定价权和城市规划开发权。城市土地是城市发展的重要财政资源，管辖更大土地市场的能力使城市政府在资源调动方面具有优势。得益于更为中心化的集权管理，地方政府增强了财政能力，使土地出让收入最大化，并为地方经济发展提供资金（Yang and Li，2014）。自上而下的行政区划调整也有利于通过行政主导手段降低行政壁垒，打破市辖区与县之间的权力分割（李郇和徐现祥，2015）；促进县域人口向城市集聚和区域内市场融合（唐为和王媛，2015）；优化城市经济空间结构（李郇等，2017）；推动区域经济协调发展，加速城镇化进程（王志凯和史晋川，2015）。

总体看来，我国撤县（市）设区等扩大城市行政地域的做法与西方国家大都市政府合并的做法类似，均是通过构建区域型"巨人政府"，以行政主导的方式应对区域治理问题，促进区域的协调发展。当区域跨行政边界的协调需求足够大时，这一做法具有显著的规模经济效益。但治理模式的选择并不能只考虑发展需求，只有当地方保护主义过于严重，谈判协调的交易费用过高，且缺乏更加可行的区域治理途径的情况下，才有必要考虑扩大城市行政地域。扩大城市行政地域会对城市和区域的发展产生深远影响，必须结合实际情况，因地制宜地深入考虑。

此外，正如 20 世纪之后美国郊区基础设施改善，致使城市兼并在全国范围内遭到郊区居民的反对一样，在我国当前区域分权化与协调发展、追求共同富裕的时代背景下，随着中心城市外围城市、县的成长，中心城市合并周边市县的思路将愈加难以获得外围城市、县的认同。调整城市行政地域的区域治理模式逐渐被更强调协作、开放与协商的多主体治理机制所取代。

8.1.2　建立新型功能地域空间单元

在中国，从国家、省域和市域层面建立新型的功能地域空间单元已经成为推动区域协调发展和区域治理的重要模式（郝柘凇，2023）。随着行政区划调整审批的日渐收紧，地方政府通常通过设立新型功能地域空间单元，赋予其更多的政策优待、创新战略和经济社会发展机会，创造更加灵活开放的体制机制，谋求区域政治、经济、社会等关系与地理空间的重组。地方政府往往希望借助新型功能地域，实现产业和区域的发展，引领带动周边地区的融合，进一步提升区域竞争力。（吴金群，2019；王佃利等，2016）。

我国的新型功能地域空间单元主要分为三类。第一类是由国务院批准设立的国家级新区，包括上海浦东新区、天津滨海新区、河北雄安新区、重庆两江新区、四川天府新区、浙江舟山群岛新区等，旨在承担国家重要的发展战略任务。

第二类是综合配套改革试验区，这类试验区的核心特征是综合性，力图破除限制地域经济发展转型及其相关联方面的障碍，形成相互配套的机制体系。例如，成渝统筹城乡综合配套改革试验区探索统筹城乡经济社会协调发展的体制机制；长株潭资源节约型和环境友好型社会建设综合配套改革试验区探索经济社会发展与人口、资源、环境相协调的发展模式。第三种是承载了各种战略和政策导向的经济区（陈秀山等，2012），其中以国家级有关部门编制、批准和执行的战略区域最为典型，如：京津冀、长三角、粤港澳大湾区等（魏冠明，2012）。

新型功能地域空间单元的管理方式主要有政府型、区管理委员会（区党工委）型、功能区与行政区合一型三种模式。

第一类是政府型，由于功能地域的人口规模扩大、综合事务增多，对空间的管理职能要求也相应提高。在此背景下，新区涵盖的原有多个市辖行政区合并重组，最终成立一个级别更高的新市辖行政区。这种做法与撤县（市）设区的思路相类似，最终结果都是区域的行政管辖地域和城市功能地域一致，以行政力量统筹管理区域事务。作为新的市辖行政区，这类新区拥有完整一级建制的党委和政府，行政管理权限由法律赋予。在国务院批准设立的19个国家级新区中，只有上海浦东新区和天津滨海新区成立了一级建制政府，采取政府型管理方式。

第二类是功能区的管委会。新型功能区的地域范围是由多个原有行政区组成，不同于合并新建行政区的政府型管理模式，功能区管委会是在原有行政区上组建一个新的功能区，并基于该功能区设立新的组织机构，即区管理委员会（区党工委）。区管理委员会（区党工委）一般为上一级政府（党委）的派出机构，管委会的主要负责人多由省市级党委或政府主要领导兼任，代表上级政府行使开发建设和经济管理权限。管委会以经济职能为主，兼有部分行政职能，主要负责该新型功能区的空间规划、项目建设、土地开发、产业发展等内容，具有一级财政权限以及开发、项目审批权限。功能区管委会有别于政府型管理模式，在管理职能和权限方面更精准聚焦于经济社会发展，在运作模式上追求"小政府，大社会"的特征，在机构人员上也更为精简。但总体来说，管委会模式也是行政运作逻辑在功能区的体现，这类新区管委会发挥了"准区域政府"的作用（吴金群，2019）。目前，我国大部分国家级新区采取管委会模式，包括重庆市两江新区、成都市天府新区等14个新区。

第三类是功能区与行政区合一型。这类管理模式是由于新型功能区在地域规划上，功能区划分与原有行政区的地域范围保持一致。在管理上，既设置了功能区所有的区管委会，又保持了原有的行政区政府（党委），具有政府型和区管理委员会的共同特点。这类新区往往实行管委会和政府（党委）的"一套人马，一个班子，两块牌子"，通过政区合一的管理方式，新型功能区能够基于原有的行政管理体制增加管理权限，而行政区也能借助新型功能区的政策优惠扶持产业发展，进而实现相互促进的共赢。这一管理模式实质上也是以行政力量为核心。在 19 个国家级新区中，实行功能区与行政区合一管理的有浙江舟山群岛新区、广州南沙新区和青岛西海岸新区。

以各种新型功能地域单元为代表的区域治理模式，其思路是通过建立新区等功能地域，以此作为地方政府寻求经济和科技等重点领域转型升级的抓手，打造新的区域经济增长极的空间载体。新区除了具有更高的行政等级外，通常还会被给予较大的税收优惠、土地优先开发等制度创新支持，以及资本、土地、人才等重要发展资源倾斜，在整个区域中承担着带动区域经济发展和科技创新的"试验田"职能。从实践中看，我国的各级新区相较于成立前，在经济社会等方面的发展速度和质量普遍得到提升（郝柏淞，2023）。

8.1.3　建立行政协调平台

建立行政协调平台也是一种行政导向的区域治理模式，门槛相对较高。在都市圈同城化发展水平较高的地区，城镇化发展使得行政边界日益模糊、跨城流动日益增加、城市功能日益融合，为了推进解决同城化过程中重点领域的区域协调问题，通常会按照一定的规则基于城市功能地域来组成跨行政区边界的协调平台，对特定区域的发展定位、空间规划予以部署，并针对交通规划、投资等事务进行协调（刘彩虹，2005）。

建立行政协调平台的举措可分为两类，第一类是制订和出台区域各项规划以指导和统筹区域发展。区域规划指一定地域范围内对国民经济社会发展和土地利用的总体部署（崔功豪等，1999），是引领区域内多个城市合理布局和优化资源分布，以提高区域总体竞争力的集体行动纲领（施雯和王勇，2013）。公共政策属性是区域规划的最根本属性（谢惠芳和向俊波，2005；谷人旭和李广斌，2006a，2006b）。区域规划具有综合性、地域性、战略性和前瞻性等特点（喻玲和殷洁，2010），作为政府对区域管理的重要手段和政策，区域规划是跨行政区的、以经济区域范围为主体的规划，通过生产力的合理布局和资源的合理分配，缩小区域间经济、社会、基础设施、环境等方面的差异，对经济落后地区给予政策扶持和补偿，最终促进区域均衡发展（陈雯，2000；殷为华，2006）。综合来看，编制出台区域规划，能够对跨地市的重大基础设施进行协调布局，以政策的形式协调解决跨行政区重大问题，推动区域互助、利益补偿，形成分工合理、优势互补、协调发展的区域格局。

中华人民共和国成立以来，我国先后颁布了一系列区域规划与区域政策，涉及城市群、都市圈、经济区等地域。这些区域规划逐渐从重工业优先发展转为发挥社会主义市场经济优势；从东部沿海率先发展的非均衡发展战略转为东中西部协调发展；从以行政区经济规划为主转为打破行政区划界限；从单一经济发展目标向经济、社会、生态环境共同发展的多元目标取向发展（陈秀山等，2012）。当前，我国已编制了大量的城市群、都市圈等区域规划，但由于缺乏行之有效的运行实施机制，这类规划大多难以付诸实践，被长期束之高阁。（施雯和王勇，2013）。

建立行政协调平台的第二类方式，是在空间规划之外，成立独立运作的行政管理协调机构，以应对区域的综合性事务。美国成立了都市区规划委员会等行政协调机构来主导政治高度分散化状态下的区域交通治理和跨政区协作。20世纪以来，美国都市圈区域治理逐渐从城市兼并的"巨人政府"转变为分权化趋势下的地方政府自治和公共选择。区域内存在多个独立的空间单元和市政机构，分别提供区域内部的公共产品和基础设施，城市居民"用脚投票"选择那些最符合自身偏好的区域定居。但这种模式产生了地方政府"破碎化"问题，都市区内部的城市政府分别编制和实施土地利用和交通规划，造成了区域发展不协调问题（Yang，2009）。第二次世界大战之后，美国联邦政府日益重视区域的基础设施和环境治理问题，强调区域一体化协调发展，增加了对公路建设、城市更新、环境治理等领域的联邦专项基金。地方政府如需申请相应基金资助，必须提交相关的论证报告和区域规划，在这种背景下，一大批政府联合会（Council of Government，COG）应运而生。COG的职能主要有：履行联邦基金相关法案规定的区域协调、审核与规划职能。例如，编制和实施区域交通与土地利用、交通与经济社会发展等区域发展规划。COG的主要成员来自于都市区多个地方政府的相关部门，具有一定程度上的行政协调权力，在其中主要发挥制订、审核、协调相关区域规划的职能。COG分为区域联合会（Regional Council，RC）和都市区规划委员会（Metropolitan Planning Organization，MPO）两类。区域联合会主要负责区域经济社会发展过程中的地方政府协调问题。MPO 主要负责与都市区交通规划和基金申请有关的规划编制工作。当前，美国共建立了 300 多个 MPO（周素红和陈慧玮，2008）。

美国成立都市区规划委员会（MPO）的一个重要原因是：都市区的交通设施供给有着显著的正外部性或溢出效应，由单个政府出资供给容易导致供给不足问题。那么，将外部性内部化的一个重要思路，就是在联邦政府交通基础设施投资基金的引导下，建立都市区规划委员会这一行政协调机构，从都市区尺度统筹交通基础设施的规划、投资与协调事务。MPO 的职能和地位由联邦法律确定，不同都市区的 MPO 在组织构成、人员规模等方面有所差异，但基本上都保有一个核心部分，即政策委员会。政策委员会由当地行政官员、规划部门、交通运营机构和交通管理机构代表组成，也包括其他部分的一些非投票权成员，共同参与交通项目规划和决策，成员投票结果将决定是否通过都市区交通规划、中期交通项目方案等重要决策。此外，为保障投票决策的专业性和公正性，一般 MPO 还会在政策委员会之外另设技术委员会，充当咨询和监督的重要角色。技术委员会的成员由地方政府的公务员、主要的利益相关方和专业机构等组成（陈君娴和杨家文，2018）。总体上，美国通过以立法和公共政策为主的政策工具，赋予了 MPO 在都市区交通规划和交通基金申请方面的职能，确立了其在都市区协调与治理中的地位和作用，促进了实质性治理（郝柘淞，2023）。

与美国相比，我国并未成立类似的区域行政协调正式机构。当前，我国区域层面的协调平台多为"契约化"的领导小组或联席会议。这些平台主要是在区域发展战略框架下，由省级政府牵头，相关政府部门共同组建临时的具有"指挥部"性质的行政协调领导机构，通过签订协作契约（如规划纲要、协作框架协议、协作备忘录等）来加强区域公共事务的协作（杨爱平，2011），例如，湖南省长株潭一体化领导协调小组、湖北省推进武汉城市圈建设领导小组办公室等（赖昭华，2010）。这类协调机构内多个主体一般会事先拟定一些重点领域的协调范围，并依据重要和紧急程度，选择性地逐级提交至结构化行政协调平台决策。受行政管理体制和地方保护主义影响，这一形式的行政协调平台容易出现供给不充分、不平衡及效率较低等问题。

8.1.4 协作治理

区别于行政主导下的扩大城市行政地域、建立新型功能地域单元和建立行政协调平台，蕴含新区域主义思想的协作治理追求在保持现行行政区划和行政管理体制总体不变的情况下，主要利益相关主体以问题为导向，依据治理需求自主构建丰富、灵活的协作型治理机制。根据不同的治理目标，以谈判协商的治理过程为基础，整合运用市场协调和政府协调、正式的协调和非正式的协调，尽可能追求各方总净收益最大化的最优方案。其治理边界基于特定的治理形式，为治理目标服务，随着治理过程的变化而动态调整，并不依赖某种固定治理形式。

新区域主义理论指导下的协作型治理，不仅强调开放的空间理念、信任导向的关系建构、跨部门的参与主体、赋权化的权力运用、网络化的协作体系，也注重区域公共事务从"统治"（government）到"治理"（governance）的转变（吴丹，2017）。"治理"是在 20 世纪后期西方公共管理范式进步的过程中，出现的一种主张治理主体多元化、主体间责任界限模糊化、主体间权力的互赖与互动、建立自主自治的网络体系、重新界定政府作用范围及方式的后现代公共管理理论及其实践形式（全永波，2012）。协作型区域治理主张以包容、多元的价值取向应对区域问题，既包括央地各级政府及国有企业等行政力量，也鼓励社会组织、私人企业、公民等社会力量；既采取纵向的行政权责机制，又拥有横向的对话沟通行为；既保持区域政府与政府间的府际合作，又注重政府组织与非政府组织间的多元协作。

协作治理强调基于区域的功能地域开展治理活动，而不是基于行政地域。行政地域被视为一个封闭的实体地域单元，具有明确的行政边界和行政管辖权。功能地域提倡开放的、有弹性的、灵活的边界。协作治理的边界视具体治理问题的情况而改变。相较于撤县（市）设区和建立新型功能地域单元的治理模式，协作型治理不依赖行政管理边界扩容或扩大行政管理范围的方式，而是基于既有的地域空间，通过协商、协作等方式，激发地方政府的积极性，追求行政管理机构精简、市场化高效运作的治理目标（丁友良，2013）。

协作治理强调协商的过程性和谈判的多主体性。协作治理要求利益相关者围绕一个或多个具体问题，在充分表达各自诉求并厘清协作障碍的基础上，充分整合政府、市场、社会、公民的力量，通过协商达成协作方都可以接受的方案。不同于自上而下的威权式命令，协作治理强调多方的自主性治理，因此囊括跨部门而非单一部门的治理主体十分重要。区域治理的主要利益相关者，如各级政府、国有企业、社会组织和公民等都可以参与到治理过程，都有机会表达诉求，参与协调、谈判和妥协性方案的制定，最终实现区域和多元主体的共赢。区域协调的权力结构不同于自上而下的政府主导下的威权式命令，更强调基于具体协调问题和治理目标的自主性治理。

协作治理强调个性化的治理形式和灵活多样的协调途径。协作治理的实践形式以问题为导向，主要利益相关者根据需求个性化配置协作型网络，并不依赖统一固定的形式。协作治理的途径也灵活多样，首先注重发挥市场和政府的共同作用，并不局限在某一种做法上。利益相关者作为理性经济人，无法达成妥协性方案的重要原因在于不满足自身通过协作获取的收益。在厘清阻碍协作达成的本质后，可以采取市场化的逻辑和运作方式，以平等协商促成方案通过，以达到各方主体的帕累托最优。而当仅通过市场机制无法达成协作时，就需要借助行政途径，通过行政协调方式实现"次优解"。协作治理还注重综合运用正式和非正式的协调途径，如制度设计、行政机构、规则约束等为代表的正式协调制度，以及友好对话、灵活沟通、"握手"协议、松散化协作联盟等非正式协调制度。灵活的协调途径有助于降低协作谈判的交易费用、充分考虑多主体的选择和偏好，为促成一致性方案的达成而努力。

西方国家受城市自治和分权思想的影响，很容易接受新区域主义所倡导的协作和治理为核心的区域治理理念。20 世纪 90 年代后，协作治理逐渐成为西方区域治理实践的主流形式。在区域分权化与协调发展的影响下，我国也逐渐采用地方政府跨区域协作的区域发展思路（李文星和蒋瑛，2005）。随着市场在资源配置中起决定性作用的经济体制改革，区域治理和城市发展的治理途径也在加快转型。传统的以政府为核心的自上而下、封闭、单一的治理模式逐步被自下而上、开放、协作的多主体治理模式取代（Emerson et al., 2012）。在城市群和都市圈高度发展的区域，协作型治理已成为提升区域竞争力和治理能力的重要思路，平等、协作、治理、开放包容的理念被更多部门接纳，促进了政府的治理理念、治理机制、行政结构的改革（陶希东，2022）。构建跨行政区、跨部门的协作治理成为区域治理的新出路（陶希东，2020，2011）。

8.2 中国语境下新区域主义的适用性

从国内外经验来看，行政地域扩大、多中心治理、建立行政协调机构、协作治理在区域治理的历史和实践中都有着重要作用。每种区域治理模式在不同国家的不同历史发展阶段，都曾占据主导地位。各种治理模式都是在不同地域背景下，为了更好地实现区域治理目标而做出的选择。不同治理模式的流行与衰退与当地的区域治理需求息息相关（郝柘淞，2023）。任何一种区域治理模式都会存在一定的优势与局限。在选择治理模式和手段时，更应考虑的是在与其他治理模式相较下，现阶段何种模式实施成本更低、推行难度更小、总体效益更大，据此判断当前区域治理采取何种策略更优。

扩大城市行政地域的治理模式：地方政府为解决跨界事务，将调整行政边界的方式视为打破行政壁垒、提升城市竞争力的选择。但扩大行政地域的做法也存在如下弊端：第一，在行政体制改革和治理理念转型的背景下，国务院、国家发展和改革委员会、民政部等相关部门对待撤县（市）设区的态度日益慎重，获批日益困难（周一星等，2001）；第二，频率过高的撤县（市）设区难以保持行政区划的稳定性；第三，扩大行政地域的做法具有高度的行政属性和强制性，容易引发一系列问题，如政府机构臃肿、城市空间无序蔓延、大城市病等（叶林，2010；邱实，2022）。这种政府主导的治理模式往往也会忽视社会力量与公众意见，在行政绩效和考核指标的压力下，撤县（市）设区如果没有经过严密和深入的可行性研究，可能会沦为服务特定行政目标的工具，难以发挥市场化和城市化的效益（高琳，2011）；第四，扩大行政地域的模式也无法应对跨制度的情境。如粤港澳大湾区的"一国两制"特殊背景下，很难通过扩大行政地域的方式实现内地与港澳的跨界交通供给和区域治理。

在我国的政府职能转变尚不到位、市场经济体制建设尚不成熟的背景下，行政边界对区域经济社会发展的刚性约束影响还将长期持续（冯润东等，2020）。但行政区划调整只是权宜之策，过度依赖这种思路容易陷入"膨胀—调整—再膨胀—再调整"的恶性循环。因此，在采用撤县（市）设区等行政区划调整为代表的区域治理方式时，需要进一步厘清其与城镇化发展，以及经济、社会、政治、生态、公平、效益、效率等区域治理需求的内在逻辑，在充分论证的基础上审慎考虑（林拓和申立，2012；顾朝林等，2015；侯爱敏，2018）。

建立新型功能地域空间单元的治理模式：在我国的国情下，新型功能地域能够得益于政策优势和体制创新，更快地带动区域发展水平，但也存在一定弊端。首先在于申请和审批各类新区的门槛相对较高，大多数市县很难有机会建立。这是由于新区的功能较为清晰，承担了国家与区域政策、区域协调与发展、城市功能转型等使命，具有试验性和特殊性。申请设立各层级新区需要突出比较优势，并与国家和区域发展战略相吻合。设立新区也对城市的土地资源、生态环境、基础设施资金投入等要求较高。其次，以新区为代表的建立新型功能地域单元的治理模式，其遵循的思路仍是行政化的，是通过行政手段设立特定区域并给予政策倾斜和发展支持的模式。这种自上而下的管辖和封闭性的手段，使区域治理的灵活性难以凸显，容易陷入定位模糊、资源消耗、后劲乏力的窘境。

建立行政协调平台的治理模式：是在保持城市行政地域和行政管理体制总体不变的情况下，推进区域协调发展的一个重要思路。但这种治理模式也存在一些局限性。行政协调平台的建立门槛较高，行政成本费用也较高。有效的行政协调平台一般需要由更高一级政府倡议、各城市主要负责人共同牵头推动建立，只有当区域发展战略符合各方共同利益，且协商的问题涉及共同发展时，平台的作用才能得到发挥。在现有行政管理体制成熟的情况下，增设正式的协调机构一般需要经过上一级党委机构严格慎重的审批，成立后需要在各地市的不同党政机关抽调工作人员，行政成本费用过高。建立行政协调平台的议事范围也有局限，例如难以协调争议较大的问题，平台多通过固定性的议事程序对特定政策和规划进行表决，有时候会倾向于选择性忽略争议性较大的问题。

协作治理模式：总体看来，与前三种治理模式相比，协作治理是一种自下而上、更加分权化的治理形式，不依托固定、封闭、统一的治理形式。协作治理基于过程而非结构化、基于开放而非封闭、基于跨部门而非单一部门、基于市场和政府的共同作用而非行政主导。但协作型治理与其他治理形式相比较，也存在一些不足。协作治理对治理能力要求高，治理效率偏低。协作治理的目标是基于协商的方式尽可能追求最优方案，这需要主要利益相关者开展详细的调查研究，对自身的诉求和收益有较为清晰的认识，并且有足够的意愿"迎难而上"。此外，在协商过程中，相关主体还需要鉴别分歧、矛盾和障碍的本质，找准症结所在，并就争议点进行多次协商，最终达成妥协性方案。这一过程不仅对治理主体的治理能力要求严格，而且有着较高的谈判成本，如果多方无法就谈判结果达成一致，协作项目将难以推动。同时，协作治理的规模经济效益也更小。相较于协作治理，扩大城市行政地域、建立新型功能地域空间单元和建立结构化行政协调平台是更加集权化的治理模式。后者具有更加结构化的治理形式，治理目标不追求最优方案，通过行政主导的模式统一调配资源、协调事务，规模经济效益更大，决策和执行效率更高。

经过上述分析与对比，可知实现区域治理的路径有多种选择，区域治理模式也各有利弊。西方国家的区域协调发展既可能由区域兼并推动，也可能由区域自治推动，还可能由类似 MPO 的行政协调机构推动（张紧跟，2010）。西方与我国都曾将政府合并与扩大行政地域作为区域治理的重要方式，这一做法的实质是将区域治理问题转变为城市治理问题，从而发挥中心化管理的规模经济效益。此后，在公共选择理论与多中心治理的影响下，美国都市区提倡保持各个地方政府的原有行政区划，认为大量的、不被兼并的小政府通过地方政府之间的市场化竞争会拥有更高的公共服务供给效率，可以为居民提供更多的差异化选择。在地方自治的环境中，居民通过"用脚投票"，可以找到最适合自己的城市行政辖区。受地方自治所导致公共服务供给"破碎化"的影响，美国着手建立了基于谈判的区域行政管理机构（如 MPO），这是一种介于完全的集权化管理和完全的分权化治理之间的半政府型机构，主张在不改变都市区行政边界的前提下，由专业化的机构和平台协调各行政区共同应对区域治理问题，这是区域治理方式经历了长期实践后的折中选择。

我国早期的撤县（市）设区浪潮扩大了城市规模和经济总量，是处理区域问题的重要手段；建立新型功能地域单元是行政主导下对特定空间的资源整合和尺度重构，能够基于一定目标发挥该区域的比较优势与潜在优势。这两种做法呈现出明显的政府主导特征，为我国探索跨界治理积累了经验。然而中心城市扩大城市行政地域的做法愈难获得外围城市、县的认同。建立新型功能地域空间单元的模式仅适用于少数城市，获得上级政府批复的门槛较高，且对城市本身的土地资源和财政能力有一定要求。我国在当下应如何优化区域发展策略以适应地区快速发展，是亟待探讨和厘清的问题。

跨部门和跨地域的协作机制与治理过程逐渐成为我国区域治理的新思路，但治理的制度设计与具体形式这一问题仍未明晰。在西方国家的治理思路中，成立"半政府式"的行政协调机构是应对大都市区域协调具体事务的主要路径，这一机构强调纳入政府、非政府组织等利益相关主体，调动公共和私人等各方面的资源来实现跨部门的协作网络（Kübler et al.，2004；Hamilton，2014）。相较西方国家而言，我国在行政协调平台的建设方面以非正式的行政领导协调机制为主，暂未成立类似于美国大都市区规划委员会（MPO）的专业机构或组织。在借鉴西方国家的实践经验时，部分学者主张我国可以考虑利用现有行政机构和社会组织，建立跨区域的政治实体、经济实体和其他社会实体，或成立一个在中央政府协调下、各地方政府层级上的跨行政区的协调管理机构，以推动区域协作的实际展开（杨逢珉和孙定东，2007）。然而，在中国语境下成立跨行政区治理机构并不具备解决区域治理问题的有效性。成立跨行政区的制度化管理机构，意味着在现有中央机构部门与各省级及以下机构之间，再增加一层跨越省级行政单元的治理机构，这在我国现有的行政体制之下不具备必要性和可行性。我国尚未有出台协调区域性行政机构相关法律的条件，将区域协作组织化的方式也难以确保约束力。总体而言，参照西方成立都市区跨区域性行政管理机构的做法在我国存在更高的制度和行政成本，以西方区域协调治理思路应用于我国的治理问题时还需契合国情做出调整。

在我国没有基于都市圈功能地域设立的行政协调机构，且短期内没有建立类似机构的想法和充分必要性的国情下，适用于我国国情的区域治理应该如何实现？基于现行行政区划灵活开展协作治理是以更小制度成本取得更优治理效果的选择（杨妍和孙涛，2009）。基于新区域主义理论的协作型治理具有治理形式丰富灵活、边界开放、治理范围广泛、行政成本低的优势，容易产生协作总净收益最大化。相较于通过行政区划调整将功能地域的区域治理问题转变为城市行政地域范围内的城市治理问题，新区域主义强调治理应以功能地域为边界，以便于利益相关主体在不改变行政管辖边界的基础上开展协调。同时，我国城市往往具有"广域市"的特点，即城市的行政区域往往大于城市的功能地域和居民日常活动范围，囊括了诸多中心城市行政边界之外、受中心城市经济辐射影响较大的县市，已大大超过国外都市区性质的日常通勤圈的范畴（申明锐等，2023）。在美国都市区分散化与碎片化的政府结构下，成立都市行政管理机构意在降低多个市镇之间的协商成本，促成区域协作。而我国"广域市"的城市特征决定了市与市之间的直接协商成本不高，构建区域协作性网络的行政成本远低于另成立新的行政协调机构。在我国没有类似机构且短期内建立类似机构的必要性尚不充分的国情下，协作型区域治理既借鉴了西方分权与协作的理念，又符合我国城市结构与行政体制的特色，是完善我国区域治理体系，提升区域治理能力的重要思路。

8.3　本章小结

　　在我国全面建设社会主义现代化国家的关键阶段，促进区域协调发展、实施新型城镇化战略、以城市群和都市圈为依托构建大中小城市协调发展格局是推动高质量发展的重要抓手，如何加快实现区域治理体系和治理能力现代化也成为时代新命题。本章详细介绍了国内外在区域治理中主要采用的四种治理模式，依次比较分析了各自的优缺点和适用场景。西方发达国家的经验表明，都市区的治理路径是动态、多元的，不同治理手段的兴起或衰退与该阶段的区域发展目标息息相关，不同治理模式共同组成了都市区治理体系。总体来看，西方的都市区治理理念经历了兼并、自治到协作的发展转变。

　　当前我国地方政府主要采用扩大城市行政地域、建立新型功能地域空间单元和建立行政协调平台等行政主导模式开展区域治理。除此之外，协作治理作为提升治理能力的重要思路，逐渐在我国的城市群和都市圈治理中被认可和应用，成为完善我国区域治理体系和促进区域公共服务供给的手段之一，并在未来表现出较强的适用性和生命力。同时也应意识到，对协作治理的采纳并不意味着放弃其他治理模式，不同治理模式在不同的治理需求、治理目标和地域中可以优势互补、发挥合力，共同构成我国的区域治理工具框架。未来在构建和完善我国的区域治理体系时，可以有效辨别不同治理模式的适用条件和优势所在，在深入分析地域特色与治理需求的基础上，合理、有效、审慎地选择治理手段，以服务于区域治理和发展的总目标。

第9章 结论与讨论

9.1 研 究 结 论

多模式交通的协调发展在推进区域协调发展和新型城镇化中发挥了基础性作用。虽然现有交通实践已取得丰富经验与研究成果，但如何凝练发展机制，使其具备理论价值，仍是可供探索的薄弱领域。本书通过构建基于新区域主义理论特征的分析框架，以粤港澳大湾区多模式交通协调发展实践项目为例，剖析各类型交通基础设施建设过程中采取的有力举措和经验之道。这一框架能够帮助理解现有实践项目中，各负责主体是如何通过富有新区域主义色彩的手段和措施突破现实障碍，最终建成项目并实现跨域公共事务供给。

本书通过对现有实践、机制制定历史脉络的梳理，总结出交通项目协调发展的实施过程中需要关注的四方面内容，分别是树立宏观基本的治理理念、明确负责和参与项目的多元治理主体、明晰各主体掌握的权力范畴和负责工作、构筑网络化协作机制。基于新区域主义的理论框架，本书围绕治理这一核心理念构建了多模式交通协调发展机制分析框架，即"治理理念—协作治理—赋权治理—治理网络"四环节分析框架，这4个步骤源于新区域主义的7个理论特征，分别对应强调过程、开放、信任、跨部门、协作性、赋权、网络，最终共同发挥"自下而上"的推动作用和实现"治理"的最终目标。具体而言包括：树立注重开放、过程与信任的区域发展观；建立多协作主体参与的利益协调合作关系；通过权力下放赋权执行主体自主负责事务；构建网络化协作机制以形成网络结构系统。该机制针对区域交通发展的模式选择给出了新区域主义式答案，将各类型交通及其各建设环节置于统一的理论框架内，不仅可以用以解读实践案例建成的驱动因素，也可以用于解决区域交通服务协调供给的现实问题（表9.1）。

本书选取粤港澳大湾区的多个交通实践作为案例，验证该理论框架在现实中的适用性。粤港澳大湾区是我国城镇化和区域化发展最快的地区之一，尤其在

表 9.1 粤港澳大湾区多模式交通协调发展机制总结

理论特征	机制环节	机制内容	案例选择		研究结论	实施建议
治理	核心目标	—	—	粤港澳大湾区的交通协调发展已经具备新区域主义理论的特征	—	
过程	治理理念	树立注重开放、过程与信任的区域发展观	大湾区城际铁路规划方案变迁		上级政府根据发展新态势动态调整战略规划，交通规划随之动态完善	树立重视过程的区域发展观
开放			广清城际深圳捷运	政府是树立理念的主导者	地方政府开放对待区域边界，根据实际问题灵活进行跨区域交通合作	树立灵活开放的区域范畴观
信任			广佛线跨市地铁 东莞塘厦镇跨市交通		通过培育和巩固区域认同感，着重发挥高度互信关系在合作过程中的作用	树立注重信任的需求导向观
跨部门	协作治理	建立多协作主体参与的利益协调合作关系	穗莞深城际铁路 广州、深圳都市圈城际铁路项目 广州新塘南站-凯达尔综合交通板枢	纳入多元社会主体	政府将自身视为合作的领航者，不再以单一部门的行政力量管理交通问题，促进了相关利益主体的参与，通过建立跨部门的协作平台协调交通规划实施	组建多主体共同参与的合作体系
协作			深圳地铁集团与香港地铁公司的公私合作 前海综合交通板枢 深圳北站综合交通板组		重点关注多主体协作体系的构建过程，以及其中潜在的博弈、矛盾与冲突。	

续表

理论特征	机制环节	机制内容	案例选择	研究结论	实施建议
赋权	赋权治理	通过权力下放赋权执行主体自主负责事务	大湾区城际铁路投融资模式变迁 广珠城际 广佛环线 港珠澳大桥管理局 广东广佛机道交通有限公司 深圳平湖南综合物流枢纽项目 深圳市公共汽车经营规制改革 深圳地铁集团一体化建设深圳北站	充分放权赋权	
				积极成立具有独立运作能力和权限的项目管理机构	成立或委托独立于各合作方政府部门的第三方机构
				将交通项目主导权下放至地方政府以及专业企业，发挥直接负责主体的能动性	主动下放城际铁路投融资事权财权
网络	治理网络	建立网络化协作机制以形成网络结构系统	广佛市长联席会议机制 深莞惠都市圈轨道公交文化服务 深莞惠联席会议制度 港珠澳大桥登陆点选址与协调制度	建立网络化协作机制	
				将多种协调途径制度化，形成由政策决策层、执行层和协调层组成的协调机制	积极探索协商途径制度化
					政府部门积极主动与非政府部门等社会主体搭建协作关系网络

"一国两制"背景下其区域治理的难度和意义更加显著。研究结果表明，在政策支持、经济发展、社会需求和文化认同的推动下，粤港澳大湾区的交通实践形成了包括治理理念、协作治理、执行主体和治理网络在内的全流程治理机制。其中各环节的经验举措体现在以下四点中：第一是政府是树立区域治理理念的主导者，通过培育和巩固区域认同感，着重发挥高度互信关系在满足交通需求合作过程中的作用。上级政府能够根据发展新态势动态调整战略规划，不追求建立统一的大都市区管理机构，交通规划也随之动态完善，以持续解决问题和满足需求；地方政府开放对待区域边界，根据实际问题灵活进行跨区域交通合作。第二是纳入多元社会主体，在多主体、多部门参与的情况下，政府将自身视为合作的领航者，不再以单一部门的行政力量管理交通问题，促进了相关利益主体的参与，通过建立跨部门的协作平台协调交通规划的实施。第三是充分放权赋权，积极成立具有独立运作能力和权限的项目管理机构，或是将交通项目主导权下放至地方政府以及专业企业，减少行政掣肘，发挥直接负责主体的能动性。第四是建立网络化协作机制，将多种协调途径制度化，形成由政策决策层、执行层和协调层组成的高效、有序的协调机制。

本书基于新区域主义理论视角，对粤港澳大湾区在发展交通过程中的措施进行了剖析和解读，提出了具备新区域主义理论思想的四环节网络化协作机制，以此回答了本书的研究问题，即多部门、多主体具体是怎么行动、采取了什么举措帮助克服了各种交通项目的实施障碍，彼此之间达成了什么合作机制推动了交通项目的落地，实现多模式交通的协调发展？在本书的第8章部分，通过回顾国内外在实践中所采取的区域治理模式，进一步从更为宏观的视角论述了富含新区域主义特征的协作治理对于我国现阶段区域治理的适用性。因此，下文将围绕分析框架中的4个环节，总结大湾区在交通协调发展方面值得借鉴的经验，为其他地区开展交通项目建设以及跨区域治理提供参考。

9.2　政策建议

在"治理理念"环节，首先需要树立重视过程的区域发展观，依据发展新态势动态调整战略规划，持续动态地解决实际问题，避免以建立统一的大都市区管理机构为手段。通过理性地评估区域发展阶段，制定合乎当前发展需要的区域概念，科学地确立概念内涵和发展目标。战略规划在保持动态的调整，因此交通规划也需要与发展态势和战略规划相匹配，持续修改和完善，以克服交通发展过程中的新障碍。其次需要树立灵活开放的区域范畴观，在面临自身空间发展不均衡，郊区发展动力欠缺，土地资源紧张等实际问题时，不将区域视作与外界封闭的空间，仅在区域内部寻求解决方案，而是将区域边界看作突破口和新的增长点，灵活与区域外邻近地区开展交通项目合作，以开放的视野带动更大范围区域的共同发展。最后需要树立注重信任的需求导向观。利用当地因历史因素和空间临近而形成的文化亲缘基础，由政府官方提出区域共同体概念，并不断通过宣传引导和巩固，鼓励各市社会组织和公众相互之间以研讨会、合作发展论坛等形式加强对话和交流，促进经济贸易往来。以此培养良好的区域认同感，打造紧密的利益共同体，为交通项目的顺利开展打下坚实的基石，并使信任关系在解决当地交通需求的项目推进工作中持续发挥作用。

在"协作治理"环节，一方面需要组建多主体共同参与的协作体系，在交通项目投融资环节，积极鼓励各类型社会主体参与，吸纳社会资金，具体采用公私合作、股权投资+施工总承包、私募基金等模式，完成社会资本的引入和有序退出。另一方面，需要重点关注多主体协作体系的构建过程，以及其中潜在的博弈、矛盾与冲突。协作体系能够被应用于规划、融资、建设、运营等交通发展的各个环节。协作关系不是天然形成的，多个协作主体经过谈判、协商与可能存在的让步和妥协，构建出利益共享、风险共担、协商协调机制，经过不断的调试和实践，最终才能真正促成不同利益方的合作。

在"赋权治理"环节，需要通过下放权力给地方政府和专业部门，赋权利益相关主体直接参与治理。一方面，政府需要主动新建独立于各方主体之外的第三方机构，以基本不受上级领导和管理的第三方机构来对交通项目的细节部分展开运作，负责建设、运营、维护和管理的组织实施等工作。保障第三方机构的市场化取向、独立化运作和决策话语权，使其可以在一定权限内充分开展决策协调工作。另一方面，上级政府需要主动下放各项重要事权财权予现有基层政府和社会组织。针对基层政府合理制定与其本身具有的城市管理权力相匹配的交通项目建设权力，通过统一市域范围内的建设主导权，实现站点选址、站城融合、土地开发等方面的合理优化。同时依托现有专业性社会组织，积极推动交通项目运营管理的市场化程度，在保证政府监管职能的前提下，赋予专业组织自主探索新运营模式的权力，促进其开展有序竞争，提升交通服务水平。

在"治理网络"环节，建立网络化协作机制，形成网络结构系统。在各市政府部门之间积极探索协商和沟通的途径，并将此类协调途径制度化，固定为可以持续发挥作用的创新决策机制。在建立网络化协作机制时，需要囊括由各市领导组成的最高层级的政府决策层、由各市相关部门负责人组成的承上启下的政府协调层、由各市具体完成任务实施和落实的机构和组织组成政府执行层。同时，不仅是政府部门之间需要建立网络化协作机制，还需要让政府部门积极与非政府部门、私人机构和社会公众等社会主体搭建协作关系网络，建立明确架构、层级和协调途径网络结构系统。

9.3　总结与展望

治理是区域发展的重要基石，也是研究交通协调发展的重要锚点。受益于前人的观点与分享，以及粤港澳大湾区在交通协调方面的实践经验，本书提出了基于"治理"链条的多模式交通规划协调发展机制分析框架。本书尝试将新区域主义的理论与交通基础设施建设的实践过程相结合，回顾大湾区多模式交通的发展历程，并将分析框架应用于具体的案例之中，总结出其机制特征。

本书分享了对于区域治理和交通发展等维度的思考。在理论框架上，通过对既有交通基础设施建设案例和新区域主义理论的研究进行梳理，围绕"治理"这一基本因素，搭建了"治理理念—协作治理—赋权治理—治理网络"的多模式交通协调发展分析框架。本书采用质性研究方法构建分析框架，在论述新区域主义理论内涵和特征的基础上，结合大湾区交通实践案例，将新区域主义理论中强调治理的特征确立为核心元素，并基于其余 7 个特征的相关性将其两两融合，完善分析框架的相关步骤和环节。希望这一框架不仅能够传达对于交通项目规划、投融资、建设、运营和管理全过程的认识，也能为分析交通治理机制以及其他区域的多模式交通协调发展有所助益。

在交通实践上，本书以新区域主义为视角，将关注点集中在粤港澳大湾区的交通发展模式上。粤港澳大湾区是我国目前的发展热点区域，提出交通服务水平要在 2035 年达到世界先进水平。该区域案例在我国都市圈发展背景下，对于推进区域交通发展，促进核心城市与周边城市的良性互动有着重要的参考价值，也是世界湾区经济的典型代表。因此，本书重点选择了粤港澳大湾区的跨市、跨境多模式交通体系，了解发展现状，总结先进经验，审视发展问题，从而为在适合中国国情的语境中解读新区域主义与区域交通实践略尽绵薄之力。

目前粤港澳大湾区的交通建设已经有不少的实践，然而受制于信息获取渠道的限制，本书仍存在一定的不足之处和局限性。同时，针对研究不足，也提出未来可以进一步完善和改进的研究展望。

1）本书受限于时间和篇幅的限制，同时为了避免喧宾夺主的情况，更多涉及了粤港澳大湾区交通项目的案例分析，对国内外其他地区交通发展情况的讨论着墨不多。但是通过对其他区域案例的研究，可以更好地发现交通项目实施过程中的特征和规律，佐证书中以"治理"为核心的交通协调发展机制的分析框架，使得分析框架更具有依据和适用性。比较其他区域案例与粤港澳大湾区的异同之处，也能够更直观地发现大湾区交通模式的优势之处和问题所在，更好地为大湾区交通的下一步发展提供路径优化建议。

因此在理论方面，如何把新区域主义放在一个严谨的国际比较研究框架中，放在中国特定的政体、制度、权力等多层级环境中进行批判性分析，是可以继续推进的一个重大方向。下一步可以继续搜集和补充国内外其他经济区交通协调发展的案例资料，丰富研究的案例基础，既可以基于新案例情况调整、完善本书中以新区域主义为视角的分析框架，也可以将该框架应用于对于新案例的分析，以验证其适用性。

2）本书囊括了大湾区包括城际铁路、跨市地铁、公交和高速公路、以及跨海大桥等多种交通模式，其建设过程和内容涉及到非常庞大的细节环节，许多项目整体周期跨度长，通常需要数年时间。然而本书中有些项目建设年代已久，难以调研当时具体情况和确切数据。虽通过查阅当年新闻报刊和人物访谈，详细阅读项目回顾书籍可以进行一定的弥补，但仍然会存在某些关键数据难以获取、对某些具体环节的理解和认识比较薄弱的情况。在未来可以继续保持对区域交通发展的关注，持续跟踪当前正在推进的交通项目，跟进大湾区交通协调发展的最新动态。同时，进一步找寻和挖掘此前的政策文件、规划文本、项目记录、数据资料、人物专访等重要信息，以更加全面地了解项目具体过程和详细数据，加深案例的信息量和准确度。在实证方面，可以进一步对各类城际交通合作项目的具体融资和决策机制进行刻画、评判其运营绩效与可持续性，以及从公私合营的角度深入分析公共品与资本品的关系等。

同时，加入其他建设背景、主体、内容与本书中案例相近，但是未能采取具有新区域主义理论思想举措的交通基础设施建设案例。如广州与佛山之间已建成通车多条跨市地铁，而深圳与东莞之间的地铁交通链接还没有真正落实。又如在深中通道建设中，广州与深圳、中山两市利益不符，导致三市分为两派，更多时候是双方各自去论证自己希望的方案，直接上报至省里。相互之间并没有形成网络化协作机制，甚至深中结盟后都是通过市人大代表向上反映到省人大，再由其约谈广州相关部门，步骤繁琐，沟通难度大，未能有效协商，导致深中通道建设严重滞后。通过补充相较本书案例更加坎坷、甚至未能成功建成的其他案例，可以具体地发现在交通协调发展中较为重要的关键步骤，使得发展经验的适用性和指导性更完善。

交通协调发展的本质是交通领域的区域治理问题，对交通协调发展的理论构建与思考，也是对以何种方式和视野优化区域治理路径的探究与回应。国内外关于区域治理的实践和研究涌现出多种声音。在撤县（市）设区等行政区划调整为代表的区域治理手段愈难推进下，跨部门和跨地域的协作机制与治理过程逐渐成为我国区域治理的新思路。新区域主义的核心理念是以协作协商和网络化机制实现治理，这为区域治理和交通协调发展提供了一种明晰且适洽的方案。与此同时，还应意识到这一方案与其他区域治理手段不是替代关系，而是长期共存的。在不同的治理需求下，这些模式优势互补，可以共同组成区域治理体系。因此需要注意的是，一项区域性公共事务从政策发布、规划提出到最终落地结果，其间涉及方方面面的步骤和问题，会面临各种各样层出不穷的障碍和挑战。以新区域主义理论为视角，也仅仅是提供了一个治理层面解读大湾区交通项目得以落地的角度，在实际建设过程中必然还有许多需要结合其他理论思想、采取其他主义所主张措施的地方。新区域主义不是包治百病的区域问题良药，该理论自身也存在着一定的不足之处，但若能在实践过程中极大地起到帮助和推动区域治理的作用，那便也具有了应用和参考的价值。

参 考 文 献

边晓慧. 2014. 跨区域治理的制度困境与突破策略：公共管理的视角. 湖南城市学院学报，35（1）：28-33.

蔡岚. 2009. 我国地方政府间合作困境研究述评. 学术研究，(9)：50-56.

曹海军，霍伟桦. 2013. 城市治理理论的范式转换及其对中国的启示. 中国行政管理，(7)：94-99.

曹小曙，薛德升，阎小培. 2005. 中国干线公路网络联结的城市通达性. 地理学报，60（6）：25-32.

曹小曙，阎小培. 2003. 20 世纪走廊及交通运输走廊研究进展. 城市规划，(1)：50-56.

曹正汉，薛斌锋，周杰渐. 2014. 中国地方分权的政治约束——基于地铁项目审批制度的论证. 社会学研究，29（3）：30-55，242.

陈丰龙，王美昌，徐康宁. 2018. 中国区域经济协调发展的演变特征：空间收敛的视角. 财贸经济，39（7）：128-143.

陈晖. 2018. 利用沪杭铁路开行通勤客车的方案研究. 铁道标准设计，62（9）：45-49.

陈坚，潘国庆，李和平，等. 2018. 香港轨道交通与新城协调发展历程与启示. 城市交通，16（4）：43-50.

陈君娴，杨家文. 2018. 美国区域交通规划——发展需要与空间管治应对. 城乡规划，(2)：98-105.

陈瑞莲，杨爱平. 2012. 从区域公共管理到区域治理研究：历史的转型. 南开学报（哲学社会科学版），(2)：48-57.

陈剩勇，马斌. 2004. 区域间政府合作：区域经济一体化的路径选择. 政治学研究，(1)：24-34.

陈雯. 2000. 我国区域规划的编制与实施的若干问题. 长江流域资源与环境，(2)：141-147.

陈秀山，董继红，张帆. 2012. 我国近年来密集推出的区域规划：特征、问题与取向. 经济与管理评论，28（2）：5-12.

陈秀山，张帆. 2012. 新经济地理学视角下区域政策研究的新进展. 学习与实践，344（10）：5-15.

陈宇，周东进，徐硕. 2016. 高速铁路的通勤功能效率初探——基于深圳北—坪山快捷线的调查．住区，72（2）：72-79.

崔功豪，魏清泉，陈宗兴．1999．区域分析与规划．北京：高等教育出版社．

崔功豪．1999．新时期城镇体系规划的新趋势．规划师，(3)：32.

邓雅蔓．2020．为何这么多的企业总部扎堆粤海街道．中国经济周刊，(15)：22-23.

邓元慧，欧国立，邢虎松．2014．政府在城际轨道交通多元化供给中的作用机理．经济问题探索，(6)：163-169.

丁友良．2013．舟山群岛新区行政管理体制创新——基于国家级新区行政管理体制的比较研究．中共浙江省委党校学报，29（5）：43-49.

丁志伟，王发曾．2012．城市—区域系统内涵与机理研究——从城市、城市体系、城市群到城市—区域系统．人文地理，27（2）：92-96.

董磊，王浩，赵红蕊．2017．城市范围界定与标度律．地理学报，72（2）：213-223.

杜春甫．2021．胶东经济圈地方政府协作模式及其路径优化研究．北京：中共中央党校．

杜小军，柳新华，刘良忠．2010．渤海海峡跨海通道对环渤海区域经济一体化发展的影响分析．华东经济管理，24（1）：36-39.

段德罡，刘亮．2012．同城化空间发展模式研究．规划师，28（5）：91-94.

段阳．2022．珠三角TOD综合开发机制辨析——基于土地溢价捕获的分析框架．北京：北京大学．

方创琳，张国友，薛德升．2021．中国城市群高质量发展与科技协同创新共同体建设．地理学报，76（12）：2898-2908.

方创琳，赵文杰．2023．新型城镇化及城乡融合发展促进中国式现代化建设．经济地理，43（1）：10-16.

方创琳．2011．中国城市群形成发育的新格局及新趋向．地理科学，31（9）：1025-1034.

方创琳．2014．中国城市群研究取得的重要进展与未来发展方向．地理学报，69（8）：1130-1144.

方创琳．2021．新发展格局下的中国城市群与都市圈建设．经济地理，41（4）：1-7.

方伟，赵民．2013．"新区域主义"下城镇空间发展的规划协调机制——基于皖江城市带和济南都市圈的探讨．城市规划学刊，(1)：51-60.

冯长春，谢旦杏，马学广，等．2014．基于城际轨道交通流的珠三角城市区域功能多中心研究．地理科学，34（6）：648-655.

冯启富．2006．关于京津城际轨道交通"公交化"的研究．铁道经济研究，(3)：28-31.

冯伟，徐康宁．2013．交通基础设施与经济增长：一个文献综述．产经评论，4（3）：63-70.

高琳．2011．快速城市化进程中的"撤县设区"：主动适应与被动调整．经济地理，31（4）：573-577.

高星林，张鸣功，方明山，等．2016．港珠澳大桥工程创新管理实践．重庆交通大学学报（自然科学版），35（S1）：12-26.

耿云．2015. 新区域主义视角下的京津冀都市圈治理结构研究．城市发展研究，22（8）：15-20.

谷人旭，李广斌．2006a. 区域规划中利益协调初探——以长江三角洲为例．城市规划，（8）：42-46.

谷人旭，李广斌．2006b. 我国经济地理学发展的哲学反思．经济地理，（1）：1-5.

顾朝林，王颖，邵园，等．2015. 基于功能区的行政区划调整研究——以绍兴城市群为例．地理学报，70（8）：1187-1201.

顾朝林．2011. 城市群研究进展与展望．地理研究，30（5）：771-784.

郭道久．2016. 协作治理是适合中国现实需求的治理模式．政治学研究，（1）：61-70，126-127.

郭磊贤，彭琳婧，李启军，等．2022. 行政管理与空间治理单元的尺度协调与优化——基于粤港澳大湾区的实践与探索．国际城市规划，37（5）：71-79.

郭磊贤，吴唯佳．2019. 基于空间治理过程的特大城市外围跨界地区空间规划机制研究．城市规划学刊，（6）：8-14.

韩寒．2022. 地空衔接视角下的区域综合交通网络与机场群协调发展研究——以粤港澳大湾区为例．北京：北京大学．

韩旭，王晋元．2021. 全球化视野下大都市地区的治理经验探讨．中国城市规划学会，成都市人民政府．面向高质量发展的空间治理——2020 中国城市规划年会论文集（11 城乡治理与政策研究）．北京：中国建筑工业出版社．

郝柘淞，彭莹，杨家文．2023. 跨体制交通基础设施规划：港珠澳大桥规划困境与制度协调．地理科学，1-11.

郝柘淞．2023. 都市圈交通供给合作型治理机制研究．北京：北京大学．

何雄，水兴雅．2022. 武汉城市圈城市系统协同发展水平测度及时空差异演进．城市发展研究，29（9）：11-16.

何震子，韩寒，杨家文．2021. 深圳北站国铁与地铁安检互认的换乘效率提升研究．城市轨道交通研究，24（3）：18-21.

何震子．2021. 基于手机定位数据的深莞惠都市圈跨城职住联系研究．北京：北京大学．

贺灿飞，金璐璐，刘颖．2017. 多维邻近性对中国出口产品空间演化的影响．地理研究，36（9）：1613-1626.

贺灿飞，刘洋．2006. 产业地理集中研究进展．地理科学进展，（2）：59-69.

贺灿飞．2007. 公司总部地理集聚及其空间演变．中国软科学，（3）：59-68.

贺灿飞．2018. 区域产业发展演化：路径依赖还是路径创造？地理研究，37（7）：1253-1267.

洪世健．2010. 基于新区域主义的我国大都市治理转型探讨．国际城市规划，25（2）：85-90.

洪世健，张京祥．2009. 基于调控机制的大都市区管治模式探讨．城市规划，33（6）：9-

12，23．

侯爱敏．2018．美国市县合并的五个突出特征及其对我国区划调整的启示．国际城市规划，
　　33（6）：43-48．

侯雪，刘苏，张文新，等．2011．高铁影响下的京津城际出行行为研究．经济地理，31（9）：
　　1573-1579．

胡鞍钢．2004．中国：新发展观．杭州：浙江人民出版社．

胡序威，周一星，顾朝林．2000．中国沿海城镇密集地区空间集聚与扩散研究．北京：科学出
　　版社．

黄金川，方创琳．2003．城市化与生态环境交互耦合机制与规律性分析．地理研究，（2）：
　　211-220．

黄敏，娄和儒，程长斌，等．2014．深圳市公交都市建设理论与实践．北京：人民交通出版
　　社．

黄晓慧，邹开敏．2016．"一带一路"战略背景下的粤港澳大湾区文商旅融合发展．华南师范
　　大学学报（社会科学版），（4）：106-110，192．

霍亮．2021．铁路现行主要投融资模式对比分析．中国铁路，（6）：50-56．

简博秀．2008．没有治理的政府：新区域主义与长江三角洲城市区域的治理模式．公共行政学
　　报，（27）：1-41．

焦张义，孙久文．2011．我国城市同城化发展的模式研究与制度设计．现代城市研究，
　　26（6）：7-10．

金凤君，王成金，李秀伟．2008．中国区域交通优势的甄别方法及应用分析．地理学报，
　　63（8）：787-798．

敬义嘉．2015．合作治理：历史与现实的路径．南京社会科学，（5）：1-9．

孔令斌．2004．我国城镇密集地区城镇与交通协调发展研究．城市规划，（10）：35-40．

孔维宏．2018．粤港澳大湾区城市群陆路交通一体化的问题与对策．城市观察，（2）：50-61．

赖昭华．2010．惠莞深都市圈政府合作机制研究．广州：中山大学．

李郇，吴翊朏，吴蕊彤．2016．同城化治理研究——以广佛地区为例．人文地理，31（5）：
　　1-6．

李郇，谢石营，张丞国．2017．佛山管治尺度重整对产业空间分散化的影响．热带地理，
　　37（3）：334-346．

李郇，徐现祥．2015．中国撤县（市）设区对城市经济增长的影响分析．地理学报，70（8）：
　　1202-1214．

李静娴，杨家文，周江评．2022．区域一体化背景下深圳—香港跨境职住空间特征探讨．城市
　　发展研究，29（3）：91-97，107．

李俊夫，孟昊．2004．从"二元"向"一元"的转制——城中村改造中的土地制度突破及其

意义. 中国土地, (10): 26-28.

李蕾. 2010. 从交通综合体到城市综合体——论交通枢纽型商业中心的开发. 现代城市研究, 25 (7): 25-30.

李文星, 蒋瑛. 2005. 简论我国地方政府间的跨区域合作治理. 西南民族大学学报 (人文社科版), (1): 259-262.

李晓晖, 肖荣波, 廖远涛, 等. 2010. 同城化下广佛区域发展的问题与规划对策探讨. 城市发展研究, 17 (12): 77-83.

李艳, 孙阳, 姚士谋. 2020. "一国两制" 背景下跨境口岸与中国全球城市区域空间联系——以粤港澳大湾区为例. 地理研究, 39 (9): 2109-2129.

李志刚, 闫登辉, 栾晓帆. 2021. 中部地区特大城市撤县 (市) 设区的治理效应研究——以武汉市蔡甸区为例. 中国名城, 35 (8): 22-27.

林耿, 许学强. 2005. 大珠三角区域经济一体化研究. 经济地理, 25 (5): 677-681, 701.

林拓, 申立. 2012. 我国城乡区县重组: 风险及其超越. 中国行政管理, (11): 72-76.

林雄斌, 马学广, 晁恒, 等. 2014. 珠江三角洲巨型区域空间组织与空间结构演变研究. 人文地理, 29 (4): 59-65, 97.

林雄斌, 杨家文, 李贵才, 等. 2016. 跨市轨道交通溢价回收策略与多层级管治: 以珠三角为例. 地理科学, 36 (2): 222-230.

林雄斌, 杨家文, 孙东波. 2015a. 都市区跨市公共交通规划与空间协同发展: 理论、案例与反思. 经济地理, 35 (9): 40-48.

林雄斌, 杨家文, 谢莹. 2015b. 同城化背景下跨市交通的规划与政策——以广佛同城为例. 国际城市规划, 30 (4): 101-108.

林雄斌, 杨家文. 2020. 粤港澳大湾区都市圈高速铁路供给机制与效率评估——以深惠汕捷运为例. 经济地理, 40 (2): 61-69.

林雄斌, 杨家文, 林倩. 2015c. 都市区中心城与次区域跨界协调发展探讨: 以宁波为例. 城市观察, (4): 74-86.

林雄斌, 杨家文, 王峰. 2017. 都市圈内轨道交通跨市延伸的公交化区域构建. 都市快轨交通, 30 (4): 1-7.

林曾润. 2020. 粤港澳大湾区推广 "一地两检" 的难度及对策探析. 中国商论, (18): 1-3.

刘彩虹. 2005. 区域委员会: 美国大都市区治理体制研究. 中国行政管理, (5): 67-70.

刘超群, 李志刚, 徐江, 等. 2010. 新时期珠三角 "城市区域" 重构的空间分析——以跨行政边界的基础设施建设为例. 国际城市规划, 25 (2): 31-38.

刘慧, 樊杰, 王传胜. 2008. 欧盟空间规划研究进展及启示. 地理研究, 27 (6): 1381-1389.

刘松龄. 2012. 跨界规划的实施问题与保障机制构建——以广佛同城规划为例. 现代城市研究, (4): 43-46.

刘卫东. 2014. 经济地理学与空间治理. 地理学报, 69 (8): 1109-1116.

刘艳霞. 2014. 国内外湾区经济发展研究与启示. 城市观察, (3): 155-163.

刘耀彬, 李仁东, 宋学锋. 2005. 中国区域城市化与生态环境耦合的关联分析. 地理学报, (2): 237-247.

刘永平, 李磊. 2019. 深圳市福田综合交通枢纽规划实践及其启示. 城市轨道交通研究, 22 (7): 41-45.

刘友金. 2004. 集群式创新: 中小企业技术创新的有效组织模式. 经济学动态, (5): 40-43.

龙俊仁, 邵源. 2021. 深圳市轨道交通枢纽规划建设实践与探索. 都市快轨交通, 34 (3): 10-19.

鲁志国, 潘凤, 闫振坤. 2015. 全球湾区经济比较与综合评价研究. 科技进步与对策, 32 (11): 112-116.

陆大道. 2013. 地理学关于城镇化领域的研究内容框架. 地理科学, 33 (8): 897-901.

路旭, 马学广, 李贵才. 2012. 世界城市对珠三角城镇群的影响力研究. 城市发展研究, 19 (5): 16-21.

罗小龙, 沈建法, 陈雯. 2009. 新区域主义视角下的管治尺度构建——以南京都市圈建设为例. 长江流域资源与环境, 18 (7): 603-608.

马学广, 窦鹏. 2015. 基于主成分分析法的山东半岛蓝色经济区多中心空间结构演变研究. 青岛科技大学学报 (社会科学版), 31 (2): 8-13, 17.

马学广, 李贵才. 2011a. 欧洲多中心城市区域的研究进展和应用实践. 地理科学, 31 (12): 1423-1429.

马学广, 李贵才. 2011b. 全球流动空间中的当代世界城市网络理论研究. 经济地理, 31 (10): 1630-1637.

孟美侠, 张学良, 潘洲. 2019. 跨越行政边界的都市区规划实践——纽约大都市区四次总体规划及其对中国的启示. 重庆大学学报 (社会科学版), 25 (4): 22-37.

苗长虹, 樊杰, 张文忠. 2002. 西方经济地理学区域研究的新视角——论 "新区域主义" 的兴起. 经济地理, (11): 644-654.

苗长虹. 2005. 从区域地理学到新区域主义: 20 世纪西方地理学区域主义的发展脉络. 经济地理, 25 (5): 593-599.

欧阳新加, 何少辰, 孙盼峰. 2020. 深圳机场客源腹地发展特征及拓展对策研究. 中国城市规划学会城市交通规划学术委员会: 中国城市规划设计研究院城市交通专业研究院, (9).

祁湘涵. 2009. 粤港澳创意产业合作的历程、现状及未来构想. 国际经济合作, (2): 47-52.

钱乐祥, 丁圣彦. 2005. 珠江三角洲土地覆盖变化对地表温度的影响. 地理学报, 60 (5): 761-770.

钱林波, 顾文莉. 2001. 以快速轨道交通支撑和引导城市发展——日本东京都市圈的实践与启示．现代城市研究，(6)：56-58.

邱实．2022. 发展竞争中的利益协同：撤县（市）设区的发生逻辑及市区关系研究．经济社会体制比较，224（6）：119-128.

邱思远，孙伟．2024. 中国城市群一体化水平测度与辐射能力分析．地理研究，43（2）：303-321.

全永波．2012. 基于新区域主义视角的区域合作治理探析．中国行政管理，(4)：78-81.

任颖．2018. 粤港澳大湾区环境监察协同治理研究．城市观察，(2)：30-39.

邵源，李贵才，宋家骅，等．2010. 大珠三角构建优质生活圈的"优质交通系统"发展策略．城市规划学刊，(4)：22-27.

申明锐，王紫晴，崔功豪．2023. 都市圈在中国：理论源流与规划实践．城市规划学刊，(2)：57-66.

施雯，王勇．2013. 欧洲空间规划实施机制及其启示．规划师，29（3）：98-102.

孙峰华，陆大道，柳新华，等．2010. 中国物流发展对渤海海峡跨海通道建设的影响．地理学报，65（12）：1507-1521.

孙瑾，雷达．2022. 国际经济格局变动中的区域主义发展新趋势．经济理论与经济管理，42（10）：62-73.

孙婧．2017. 江苏同城化地区交通出行特征及发展策略．交通企业管理，32（6）：11-13.

孙群郎，张旭慧．2022. 美国新区域主义的兴起及其经济取向．历史教学问题，270（3）：121-130，204.

孙仁杰，卢源．2017. 基于京津旅客出行特征的城际铁路通勤出行研究．智能城市，3（6）：62-67.

孙相军．2016. 深莞惠都市圈道路网一体化发展对策研究．综合运输，38（3）：13-15.

孙永海．2008. 新深圳站客运枢纽工程前期工作实践．城市交通，(3)：67-71.

孙永海．2012. 谈策划在交通枢纽规划管理中的应用和实践：公交优先与缓堵对策．福州：中国城市交通规划 2012 年年会暨第 26 次学术研讨会.

孙章，杨耀．2005. 城际轨道交通与城市发展．现代城市研究，(12)：38-42.

覃晴．2015. 站城一体化开发理念在深圳前海枢纽的应用．都市快轨交通，28（4）：51-56.

汤放华，古杰，吕贤军，等．2018. 新区域主义视角下长株潭城市群区域一体化过程与影响因素．人文地理，33（4）：95-101.

汤建中，张兵，陈瑛．2002. 边界效应与跨国界经济合作的地域模式——以东亚地区为例．人文地理，17（1）：8-12.

唐天均．2018. 粤港澳湾区水环境保护对策和建议．广东化工，45（2）：153-154.

唐为，王媛．2015. 行政区划调整与人口城市化：来自撤县设区的经验证据．经济研究，50（9）：72-85.

唐燕. 2010. 德国大都市区的区域管治案例比较. 国际城市规划, 25 (6): 58-63.

陶希东. 2008. 中国跨界都市圈规划的体制重建与政策创新. 城市规划, 2008, 32 (8): 36-43.

陶希东. 2011. 跨界治理: 中国社会公共治理的战略选择. 学术月刊, 43 (8): 22-29.

陶希东. 2020. 美国旧金山湾区跨界规划治理的经验与启示. 行政管理改革, (10): 83-91.

陶希东. 2022. 合作伙伴制与城市治理: 理论、评价、启示. 创新, 16 (2): 97-103.

涂燕娜. 2019. 大动脉大格局: 走在时代前端的广佛地铁. 广州: 花城出版社.

汪锦军. 2015. 合作治理的构建: 政府与社会良性互动的生成机制. 政治学研究, (4): 98-105.

王成龙, 刘慧, 张梦天. 2016a. 边界效应研究进展及展望. 地理科学进展, 35 (9): 1109-1118.

王成龙, 刘慧, 张梦天. 2016b. 行政边界对城市群城市用地空间扩张的影响——基于京津冀城市群的实证研究. 地理研究, 35 (1): 173-183.

王达梅. 2011. 新型地方政府合作模式研究——以广佛同城化为例. 城市观察, (1): 166-174.

王德, 宋煜, 沈迟, 等. 2009. 同城化发展战略的实施进展回顾. 城市规划学刊, (4): 74-78.

王佃利, 于棋, 王庆歌. 2016. 尺度重构视角下国家级新区发展的行政逻辑探析. 中国行政管理, (8): 41-47.

王辉, 李占平. 2015. 京津冀跨区域轨道交通一体化的实现路径. 河北学刊, 35 (1), 146-149.

王辉. 2014. 合作治理的中国适用性及限度. 华中科技大学学报 (社会科学版), 28 (6): 11-20.

王缉宪. 2011. 高速铁路影响城市与区域发展的机理. 国际城市规划, 26 (6): 1-5.

王健, 鲍静, 刘小康, 等. 2004. "复合行政"的提出——解决当代中国区域经济一体化与行政区划冲突的新思路. 中国行政管理, (3): 44-48.

王婧, 方创琳. 2011. 中国城市群发育的新型驱动力研究. 地理研究, 30 (2): 335-347.

王开泳, 冯润东. 2020. 行政区划调整对政区位势的影响与定量化测度. 地理学报, 75 (8): 1617-1632.

王亮, 刘卫东. 2010. 西方经济地理学对国家边界及其效应的研究进展. 地理科学进展, 29 (5): 601-608.

王倩. 2018. 世界级机场群航班时刻优化研究. 天津: 中国民航大学.

王潇文. 2010. 经济发展转型要求下广东"三旧"改造的经验与做法. 中国城市规划学会, 重庆市人民政府. 规划创新: 2010 中国城市规划年会论文集. 重庆: 重庆出版社.

王晓云, 汪光焘, 陈鲜艳, 等. 2005. 珠江三角洲城镇群发展规划与大气环境研究. 城市规划, (12): 29-32, 102.

王学东 . 2003. 新制度主义的欧洲一体化理论述评 . 欧洲研究, (5): 84.

王雨, 张京祥, 王梓懿, 等 . 2022. "城市—区域" 背景下香港北部都会区的尺度重构和跨界治理转型 . 国际城市规划, https: //doi. org/10. 19830/j. upi. 2022. 054.

王志凯, 史晋川 . 2015. 行政区划调整与城市化经济空间——杭州、萧山地方政府博弈的实证 . 浙江大学学报 (人文社会科学版), 45 (3): 103-111.

魏冠明 . 2012. 我国经济战略性区域规划现状、问题与对策 . 山东行政学院学报, (5): 69-72.

魏立华, 袁奇峰 . 2007. 基于土地产权视角的城市发展分析——以佛山市南海区为例 . 城市规划学刊, (3): 61-65.

魏宗财, 陈婷婷, 甄峰, 等 . 2014. 对我国同城化规划实施的思考——以《广佛同城化发展规划》为例 . 城市规划学刊, (2): 80-86.

吴传钧 . 1991. 论地理学的研究核心——人地关系地域系统 . 经济地理, (3): 1-6.

吴丹 . 2017. 从 "统治" 到 "治理" : 城市规划管理的深度转型 . 云南民族大学学报 (哲学社会科学版), 34 (4): 87-94.

吴浩军 . 2011. 跨境双子城的发展方向和路径选择——对圣地亚哥—蒂华纳双子城和香港—深圳双子城的比较分析 . 国际城市规划, 26 (4): 69-73.

吴建民, 丁疆辉 . 2018. 2000 年以来中国县级行政区划调整的类型、特征及趋势分析 . 热带地理, 38 (6): 799-809.

吴金群 . 2019. 网络抑或统合: 开发区管委会体制下的府际关系研究 . 政治学研究, 148 (5): 97-108, 128.

吴军, 叶颖, 陈嘉平 . 2021. 尺度重组视角下粤港澳大湾区同城化地区跨界治理机制研究——以广佛同城为例 . 热带地理, 41 (4): 723-733.

吴旗韬, 张虹鸥, 叶玉瑶, 等 . 2012. 基于交通可达性的港珠澳大桥时空压缩效应 . 地理学报, 67 (6): 723-732.

吴群刚, 杨开忠 . 2010. 关于京津冀区域一体化发展的思考 . 城市问题, (1): 11-16.

吴蕊彤, 李郇 . 2013. 同城化地区的跨界管治研究——以广州-佛山同城化地区为例 . 现代城市研究, 28: 87-93.

吴瑞坚 . 2013. 新区域主义兴起与区域治理范式转变 . 中国名城, (12): 4-7.

吴瑞坚 . 2014. 网络化治理视角下的协调机制研究——以广佛同城化为例 . 城市发展研究, 21 (1): 108-113.

吴珊珊, 庄宇, 陈杰, 等 . 2019. 新城市主义的启示与反思——以中国香港屯门新市镇为例 . 城市建筑, 16 (28): 31-35.

武前波, 陶娇娇, 吴康 . 2018. 长江三角洲高铁日常通勤行为特征研究——以沪杭、宁杭、杭甬线为例 . 城市规划, 42 (8): 90-97, 122.

向晓梅, 杨娟. 2018. 粤港澳大湾区产业协同发展的机制和模式. 华南师范大学学报 (社会科学版), (2): 17-20.

肖欢容. 2003. 新地区主义的特点与成因. 东南亚研究, (1): 62.

肖梦华. 2022. 深圳市综合客运枢纽站城融合研究. 北京: 北京大学.

解利剑, 周素红. 2010. 区域一体化下的广州市居民城际通勤特征分析. 城市观察, (4): 85-93.

谢惠芳, 向俊波. 2005. 面向公共政策制定的区域规划——国外区域规划的编制对我们的启示. 经济地理, (5): 604-606, 611.

邢铭. 2007. 沈抚同城化建设的若干思考. 城市规划, (10): 52-56.

熊烨. 2017. 跨域环境治理: 一个 "纵向—横向" 机制的分析框架——以 "河长制" 为分析样本. 北京社会科学, (5): 108-116.

熊鹰, 李亮, 孙维筠, 等. 2022. 环长株潭城市群城际空间联系演化分析. 经济地理, 42 (7): 73-81.

许深琛. 2023. 国家铁路 TOD 综合开发合作及收益分配机制研究. 北京: 北京大学.

许志桦, 刘开智. 2019. 回归后香港城市发展的尺度重组: 以广深港高速铁路香港段项目的规划过程为例. 地理学报, 74 (2): 253-265.

颜佳华, 吕炜. 2015. 协商治理、协作治理、协同治理与合作治理概念及其关系辨析. 湘潭大学学报 (哲学社会科学版), 39 (2): 14-18.

颜银根. 2014. 转移支付、产业跨区转移与区域协调发展. 财经研究, 40 (9): 50-61.

杨爱平. 2011. 区域合作中的府际契约: 概念与分类. 中国行政管理, (6): 100-104.

杨斌. 2008. 昌九城际轨道交通公交化的探索. 铁道运营技术, 14 (4): 28-30.

杨逢珉, 孙定东. 2007. 欧盟区域治理的制度安排——兼论对长三角区域合作的启示. 世界经济研究, (5): 82-85, 88.

杨建华. 2012. 深圳北站综合交通枢纽一体化建设实践与创新. 中华建设, (7): 164-165.

杨滔. 2007. 新区域主义在新大伦敦空间总体规划中的诠释. 城市规划, (2): 19-23.

杨妍, 孙涛. 2009. 跨区域环境治理与地方政府合作机制研究. 中国行政管理, (1): 66-69.

姚士谋, 陈振光, 朱英明. 2006. 中国城市群. 第 3 版. 合肥: 中国科学技术大学出版社.

叶林, 杨宇泽, 邱梦真. 2020. 跨域治理中的政府行为及其互动机制研究——基于广佛地铁建设和水污染治理的案例比较. 理论探讨, (2): 163-170.

叶林. 2010. 新区域主义的兴起与发展: 一个综述. 公共行政评论, 3 (3): 175-189, 206.

易承志, 杜依灵. 2023. 区域大气污染治理府际协作网络如何演进？——基于长三角城市群的分析. 上海行政学院学报, 24 (5): 18-32.

易承志. 2010. 国外大都市区治理研究的演进. 城市问题, (1): 89-95.

殷为华, 沈玉芳, 杨万钟. 2007. 基于新区域主义的我国区域规划转型研究. 地域研究与开发，（5）：12-15.

殷为华．2006. 20 世纪 90 年代以来中外区域规划研究的对比分析．世界地理研究，（4）：30-
　　34，47.

殷为华．2009. 基于新区域主义的我国新概念区域规划研究．上海：华东师范大学．

尹来盛，冯邦彦．2012. 珠江三角洲城市区域空间演化研究．经济地理，32（1）：63-70.

俞可平．2000. 治理与善治．北京：社会科学文献出版社．

喻玲，殷洁．2010. 论经济区划与区域规划的法治化．经济地理，30（5）：728-731.

袁方成，王宇涵．2019. "到达丹麦"？：遭遇挑战的新区域主义——欧美大都市区的经验观察
　　及反思．公共管理与政策评论，8（4）：65-80.

曾平标．2019. 港珠澳大桥圆梦之路．香港：开明书店．

展金泳，张海荣，李浩．2016. 粤港澳区域经济协调发展的时间演变与空间分布研究．城市发
　　展研究，23（8）：22-25.

张成福，边晓慧．2013. 超越集权与分权，走向府际协作治理．公共管理与政策评论，2（4）：
　　6-15.

张成福，李昊城，边晓慧．2012. 跨域治理：模式、机制与困境．中国行政管理，（3）：
　　102-109.

张泓．2012. 论轨道交通对珠三角区域经济一体化的促进作用．城市轨道交通研究，（1）：
　　8-11.

张紧跟．2005. 当代美国大都市区治理：实践与启示．现代城市研究，（9）：27-33.

张紧跟．2010. 新区域主义：美国大都市区治理的新思路．中山大学学报（社会科学版），
　　50（1）：131-141.

张紧跟．2013. 新区域主义：美国大都市区治理的新思路．中山大学学报（社会科学版），
　　（1）：131-141.

张京祥，陈浩．2014. 空间治理：中国城乡规划转型的政治经济学．城市规划，38（11）：9-15.

张京祥，耿磊，殷洁，等．2011. 基于区域空间生产视角的区域合作治理——以江阴经济开发
　　区靖江园区为例．人文地理，26（1）：5-9.

张京祥，何建颐．2010. 西方国家区域规划公共政策属性演变及其启示．经济地理，30（1）：
　　17-21，46.

张京祥．2009. 省直管县改革与大都市区治理体系的建立．经济地理，29（8）：1244-1249.

张康之，李传军．2010. 变革时代中的公共管理．行政论坛，17（2）：7-11.

张阔，黄鑫，曲新苗，等．2017. 基于乘客需求分析的城际铁路"公交化"对策研究——以京
　　津城际铁路为例．现代城市研究，（10）：81-88.

张利华，徐晓新．2010. 区域一体化协调机制比较研究．中国软科学，（5）：81-87.

张树剑，黄卫平．2020. 新区域主义理论下粤港澳大湾区公共品供给的协同治理路径．深圳大

学学报（人文社会科学版），37（1）：42-49.

张衔春，栾晓帆，李志刚．2020．"城市区域"主义下的中国区域治理模式重构——珠三角城际铁路的实证．地理研究，39（3）：483-494.

张衔春，栾晓帆，马学广，等．2018．深汕特别合作区协同共治型区域治理模式研究．地理科学，38（9）：1466-1474.

张衔春，赵勇健，单卓然，等．2015．比较视野下的大都市区治理：概念辨析、理论演进与研究进展．经济地理，35（7）：6-13.

张学良．2012．中国交通基础设施促进了区域经济增长吗——兼论交通基础设施的空间溢出效应．中国社会科学，（3）：60-77.

赵聚军．2016．行政区划调整如何助推区域协同发展？——以京津冀地区为例．经济社会体制比较，184（2）：1-10.

赵祥．2010．集聚还是分散——兼论中国区域协调发展的策略．产业经济评论，9（3）：87-109.

郑家昊．2020．合作治理的反思性阐释：合作意涵、发生机理及政府引导．社会科学研究，（5）：72-78.

郑英隆．2004．WTO与CEPA框架下粤港澳信息产业的区域竞争与协调．暨南学报（人文科学与社会科学版），（3）：35-40，138-139.

中国城市科学研究会．2010．中国城市公共交通发展报告2009．北京：中国建筑工业出版社．

中国城市科学研究会．2012．中国城市交通规划发展报告（2010）．北京：中国城市出版社．

周华庆，林雄斌，陈君娴，等．2016．走向更有效率的合作：都市区跨市巴士公交服务供给与治理．城市发展研究，23（2）：110-117.

周华庆，杨家文．2015．巴士公交财政补贴及服务供给效率：深圳改革的启示．中国软科学，（11）：59-67.

周素红，陈慧玮．2008．美国大都市区规划组织的区域协调机制及其对中国的启示．国际城市规划，23（6）：93-98.

周一星，孟延春．1998．中国大城市的郊区化趋势．城市规划汇刊，（3）：22-27，64.

周一星，魏心镇，冯长春，等．2001．济宁—曲阜都市区发展战略规划探讨．城市规划，（12）：7-13.

周运源．2017．创新发展、深化粤港澳科技合作的再思考．华南师范大学学报（社会科学版），（3）：5-10，189

周子航，张京祥，邱瑞祥．2021．新区域主义与"缺陷重构"——兼论防疫常态化的城市规划治理范式．城市规划，45（10）：59-66.

朱勍，胡德．2011．分权化过程对都市区空间结构和规划的影响——基于两种分权模式的考察．城市规划学刊，（3）：81-86.

朱逸云. 2019. 第四代高铁枢纽综合体开发与运营实践. 北京：人民邮电出版社.

朱永灵，盛昭瀚，张劲文. 2019. 港珠澳大桥工程决策理论与实务. 北京：人民交通出版社.

庄筑，王成芳，顾嘉欣，等. 2019. 粤港澳大湾区格局下广佛同城交通发展的再审视——基于 GIS 和大数据分析视角. 南方建筑，194（6）：59-66.

宗刚，吴寒冰. 2011. 城市交通投资与经济增长关系的实证分析. 铁道运输与经济，33（4）：71-75.

宗传苓，谭国威，张晓春. 2011. 基于城市发展战略的深圳高铁枢纽规划研究——以深圳北站和福田站为例. 规划师，（10）：23.

Adamiak J. 2008. Importance of public-private partnership in delivery of public services. Olsztyn Economic Journal, 3（1）：44-56.

Allan D W. 1994. The third wave：Current trends in regional governance. National Civic Review, （3）：290-310.

Carmona M. 2017. The formal and informal tools of design governance. Journal of Urban Design, 22（1）：1-36.

Castells M. 2000. The Rise of the Network Socity. London：Blackwell Publishers Ltd.

Cervero R, Ferrell C, Murphy S. 2002. Transit-oriented development and joint development in the United States：A literature review. TCRP Research Results Digest.

Cervero R, Murakami J. 2009. Rail and property development in Hong Kong：Experiences and extensions. Urban Studies, 46：2019-2043.

Cervero R. 1994. Rail Transit and Joint Development：Land Market Impacts in Washington, D. C. and Atlanta. Journal of the American Planning Association, 60：83-94.

Chang Z, Phang S Y. 2017. Urban rail transit PPPs：Lessons from East Asian cities. Transportation Research Part A：Policy and Practice, 105：106-122.

Cornell Law School. 2017. Metropolitan planning organization designation and redesignation （§450. 310）. https：//www. law. cornell. edu/cfr/text/23/450. 310 ［2023-08-10］.

Crane R. 2007. Public finance challenges for Chinese urban development. In Ding C, Song Y （Eds.）. Important issues in the era of rapid urbanization in China. Cambridge：Lincoln Institute of Land Policy.

Daniel K, Hubert H. 2004. Metropolitan Governance, Democracy and the Dynamics of Place. Metropolitan Governance：Capacity, Democracy and the Dynamics of Place, 20-40.

David R. 1991. Cities Without Suburbs. New York：Routledge.

Delvin R. 2001. What is New in the New Regionalism in the America. Argentina：BuenosAires Press.

Eberts R W. 1990. Public infrastructure and regional economic development. Economic Review, 26：15-27.

Emerson K, Nabatchi T, Balogh S. 2012. An integrative framework for collaborative governance. Journal of Public Administration Research and Theory, 22 (1): 1-29.

Fang C, Yu D. 2017. Urban agglomeration: An evolving concept of an emerging phenomenon. Landscape and Urban Planning, 162: 126-136.

Fang C. 2019. The basic law of the formation and expansion in urban agglomerations. Journal of Geographical Sciences, 29 (10): 1699-1712.

Frederickson H G. 2008. The Repositioning of American Public Administration. Political Science and Politics, (4): 702.

Frey B S, Eichenberger R. 2001. Metropolitan Governance for the Future: Functional Overlapping Competing Jurisdictions. Swiss Political Science Review, (3): 124-130.

Friedmann J, Wolff G. 1982. World city formation: an agenda for research and action. International Journal of Urban and Regional Research, 6 (3): 309-344.

Goldsmith M. 2009. 城市治理. 郭爱军, 王贻志, 译. 上海: 上海人民出版社.

Gottmann J. 1964. Megalopolis: The Urbanized Northeastern Seaboard of the United States. Cambridge, MA: The MIT Press.

Grande E. 2000. Multi-Level Governance: Institutionelle Besonderheiten und Funktionsbedingungen des europaeischen Mehrebenensystems, in: Jachtenfuchs, et al. Wie problemloe-sungsfaehig ist die EU? Baden-Baden: Nomos Verlagsgesellschaft.

Grimsey D, Lewis K. 2001. Evaluating the risks of public private infrastructure projects. International Journal of Project Management, 20: 107-118.

Hamilton D K. 2002. Regimes and regional governance: The case of Chicago. Journal of Urban Affairs, 24 (4): 403-423.

Hamilton D K. 2014. Governing metropolitan areas: Growth and change in a networked age. 2nd ed. New York: Routledge.

Hesse M. 2016. On borrowed size, flawed urbanisation and emerging enclave spaces: The exceptional urbanism of Luxembourg. European Urban and Regional Studies, 23 (4): 612-627.

Hettne B, Fredrik S. 2002. Theorising the Rise of Regionness. New Regionalisms in the Global Political Economy. London: Routledge.

Hettne B, Inotai A, Sunkel D. 1999. Globalism and the New Regionalism. New York: Palgrcve McMillan Press.

Hodge G A, Greve C. 2007. Public-private partnerships: An international performance review. Public Administration Review, 67 (3): 545-558.

Jing X. 2008. The property law: perseverance depends on protected property. In the Annualprogress Report of China's Urban Planning (2007-2008). Beijing: China Construction Press.

Johnston R J. 1994. 人文地理学词. 柴彦威, 等, 译. 北京: 商务印书馆.

Jones M. 1999. New Institutional Spaces. London: Jessica Kingsley.

Kaufmann D, Kraay A. 2002. Growth without governance. Economía, 3 (1): 169-229.

Ke Y J, Wang S Q, Chan A P C, Cheung E. 2011. Understanding the risks in China's PPP projects: Ranking of their probability and consequence. Engineering, Construction, and Architectural Management, 18 (5): 481-496.

Keating M. 1995. Size, Efficiency, and democracy: Consolidation, fragmentation, and public choice. Theories of Urban Politics, 124-125.

Kooiman J. 1993. Social- Political Governance: Introduction. Kooiman, Jan (ed.). London: Modern Governance: New Government-Society.

Kübler D, Heinelt H. 2004. Metropolitan Governance: Capacity, Democracy and the Dynamics of Place. London: Routledge.

Kübler D, Sager F, Brigitte S. 2004. Governing without Government: Metropolitan Governance in Switzerland. London: Routledge.

Lefevre C. 1998. Metropolitangovernment and governance in western countries: A critical review. International Journal of Urban and Regional Research, (1): 9-25.

Li G, Luan X, Yang J, et al. 2013. Value capture beyond municipalities: Transit- oriented development and inter- city passenger rail investment in China's Pearl River Delta. Journal of Transport Geography, 33: 268-277.

Liesbet H, Gary M. 2001. Multi- Level Governance and European Integration. Lanham: Rowman & Littlefield.

Lin X, Yang J, MacLachlan I. 2018. High-speed rail as a solution to metropolitan passenger mobility. Journal of Transport and Land Use, 11 (1): 1257-1270.

Lin Z, Sun Z, Zhang W. 2008. Researchon sustainable development of Hong Kong MTR. Urban Rapid Rail Transit, 21: 5-10.

Liu J, Mooney II, Hull V, et al. 2015. Systems integration for global sustainability. Science, 347 (6225): 1258832.

Liu J, Shi W. 2021. A cross-boundary travel tale: Unraveling Hong Kong residents' mobility pattern in Shenzhen by using metro smart card data. Applied Geography, 130: 102416.

Louise F, Andrew H. 1996. Regionalism in World Politics. Oxford: Oxford University Press.

Luan X, Lin X, McGuinness E, et al. 2014. Emergingpublic- private partnerships in China's rail mass transit. Transportation Research Record: Journal of the Transportation Research Board, 2450: 127-135.

Mathur S, Smith A. 2013. Land value capture to fund public transportation infrastructure:

Examination of joint development projects' revenue yield and stability. Transport Policy, 30: 327-335.

Medeiros E, Ferreira R, Boijmans P, et al. 2021. Boosting cross-border regions through better crossborder transport services. The European case. Case Studies on Transport Policy, 9 (1): 291-301.

Medeiros E. 2019a. Cross-border transports and cross-border mobility in EU border regions. Case Studies on Transport Policy, 7 (1): 1-12.

Medeiros E. 2019b. Spatial planning, territorial development, and territorial impact assessment. Journal of Planning Literature, 34 (2): 171-182.

Noferini A, Berzi M, Camonita F, et al. 2020. Cross-border cooperation in the EU: Euroregions amid multilevel governance and re-territorialization. European Planning Studies, 28 (1): 35-56.

Norris D F. 2001a. Prospects for Regional Governance under the New Regionalism: Economic Imperatives Versus Political Impediments. Journal of Urban Affairs, (5): 558.

Norris D F. 2001b. Wither. Metropolitan Governance. Urban Affairs Review, (4): 534.

Ostrom E. 2005. Understanding Institutional Diversity. Princeton: Princeton University Press.

Parks R B, Oakerson R J. 1989. Metropolitan organization and governance: A local public economy approach. Urban affairs quarterly, 25 (1): 18-29.

Pereira A M, Roca-Sagalés O. 2003. Spillover effects of public capital formation: Evidence from the Spanish regions. Journal of Urban Economics, 53 (2): 238-256.

Perkmann M. 2002. Euroregions: Institutional entrepreneurship in the European Union, 103-124.

Perkmann M. 2007. Construction of new territorial scales: A framework and case study of the EUREGIO cross-border region. Regional Studies, 41 (2): 253-266.

Peter H, Kathy P. 2009. The polycentric metropolis: learning from mega-city regions in Europe. London: Routledge.

Qiu Y, Chen H, Sheng Z, et al. 2019. Governance of institutional complexity in megaproject organizations. International Journal of Project Management, 37 (3): 425-443.

Richard G S. 2003. World city actor-networks. Progress in Human Geography, 27 (1): 25-44.

Hesse M. 2016. On borrowed size, flawed urbanisation and emerging enclave spaces: The exceptional urbanism of Luxembourg. European Urban and Regional Studies, 23 (4): 612-627.

Sassen S. 2001. The Global City: New York, London, Tokyo. Princeton: Princeton University Press.

Savitch H V, Vogel R K. 2000. Introduction: Paths tonew regionalism. State and Local Government Review, (3): 158-168.

Scott A J. 1988. Regions and The World Economy: The Coming Shape of Global Production, and Political Order. New York: Oxford University Press.

Scott A J. 2001a. Globalization and the rise of city-regions. European Planning Studies, 9 (7): 813-826.

Scott A J. 2001b. Global City-Regions: Trends, Theory, Policy. Oxford: Oxford University Press.

Stephens G, Ross N W. 2000. Metropolitan Government and Governance: Theoretical Perspectives, Empirical Analysis, and the Future. New York: Oxford University Press.

Suh S H. 1988. The possibility and impossibility of intercity commuting. Journal of Urban Economics, 23 (1): 86-100.

Suzuki H, Murakami J, Hong Y H, et al. 2015. Financing Transit-Oriented Development with Land Values: Adapting Land Value Capture in Developing Countries. Washington D. C. : The World Bank.

United States Census Bureau. 1999. Housing patterns and Core-Based Statistical Areas. https://www. census. gov/topics/housing/housing-patterns/about/core-based-statistical-areas. html [2023-08-15].

Wallace M. 2017. Greater Gotham: A History of New York City from 1898 to 1919. New York: Qxford University Press.

Wallis A D. 1994. The third wave: Current trends in regional governance. National civic review, 83 (3): 290-310.

Webster C, Lai L W C. 2003. Property Rights, Planning & Markets. Edward Elgar UK, 64-68.

Xu J, Yeh A G O. 2013. Interjurisdictional cooperation through bargaining: The case of the Guangzhou-Zhuhai Railway in the Pearl River Delta, China. The China Quarterly, 213: 130-151.

Xu J, Yeh A. 2009. Decodingurban land governance: State reconstruction in contemporary chinese cities. Urban Studies, 46: 559-581.

Xue J, Shen G Q, Li Y, et al. 2021. Dynamic analysis on public concerns in Hong Kong-Zhuhai? Macao Bridge: Integrated topic and sentiment modeling approach. Journal of Construction Engineering and Management, 147 (6): 4021049.

Xue L, Fang W. 2015. Rail plus property development in China: the pilot case of Shenzhen. Washington D. C. : World Resource Institute.

Xue J, Shen G Q, Yang R J, et al. 2020. Dynamic network analysis of stakeholder conflicts in megaprojects: Sixteen-Year case of Hong Kong-Zhuhai-Macao Bridge. Journal of Construction Engineering and Management, 146 (9): 1-16.

Yang C. 2006. The geopolitics of cross-boundary governance in the Greater Pearl River Delta, China: A case study of the proposed Hong Kong-Zhuhai-Macao Bridge. Political Geography, 25 (7): 817-835.

Yang J, Chen J, Le X, Zhang Q. 2016a. Density-oriented versus development-oriented transit investment: Decoding metro station location selection in Shenzhen. Transport Policy, 51, 93-102.

Yang J, Li G. 2014. Fiscal and spatial characteristics of metropolitan government and planning in China: Understanding centralization trends in a decentralization context. Habitat International, 41: 77-84.

Yang J, Lin X, Xie Y. 2015. Intercity transportation planning in China: Case of the Guangzhou-Foshan metropolitan area. Transportation Research Record, 2512: 73-80.

Yang J, Quan J, Yan B, et al. 2016b. Urban rail investment and transit-oriented development in Beijing: Can it reach a higher potential? Transportation Research Part A: Policy and Practice, 89: 140-150.

Yang J, Fang C, Ross C, et al. 2011. Assessing China's megaregional mobility in a comparative context. Transportation Research Record, (2244): 61-68.

Yang J. 2009. Spatial Planning in Asia: Planning and Developing Megacities and Megaregions. Washington, D. C. : Island Press.

Ye L. 2013. Urban Transformation and institutional policies: Case study of mega-region development in China's Pearl River Delta. Journal of Urban Planning and Development, 139 (4): 292-300.

Zhang M, Xu J, Chung C K L. 2020. Scalar politics and uneven accessibility to intercity railway in the Pearl River Delta, China. Annals of the American Association of Geographers, 110 (4): 1260-1277.

专业名词索引

案 例 索 引